Alexander Prokot

Strategische Ausschüttungspolitik deutscher Aktiengesellschaften

GABLER EDITION WISSENSCHAFT

Alexander Prokot

Strategische Ausschüttungspolitik deutscher Aktiengesellschaften

Dividendenstrategien im Kapitalmarktkontext

Mit einem Geleitwort von Prof. Dr. Friedrich Thießen

Deutscher Universitäts-Verlag

Bibliografische Information Der Deutschen Bibliothek
Die Deutsche Bibliothek verzeichnet diese Publikation in der Deutschen Nationalbibliografie; detaillierte bibliografische Daten sind im Internet über <http://dnb.ddb.de> abrufbar.

Dissertation TU Chemnitz, 2005

1. Auflage März 2006

Lektorat: Ute Wrasmann / Stefanie Brich

Der Deutsche Universitäts-Verlag ist ein Unternehmen von Springer Science+Business Media.
www.duv.de

Umschlaggestaltung: Regine Zimmer, Dipl.-Designerin, Frankfurt/Main
Druck und Buchbinder: Rosch-Buch, Scheßlitz
Gedruckt auf säurefreiem und chlorfrei gebleichtem Papier
Printed in Germany

ISBN 3-8350-0310-0

Geleitwort

Seit der empirischen Untersuchung von Lintner 1956 ist die Ausschüttungspolitik von Unternehmen ein wissenschaftliches Thema. Die Frage, ob und auf welchem Wege Unternehmen finanzielle Mittel an ihre Anteilseigner auszahlen sollen, wird kontrovers diskutiert. Verschiedene theoretische Erklärungsansätze greifen jeweils nur Teilaspekte der Gesamtproblematik heraus und basieren auf unterschiedlichen Grundannahmen. Vermittelte Handlungsanweisungen sind deshalb nicht eindeutig, und man spricht in diesem Zusammenhang vom "Dividendenpuzzle". In Deutschland entwickelt sich die Frage der Ausschüttungsstrategie derzeit zu einem kritischen Faktor der Unternehmenspolitik. Unternehmen suchen nach Ratschlägen, wie sie ihre Ausschüttungspolitik in Zeiten von Umbrüchen an den Finanzmärkten gestalten sollen. Ein Beitrag zur Klärung dieser Frage ist Gegenstand des vorliegenden Buches.

Alexander Prokot wählt eine integrative Betrachtung und sichtet alle in Frage kommenden Modelle zur Gestaltung der Ausschüttungspolitik. Er beleuchtet die Interdependenzen der Ausschüttungspolitik mit verschiedenen Aspekten der Finanzmärkte und arbeitet die Stärken und Schwächen der vorhandenen Modelle heraus. Dann beschäftigt sich Herr Prokot mit den Einstellungen der deutschen Aktiengesellschaften zur Ausschüttungsfrage. Im Verständnis der Einstellungen derer, die im Ausschüttungsprozess eine Hauptrolle spielen, sieht der Verfasser einen wichtigen Puzzlestein in der Erklärung der Ausschüttungspolitik. Tatsächlich liefert die empirische Untersuchung bemerkenswerte Einblicke in das Denken der Entscheider von Ausschüttungsfragen. Es lassen sich daraus Empfehlungen für zukünftiges Handeln ableiten.

Prof. Dr. Friedrich Thießen

Vorwort

Die vorliegende Arbeit wurde im Dezember 2005 von der Fakultät für Wirtschaftswissenschaften der Technischen Universität Chemnitz als Dissertationsschrift angenommen. Bei der Erstellung erfuhr ich umfängliche Unterstützung von zahlreichen Personen, denen ich auf diesem Wege danken möchte.

Mein besonderer Dank gilt zunächst meinem akademischen Lehrer und Doktorvater, Herrn Professor Dr. Friedrich Thießen, der mir bei der Erstellung der Arbeit stets zur Seite stand und mich auch als externen Doktoranden in allen Phasen der Arbeit umfassend förderte. Schon zu Beginn der Arbeit trug er maßgeblich zur Themenfindung bei und gab ihr bis zum Schluss entscheidende Impulse. Den Herren Prof. Dr. Klaus Henselmann und Prof. Dr. Bernhard Schwetzler möchte ich ganz herzlich für die Übernahme der weiteren Gutachten danken.

Bedanken möchte ich mich auch bei Frau Uta Martin, die mir bei der Durchführung der Unternehmensbefragung in großem Maße half und alle meine Anfragen sowie die anfallende Unternehmenskorrespondenz unermüdlich bearbeitete.

Darüber hinaus möchte ich meinen Frankfurter Fellow-Kollegen für die tolle Gemeinschaft und die stets gute Laune danken. Ohne euch wäre die Promotionszeit nur halb so lustig gewesen.

Meinen Eltern möchte ich für die grenzenlose Unterstützung während meiner schulischen und akademischen Ausbildung danken. Ihr steter Rückhalt verbunden mit dem elterlichen Stolz gaben mir gesunde Gelassenheit und den nötigen Ansporn zugleich.

Zu guter Letzt möchte ich meiner Frau Katja und meinen Kindern Lisa und Lukas meine tiefe Dankbarkeit aussprechen. Liebe Lisa, lieber Lukas, ihr seid das Größte, was mir jeweils erfahren konnte. Durch euch bekommen viele Dinge einen neuen Sinn. Liebe Katja, ich liebe dich. Es ist festzuhalten, dass ich ohne dein unbegrenztes Verständnis und deinen Beistand nicht an diesem Punkt angelangt wäre. Euch widme ich diese Arbeit.

Alexander Prokot

Inhaltsübersicht

Inhaltsverzeichnis

Abbildungsverzeichnis

Tabellenverzeichnis

Abkürzungs- und Symbolverzeichnis

*** (**, *)	Signifikanzniveau des jeweiligen Testverfahrens 1 % (5 %, 10%)
§	Paragraph
ø	Durchschnitt
σ	Sigma (Symbol für Standardabweichung)
χ	Chi
Abs.	Absatz
AktG	Aktiengesetz
AR	Stichprobe der Unternehmen, die einen Aktienrückkauf bereits durchgeführt haben bzw. einen solchen planen
BIP	Bruttoinlandsprodukt
bspw.	beispielsweise
BV	Bezugsverhältnis
bzw.	beziehungsweise
CEO	Chief Executive Officer
CFO	Chief Financial Officer
DAI	Deutsches Aktieninstitut
Dax	Deutscher Aktienindex
DIV	Stichprobe der Unternehmen, die für das Geschäftsjahr 2003 eine Dividende zahlten
DSW	Deutsche Schutzvereinigung für Wertpapierbesitz
etc.	et cetera
ETF	Exchange Traded Funds
FAZ	Frankfurter Allgemeine Zeitung
FWB	Frankfurter Wertpapierbörse
HBILSUM	Stichprobe der Unternehmen, die gemessen an der Bilanzsumme oberhalb des Medians liegen
HTOBQ	Stichprobe der Unternehmen, die ein Tobins Q-Maß > 1 aufweisen
HV	Hauptversammlung
IPO	Initial Public Offering
k. A.	keine Angabe des Signifikanzniveaus
KAAG	Gesetz über Kapitalanlagegesellschaften
KGV	Kurs-Gewinn-Verhältnis
KonTraG	Gesetz zur Kontrolle und Transparenz im Unternehmensbereich
M [...]	Intervall in Monaten
Mio.	Million
Mrd.	Milliarde
n	Anzahl Beobachtungen

NAR	Stichprobe der Unternehmen, die keinen Aktienrückkauf durchgeführt haben bzw. planen
NBILSUM	Stichprobe der Unternehmen, die gemessen an der Bilanzsumme unterhalb des Medians liegen
NDIV	Stichprobe der Unternehmen, die für das Geschäftsjahr 2003 keine Dividende zahlten
NPV	Net Present Value
NS	nicht signifikant
NTOBQ	Stichprobe der Unternehmen, die ein Tobins Q-Maß < 1 aufweisen
NYSE	New York Stock Exchange
o. V.	ohne Verfasser
RATIO	Kennzahl für Konsens (Verhältnis zustimmender Antworten zu ablehnender Antworten)
S&P	Standard & Poors
SAHZ	Schütt-aus-hol-zurück-Verfahren
SdK	Schutzgemeinschaft der Kapitalanleger
T [...]	Intervall in Tagen
USD	US-Dollar
VDax	Volatilitätsindex des Dax
vs.	versus
WpÜG	Wertpapiererwerbs- und Übernahmegesetz

1 Einleitung

1.1 Problemstellung und Zielsetzung der Arbeit

„To pay or not to pay dividend?“[1] Die Beantwortung dieser Frage – bei Bejahung in Verbindung mit der Höhe der Dividende – stellt eine unternehmerische Entscheidung dar, die so alt ist wie die Aktie selbst, und der sich Unternehmen jahraus, jahrein stellen müssen. Auf diese Frage gibt es keine allgemein gültige Antwort, was dazu geführt hat, dass sich die Wissenschaft sehr intensiv mit dieser Frage auseinander gesetzt hat: Angefangen mit LINTNERS Befragung von 28 Unternehmen nach den Hauptbestimmungsfaktoren für die Festsetzung der Dividende[2] im Jahr 1956 über das Irrelevanztheorem von MILLER/MODIGLIANI[3] bis hin zur Verwerfung der Annahme eines vollkommenen Kapitalmarktes und schließlich BLACKS ‚Dividendenpuzzle'[4]. Dieses ‚Paradoxon' wurde sodann versucht, mit Hilfe von asymmetrischen Informationen und Interessenkonflikten zwischen Aktionären und Managern in den Modellen der *Signaling*- und der *Agency*-Theorie zu begründen. Beobachtete Phänomene am Kapitalmarkt und im Anlegerverhalten, die nicht den Annahmen der traditionellen Kapitalmarkttheorie entsprachen, führten außerdem dazu, dass Aspekte der *Behavioral Finance* und die Existenz begrenzt rationaler Investoren eingeführt wurden. All diese Theorien wurden entwickelt, um zu verstehen, warum Unternehmen trotz der steuerlichen Nachteile Dividenden ausschütten und welche Entscheidungsfaktoren in der Dividendenfrage zur Geltung kommen. BAKER/POWELL/VEIT zeigen, dass das Dividendenpuzzle nach wie vor immer noch nicht vollständig gelöst ist.[5]

Unternehmen sehen sich also einer Vielzahl an Theorien gegenüber. Es kommt erschwerend hinzu, dass die Implikationen verschiedener Theorien auf die Ausschüttungspolitik gegensätzlich sein können. So wird zum Beispiel aus steuerlicher Sicht dem Aktienrückkauf gegenüber Dividenden grundsätzlich der Vorzug gegeben, in der *Behavioral Finance* dagegen mit Anlegern argumentiert, die trotz einer steuerlichen Benachteiligung eine Präferenz für Barausschüttungen zeigen. Die einzelnen Theorien sind geprägt von den zugrunde liegenden Annahmen. Das Irrelevanztheorem gilt nur in einem vollkommenen und vollständigen Kapitalmarkt, während asymmetrisch verteilte Informationen die Voraussetzung für die *Signaling*-Modelle bilden; in der *Agency*-Theorie kommen zusätzlich potenzielle Interessenkonflikte hinzu. In der *Be-*

---

1 HAKANSSON (1982), S. 415.
2 Vgl. LINTNER (1956) sowie Abschnitt 6.1.1.
3 Vgl. MILLER/MODIGLIANI (1961).
4 Vgl. BLACK (1976), S. 5-8.
5 Vgl. BAKER/POWELL/VEIT (2002b), S. 255 ff.

havioral Finance wird von limitiert rationalen Investoren ausgegangen. Die Antwort auf die Frage nach der optimalen Dividendenpolitik wird auch davon abhängen, welche Annahmen für Unternehmen die höchste Bedeutung aufweisen.

Historisch betrachtet rücken dividendenstarke Aktien immer zu Zeiten niedriger Inflation und niedriger Zinsen in den Vordergrund.[6] Eine Konstellation, wie sie in Deutschland zurzeit herrscht. Weitere Aspekte wie das vergleichsweise niedrige Ausschüttungsniveau deutscher Aktiengesellschaften bei steigenden Gewinnen[7], das hohe Maß an Unsicherheit über die zukünftige Entwicklung sowie die Verunsicherung insbesondere privater Investoren[8] verstärken die Bedeutung der Dividende als Anlage- und Entscheidungskriterium zusätzlich. Um den Entscheidungsprozess deutscher börsennotierter Aktiengesellschaften in der Ausschüttungspolitik zu unterstützen, soll im Rahmen dieser Arbeit untersucht werden, welche Rahmenbedingungen und Trends die derzeitige Situation am deutschen Kapitalmarkt bestimmen und wie die Investorenstruktur mit den verschiedenen Investorengruppen, wie zum Beispiel Privatanleger und institutionelle Investoren als Empfänger von Ausschüttungen, charakterisiert ist und sich entwickelt. Es ist davon auszugehen, dass verschiedene Investorengruppen unterschiedliche Präferenzen hinsichtlich der Ausschüttungspolitik aufweisen. Diese Annahme berücksichtigend soll anschließend erarbeitet werden, welche Theorien zur Dividendenpolitik die höchste Relevanz besitzen und welche Eigenschaften und Präferenzen einzelner Investorengruppen hinsichtlich der Ausschüttungspolitik berücksichtigt werden sollten. Darüber hinaus gilt es, weitere Einflussfaktoren zu berücksichtigen, die in der Bestimmung von Ausschüttungsstrategien auf Seite der Unternehmen eine Rolle spielen, wie zum Beispiel die Frage nach der Indexzugehörigkeit. Die Arbeit verfolgt dabei das Ziel, die strategische Bedeutung der Ausschüttungs- und insbesondere der Dividendenpolitik sowie der maßgeblichen Einflussfaktoren herauszuarbeiten und wertvolle Ansatzpunkte für die Ausgestaltung der Ausschüttungspolitik zu entwickeln. In Verbindung mit den Ergebnissen ist zu prüfen, ob deutsche Unternehmen ihre Ausschüttungs- und Aktionärspolitik ändern sollten bzw. welche strategischen Handlungsoptionen für sie zur Verfügung stehen.

1.2 Gang der Untersuchung

In der vorliegenden Arbeit werden in Kapitel 2 die aktuellen Trends hinsichtlich des Ausschüttungsverhaltens deutscher Aktiengesellschaften analysiert und die Problemstellung der Arbeit stärker motiviert. In diesem Zusammenhang wird auf die Be-

---

6 Vgl. KIRCHNER, Christian (2003), Zukunftsmodell Goldesel, in: Die Zeit vom 27. März 2003.

7 Vgl. dazu Abschnitt 2.

8 Vgl. dazu auch Abschnitt 3.5.1.

deutung der Dividende in Deutschland im Allgemeinen eingegangen und im Besonderen die Kenngrößen Dividendenrendite und Ausschüttungsquote als wichtige Parameter der Ausschüttungspolitik betrachtet.

In Kapitel 3 erfolgen die Analyse der Investorenstruktur deutscher Aktiengesellschaften sowie der Eigenschaften und Präferenzen der einzelnen Investorengruppen bezüglich der Ausschüttungspolitik. Die Investorenstruktur in Deutschland befindet sich im Umbruch, maßgeblich verursacht durch die auf dem Rückzug befindliche so genannte Deutschland AG sowie durch die verstärkte Nachfrage von privaten und institutionellen Investoren. Hinsichtlich der Privatanleger wird insbesondere das Risikoverhalten auf verhaltenswissenschaftlicher Basis untersucht und die Implikationen für die Aktionärs- und Ausschüttungspolitik abgeleitet. Aus institutioneller Sicht gewinnt der so genannte Investoren-Aktivismus immer stärker an Bedeutung; auch angesichts dieser Entwicklung ergeben sich Folgen für die Unternehmens- und Ausschüttungspolitik.

In Kapitel 4 werden die Theorien zur Dividendenpolitik einschließlich des empirischen Forschungsstands dargestellt und diskutiert, mit den Ergebnissen aus Kapitel 2 und 3 verknüpft und letztendlich hinsichtlich ihrer aktuellen Relevanz bewertet. Der Aspekt der asymmetrischen Informationsverteilung sowie die Existenz potenzieller Interessenkonflikte stehen dabei im Mittelpunkt der Untersuchung. Neben der gründlichen Darstellung der empirischen Erkenntnisse bezüglich der Dividendenpolitik erfolgt auch die Analyse der an Bedeutung gewinnenden Ausschüttungsform des Aktienrückkaufs.

Da eine explizite, das heißt keine residuale, Ausschüttungspolitik Auswirkungen auf die Finanzierungs- und Investitionspolitik haben kann, werden in Kapitel 5 die Interdependenzen zwischen Ausschüttungs-, Investitions- und Finanzierungspolitik betrachtet. Ein besonderer Fokus wird hierbei auf die Wechselwirkungen zwischen der Ausschüttungspolitik und der Eigenkapitalfinanzierung, speziell der in Deutschland vorherrschenden Methode der Bezugsrechtsemission, gelegt sowie auf den Zusammenhang der Ausschüttungspolitik mit dem Prinzip der Flexibilität eingegangen.

Schließlich werden in Kapitel 6 die Ergebnisse der Befragung deutscher Aktiengesellschaften zu den Motiven und Hauptbestimmungsfaktoren in der Ausschüttungsentscheidung sowie zum -verhalten vorgestellt und diskutiert, um festzustellen, welche theoretischen Erkenntnisse neben ihrer akademischen Bedeutung auch praktische Relevanz besitzen. So wird die Wahrnehmung derjenigen Akteure untersucht, die maßgeblich die Entscheidung über das ‚Wann' und ‚Wie viel' von Ausschüttungen treffen. Die Befragung der Hauptentscheidungsträger ist darüber hinaus ein geeignetes Mittel, um die strategischen Aspekte der Ausschüttungspolitik zu prüfen und Hinweise auf die Relevanz von beobachteten Trends und aufgestellten Hypothesen zu erhalten; eine quantitativ empirische Untersuchung historischer Daten lässt vor dem Hintergrund der sich ändernden Rahmenbedingungen am deutschen Kapitalmarkt[9] sowie des aktuellen Bezugs und der strategischen Stoßrichtung der Arbeit keinen hohen Erkenntnisgewinn erwarten.

9 Vgl. dazu auch Abschnitt 2 und 3.

2 Aktuelle Trends hinsichtlich des Ausschüttungsverhaltens deutscher Aktiengesellschaften

‚Nur Bares ist Wahres' – an diese Volksweisheit mögen sich viele Anleger im Zuge fallender Kurse an den Aktienbörsen erinnert haben. Insbesondere Kleinanleger, denen die Aktie als langfristiges Anlageinstrument empfohlen wurde, haben ihre Wertpapiere oftmals nicht rechtzeitig verkauft, um Gewinne zu realisieren. Und selbst frühzeitig während der Börsenhausse meldeten sich Kritiker zu Wort, die den Rückgang der Dividendenrendite[10] sorgsam betrachteten. Zwar nehmen Anleger bei rechtzeitigem Einstieg an den Kursanstiegen teil, „but it's left them asset rich and cash poor".[11] Diese Erfahrung mussten Anleger insbesondere im Umfeld fallender Kurse machen. Wenngleich die Entwicklung der Aktienmärkte in den Jahren nach dem Boom aus traditioneller Sicht und im Nachhinein nicht sehr überraschend war, war die Folge bei den Investoren ein stark erschüttertes Vertrauen.[12]

Der Vertrauensverlust führte unter anderem dazu, dass der Ausschüttungspolitik von Aktiengesellschaften in letzter Zeit seitens des Kapitalmarktes eine steigende Aufmerksamkeit zuteil wurde und auch Forderungen zur Ausgestaltung der Ausschüttungspolitik seitens der Investoren explizit ausgesprochen wurden; insbesondere die praktizierte Dividendenkontinuität auf (zu) niedrigem und somit hohe Flexibilität gewährleistenden Niveau wurde bemängelt.[13] In den nachfolgenden Ausführungen wird auf die aktuellen Trends in der Ausschüttungspolitik deutscher Aktiengesellschaften sowie im Verhalten der Investoren eingegangen.

2.1 Stellenwert der Dividende und das Prinzip der Dividendenkontinuität

Die Dividende ist in letzter Zeit wieder verstärkt in den Mittelpunkt des Interesses gerückt, nachdem in der Hausse 1999/2000 wenige Marktteilnehmer darauf achteten, vielmehr auf wachstumsstarke Unternehmen fixiert waren und auf Kursgewinne spekulierten.[14] Aktionärsschützer wie die Deutsche Schutzvereinigung für Wertpapierbesitz (DSW), die Schutzgemeinschaft der Kapitalanleger (SdK) oder das Deutsche Aktieninstitut (DAI) melden sich zunehmend lautstark zu Wort und kritisieren das Aus-

10 Zur Entwicklung der Dividendenrendite siehe Abbildung 3. Auch in den USA war eine ähnliche Entwicklung zu beobachten; so sank die Dividendenrendite im Standard & Poor's 500-Aktienindex von 2,9 Prozent in 1995 auf 1,6 Prozent in 1997. Der Rückgang der Dividendenrendite war maßgeblich durch die starke Zunahme des Aktienrückkaufvolumens beeinflusst, vgl. o. V. (1997), S. C1.

11 O. V. (1997), S. C1.

12 Vgl. VON ROSEN, Rüdiger (2003), Verlorenes Vertrauen zurückgewinnen, in: Handelsblatt vom 08. September 2003.

13 Siehe hierzu auch die nachfolgenden Ausführungen.

14 Vgl. RUHKAMP (2003), S. 21.

schüttungsverhalten deutscher Aktiengesellschaften.[15] Auch das Auflegen von Aktienfonds wie der DWS Top Dividende der Deutschen Gesellschaft für Wertpapiersparen (DWS)[16] als auch der jüngst etablierte Aktienindex DivDax[17] der Deutschen Börse AG auf Anliegen von Marktteilnehmern[18] sind Indizien für die gestiegene Popularität von Dividenden.

Dass Ausschüttungsentscheidungen auch auf Seiten der Aktionäre zunehmend kritischer bewertet werden, zeigt unter anderem das Beispiel der Deutschen Telekom. Das Unternehmen schaffte im Geschäftsjahr 2003 die Wende und erwirtschafte einen Gewinn pro Aktie von 0,45 Euro. Der freie Cashflow von 8,3 Mrd. Euro wurde zum Abbau des Schuldenbergs von rund 60 Mrd. Euro (Stand: Ende 2002) verwendet, weshalb auf eine Dividende für die ‚Volksaktie' verzichtet wurde. Im September 2003 hatte Finanzvorstand Karl-Gerhard Eick noch eine Dividende von 0,20 bis 0,25 Euro in Aussicht gestellt.[19] Die Erwartungen der Anleger wurden enttäuscht, was mit einem Kursrückgang quittiert wurde.[20] Das steigende Bemühen der Investoren, in Ausschüttungsentscheidungen aktiv einzugreifen, wird in diesem Fall daran deutlich, dass Aktionäre verstärkt versuchten, diese Entscheidung zu verhindern. Von insge-

---

15 So bemängelten bspw. die Deutsche Schutzvereinigung für Wertpapierbesitz (DSW), die Schutzgemeinschaft der Kapitalanleger (SdK), aber auch institutionelle Investoren, dass Unternehmen ihre Dividendenpolitik nicht deutlicher an den gestiegenen Gewinnen ausrichten und die Ausschüttungsquote langfristig nicht über das Niveau der Vergangenheit erhöhen; vgl. o. V. (2004), DSW verlangt höhere Dividenden, in: Handelsblatt vom 24. März 2004; o. V. (2004), VW-Luxusstrategie steht in der Aktionärs-Kritik, in: Handelsblatt vom 22. April 2004.

16 Der DWS Top Dividende investiert weltweit in dividendenstarke Aktien und legt besonderes Augenmerk auf die Dividendenrendite. Während deutsche Aktienfonds 2004 Abflüsse von rund 3,5 Mrd. Euro verzeichneten, verbuchte der DWS Top Dividende im gleichen Zeitraum einen Zufluss von 957 Mio. Euro; vgl. EURO AM SONNTAG, Nr. 4 vom 23. Januar 2005, S. 12 f., erhältlich unter URL: http://www.deutsche-bank.de. Seit Jahresbeginn 2005 flossen bereits rund 600 Mio. Euro in den DWS Top Dividende; das verwaltete Vermögen beträgt knapp 3 Mrd. Euro; vgl. KIRCHNER, Christian (2005), Dividendenfonds erzielen hohe Renditen, in: Handelsblatt vom 30. März 2005.

17 Dieser Index wurde am 01. März 2005 eingeführt und beinhaltet die 15 Dax-Unternehmen mit der höchsten Dividendenrendite mit jährlicher Anpassung der Indexzusammensetzung im September jeden Jahres. Als Kritik am DivDax ist anzumerken, dass die Kriterien für die Aufnahme in den Index rein vergangenheitsorientiert sind, was dazu führt, dass zum Beispiel die Deutsche Telekom, die in 2005 eine Dividende von 0,62 Euro zahlen wird und damit eine Dividendenrendite von rund 4 Prozent aufweist, nicht im Index enthalten ist. Noch deutlicher wird dieser Aspekt bei der Deutschen Lufthansa, die in 2001 und 2003 eine Dividende zahlte, 2002 und 2004 dagegen nicht. Demnach wäre die Aktie immer dann im DivDax gewesen, wenn sie keine Ausschüttungen leistete; umgekehrt blieb sie in den Dividendenjahren außen vor. Trotz dieser Einschränkungen lag die Entwicklung des DivDax rückgerichtet seit 1999 um 4,5 Prozent über der des Gesamtmarktes, bei niedrigerer Volatilität; vgl. DEUTSCHE BÖRSE (2005), DivDAX – der Dividendenindex der Deutschen Börse, erhältlich unter URL: http://www.deutsche-boerse.com.

18 „Dividendenrendite ist ein brennendes Thema im Markt", so Hartmut Graf, Leiter des Indexgeschäfts der Deutschen Börse; vgl. DEUTSCHE BÖRSE (2005), DivDAX – der Dividendenindex der Deutschen Börse, erhältlich unter URL: http://www.deutsche-boerse.com.

19 Vgl. o. V. (2003), Telekom macht Hoffnung auf Dividende, in: faz.net vom 10. September 2003.

20 So sank der Kurs der Deutschen Telekom am Tag der Ankündigung am 10. März um 2,4 Prozent, während der Dax um 1,0 Prozent nachgab.

samt 17 Gegenanträgen zur Tagesordnung der Hauptversammlung nahmen allein 10 Bezug auf die Dividendenentscheidung.[21]

Die hohe Aufmerksamkeit für Dividenden erscheint durchaus gerechtfertigt, tragen sie doch einen wichtigen Teil zur Gesamtaktienperformance bei. Aus dem Vergleich der Entwicklung des Dax-Kursindex mit dem Dax-Perfomanceindex[22] ist ersichtlich, dass Dividenden über die letzten 15 Jahre 37 Prozent der Gesamtperformance des Dax ausmachten. Der Anteil in Deutschland liegt dabei unter dem Durchschnitt für die in Japan und Europa notierten Werte von 50 Prozent bis zwei Drittel.[23] Der Anteil, den die Dividendenzahlungen an der Gesamtrendite ausmachen, kann als Maß für die Ausschüttungspolitik interpretiert werden. Wenn in zwei Märkten die Gesamtrenditen identisch sind, ist diese Relation ein Maß für die Sicherheit.

Abbildung 1: Anteil der Dividenden an Gesamtperformance des Dax

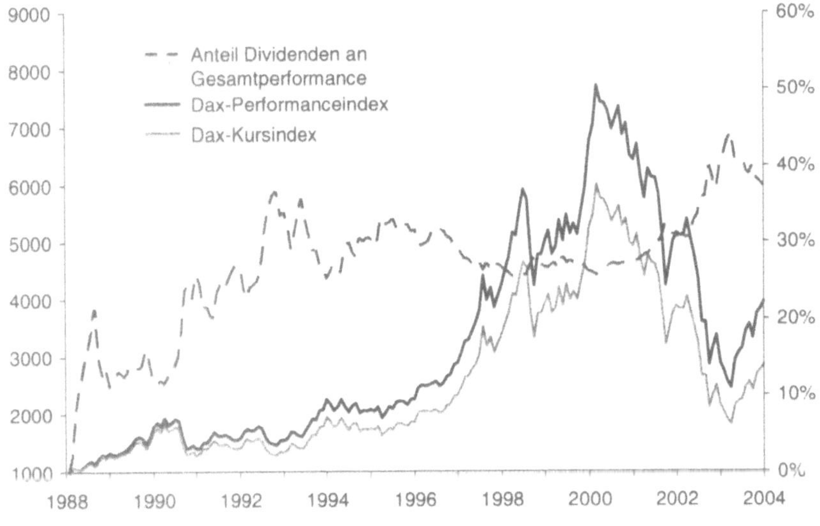

Quelle: DATASTREAM; eigene Berechnung.

---

[21] Vgl. Gegenanträge zur Hauptversammlung der Deutschen Telekom AG am 18. Mai 2004 in Köln, erhältlich unter URL: http://www.deutsche-telekom.de.

[22] Ein Performanceindex beruht auf dem Prinzip des Reinvestierens von Ausschüttungen. Der Dax wird als solcher geführt.

[23] Vgl. o. V. (2004), Die Dividende rückt in den Fokus, in: Handelsblatt vom 20. Februar 2004; EURO AM SONNTAG, Nr. 4 vom 23. Januar 2005, S. 12, erhältlich unter URL: http://www.deutsche-bank.de.

Die 30 im Dax vertretenen Unternehmen schütteten in 2004 seit dem Höhepunkt im Jahr 2001 erstmals wieder höhere Dividenden aus als im Vorjahr. Für das Geschäftsjahr 2003 wurden in 2004 10,6 Mrd. Euro an die Anteilseigner ausgeschüttet, was einem Plus von 5,2 Prozent entspricht.[24]

Abbildung 2: Dividendenzahlungen im Dax 30

In Milliarden Euro

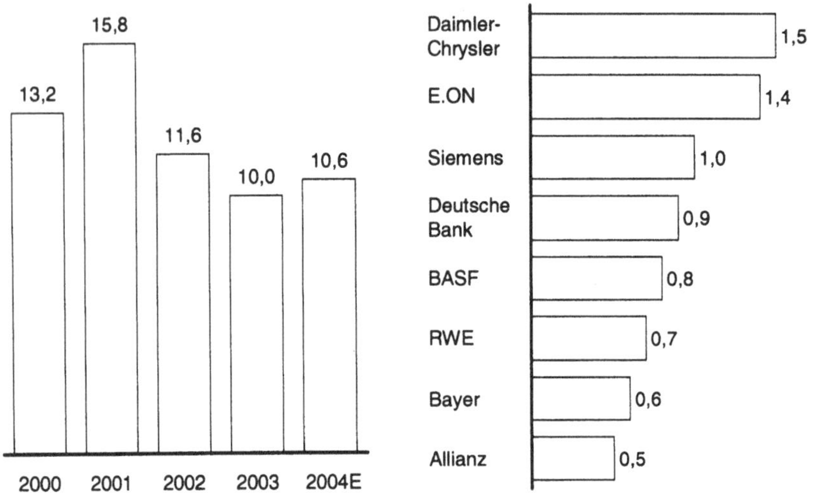

Quelle: RUHKAMP (2004), S. 21; eigene Berechnung.

Erscheint der Trend der Ausschüttungen aus Sicht der Kritiker grundsätzlich leicht positiv, muss er jedoch auch zu anderen Entwicklungen in Kontext gesetzt werden. So blieben die Dividendenerhöhungen von gut 5 Prozent für das Geschäftsjahr 2003 deutlich hinter den Gewinnsteigerungen im Dax von 33 Prozent zurück.[25] Auch für das Geschäftsjahr 2004 erhöhen sich die Dividenden nur unterdurchschnittlich: Während die Gewinne der Dax-Unternehmen im Durchschnitt um 117 Prozent anstiegen, wird sich die Dividendensumme nur um ca. 50 Prozent erhöhen.[26] Die Dividenden wurden andererseits aber auch unterproportional gekürzt, wenn die Gewinne sanken. So fielen die Dividendenausschüttungen im Dax von 2000 bis 2002 nur um 36 Pro-

---

24 Die Hälfte der Unternehmen erhöhte ihre Dividende zum Vorjahr; VW und Bayer schütteten weniger aus. Fünf Unternehmen ließen ihre Anleger leer ausgehen, darunter Lufthansa und Commerzbank im Vergleich zum Vorjahr erstmalig.

25 Vgl. DEUTSCHE BANK EUROPEAN EQUITY RESEARCH (2004), S. 48.

26 Vgl. JACOBS/MORTSIEFER/RHEE-PIENING (2005), Unternehmen im Dividendenrausch, in: Der Tagesspiegel vom 24. März 2005.

zent, obwohl die Gewinne in dieser Zeit um 57 Prozent zurückgingen.[27] Die Ausschüttungspolitik deutscher Aktiengesellschaften ist somit von sehr steter Natur. Das Prinzip der Dividendenkontinuität nimmt im Selbstverständnis deutscher Aktiengesellschaften einen sehr hohen Stellenwert ein.

2.2 Ausschüttungen und das Prinzip der Flexibilität

Wie nachfolgend gezeigt werden soll, wird eine Dividendenkontinuität in Deutschland nicht zuletzt durch ein eher niedriges relatives Ausschüttungsniveau erreicht. Sowohl die Entwicklung der Dividendenrendite als auch die Ausschüttungsquoten deutscher Unternehmen unterstützen diese Schlussfolgerung.

Die **Dividendenrendite** in Deutschland befindet sich seit Jahrzehnten in einem rückläufigen Trend.[28] Wurden vor rund 30 Jahren um die 4 Prozent erreicht, betrug die Dividendenrendite im Dax 30 in den letzten 10 Jahren – mit Ausnahme der Jahre 2001 und 2002[29] – weniger als 2 Prozent.

---

[27] Vgl. DEUTSCHE BANK EUROPEAN EQUITY RESEARCH (2004), S. 49.

[28] Generell gilt als Grundprinzip der Kapitalbereitstellung die Verzinsung des Einsatzes. Somit muss auch am Kapitalmarkt die Dividende ins Verhältnis zum Aktienkurs gesetzt werden, um Aufschluss zu erhalten, wie sich die Anlage, auch im Vergleich zu anderen Anlageformen, verzinst; vgl. auch NEUSCHELER, Tillmann, Das Jahr der Dividende, in: Frankfurter Allgemeine Sonntagszeitung vom 13. Februar 2005. Wenngleich das Risiko von Aktien mit dem von zum Beispiel festverzinslichen Kapitalanlagen nicht vergleichbar ist und der Kauf von Aktien immer noch den spekulativen Aspekt der Kursänderungen beinhaltet, ist anzunehmen, dass die Verzinsung der Aktie in Form der Dividendenrendite in der Anlageentscheidung ein Entscheidungskriterium darstellt. Festverzinsliche Wertpapiere werfen derzeit nur ca. 3 Prozent Rendite ab, was eine Dividendenrendite von 4 Prozent, wie sie in Europa häufiger zu finden ist, sehr attraktiv erscheinen lässt; vgl. EURO AM SONNTAG, Nr. 4 vom 23. Januar 2005, S. 12, erhältlich unter URL: http://www.deutsche-bank.de.

[29] In diesen Jahren führten der starke Gewinn- und folgliche Kursrückgang zur Steigerung der Dividendenrendite und nicht höhere Dividenden.

Abbildung 3: Dividendenrendite im Dax 30

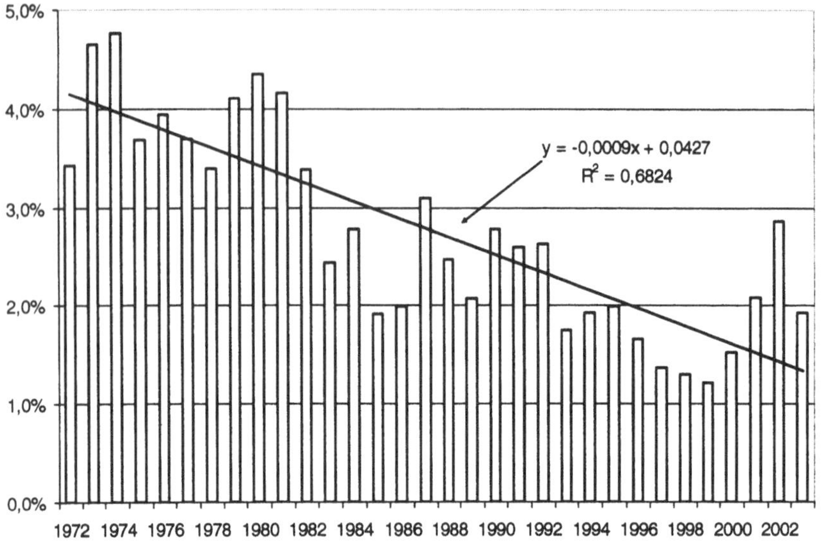

Quelle: DATASTREAM; eigene Berechnung.

Im Zuge der Internationalisierung der Aktienmärkte stehen deutsche Aktien auch in einem steigenden Wettbewerb mit ausländischen Aktien.[30] Im internationalen Vergleich werfen die Dividenden deutscher Aktiengesellschaften niedrigere Renditen ab.[31] Die Dividendenrendite rangiert in Deutschland aktuell sowie im historischen Durchschnitt zum Teil deutlich unter denen anderer Länder und Regionen.[32]

---

30 Beispielhaft sei hier auf den Aktienfonds DWS Top Dividende verwiesen, der in dividendenstarke Aktien anlegt. Nur zwei der zehn ‚Schwergewichte' im Fonds stammen aus Deutschland; vgl. EURO AM SONNTAG, Nr. 4 vom 23. Januar 2005, S. 12, erhältlich unter URL: http://www.deutsche-bank.de.

31 Vgl. DRIES (2004), S. 23.

32 Deutlich unter dem Niveau in Deutschland befinden sich nur die USA mit einer Dividendenrendite von 1,4 Prozent. Es ist hierbei zu vermerken, dass die Dividende in den USA nicht den gleichen Stellenwert genießt wie in anderen Ländern. So stieg das Aktienrückkaufvolumen in den Vereinigten Staaten von 3,6 Mrd. USD in 1977 auf über 200 Mrd. USD in 1999 und überschritt 1999 erstmalig die ausgezahlte Dividendensumme; vgl. GRULLON/MICHAELY (2002), S. 1655. Auch sind das Komfortabilitätsniveau beim Umgang mit dem Aktienmarkt und die Aktienkultur weitaus höher entwickelt als zum Beispiel in Deutschland, wo die Aktienkultur im Aufbau begriffen ist und sich Vertrauensproblemen gegenübersieht. Nichtsdestotrotz ist auch in den USA ein wieder stärkerer Fokus auf die Dividende zu vermerken; vgl. Fußnote 55. Ob der Trend zu Aktienrückkäufen in Verbindung mit niedrigeren Dividenden auch für den deutschen Markt Bestand hat und darüber hinaus sinnvoll erscheint, wird in Abschnitt 4.5 untersucht.

Abbildung 4: Dividendenrendite im regionalen Vergleich

Angaben in Prozent

	2001	2002	2003E*	2004E	Durchschnitt**
Welt	2,3	2,9	3,0	3,1	3,1
USA	1,2	1,5	1,4	1,4	1,8
Europa	2,0	2,4	2,5	2,6	2,5
Euroland	2,0	2,3	2,5	2,6	2,4
Italien	3,8	3,3	4,4	3,7	2,2
UK	2,3	2,9	3,0	3,1	3,1
Spanien	2,3	2,9	3,0	3,1	3,1
Skandinavien	1,7	2,4	2,4	2,5	2,3
Deutschland	**1,7**	**2,0**	**1,9**	**2,2**	**2,1**
Frankreich	1,5	1,8	1,8	2,1	1,8

* Dividenden für das Geschäftsjahr 2003 ausgeschüttet in 2004
** Durchschnitt der Jahre 1989 bis 2002

Quelle: DEUTSCHE BANK EUROPEAN EQUITY RESEARCH (2004), S. 49.

Neben der absoluten Höhe der Dividende und der Dividendenrendite stellt die **Ausschüttungsquote**, also das Verhältnis von gezahlter Dividende zu erwirtschaftetem Jahresüberschuss, ein weiteres Maß für die Ausschüttungspolitik eines Unternehmens dar. Die Ausschüttungsquote lag in Deutschland in der Vergangenheit meist unter 40 Prozent, während zum Beispiel in Großbritannien im Durchschnitt bis zu 60 Prozent ausgeschüttet werden.[33] Nachdem die Ausschüttungsquote der Dax 30-Unternehmen durch den allgemeinen Gewinnrückgang in den Jahren 2001 und 2002 auf über 60 Prozent stieg, wurde für das Geschäftjahr 2003 nur noch 49,5 Prozent ausgeschüttet.[34] Die Unternehmen scheinen wie in der Vergangenheit ihre Quote wieder in Richtung des historischen Durchschnitts zu senken. Für das Geschäftsjahr 2004 wird erwartet, dass die Dax-Unternehmen nur 30-35 Prozent des Jahresüberschusses ausschütten werden.[35] Das Unternehmen Adidas kündigte zwar 2004 ex-

---

33 Vgl. ZIEMANN (1993), S. 138.

34 Dabei ist zu beachten, dass die Unternehmen des Dax verglichen mit den übrigen deutschen Aktiengesellschaften noch vergleichsweise hohe Dividenden zahlen; vgl. Abschnitt 2.1.

35 Vgl. Interview mit Ulrich Hocker, Hauptgeschäftsführer der Deutschen Schutzvereinigung für Wertpapierbesitz (DSW) in JACOBS/MORTSIEFER/RHEE-PIENING (2005), Unternehmen im Dividendenrausch, in: Der Tagesspiegel vom 24. März 2005.

plizit an, zukünftig die Ausschüttungsquote zu erhöhen[36], wobei sich diese Aussage jedoch relativiert, wenn berücksichtigt wird, dass Adidas bislang nur 15-20 Prozent des Gewinns ausschüttete (Geschäftsjahr 2003: 17 Prozent).

Während also die absolute Erhöhung der Dividenden positiv zu beurteilen ist, ergibt sich relativ gesehen ein anderes Bild. Der aktuelle Trend in der Ausschüttungsquote lässt nicht auf ein Umdenken auf Seiten der Unternehmen schließen. Deutsche Aktiengesellschaften geben weiterhin den Anschein, die finanzielle und auch investive Flexibilität, die sich aus einer hohen Gewinneinbehaltung ergibt, stark zu schätzen. Niedrige Ausschüttungsquoten bzw. eine hohe Selbstfinanzierung erleichtern wiederum das Erreichen der Dividendenkontinuität, die – wie bereits gezeigt – im Ausschüttungsverhalten deutscher Aktiengesellschaften eine dominante Rolle spielt.

Abbildung 5: Ausschüttungsquote der Dax 30-Unternehmen

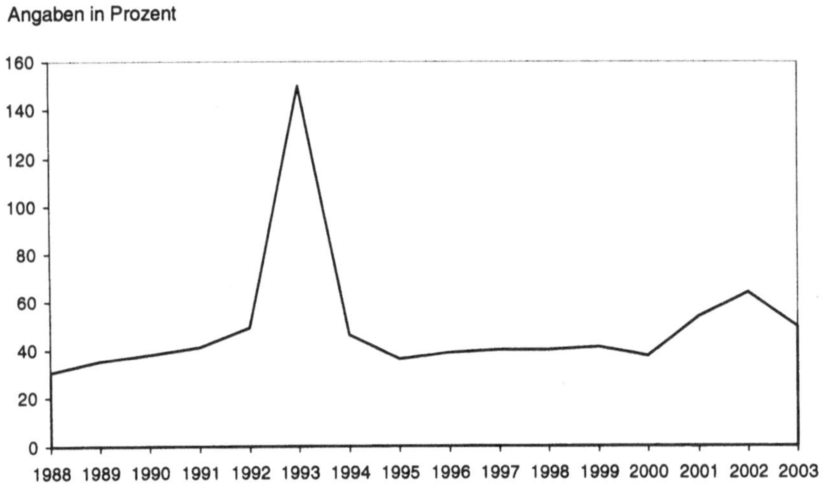

Quelle: DEUTSCHE BANK EUROPEAN EQUITY RESEARCH (2004), S. 49.

Die Antwort auf die richtige Ausschüttungsquote ist dabei alles andere als eindeutig. Zum einen gefährdet eine hohe Ausschüttungsquote bei zukünftigen Gewinnschwankungen die Konstanz der Dividende, zum anderen reduziert sie die Gefahr von Fehlinvestition und *Agency*-Kosten.[37] **ARNOTT/ASNESS (2003)** untersuchten den Zusammenhang zwischen Ausschüttungsquote und Gewinnwachstum. Sie kommen zum Ergebnis, dass höhere (niedrigere) Ausschüttungsquoten zu einem höheren

---

[36] Vgl. o. V. (2004), Adidas erhöht Dividende für das Sportjahr 2004, in: Handelsblatt vom 16. August 2004.

[37] Vgl. dazu auch Abschnitt 4.4.2.

(niedrigeren) anschließenden Gewinnwachstum führen.[38] Robustheitstest hinsichtlich Aktienrückkäufe, Phasen hoher/niedriger Bewertung des Aktienmarktes und Betrachtungshorizont bekräftigen den starken Einfluss der Ausschüttungsquote auf das folgende Gewinnwachstum. Die Autoren führen primär zwei Begründungen an, warum die Ausschüttungsquote ein verlässlicher Zukunftsindikator sei. Ein Erklärungsmuster betrifft die Abneigung der Manager gegen Dividendenkürzungen. Eine niedrige Ausschüttungsquote deutet womöglich auf ein mangelndes Vertrauen des Managements in eine dauerhafte Ertragslage hin, während eine hohe Ausschüttungsquote nach ARNOTT/ASNESS das Gegenteil signalisiere. Alternativ können niedrige Ausschüttungsquoten, das heißt eine hohe Gewinneinbehaltung, in Abwesenheit ausreichender profitabler Investitionsmöglichkeiten zu ineffizientem Mitteleinsatz bzw. *Empire Building* führen.[39] Die Ausschüttung größerer Teile des Gewinns zwinge hingegen zur Einhaltung einer gewissen (Investitions-)Disziplin, wenn Dividendenkürzungen vermieden werden sollen. In diesem Sinne bemängeln auch Aktionärsschützer in Deutschland zunehmend, dass Unternehmen ihre Dividendenpolitik nicht deutlicher an den gestiegenen Gewinnen ausrichten und die Ausschüttungsquote langfristig nicht über das Niveau der Vergangenheit erhöhen.[40]

Auch gemessen am freien Cashflow schütten deutsche Aktiengesellschaften häufig nur einen geringen Anteil aus.[41] Unternehmen wie SAP mit Eigenkapitalquoten von mehr als 50 Prozent und einer Ausschüttungsquote unter 25 Prozent[42] müssen sich die kritische Frage nach dem Einsatz der freien Mittel gefallen lassen. Anders verhält es sich zum Beispiel beim Unternehmen E.ON: Im Sommer 2003 verschrieb man sich dem Ziel, mittelfristig eine Ausschüttungsquote von 50 Prozent zu erreichen und die Dividende bis 2006 um mindestens 10 Prozent jährlich zu erhöhen.[43] Diese Zielsetzung spricht für eine Ausschüttungspolitik, die sich der allgemeinen Situation am Kapitalmarkt im Sinne eines angeschlagenen Vertrauens gegenüber den Unternehmen und einem erhöhten Sicherheitsbestreben der Anleger sowie der damit verbun

38 Vgl. ARNOTT/ASNESS (2003), S. 72 ff.

39 Vgl. ebenda, S. 74.

40 Vgl. o. V. (2004), DSW verlangt höhere Dividenden, in: Handelsblatt vom 24. März 2004, sowie Ulrich Hocker, Hauptgeschäftsführer der Deutschen Schutzvereinigung für Wertpapierbesitz (DSW) in JACOBS/MORTSIEFER/RHEE-PIENING (2005), Unternehmen im Dividendenrausch, in: Der Tagesspiegel vom 24. März 2005.

41 Vgl. LÜCKMANN, Reinhard (2003), Dax-Firmen geizen mit Dividende, in: Handelsblatt vom 13. Juni 2003.

42 Dies berücksichtigt bei einem Gewinn pro Aktie von 3,48 Euro bereits die erhöhte Dividende von 0,80 Euro für das Geschäftsjahr 2003.

43 Vgl. E.ON Geschäftsbericht 2003, S. 6, erhältlich unter URL: http://www.eon-ag.com; BECKER, Walther (2004), Im Dax steigen die Dividenden nur sehr moderat, in: Börsen-Zeitung vom 09. März 2004, S. 11.

denen verstärkten Forderungen von Investoren in Aspekten der Ausschüttungspolitik angenommen hat.

Trotz der in Abschnitt 2.1 beschriebenen Dividendenträgheit und der mangelnden Bereitschaft, mehr an die Aktionäre auszuschütten, gehen die Unternehmen des Dax 30 verglichen mit den übrigen Aktiengesellschaften noch mit gutem Beispiel voran. Die Dividendensumme des Dax 30 stellt mit 10,6 Mrd. Euro immerhin knapp zwei Drittel der Gesamtdividendensumme aller Aktiengesellschaften dar.[44] Auch gemessen an anderen Kennzahlen bestehen zwischen den einzelnen Börsensegmenten erhebliche Unterschiede. So zahlten 25 von 30 Unternehmen (83 Prozent) im Dax 30 eine Dividende aus; im MDax taten dies 82 Prozent der 50 Unternehmen; im SDax zahlten nur 54 Prozent der 50 Unternehmen eine Dividende; im TecDax waren es sogar nur knapp ein Drittel der 30 Unternehmen.[45] Auch die Durchschnittsdividende pro Aktie nahm in gleicher Weise über die Segmente ab: 0,27 Euro im Dax 30, 0,26 Euro im MDax, 0,11 Euro im SDax und nur 0,03 Euro im TecDax. Insgesamt wurde von der Deutschen Schutzvereinigung für Wertbesitz (DSW) bemängelt, dass 43 Prozent des gesamten börsennotierten Grundkapitals in 2004 leer ausgingen und 64 Prozent der untersuchten 939 Unternehmen keine Dividende zahlten.[46] Auch diese Zahlen lassen schlussfolgern, dass deutsche Aktiengesellschaften und insbesondere kleinere Unternehmen die finanzielle und auch investive Flexibilität, die sich aus einer hohen Gewinneinbehaltung ergibt, stark positiv bewerten.

Neben der Dividende sind **Aktienrückkäufe** eine weitere und deutlich flexiblere[47] Möglichkeit, an die Anteilseigner auszuschütten. Während in den USA Rückkäufe eigener Aktien bereits seit vielen Jahren angewendet werden, hat der Gesetzgeber in Deutschland diese Form der Ausschüttung erst im Mai 1998 erleichtert (Gesetz zur Kontrolle und Transparenz im Unternehmensbereich). Seitdem lassen sich über 80 Prozent der 30 im Dax vertretenen Gesellschaften bzw. ca. 40 Prozent aller CDax-Unternehmen von ihren Hauptversammlungen die grundsätzliche Ermächtigung zum Rückkauf geben;[48] davon haben mindestens 10 Unternehmen bereits Aktien zurückgekauft.[49] Das Rückkaufvolumen in Deutschland betrug 0,5 Mrd. Euro in 1998 und

---

44 Vgl. DEUTSCHE SCHUTZVEREINIGUNG FÜR WERTPAPIERBESITZ (DSW) (2004), S. 2.

45 Vgl. ebenda, S. 2.

46 Vgl. WEBER (2004) mit dem Verweis auf die Pressekonferenz zu DEUTSCHE SCHUTZVEREINIGUNG FÜR WERTPAPIERBESITZ (DSW) (2004).

47 Vgl. unter anderem BRAV et al. (2004), S. 19 f.

48 Im MDax lassen sich 70 Prozent ermächtigen, im Nemax waren es 2002 51 Prozent; vgl. PERTLWIESER (2005), S. 60.

49 Vgl. RUHKAMP (2003), S. 21.

4,9 Mrd. Euro in 2002.[50] Verglichen mit den Dividenden haben Aktienrückkäufe noch nicht die Bedeutung wie in den USA erlangt. Allein für das Geschäftsjahr 2003 erreichte die Dividendensumme deutscher Aktiengesellschaften 16 Mrd. Euro. Auch die Ausnutzung von lediglich 20 Prozent aller HV-Ermächtigungen, das durchschnittliche Rückkaufvolumen von nur 3,1 Prozent des Grundkapitals sowie ein rückläufiges Ankündigungs- und Rückkaufverhalten seit 2002 deuten darauf hin, dass der Aktienrückkauf auch in Zukunft eine deutlich untergeordnete Rolle spielen wird.[51] Es bleibt jedoch festzuhalten, dass durch die Bedeutungszunahme von Aktienrückkäufen seit 1998 der Ausschüttungsmix deutscher Aktiengesellschaften flexibler geworden ist, da Aktienrückkäufe nicht den verpflichtenden Charakter von Dividenden besitzen.[52]

2.3 Zusammenfassung

Die historische Betrachtung sowie die aktuellen Trends im Ausschüttungsverhalten deutscher Aktiengesellschaften zeigen, dass das Prinzip der Dividendenkontinuität einen sehr hohen Stellenwert besitzt. Dividenden verhalten sich deutlich träger als die Gewinne der Unternehmen. Ermöglicht wird dies durch eine eher konservative Ausschüttungspolitik, die dafür sorgt, dass der Puffer für Dividendenentscheidungen möglichst hoch ist. Sowohl die Entwicklung der Dividendenrendite als auch die Höhe der Ausschüttungsquoten lassen darauf schließen, dass Dividenden zahlende Aktiengesellschaften das Prinzip der Flexibilität sehr hoch bewerten. Der internationale Vergleich dieser Kennzahlen bestätigt dies weiter. Diese Ausgestaltung der Ausschüttungspolitik schafft einerseits finanzielle Flexibilität durch hohe Gewinnthesaurierungen, um auch Perioden mit rückläufigen Gewinnen mit möglichst konstanten Dividendenzahlungen durchzustehen. Andererseits ermöglicht sie auch investive Flexibilität, um über die Mittelverwendung entscheiden und ohne die Befürchtung von direkten Sanktionen seitens der Anteilseigner Investitionsprojekte realisieren zu können.

Der überwiegende Teil der Unternehmen in Deutschland zahlt überdies keine Dividenden. Es ist daher anzunehmen, dass die Unternehmen in Deutschland bislang keinen ‚unangenehmen' Druck verspüren, ihre Ausschüttungspolitik über das bestehende Niveau zu erhöhen. Diese Haltung ändert sich jedoch merklich. Aktionäre und Aktionärsvertreter wie das Deutsche Aktieninstitut (DAI) oder die Deutsche Schutzvereinigung für Wertpapierbesitz (DSW) melden sich vermehrt zu Wort und stellen

---

50 Insgesamt wurden von 1998 bis Mitte 2003 Aktien im Wert von 21,9 Mrd. Euro zurückgekauft; dabei schwankt das jährliche Volumen recht stark und zeigt die Abhängigkeit von einzelnen großen Rückkaufsprogrammen; vgl. PERTLWIESER (2005), S. 68.

51 Vgl. ebenda, S. 82.

52 Vgl. dazu auch Abschnitt 4.5.

Forderungen hinsichtlich der Ausschüttungspolitik deutscher Aktiengesellschaften. So bemängeln bspw. Aktionärsschützer in Deutschland zunehmend, dass Unternehmen ihre Dividendenpolitik nicht deutlicher an den gestiegenen Gewinnen ausrichten und die Ausschüttungsquote langfristig nicht über das Niveau der Vergangenheit erhöhen.[53] Was in der Vergangenheit toleriert und mitnichten auch akzeptiert wurde, wird zunehmend kritisiert.

Aktiengesellschaften in Deutschland stehen auf dem Prüfstand. Die schlechten Erfahrungen der letzten Jahre haben Spuren hinterlassen, die in einem angeschlagenen Vertrauen der Investoren und einer geringeren Verlusttoleranz resultierten. Dem gestiegenen Sicherheitsbestreben der Anleger ist vom Kapitalmarkt angemessen Rechnung zu tragen; dem kann sich auch die Ausschüttungspolitik der Unternehmen nicht entziehen. Nachdem die Anbieter von Kapitalanlagen bereits reagiert haben und verstärkt Garantieprodukte anbieten[54], müssen Aktiengesellschaften den Anleger stärker ins Visier nehmen und seine Bedürfnisse explizit adressieren, wofür die Dividendenpolitik ein zentrales und probates Mittel darstellt. Mit Hilfe der Dividende als disziplinierendem Instrument können Unternehmen in diesen Zeiten einen Beitrag zur Stabilität leisten und gleichzeitig für sich profitieren, indem die Anleger in ihren Anlagemotiven und -bedürfnissen stärker angesprochen werden.

Doch besteht an diesen Fronten noch Handlungsbedarf. Während sich in den USA bereits ein deutlicher Trend weg von Spekulationen auf reine Kurssteigerungsgewinne hin zur größeren Teilhabe am Unternehmenserfolg durch Dividenden zeigt[55], hinkt die Entwicklung in Deutschland noch hinterher. Die aktuellen Trends in der Ausschüttungspolitik deutscher Unternehmen lassen eine solche Ausrichtung vermissen. Es ist nicht erkennbar, dass sich die Einstellung der Unternehmen deutlich ändert – so zeigt zum Beispiel der Trend bei den Ausschüttungsquoten seit dem Hochpunkt 2002 wieder deutlich nach unten.

Die jährliche Bardividende erscheint auf den ersten Blick angesichts der aktuellen Börsensituation als geeignete Form der Ausschüttung, um die gegenwärtigen Defizite zu lindern. Die Ausschüttungsform des Aktienrückkaufs hat auf Grund des unstete-

53 Vgl. Fußnote 40.

54 Vgl. dazu auch Abschnitt 3.3.2.2.

55 Dividenden der im S&P 500 notierten Unternehmen erfuhren in den letzten zwei Jahren eine Steigerung von 38 Prozent; vgl. MERKEL (2004), S. 4. Unter anderem schüttete Microsoft 2004 erstmals eine Dividende aus, Citigroup hob die Ausschüttung um 94 Prozent gegenüber 2002 an. Auch im Informationstechnologiebereich, bisher von verhaltenen Ausschüttungen geprägt, scheint sich die Überzeugung durchzusetzen, dass langfristig die Spekulation auf steigende Kurse alleine nicht hilft. So stieg die Dividendensumme auf insgesamt ‚nur' 7 Mrd. USD, was allerdings einem Anstieg um 95 Prozent entspricht; vgl. ebenda, S. 4. Unterstützt wird diese Entwicklung von der Steuermaßnahme, Dividenden ab 2003 pauschal und wie Kursgewinne mit 15 Prozent zu besteuern; vgl. bspw. CHETTY/SAEZ (2004), S. 1.

ren Charakters nur bedingt die Möglichkeit, einen signifikanten Beitrag zu leisten und sollte eher im Falle einmaliger Cashflowüberschüsse genutzt werden.[56] Das Image des Instruments Aktienrückkauf ist zudem angekratzt. In der Zeit von 1998 bis 2002 wurden rund 40 Prozent der Rückkaufankündigungen von Nemax-Unternehmen getätigt.[57] Der Verfall des Nemax führte bei Anlegern zu einer negativen Assoziation von Aktienrückkäufen und Renditeentwicklung.[58]

---

56 Auf diesen Aspekt wird in den Abschnitten 4.5 und 4.7 nochmals eingegangen.

57 Vgl. PERTLWIESER (2005), S. 63. Weitere knapp 40 Prozent kamen von so genannten *Small Caps*.

58 Die negativen Überrenditen von -24 Prozent im Zeitraum bis 24 Monate nach Ankündigung mögen diesen negativen Eindruck mit beeinflusst haben; vgl. ebenda, S. 339.

3 Investorenklientele und ihre Ausschüttungspräferenzen

Aktionäre stellen die Empfänger von Ausschüttungen dar und bewerten diese am Maßstab ihres individuellen Optimierungskalküls. Zwar ist dadurch, wie MODIGLIANI/MILLER zeigen konnten, noch nicht die Wertrelevanz expliziter Ausschüttungsstrategien für Aktienkurs und Unternehmenswert gegeben[59], jedoch führen Unvollkommenheiten des Kapitalmarktes wie asymmetrische Informationen, potenzielle Interessenkonflikte oder begrenzt rationale Investoren dazu, dass verschiedene Ausschüttungsstrategien unterschiedlich bewertet werden können. Andere Bedürfnisse sowie begrenzte Informations- und Kontrollmöglichkeiten von verschiedenen Investorentypen können dazu führen, dass bezüglich der optimalen Ausschüttungspolitik unterschiedliche Präferenzen bestehen. Beeinflussen diese Faktoren systematisch die Nachfrage nach Aktien und Bewertung von Unternehmensanteilen, ist eine Wertrelevanz gegeben, so dass die Ausschüttungspolitik unter Berücksichtigung der jeweiligen Investorenstruktur untersucht werden muss.[60] Grundvoraussetzung dafür sind Kenntnisse des Unternehmens über seine (derzeitige sowie zukünftige (Ziel-)) Aktionärsstruktur sowie der Eigenschaften und Bedürfnisse der Investoren. Die Analyse der Investorenstruktur deutscher Aktiengesellschaften und die Eigenschaften und Ausschüttungspräferenzen der verschiedenen Investorengruppen ist Gegenstand der folgenden Betrachtungen.

3.1 Die Entwicklung der Aktionärsstruktur in Deutschland

Jahrzehntelang waren die deutsche Wirtschaft sowie die Beteiligungsverhältnisse von Unternehmen geprägt von der intensiven Verflechtung zwischen Industrieunternehmen untereinander, Banken und Versicherungen. Die oft gebrauchten Stichworte ‚Stabilität' und ‚Konsens' waren Synonyme für die Möglichkeit, langfristig ohne Druck der Kapitalmärkte planen zu können und internationale Wettbewerbsfähigkeit bei sozialem Ausgleich zu ermöglichen, vor allem durch die im internationalen Vergleich ungewöhnliche Besitzstruktur.[61]

Seit nunmehr gut fünf Jahren verändern sich die Besitzstrukturen deutscher Aktiengesellschaften. Für diese Entwicklung ist eine Reihe von Faktoren verantwortlich, auf einige wird im Folgenden eingegangen.

---

59 Vgl. MILLER/MODIGLIANI (1961), S. 431.

60 Zur Wertrelevanz von Ausschüttungen vgl. die Ausführungen in Kapitel 4.

61 Vgl. SEIFERT et al. (2002), S. 25 und S. 49.

Abbildung 6: Aktionärsstruktur in Deutschland

Quelle: DEUTSCHE BUNDESBANK (2004b), S. 76-93.

Die Bedeutung von institutionellen Investoren hat stark zugenommen. Dahinter stehen vor allem Mittel des privaten Anlegers, der insbesondere in den letzten Jahren, unter anderem getrieben durch die negativen Erfahrungen am Aktienmarkt, verstärkt den indirekten Weg über professionelle Anlagegesellschaften gegangen ist.[62] Die steigende Bedeutung der privaten Altersvorsorge führt dazu, dass private Investoren verstärkt in die langfristig rentable Anlageform der Aktien[63] investieren bzw. im Falle von Renten- und Lebensversicherungen die Mittel von den Versicherungsgesellschaften selbst teilweise in Aktien investiert werden. Das Bewusstsein für ein angemessenes Verhältnis von Risiko zu Ertrag wird bei den privaten Anlegern auch weiterhin stärker in den Vordergrund treten, was Produkten der privaten und betriebli-

---

62 Vgl. dazu auch Abschnitte 3.5.1 und 3.5.2.2 und insbesondere Abbildung 17.

63 Seit 1950 gab es am deutschen Aktienmarkt nur eine 5-Jahresperiode, in der im Dax investierte Aktionäre Verluste hinnehmen mussten. Ab einer Halteperiode von 15 Jahren gab es am deutschen Aktienmarkt der Nachkriegszeit keine einzige Gesamtverlustperiode mehr; vgl. SEIFERT et al. (2002), S. 60.

chen Altersvorsorge, Investmentfonds, aber auch direkten Anlagen in Aktien ein relativ größeres Gewicht zukommen lassen wird.[64]

Die Zahl der inländischen, direkt in Aktien investierenden Anleger hat in den letzten Jahren zwar leicht abgenommen – viele Anleger sind dabei zu Fondsinvestoren geworden[65] –, jedoch spricht vieles für eine Umkehr dieses Trends. So hat sich die Zahl der reinen Aktionäre, das heißt solche, die nur Aktien und keine Fondsanteile besitzen, im 2. Halbjahr 2004 wieder erhöht.[66] Neben dem im internationalen Vergleich unterdurchschnittlichen Aktien- und Fondsvermögen in Deutschland[67] lässt auch die demografische Entwicklung der potenziellen privaten Aktieninvestoren eine Zunahme privater Aktienanlagen erwarten.[68] Der Anteil derer, die einerseits ein ausreichendes Einkommen erzielen und andererseits noch jung genug sind, um langfristig für die Rente investieren zu können, wird in den nächsten zehn Jahren in Deutschland von 13 auf 17 Prozent steigen.

---

64 Vgl. ZENTRUM FÜR EUROPÄISCHE WIRTSCHAFTSFORSCHUNG (ZEW) (2004), S. 16 f. Zudem besteht ab 2005 der Steuervorteil für Kapitallebensversicherung nicht mehr, was deren Attraktivität deutlich schmälert.

65 Vgl. Abbildung 17.

66 Vgl. Abbildung 13.

67 Der Aktionärsanteil in Deutschland liegt unter dem anderer Industrienationen; vgl. Abbildung 14. Das Pro-Kopf-Vermögen an Investmentfonds verdoppelte sich zwar seit 1998 und beträgt durchschnittlich 5.472 Euro (1998: 2.505 Euro), während das private Geldvermögen nur um 20 Prozent stieg. Deutschland liegt damit jedoch zum Teil weit hinter anderen Ländern wie USA (22.010 Euro), Frankreich (18.379 Euro), Schweden (8.830 Euro) oder Großbritannien (7.967 Euro) zurück; vgl. BVI (2004), S. 1.

68 Vgl. dazu auch o. V. (2004), Demografischer Wandel beeinflusst Kapitalmarkt nicht negativ, in: Handelsblatt vom 15. September 2004.

Abbildung 7: Anteil der 45- bis 54-Jährigen an der Gesamtbevölkerung

Quelle: GLOBAL INSIGHT WORLD MARKET MONITOR, www.globalinsight.com.

Die Tatsache, dass insbesondere indexorientierte Anlageprodukte starken Zulauf erfahren[69], und die Beobachtung, dass vor allem vermögende private Anleger, die auf Grund ihres Vermögens eine kritische Masse zur Diversifizierung erreicht haben, anfangen, ihr Portfolio mehr und mehr eigens zu verwalten, spricht ebenso für eine Zunahme an direkten Aktieninvestoren. Der Trend zur direkten Aktienanlage und Eigenverwaltung wird sich mit zunehmender Aufklärung über den Aktienmarkt verstärken. Dazu trägt auch die oft schlechtere Performance von Aktienfonds im Vergleich zu passiven Anlagestrategien bei: Aktiv anlegende Finanzintermediäre wie Fondsgesellschaften haben für viele Anleger keinen Mehrwert mehr und verursachen vergleichsweise hohe Kosten.[70]

Eine weitere Untergruppe der Privatanleger, die Aktionärsgruppe ‚Mitarbeiter', verfügt in Deutschland über ein großes Potenzial.[71] Bezüglich Mitarbeiterbeteiligungen weist Deutschland im internationalen Vergleich große Rückstände auf, wie der Vergleich

69 Vgl. Abschnitt 3.4.2.

70 Vgl. dazu auch Abschnitt 3.4.2 und insbesondere Fußnoten 111 und 112.

71 Diese Untergruppe der privaten Anleger hat im Wesentlichen die Eigenschaft einer besonders langfristigen Orientierung; die Besitzstruktur bleibt also durch Mitarbeiterbeteiligungsprogramme tendenziell stabil; vgl. SEIFERT et al. (2002), S. 66.

mit den USA zeigt. Auch dieser Hinweis spricht für die relative Bedeutungszunahme der privaten Investoren.

Abbildung 8: Anteil der von Mitarbeitern gehaltenen Aktien im Vergleich

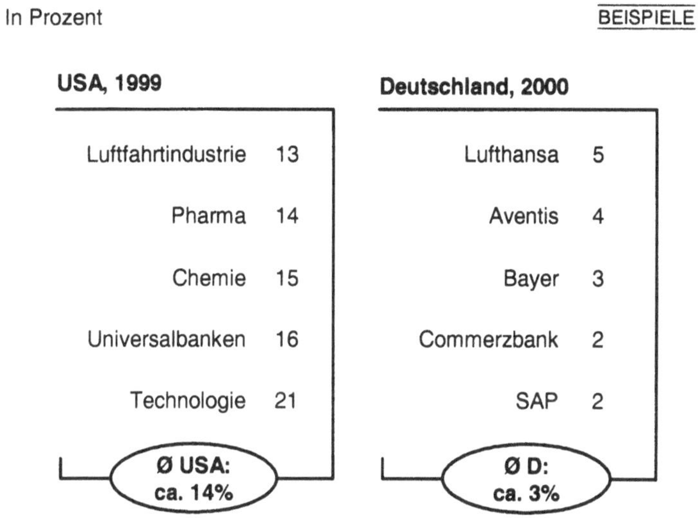

Quelle: SEIFERT et al. (2002), S. 66.

Der Anteil ausländischer Investoren nimmt ebenso zu, wobei Deutschland im europäischen Vergleich noch Aufholpotenzial besitzt.[72] Hatten internationale Investoren im Jahr 2000 in Großbritannien einen Anteil an der Marktkapitalisierung von rund 32 Prozent[73], betrug er in Deutschland nur rund 10 Prozent.[74] Dass die Klientel ausländischer Investoren einen steigenden Stellenwert erhält, zeigt auch der zunehmende

---

72 Die zunehmende Globalisierung der Kapitalmärkte hat einen steigenden Kapitalaustausch und somit auch die vermehrte Investition ausländischen Kapitals in Deutschland zur Folge. Diese Entwicklung führt unter anderem dazu, dass sich deutsche Unternehmen in ihrer Unternehmenspolitik verstärkt am System der *Corporate Governance* internationaler und insbesondere angloamerikanischer Märkte ausrichten müssen. Dazu gehört vor allem die Notwendigkeit, mit einer international weit gestreuten und heterogenen Investorenschaft zu kommunizieren, deren Loyalität zum Unternehmen in der Regel geringer ist als die heimischer Anleger. Internationale Investoren tragen maßgeblich dazu bei, dass die *Corporate Governance* unter dem Einfluss der aufstrebenden Investorengruppen und *Shareholder Value*-Prinzipien neu definiert werden; vgl. ebenda, S. 73 f.

73 Vgl. PROSHARE (UK) LTD. (2000), S. 71.

74 Vgl. Abbildung 6. Im Jahr 2003 war der Anteil in Deutschland auf rund 17 Prozent gestiegen.

Trend deutscher Aktiengesellschaften, sich zusätzlich an ausländischen Börsen notieren zu lassen.[75]

Die Investorenstruktur in Deutschland hat sich bereits deutlich verschoben, wobei der Trend aus den angeführten Gründen weiterhin besteht. Die Bedeutung der Unternehmen und Banken als Aktionäre wird weiter sinken. Ausländische Beteiligungen und private Aktienanlagen werden zunehmen; beides geht mit der Bedeutungszunahme institutioneller Investoren einher. Um die Prognose der sich weiter verändernden Aktionärsstruktur zu festigen und die Konsequenzen dieses Strukturwandels für die Ausschüttungspolitik von Aktiengesellschaften abzuleiten, werden im Folgenden die verschiedenen Investorengruppen in ihrer Entwicklung analysiert und hinsichtlich ihrer Eigenschaften und Ausschüttungspräferenzen untersucht.

3.2 Die Entwicklung der Deutschland AG

Jahrzehntelang galt die enge Verflechtung von Großbanken, Versicherungen und Industrieunternehmen – die so genannte Deutschland AG – als Rückgrat der deutschen Wirtschaft.

> „Statt unter dem Diktat der Börse auf kurzfristige Profitmaximierung zu zielen, konnten Management und Kapitalgeber im Aufsichtsrat die Entwicklung langfristiger Strategien begleiten und deren Umsetzung schrittweise verfolgen."[76]

Mit derartigen Argumenten verurteilten Politiker, Unternehmer und Arbeitnehmervertreter das angelsächsische Modell der Unternehmensverfassung und Wirtschaftsorganisation, das auf der zentralen Rolle der Wettbewerbsorientierung und liquider, freier Märkte aufbaut, und appellierten für das alternative Modell, das sozialen Ausgleich, langfristiges Wachstum und internationale Wettbewerbsfähigkeit miteinander verbinden sollte.[77] Deutschland galt als typischer Fall einer koordinierten Ökonomie, die sich dadurch auszeichnet, dass Unternehmen einen Großteil ihrer Beziehungen nicht über Märkte organisieren, die Finanzierung auf Langfristigkeit angelegt ist, die Unternehmen keiner aktiven Kapitalmarktkontrolle unterliegen und die Arbeitnehmer in ein System des wirtschaftlichen Interessenausgleichs einbezogen sind.[78] Das *Corporate-Governance*-Modell in Deutschland war gekennzeichnet durch ein geringes

---

[75] Bis 2002 sind 11 der 30 Dax-Unternehmen den Schritt an die *New York Stock Exchange* (NYSE) gegangen: BASF und DaimlerChrysler wählten ein direktes Listing, während Allianz, Deutsche Telekom, Epcos, E.ON, FMC, Infineon, SAP, Schering und Siemens das Instrument des *American Depository Receipt* (ADR) nutzten. ADRs sind von einer US-amerikanischen Depot-Bank wie J. P. Morgan Chase herausgegebene Zertifikate, die den Anspruch auf eine bestimmte Anzahl Aktien verbriefen.

[76] SEIFERT et al. (2002), S. 25.

[77] Vgl. SEIFERT et al. (2002), S. 25 f.

[78] Vgl. BEYER (2002), S. 4.

Maß an Börsenfinanzierung, einen geringen Anteil an Aktienstreubesitz, ein hohes Maß an Bankeneinfluss sowie die faktische Abwesenheit feindlicher Übernahmen.[79]

In den letzten Jahren hat sich das *Corporate-Governance*-System grundlegend geändert und Aktienmärkte gewinnen erheblich an Bedeutung.[80] Zwei Beispiele sollen diesen allgemeinen Entwicklungsprozess veranschaulichen:

1) Die personelle Verflechtungsdichte ist ein Maß für die Beziehungen von Unternehmen untereinander. Insgesamt fiel die Verflechtungsdichte in den letzten Jahren. Sie betrug im Jahr 1992 1,45, das heißt, innerhalb der 15 am engsten verflochtenen Unternehmen war jedes Unternehmen mit jedem anderen mit durchschnittlich deutlich mehr als einer Person verbunden.[81] Die Verflechtungsdichte derselben Unternehmen betrug im Jahr 2001 nur noch 0,72. Berechnet man ein neues Verflechtungszentrum der inzwischen meist verflochtenen Unternehmen, ergibt sich eine Dichte von 1,04.

2) Als Dieter Vogel im März 1997 als Vorstandsvorsitzender der Thyssen AG gegen die feindliche Übernahme durch Krupp mobilisierte, erntete er Applaus von Gewerkschaften, Parteien und Presse. Im Mittelpunkt standen nicht industriepolitische Argumente, sondern vielmehr die Ablehnung amerikanischer Managementpraktiken und das als unmoralisch empfundene Instrument der feindlichen Übernahme.[82] Beim feindlichen Übernahmeangebot für Mannesmann durch Vodafone Ende 2000 war davon nicht mehr viel zu hören. Die Mobilisierung des Abwehrkampfes war allein auf das Renditeinteresse der Mannesmann-Aktionäre gerichtet.

Die Paradigmen der Unternehmensführung wichen in den letzten zehn Jahren langsam aber stetig der Ausrichtung am Aktienkurs. Die Steigerung des Börsenwertes rückte als Unternehmensziel in den Vordergrund. Auch an Unternehmensbeteiligungen wurden zunehmend Renditeerwartungen gestellt sowie gefordert, sich von eher geschäftsfremden Beteiligungen zu trennen. Die Entflechtung der deutschen Unternehmen führte dazu, dass der Einfluss von Unternehmensleitung, Banken und Interessenverbänden zu Gunsten der außen stehenden Aktionäre zurückging. Auch die

---

[79] Vgl. MAYER (2003), S. 74.

[80] So sind bspw. seit 2000 durch das Gesetz zur Kontrolle und Transparenz im Unternehmensbereich (KonTraG) Stimmrechtsbeschränkungen verboten und somit feindliche Übernahmen stark erleichtert worden. Auch das 2001 in Kraft getretene Wertpapiererwerbs- und Übernahmegesetz (WpÜG) fördert eher feindliche Übernahmen, als dass es sie erschwert.

[81] Vgl. BEYER (2002), S. 16. Mittels netzwerkanalytischer Methoden wurde das Dichtezentrum der 15 personell am engsten verflochtenen Unternehmen berechnet.

[82] Vgl. HÖPNER (2000), S. 13. Vogel sprach den *Shareholdern* den Vorrang gegenüber anderen *Stakeholder*-Gruppen ab und bestritt die Legitimität des Entscheidungsverfahrens, bei dem es letztendlich auf den Willen der Aktionäre ankäme.

Politik hatte großen Anteil an dieser Entwicklung: Mit der Steuergesetzänderung 2002 schaffte sie durch die Steuerfreiheit von Beteiligungsgewinnen zusätzliche Entflechtungsanreize.

Die Deutschland AG ist auf dem Rückzug und scheint „außer Dienst“[83]. Die Investorengruppe der Unternehmen hat dadurch in den letzten Jahren den stärksten Bedeutungsverlust hinnehmen müssen. Auf Grund der meist hohen Kontroll- und Informationsmöglichkeiten und -rechte sowie durch das Verfolgen mitunter nicht-finanzieller Ziele kam hohen Ausschüttungen in der Regel aus Sicht dieser Investorengruppe keine große Bedeutung zu. Im Gegenteil: Die Unternehmen schätzten die Unabhängigkeit vom Kapitalmarkt und die Flexibilität von einbehaltenen Gewinnen und damit niedrigen Ausschüttungen.

3.3 Die Rolle der Banken

Die deutschen Banken verfügten in der Vergangenheit über erheblichen Einfluss auf deutsche Unternehmen, und zwar in personeller Hinsicht über die Belegung von Aufsichtsratsmandaten, über hohe Beteiligungen sowie durch die hohe Abhängigkeit der Unternehmen von der Kreditfinanzierung. Diese Faktoren verlieren zunehmend an Bedeutung.

So versandte die Deutsche Bank, als eines der bislang im Zentrum der Deutschland AG stehenden Unternehmen, im Jahr 1980 ihre Vorstände in 40 der 100 größten Unternehmen, 1990 waren es noch immerhin 35, 1998 reduzierte sich die Zahl auf 17, mit abnehmender Tendenz.[84] Nicht nur personell, auch gemessen am Volumen reduziert sich die Verflechtung der Unternehmen. Von der Deutschen Bank wurden alleine im Jahr 2002 5,1 Mrd. Euro durch den Verkauf von Industriebeteiligungen erlöst[85] und in den letzten zwei Jahren zahlreiche Beteiligungen aufgelöst bzw. stark reduziert.

Diese Trends werden von den Banken selbst unterstützt. Es besteht ein wachsender Druck, insbesondere für die Großbanken, höhere Renditen mit ihrem eingesetzten Kapital zu erzielen. Josef Ackermann, Vorstandsvorsitzender der Deutschen Bank, fordert von Beteiligungen eine Eigenkapitalrendite vor Steuern von 25 Prozent, wie

---

83 BEYER (2002), S. 18. Die Auflösung des als ‚Deutschland AG' bekannten Netzwerkes an Beteiligungen hat folgende Auswirkungen: (1) einen Anstieg des Aktienstreubesitzes oder *Free Float* und (2) eine Machtverschiebung innerhalb der Unternehmen zu Gunsten von institutionellen Investoren und Privatanlegern; vgl. SEIFERT et al. (2002), S. 58. Diese Effekte sind bereits zu beobachten.

84 Vgl. BEYER (2002), S. 11.

85 Vgl. Deutsche Bank Geschäftsbericht 2003, S. 40, erhältlich unter URL: http://www.deutsche-bank.de.

auch von allen anderen Geschäftsfeldern. Diese Anforderung wurde von den Beteiligungen nicht erreicht, was zum Verkauf führte.[86] Die zunehmende Internationalisierung der Finanzmärkte führt zur Messung an internationalen Standards.

Abbildung 9: Anteilsbesitz der Deutschen Bank an Nichtbanken, direkt oder indirekt zugerechnet

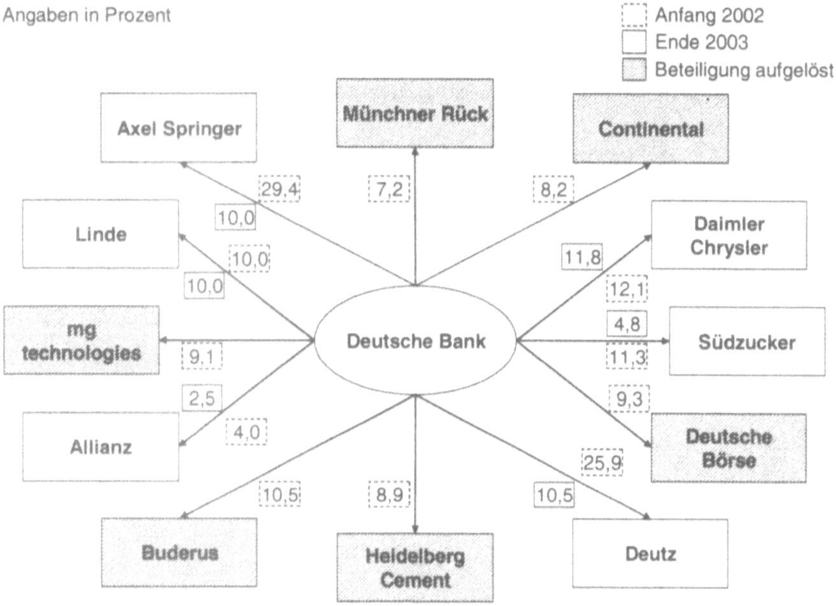

Quelle: GESCHÄFTSBERICHTE *2002 und 2003.*

Banken verfolgen mitnichten andere Ziele als die Maximierung von *Shareholder Value*. In ihrer Funktion als Kreditgeber stellt die reibungslose Kreditrückzahlung das primäre Ziel dar. Zwischen Banken und Eigenkapitalgebern können dabei Interessenkonflikte entstehen; zum Beispiel, wenn Entscheidungen zur Erhöhung des Marktwertes von Eigenkapitaltiteln führen, jedoch das Ausfallrisiko des Fremdkapitals erhöhen. Die Maximierung von *Bondholder Value* spricht für die Belassung sämtlicher freier Mittel im Unternehmen, da diese Strategie die Wahrscheinlichkeit von Kreditausfällen minimiert.[87] In ihrer Funktion als Kreditgeber und Aufsichtsratsmit-

---

86 Vgl. Ackermanns Rede vom 05. Februar 2004 anlässlich der Jahrespressekonferenz 2004, erhältlich unter URL: http://www.deutsche-bank.de.

87 Vgl. JENSEN/MECKLING (1976), S. 335 ff.

glied verfolgen Banken auch derartige Interessen. Hohe Ausschüttungen standen in der Regel nicht im Vordergrund der Beteiligungsziele. Die Funktion der Ausschüttung als Monitoring-Instrument ist für Banken als Anteilseigner zudem nicht von sehr hoher Bedeutung, da die Kontrolle des Managements über andere Mechanismen wie Kreditverträge und Aufsichtsratsmandate effektiv gewährleistet werden kann.[88] Die relative Bedeutung der Kreditfinanzierung ist in den letzten Jahrzehnten gegenüber der Marktkapitalisierung von Aktien gesunken und wird voraussichtlich durch die steigende Bedeutung der Eigenkapitalfinanzierung in Zukunft[89] weiter sinken. Der direkte Einfluss der Banken auch als Kreditgeber wird somit weiter abnehmen.

Abbildung 10: Marktkapitalisierung und Gesamtwert aller Kredite in Deutschland

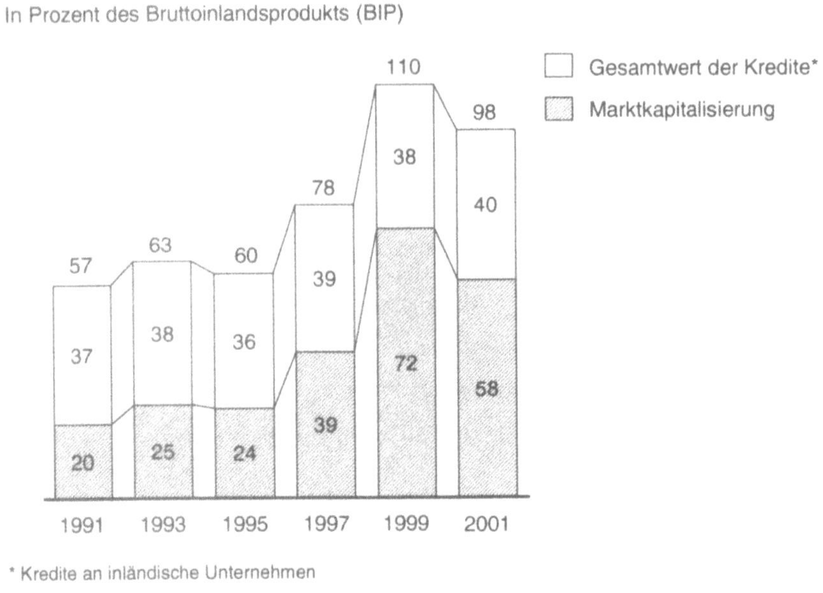

Quelle: Deutsche Bundesbank; Deutsches Aktieninstitut (DAI); Statistisches Bundesamt; eigene Berechnung.

---

88 Vgl. Ruwisch (2002), S. 509.

89 Vgl. Abschnitt 5.1 und insbesondere Abbildung 21.

3.4 Institutionelle Investoren

Institutionelle Investoren haben als Investorengruppe stark an Bedeutung gewonnen. Die weitere Fortführung dieses Trends sowie die Eigenschaften und Ausschüttungspräferenzen dieser Investorengruppe sind Gegenstand der folgenden Ausführungen.

3.4.1 Bedeutung in Deutschland und im internationalen Vergleich

Als ‚institutionell' werden im Allgemeinen solche Investoren bezeichnet, die in professioneller Weise über hohe Vermögensgegenstände disponieren.[90] Es handelt sich hierbei insbesondere um Versicherungen, Investmentgesellschaften und Pensionsfonds. Institutionelle Investoren weisen in Deutschland im internationalen Vergleich einen deutlich geringeren Stellenwert in der Gesamtwirtschaft und eine unterschiedliche Struktur auf.

Es ist jedoch zu beobachten, dass die Bedeutung institutioneller Investoren in Deutschland stark wächst.[91] Das Volumen stieg seit 1993 von 38,9 auf 81 Prozent des BIP in 2001. Insbesondere Investmentgesellschaften trugen mit einer Verdreifachung ihres Anteils auf 36,4 Prozent am BIP maßgeblich dazu bei. Auch der Anteil der Versicherungen stieg von 24,2 auf 41,3 Prozent. Pensionsfonds spielen nach wie vor eine untergeordnete Rolle, allerdings könnte sich ihre Bedeutung in Anbetracht der aktuellen Rentendiskussion in Zukunft ändern.

---

90 Vgl. DEUTSCHE BUNDESBANK (2004a), S. 69.

91 Vgl. auch Abbildung 6.

Abbildung 11: Finanzanlagen institutioneller Investoren, 2001

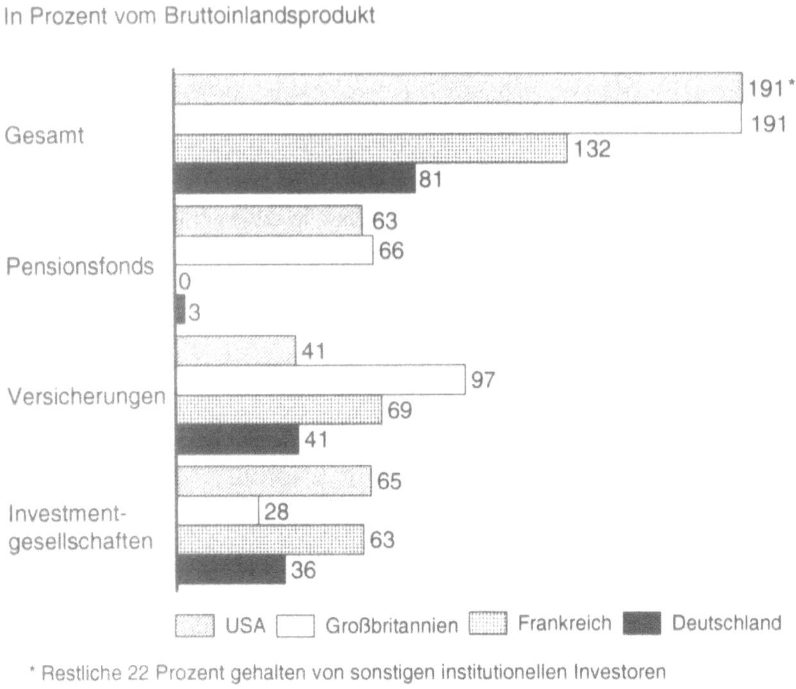

Quelle: OECD (2004), S. 26-30.

3.4.2 *Investoren-Aktivismus und Ausschüttungspräferenzen*

Institutionelle Investoren wie Investmentgesellschaften, Versicherungen und Pensionsfonds gewinnen auf den Kapitalmärkten an Bedeutung. Diese Entwicklung führt dazu, dass diese traditionell eher passiven Investoren in stärkerem Maße gezielt versuchen, auf die *Corporate Governance* und Unternehmensführung einzuwirken, um ihre Interessen zu verfolgen, was generell als Investoren-Aktivismus beschrieben wird. Nach **SMITH (1996)** umfasst Investoren-Aktivismus alle Aktivitäten von Anlegern, die auf die Kontrolle der Unternehmensführung abstellen (*Monitoring*) und gezielt zur Erreichung der Maximierung von Aktionärsvermögen ungeeignete Teile der Kontrollstrukturen verändern.[92] Die *Principal-Agent*-Theorie spielt hier offensichtlich eine prominente Rolle. Konflikte entstehen, wenn angestellte Manager nicht die gleichen

92 Vgl. SMITH (1996), S. 227.

Interessen verfolgen wie die Investoren. Die Aktionäre können aber ihre Interessen nicht immer wie gewünscht durchsetzen: Eine asymmetrische Informationsverteilung sowie meist geringe Anteile am Unternehmen stehen dem entgegen. In diesem Fall lohnt es sich für den einzelnen Aktionär nicht, die Kosten für die Kontrolle des Managements zu übernehmen; selbst wenn dieser Anspruch erfüllt würde, wäre der Ausgang sehr ungewiss. Es besteht zusätzlich ein *Free Riding*-Problem, da alle Aktionäre von der Kontrolle profitieren. Bei einem breit gestreuten Aktienbesitz führt dies „zu einer rationalen Apathie der Kleinaktionäre und zu kollektiver Untätigkeit"[93]. An dieser Schnittstelle setzt der Investoren-Aktivismus an, bei dem insbesondere institutionelle Investoren auf Grund ihres vergleichsweise hohen Anteils an Unternehmen eine entscheidende Rolle spielen.

Institutionelle Investoren sehen sich in der Frage nach dem Eingriff in die Unternehmensführung dem Trade-off zwischen Kontrolle und Liquidität gegenüber.[94] Je stärker sie in die Kontrolle der Unternehmensführung eingreifen, desto höher werden die Barrieren, die Anteile am Unternehmen zu verkaufen. Das starke Engagement ist nur bei längeren Haltedauern lohnenswert. Orientiert sich der Investor hingegen kurzfristig, kann er die Kosten der Kontrolle reduzieren und Anteile schneller handeln, was eine höhere Liquidität bedeutet.[95] Für den steigenden Investoren-Aktivismus bestehen die folgenden relevanten Erklärungsansätze[96], wobei zwei alternative, grundsätzliche Handlungsmöglichkeiten, der Verkauf des Anteilsbesitzes (*Exit*) und das aktive Verhalten (*Voice*), die Ausgangslage der Überlegungen bilden:[97]

- **Größe des Anteilsbesitzes:** Für so genannte *Blockholder* ist der Verkauf ihrer Anteile nicht immer ohne weiteres möglich. So sinkt der Aktienpreis beim Verkauf großer Anteile bereits während des Verkaufs, auch alternative Investitionsgelegenheiten derselben Größenordnung sind nicht immer verfügbar.[98] Gleiches gilt für die Sekundärmarktliquidität: Ist diese niedrig, kann ein Verkauf in großem Umfang schlechter vorgenommen werden und der Anreiz für aktives Verhalten erhöht sich.[99] Eine hohe Anteilskonzentration reduziert ebenso das *Free-Riding*-Problem, was die Anreize für die Übernahme von Kontrollkosten erhöht. In Deutschland ist von einer hohen Anteilskonzentration auszugehen: 1996 hatten 82 Prozent aller gelisteten Aktiengesellschaften einen dominanten Anteilseigner, der über mehr als 25 Prozent der Stimmrechte

93 NICOLAI/THOMAS (2004a), S. 20.
94 Vgl. BRANCATO (1997) zitiert in NICOLAI/THOMAS (2004a), S. 21.
95 Vgl. NICOLAI/THOMAS (2004a), S. 21.
96 Für eine umfassende Diskussion vgl. BASSEN (2002), S. 54-95.
97 Vgl. HIRSCHMAN (1970).
98 Vgl. DAVIS/THOMPSON (1994), S. 154.
99 Vgl. BOLTON/VON THADDEN (1998), S. 2 ff.

verfügte.[100] Auf Grund der starken Überkreuzverflechtungen in Deutschland sind diese dominierenden Anteilseigner jedoch meist Unternehmen, die über das Instrument des Aufsichtsrats die Möglichkeit haben, gezielt und effektiv in die Unternehmensführung einzugreifen und sich damit nicht des Umwegs des Investoren-Aktivismus bedienen müssen. Doch auch institutionelle Investoren haben häufig über die Übertragung von Depotstimmrechten einen dominierenden Einfluss auf Hauptversammlungen. Die steigende Bedeutung dieser Investorengruppe in Deutschland wird zu einer Zunahme des Investoren-Aktivismus führen.

- **Ziele der institutionellen Investoren:** Grundsätzlich lassen sich die konfliktären Ziele Risiko und Rendite unterscheiden. Wenn die risikoadjustierte Rendite des Investments nicht die geforderte Höhe erreicht, kann der Investor die Anteile verkaufen, was allerdings dazu führen kann, dass das Portfolio nicht mehr ausreichend diversifiziert ist.[101] In diesem Fall kann versucht werden, durch aktives Verhalten die Rendite zu erhöhen und das Risiko durch erhöhte Transparenz zu senken.[102]

- **Rechtliche Rahmenbedingungen:** Investoren-Aktivismus wird durch eine engere Kopplung zwischen der Unternehmensführung und dem Kapitalmarkt begünstigt.[103] Die zunehmende Orientierung am *Shareholder-Value*-Konzept, die stärker geführte *Corporate-Governance*-Diskussion, unter anderem in Bezug auf Stimm- und Informationsrechte, und der wichtiger gewordene Markt für Unternehmenskontrolle, aber auch die durch internationale Rechnungslegungsstandards und Publizitätsanforderungen wie Ad hoc-Meldungen gestiegene Transparenz tragen verstärkend zu diesem Effekt bei.[104]

- **Art des Portfoliomanagements:** Mit steigendem Grad an passivem, das heißt an Indizes ausgerichtetem Portfoliomanagement wird ein Verkauf von Anteilen auf Grund von Unzufriedenheit über die Rendite erschwert, insofern bei einem Verkauf der Index nicht mehr vollständig abgebildet werden würde. Daraus ergibt sich ein steigender Anreiz, aktiv auf die Unternehmensführung einzuwirken.

---

100 Vgl. BECHT/BOEHMER (2003), S. 9.
101 Vgl. KARPOFF (1998), S. 5; LAPP (1999), S. 12.
102 Vgl. BASSEN (2002), S. 59.
103 Vgl. NICOLAI/THOMAS (2004a), S. 22.
104 Vgl. NICOLAI/THOMAS (2004b), S. 466.

In den USA ist der Investoren-Aktivismus bereits stark zu beobachten.[105] Dass dieser Trend in Deutschland bisher noch weit weniger ausgeprägt ist als in den USA, liegt unter anderem an der immer noch vergleichsweise geringen Bedeutung institutioneller Investoren.[106] Auch dürfen Investmentgesellschaften nur über höchstens 10 Prozent der Stimmrechte eines Unternehmens verfügen.[107]

Zusätzlich spielt die Anlagestrategie von Investmentfonds eine große Rolle. Während Fonds mit einer aktiven Anlagestrategie eher kurzfristiger orientiert sind und die Wahrnehmung von Kontrollfunktionen auf Grund der oft zu hohen Kosten vernachlässigt wird, sind Fonds mit einer passiven Anlagestrategie eher langfristig ausgerichtet und in ihrer Aktienauswahl sehr stark festgelegt. Insbesondere Index-Fonds, die die Zusammensetzung eines Indizes explizit nachbilden müssen, können die Exit-Option, also den Verkauf der Anteile, nicht beliebig wahrnehmen, und haben nur die Möglichkeit, direkt auf die Unternehmensführung einzuwirken. In den USA und Großbritannien liegt der Marktanteil passiv orientierter Index-Fonds deutlich über dem Niveau in Deutschland.[108] Es ist allerdings eine zunehmende Popularität von Index-Fonds auch in Deutschland zu verzeichnen. So stieg bspw. das Fondsvolumen des in 2000 von der Deutschen Börse[109] eingeführten *Exchange Traded Funds*-Segments XTF von 5,1 Mrd. Euro in 2002 auf 9,8 Mrd. Euro per Ende 2003. Ende 2004 betrug das verwaltete Fondsvolumen bereits 16,4 Mrd. Euro.[110] *Exchange Traded Funds* (ETF) sind an Börsen gehandelte Index-Fonds, die es Anlegern ermöglichen, ein relativ breit gestreutes Investment mit transparenter Anlagestruktur zu tätigen und gegenüber aktiven Investmentfonds Kosten zu sparen, da keine Ausgabeaufschläge anfallen und die Verwaltungsgebühren deutlich geringer sind.[111] Neben der effizienten Diversifikation und geringen Kosten wird dieser Trend auch von der

---

105 Vgl. NICOLAI/THOMAS (2004a), S. 20.

106 Vgl. Abbildung 11.

107 Vgl. § 8a Abs. 3 KAGG.

108 Vgl. LAZARD ASSET MANAGEMENT (2001), S. 6.

109 Die Deutsche Börse ist die größte europäische Börse für ETFs und wickelt 57 Prozent des Handels in Europa ab; vgl. DEUTSCHE BÖRSE (2004), Deutsche Börse ausgezeichnet als innovativste und größte Börse für ETFs 2003, Pressemitteilung vom 25. Februar 2004, URL: http://www.deutsche-boerse.de.

110 Vgl. DEUTSCHE BÖRSE (2005), Deutsche Börse erweitert ETF-Angebot im XTF-Segment auf Xetra, Pressemitteilung vom 28. Januar 2005, URL: http://www.deutsche-boerse.de.

111 Die Verwaltungsgebühr bei traditionellen Aktienfonds liegt in Deutschland bei 1,81 Prozent pro Jahr, für ETFs fallen durchschnittlich 0,5 Prozent an; vgl. NARAT, Ingo (2004), Indexfonds machen an der Börse Furore, in: Handelsblatt vom 30. Juni 2004.

Erkenntnis unterstützt, dass die meisten aktiv gemanagten Fonds ihren Vergleichsindex nicht (dauerhaft) schlagen können.[112]

Die starke Entwicklung passiv orientierter Anlageformen führt dabei neben einer gestiegenen Nachfrage nach Indexfonds und -zertifikaten zu einer weiteren Zunahme des Investoren-Aktivismus in Deutschland. In Deutschland befindet sich der Investoren-Aktivismus noch in den Anfängen, jedoch sind erste Anzeichen stärkeren Engagements und Einflussnahme zu erkennen, mit steigender Tendenz. Dass der Trend zum Investoren-Aktivismus in Deutschland bereits eingesetzt hat, zeigt das Engagement verschiedener institutioneller Investoren und Aktionärsvertreter im Rahmen der *Corporate-Governance*-Diskussionen. Die Deutsche Gesellschaft für Wertpapiersparen (DWS) als größte deutsche Publikumsgesellschaft mit einem Fondsvermögen in 2003 von 87,4 Mrd. Euro und einem Marktanteil von mehr als 25 Prozent[113] sprach als eine der ersten deutschen Institutionen Forderungen gegenüber Unternehmen aus.[114] In den USA gilt *California Public Employees' Retirement System* (CalPERS) als Vorreiter aktiver institutioneller Investoren in den USA[115], der auf Grund der internationalen Anlageausrichtung auch Forderungen gegenüber deutschen Unternehmen aufgestellt hat, unter anderem in Bezug auf Stimmrechte, Aufsichtsratsstruktur

---

112 So kam MALKIEL zu dem Ergebnis, dass der Durchschnitt aller US-Fonds im Zeitraum von 1982 bis 1991 jährlich um 1,8 Prozentpunkte nach Kosten hinter dem S&P-500-Index zurückbleibt; vgl. MALKIEL (1995), S. 553. Sogar vor Kosten ermittelte MALKIEL eine dem Index unterlegene Performance.
GRIESE/KEMPF untersuchten 123 Aktienfonds mit dem Anlageschwerpunkt ‚Aktien Deutschland' und verglichen deren Performance im Zeitraum von 1992 bis 2000 mit der von passiv verwalteten Indexfonds. Sie untersuchten dabei drei Anlagestrategien: (1) eine *Buy-and-Hold*-Strategie über verschiedene Anlagezeiträume, (2) eine erfolgsunabhängige Anpassungsstrategie, das heißt, zu Beginn jedes Jahres wird das Anlageportfolio derart umgeschichtet, dass das Vermögen gleichmäßig auf die zu diesem Zeitpunkt existierenden Fonds aufgeteilt ist, um ein möglichst diversifiziertes Portfolio zu erhalten, und (3) eine erfolgsabhängige Anlagestrategie, bei der ein Anleger sein Vermögen in solche Fonds investiert, die sich in der Vergangenheit als besonders erfolgreich erwiesen haben. In allen drei Anlagestrategien waren aktiv gemanagte Fonds weder absolut als auch risikoadjustiert (gemessen durch die Sharpe-Ratio) in der Lage, die Handelsstrategien der Indexfonds signifikant zu schlagen. Im Gegenteil, Indexfonds erzielten im Untersuchungszeitraum eine um etwa 1,4 Prozentpunkte höhere Rendite, die als signifikant höher eingeschätzt werden muss; vgl. GRIESE/KEMPF (2002), S. 15-26.

113 Vgl. DWS (2003), DWS-Jahres-Pressekonferenz: DWS bleibt mit deutlichem Abstand Marktführer, in: URL: http://info.dws.de vom 25. November 2003.

114 Vgl. DWS (1998). Bei der Diskussion zum Investoren-Aktivismus ist ein kritischer Punkt anzumerken: Die zu erwartende Zunahme des Investoren-Aktivismus mag zwar das *Agency*-Problem zwischen Eignern und Managern reduzieren, allerdings können auch potenzielle Zielkonflikte zwischen institutionellen Investoren und deren Mittelgebern, also vorwiegend Privatanleger, entstehen. So wurde Jürgen Schrempp, Vorstandsvorsitzender von DaimlerChrysler, trotz lauter Proteste im Vorfeld der Hauptversammlung mit 88 Prozent bestätigt; nur die Sparkassenfondsgesellschaft Deka hatte gegen Schrempp gestimmt. Zu groß schienen die Interessenkonflikte der großen Fondsgesellschaften zu sein; vgl. HUSSLA, Gertrud (2004), Arroganz der Macht, in: Handelsblatt vom 11. Mai 2004. Die Muttergesellschaft der DWS, die Deutsche Bank, ist ihrerseits mit 12,5 Prozent an DaimlerChrysler beteiligt. Es bleibt festzuhalten, dass der Investoren-Aktivismus in Deutschland zunimmt, jedoch noch nicht in allen Aspekten die erforderliche Wirkung entfaltet.

115 Vgl. SMITH (1996), S. 227 ff.

und Rechenschaftspflicht.[116] Auch in Ausschüttungsfragen engagieren sich institutionelle Investoren zunehmend. Zwar ist davon auszugehen, dass institutionelle Investoren gegenüber Privatanlegern einen Kompetenzvorteil besitzen und keine vollständige Interessenidentität besteht, jedoch ist zu beobachten, dass auch diese Investorengruppe das Ausschüttungsverhalten von Unternehmen verstärkt kritisiert und auch Forderungen explizit ausspricht. So werden dividendenstarke Aktien immer stärker nachgefragt[117] bzw. der Druck auf Unternehmen erhöht, Ausschüttungen zu steigern.[118]

Diese Entwicklung lässt darauf schließen, dass auch institutionelle Investoren Ausschüttungen explizit als Kontroll- und Informationsinstrument, aber auch als Kriterium bei Anlageentscheidungen nutzen. In den USA sind des Weiteren insbesondere Pensionsfonds auf Grund ihrer Anlegerstruktur auf möglichst hohe und stetige Ausschüttungen angewiesen und wirken aktiv auf Unternehmen ein.[119] Bei steigender Bedeutung dieser institutionellen Investoren in Deutschland wird auch hierzulande der Druck auf die Unternehmen, größere Teile des Gewinns auszuschütten, weiter wachsen.

3.4.3 Exkurs: Die Bedeutung der Indexzugehörigkeit für Aktiengesellschaften

Die steigende Bedeutung von Index-Fonds hat zur Folge, dass Entscheidungen über die Indexzusammensetzung und -gewichtung für die Unternehmen immer wichtiger werden. Die Ankündigung über die Aufnahme in einen Index ist mit einem positiven Kurseffekt verbunden. **BENEISH/WHALEY (1996)** ermitteln eine abnormale Kurssteigerung von 4,4 Prozent zwischen der Ankündigung und der Aufnahme in den S&P 500 in der Periode 1986 bis 1994.[120] Der Ankündigungseffekt nimmt dabei im Zeitablauf

---

[116] Vgl. CALPERS (2001), S. 1 ff.

[117] Fondsmanager orientieren sich bei der Einzeltitelauswahl zunehmend an Ausschüttungskennzahlen wie Dividendenrendite und Steigerung zukünftiger Ausschüttungen; vgl. o. V. (2005), Fondsmanager mögen Dividenden, in: Handelsblatt vom 23. März 2005; vgl. zusätzlich Fußnote 16.

[118] Institutionelle Investoren wie DWS und Deka kritisierten bspw. auf der Hauptversammlung 2004 von VW die Ausschüttung von nur 40 Prozent des Ertrags und die Mittelverschwendung durch die Luxusstrategie und Entwicklung von Oberklassemodellen; vgl. o. V. (2004), VW-Luxusstrategie steht in der Aktionärs-Kritik, in: Handelsblatt vom 22. April 2004. Zu erwähnen sind auch Aktionärsschützer wie das Deutsche Aktieninstitut (DAI), die Deutsche Schutzvereinigung für Wertpapierbesitz (DSW) und die Schutzgemeinschaft der Kapitalanleger (SdK), die in letzter Zeit das Ausschüttungsverhalten deutscher Aktiengesellschaften deutlich kritisieren, allerdings selten über die nötigen Einflussrechte verfügen; vgl. auch Abschnitt 2.1 sowie Fußnote 40.

[119] Vgl. SOMMER, Ulf (2004), Profis pochen auf stetige Dividenden, in: Handelsblatt vom 29. April 2004.

[120] Vgl. BENEISH/WHALEY (1996), S. 1922.

zu.[121] Die Kurssteigerung ist des Weiteren permanent (60 Tage nach der Indexänderung war der Kurseffekt sogar auf 5,9 Prozent angestiegen), was die Hypothese der imperfekten Substituten[122] bestätigt, nach der zwei identische Aktien, wobei eine im Index gelistet ist und die andere nicht, keine perfekten Substituten mehr sind. Die Autoren führen den Kurseffekt in erster Linie auf die steigende Bedeutung indexorientierter Aktienfonds zurück.[123] Diese müssen in die in den Index aufgenommenen Werte investieren, was die Nachfrage und Liquidität der Aktien in zunehmendem Maß steigert. Auch ist anzunehmen, dass durch die Indexaufnahme das Interesse des Kapitalmarktes an dieser Aktie steigt und Informationsasymmetrien abgebaut werden, was sich wiederum positiv auf den Aktienkurs auswirken kann. Daraus ergibt sich für Unternehmen ein starker Anreiz, in Indizes aufgenommen zu werden bzw. dort zu verbleiben. Das Deutsche Aktieninstitut (DAI) bestätigte diesen Mechanismus in einer Befragung von deutschen Aktiengesellschaften. Mehr als 75 Prozent aller Befragungsteilnehmer bewerteten die Zugehörigkeit zu einem Index als wichtig bzw. sehr wichtig.[124] Für die Aufnahme in den bzw. den Verbleib im Dax ist neben dem Börsenumsatz in erster Linie die Marktkapitalisierung entscheidend.[125] Seit 2002 ist nicht mehr der Marktwert aller Aktien relevant, sondern der des Streubesitzes oder *Free Float*.[126] Auch internationale Indizes wie der *Morgan Stanley Capital International* (MSCI) basieren seit einigen Jahren auf der *Free-Float*-Marktkapitalisierung. Die Bedeutung von Aktienindizes und damit die Zugehörigkeit zu diesen werden in Zukunft noch weiter an Wichtigkeit gewinnen.[127]

---

121 Für die Subperiode 1986-1989 ermitteln die Autoren eine abnormale Rendite von 3,7 Prozent, während sie für die Subperiode 1989-1994 5,9 Prozent beträgt; vgl. BENEISH/WHALEY (1996), S. 1922.
Frühere Studien ermittelten für den Zeitraum 1976-1983 bzw. 1978-1983 abnormale Ankündigungsrenditen von 2,79 bzw. 3,13 Prozent; vgl. SHLEIFER (1986), S. 583; HARRIS/GUREL (1986), S. 821.

122 Vgl. SHLEIFER (1986), S. 587 f.

123 Vgl. BENEISH/WHALEY (1996), S. 1924.

124 Vgl. DEUTSCHES AKTIENINSTITUT (2001a), S. 5 f. Es wurde allerdings auch deutlich zum Ausdruck gebracht, dass hinsichtlich der Information über Aufnahmekriterien und Gestaltung dieser Indizes erheblicher Verbesserungsbedarf besteht. Knapp 40 Prozent der Indexunternehmen von Dax, MDax SDax und Nemax und nur 11 Prozent der Nicht-Indexunternehmen gaben an, die Indexkriterien detailliert zu kennen; vgl. ebenda, S. 14.

125 Zusätzlich wird die Erfüllung von qualitativen Kriterien wie Erstellung von Quartalsberichten und Analystenveranstaltungen vorausgesetzt. Andere ‚weiche' Faktoren wie Indexkontinuität und Branchenzugehörigkeit spielen ab August 2004 keine Rolle mehr; somit wurde ein wichtiger Schritt zur einfacheren und transparenteren Kriterienregelung getan; vgl. SCHNELL, Christian (2004), Entscheidung vertagt, in: Handelsblatt vom 21. Mai 2004.

126 Streubesitz oder *Free Float* ist definiert als ein Anteilsbesitz von weniger als 5 Prozent bezogen auf eine Aktienart des Unternehmens.

127 Vgl. DEUTSCHES AKTIENINSTITUT (2001a), S. 29.

3.5 Das Investorenklientel des Privatanlegers

Privatanleger unterscheiden sich aus verschiedenen Gründen grundlegend von den übrigen Investorengruppen wie Unternehmen und institutionelle Investoren. Sie weisen in der Regel eine geringere Vertrautheit mit den ökonomischen Zusammenhängen und den Aktienmärkten auf. Zusätzlich ist auch die begrenzte Historie dieser Investorengruppe in Deutschland zu beachten, in der die meisten Anleger in Summe keine guten Erfahrungen machten und starke Verunsicherung entwickelten: Während Privatanleger, die bereits Ende der 90er Jahre den Weg an die Börse gefunden hatten, den starken Börsenboom (teilweise) miterlebten und einen Renditepuffer für die Jahre negativer Kursentwicklungen bilden konnten, erfuhren Anleger, die später einstiegen, das heißt zu Höchstkursen 2000/2001, in der Regel ausschließlich Kursverluste. Die negativen Erfahrungen führten dazu, dass viele Privatanleger sich von den Aktienmärkten wieder zurückzogen. Die Gruppe der Privatanleger stellt eine Investorengruppe dar, die grundsätzlich und auch in Bezug auf Ausschüttungen eine spezielle Betrachtung erfordert. Daher wird nachfolgend die noch junge Ära der Privatanleger sowie insbesondere das Risiko- und Informationsverhalten privater Investoren auf einer verhaltensbasierten Grundlage untersucht.

3.5.1 Die Entwicklung einer Aktienkultur

Die Aktienmärkte waren über die letzten Jahre stark in Aufruhr. Der fulminante Anstieg der Börsenindizes bis März 2000 wurde gefolgt von einem der schwersten Bärenmärkte, der sich bis März 2003 hinzog und die Kurse im Durchschnitt um fast 70 Prozent fallen ließ.[128] Eine ganze Serie von Skandalen am Neuen Markt führte dazu, dass der Index, der im März 1997 ins Leben gerufen wurde, am 21. März 2003 seinen letzten Handelstag erlebte und zwecks massiven Vertrauensverlustes wieder zu den Akten gelegt wurde.[129] Kleinanleger waren dabei „nichts als Kanonenfutter"[130]. Sprach man noch 1999 und Anfang 2000 von einer neuen Ära an den Aktienmärkten, die historisch erstmalig hohe Bewertungslevels zuließ (als Begründung führte man in erster Linie den technologischen Fortschritt an, etwa durch das Internet, der zu einem entsprechend hohen Produktivitätsfortschritt und Gewinnwachstum führe)[131], so war die Ernüchterung im Anschluss groß. Man musste sich eingestehen,

---

[128] Zwischen dem 01.03.2000 und 01.03.2003 verlor der CDax 66 Prozent und der Dax 67 Prozent an Wert.

[129] Für eine umfangreiche Chronologie zum Neuen Markt inklusive einer Liste der Pleiten und Skandale vgl. MANAGER MAGAZIN vom 01. Juni 2003, erhältlich unter URL: http://www.manager-magazin.de/geld/artikel/0,2828,186368,00.html.

[130] HELLER, Gottfried (2002), Neuer Markt: „Die Kleinanleger sind nichts als Kanonenfutter", in: manager-magazin.de vom 11. Oktober 2002.

[131] Vgl. unter anderem HALE, David D. (2000), Der Boom des US-Aktienmarktes und die Folgen, in: Neue Zürcher Zeitung vom 04. Mai 2000.

dass die Gesetze der Märkte doch nicht neu geschrieben wurden. Die damaligen Kurs-Gewinn-Verhältnisse waren langfristig nicht tragbar und Bewertungslevels gingen in Richtung der historischen Durchschnitte zurück.

Abbildung 12: Kurs-Gewinn-Verhältnis des Dax 30 jeweils am Jahresende

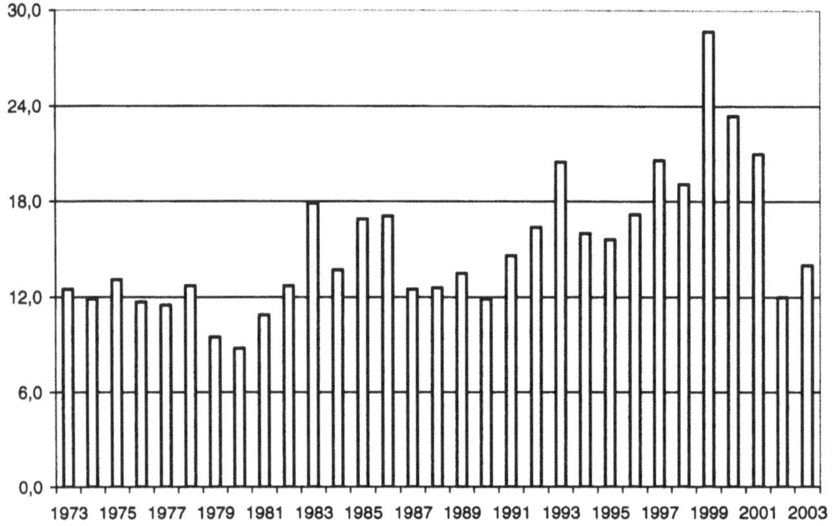

Quelle: DATASTREAM.

Wenngleich die Entwicklung der Aktienmärkte in den Jahren nach dem Boom aus traditioneller Sicht und im Nachhinein nicht sehr überraschend war, war die Folge bei den Investoren ein stark erschüttertes Vertrauen, insbesondere der Kleinanleger.[132] Dabei war „das zarte Pflänzchen einer aufkeimenden Aktienkultur“[133] in Deutschland gerade erst am Gedeihen. Mit dem Börsengang der Deutschen Telekom im November 1996 und der damit verbundenen starken Öffentlichkeitsarbeit wurde die Aktienanlage als für das Volk geeignete Form der Kapitalanlage beworben.[134] Der Erfolg war groß, als dadurch die Aktie als langfristige Geldanlage durchaus geschäftsfähig wurde und die Zahl der Aktionäre und Aktienfondsbesitzer bis ins erste Halbjahr

---

132 Vgl. VON ROSEN, Rüdiger (2003), Verlorenes Vertrauen zurückgewinnen, in: Handelsblatt vom 08. September 2003.

133 RUDOLPH (2003), S. 7.

134 Nach Informationen des SPIEGELS investierte die Deutsche Telekom rund 100 Mio. DM, um die ‚Volksaktie' auch bei Kleinanlegern populär zu machen. Zur Chronik des Börsengangs der Deutschen Telekom vgl. MANAGER MAGAZIN vom 02. Oktober 2003, erhältlich unter URL: http://www.manager-magazin. de/geld/artikel/0,2828,149279,00.html.

2001 stark anstieg. Unternehmen schienen die Bereitschaft der Privatanleger, in Aktien zu investieren, bis dahin unterschätzt zu haben.[135]

Abbildung 13: Zahl der Aktionäre und Fondsbesitzer in Deutschland 1997-2004

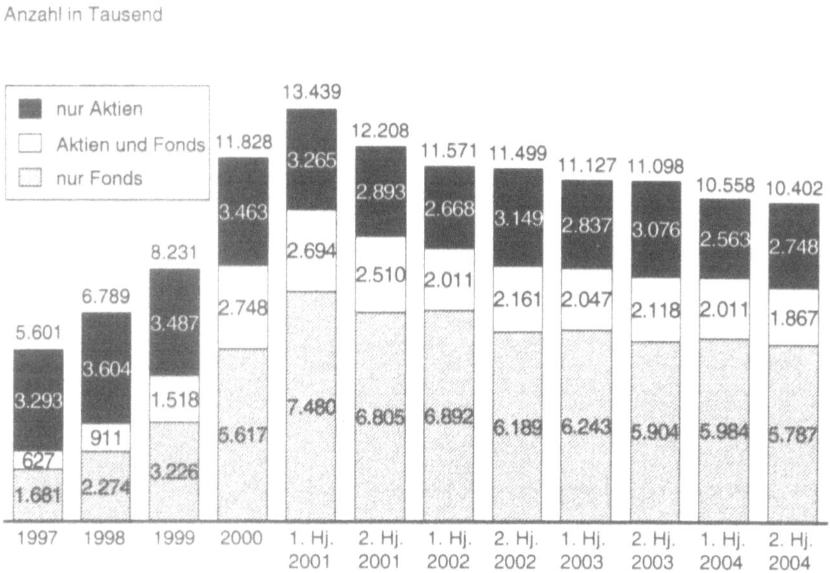

Quelle: NFO-Infratest®-Umfragen, vgl. DEUTSCHES AKTIENINSTITUT *(2005), S. 1.*

Nach dem langwierigen Rückgang der Kurse seit 2001 haben viele Anleger allerdings das Vertrauen verloren und sich vom Aktienmarkt zurückgezogen. Auch der Kursanstieg an den Börsen seit Anfang 2003 konnte diese Entwicklung nicht verändern. Die Zahl der Aktionäre liegt weiterhin absolut weit unter den Höchstständen von 2001 und verglichen mit internationalen Verhältnissen relativ noch weiter zurück.

135 Vgl. HOCKER (2001), S. 443.

Abbildung 14: Anteil der Aktionäre an der Gesamtbevölkerung

Angaben in Prozent

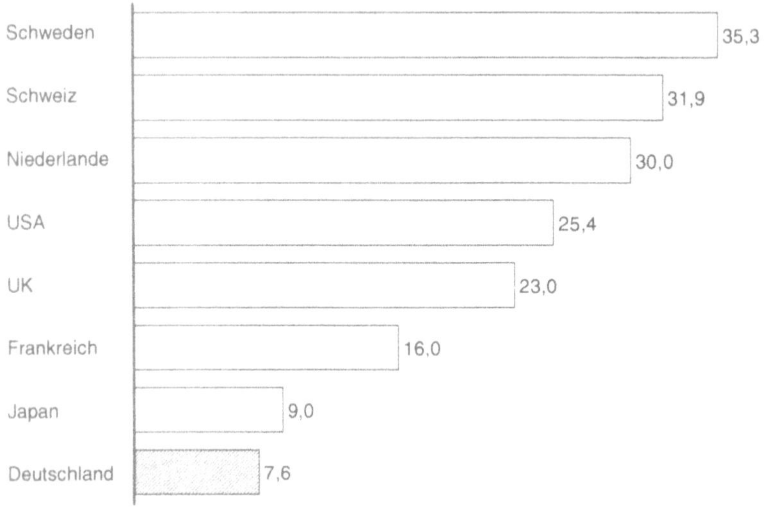

Quelle: DEUTSCHES AKTIENINSTITUT *(2003), Kapitel 8.6.*

Das Deutsche Aktieninstitut (DAI) stellt fest, dass die bisherigen Maßnahmen zur Stärkung des Kapitalmarktvertrauens, wie die Änderungen in der *Corporate Governance*, das Vertrauen breiter Anlegerkreise in den Kapitalmarkt und in die Aktie noch nicht wiederhergestellt habe und daher entschieden fortgeführt werden müsse.[136] Als Fazit muss man sagen, dass die im Aufbau befindliche deutsche Aktienkultur einen Rückschlag verzeichnen musste und das Erleben weiterer Enttäuschungen bzw. die „zunehmende Dauer der Verstimmung"[137] Privatanleger auf längere Zeit vom Aktienmarkt vertreiben bzw. fernhalten könnte.

Die schlechten Erfahrungen der letzten Jahre haben Spuren hinterlassen und zu einem angeschlagenen Vertrauen der Privatanleger geführt. Durch die grundsätzlich geringere Kompetenz im Vergleich zu anderen Investoren sowie die meist stark emotional geprägten Erfahrungen der letzten Jahre sind private Anleger im Allgemeinen und in der aktuellen Situation durch eine erhöhte Tendenz zu nicht-rationalem Verhalten gekennzeichnet. Es wird daher anschließend nach einem Überblick zur Entstehung der *Behavioral Finance*-Forschung das Risikoverhalten privater Kapitalanle-

---

136 Vgl. DEUTSCHES AKTIENINSTITUT (2004b), S. 2.

137 Ebenda, S. 2.

ger auf einer verhaltensbasierten Grundlage untersucht und zur Ausschüttungspolitik in Bezug gesetzt.

3.5.2 Das Risikoverhalten privater Kapitalanleger

3.5.2.1 Normative Entscheidungstheorie und Behavioral Finance

Normative Entscheidungstheorien werden oft zur Analyse des Risikoverhaltens von Marktteilnehmern herangezogen. Zu den bedeutendsten Theorien zählen das von VON NEUMANN/MORGENSTERN formulierte und von BERNOULLI inspirierte Axiomensystem der Erwartungsnutzentheorie, das als Grundpfeiler der normativen Entscheidungstheorien gilt.[138] Neben den Rationalitätsprinzipien der Erwartungsnutzentheorie ist ferner das Erwartungswert-Varianz-Prinzip ein Grundprinzip für die Entscheidung zwischen riskanten Alternativen. Sie bilden die wesentliche Grundlage für die traditionellen finanzierungs- und kapitalmarkttheoretischen Ansätze wie die Portfolio-Theorie nach MARKOWITZ und TOBIN und das *Capital Asset Pricing Model* (CAPM) von SHARPE, LINTNER und MOSSIN.[139] Maßgeblich zum Zustandekommen dieser Kapitalmarktmodelle haben vor allem zwei Hypothesen beigetragen: die Theorie der rationalen Erwartungen und die These der Informationseffizienz der Kapitalmärkte.

Die Theorie der rationalen Erwartungen unterstellt, dass alle Marktteilnehmer ihre Erwartungen bilden und in ihren Anlageentscheidungen umsetzen, dass auch tatsächlich die Kurse zustande kommen, die sie erwartet haben.[140] Darauf aufbauend wurde die These der Informationseffizienz entwickelt, die besagt, dass alle öffentlich verfügbaren Informationen sich unmittelbar zum Zeitpunkt des Bekanntwerdens in den Kursen niederschlagen. Nur unvorsehbare und zufällige Ereignisse können zu unerwarteten Kursänderungen führen. Die Preise folgen daher auf den Finanzmärkten einem so genannten *Random Walk*, das heißt, sie sind nicht vorhersehbar.[141] Wenn alle Marktteilnehmer über den gleichen Informationsstand verfügen und rationale Erwartungen haben, besitzen sie homogene Erwartungen. Die Portfolios der Investoren können sich demnach nur auf Grund ihrer Risikobereitschaft unterscheiden. Diese theoretischen Grundlagen führten zur Entwicklung von Kapitalmarktmodellen wie dem CAPM, das auf der Portfolio-Theorie und der Annahme homogener Erwartungen aufbaut.

---

138 Vgl. LAUX (2003), S. 164-177.

139 Zur Portfoliotheorie vgl. MARKOWITZ (1952) und TOBIN (1958); zum CAPM vgl. SHARPE (1964), LINTNER (1965) und MOSSIN (1966).

140 Vgl. SCHMIDT/TERBERGER (1997), S. 209 ff.

141 Vgl. FAMA (1970), S. 414 f.

Eine Vielzahl von empirischen Befunden und Phänomenen lassen sich allerdings mittels der traditionellen Modellansätze nicht erklären. So wurde unter anderem festgestellt, dass Anleger zu heftig (oder zu schwach) auf neue Informationen reagieren, was zu einer Abweichung der Preise von den fundamentalen Werten führt.[142] Über- und Unterreaktionen lassen auf eine zu hohe Volatilität und zu hohe Handelsvolumina schließen. Studien zeigen, dass die Volatilität der Kurse und das reale Handelsvolumen auf den Kapitalmärkten zu hoch sind, um sie theoriekonform zu erklären.[143]

Den mangelnden Erklärungsgehalt traditioneller Theorien bei der Interpretation von Marktphänomenen dieser Art führte zur Entwicklung der *Behavioral Finance*-Forschung.[144] Dort wird vom Anleger als *Homo oeconomicus* abstrahiert und explizit individuelle Verhaltensmuster studiert, um Licht in das Dunkel der *Black Box* über das Verhaltensmuster aus der traditionellen Kapitalmarkttheorie zu bringen, das auf rationalem Verhalten auf hoher Aggregationsebene beruht.[145] Zielsetzung ist es, fundierte verhaltenswissenschaftliche Erkenntnisse aufzugreifen und menschliche Verhaltensaxiome zu finden, mit denen das Geschehen auf den Kapitalmärkten erklärt werden kann.[146] Analyseobjekte sind dabei Prozesse und Einflussfaktoren der Auswahl, Aufnahme und Verarbeitung entscheidungsrelevanter Informationen sowie die Erwartungsbildung und Entscheidungsfindung der Anleger.[147] Im Gegensatz zum konsequenten Nutzen- bzw. Gewinnmaximierer, der über vollständige Informationen und unbegrenzte Informationsverarbeitungskapazitäten verfügt, wird der Anleger als menschliches Wesen mit kognitiven und emotionalen Unzulänglichkeiten betrachtet. Fundamentale Urteilsheuristiken im Rahmen des menschlichen Urteils- und Entscheidungsverhaltens sind hier von großer Relevanz[148]; hierzu gehören unter anderem die Repräsentativitätsheuristik sowie das *Mental Accounting*.[149]

---

[142] Vgl. DEBONDT/THALER (1985); BARBERIS/SHLEIFER/VISHNY (1998); DANIEL/HIRSHLEIFER/SUBRAHMANYAM (1998); für einen Überblick siehe HIRSHLEIFER (2001), S. 1569 f.

[143] Vgl. unter anderem CUTLER/POTERBA/SUMMERS (1989), S. 9; SHILLER (1990), S. 61; SHILLER (1981), S. 433 f.

[144] Die *Behavioral Finance*-Forschung entstand primär aus den Arbeiten von THALER, SHILLER, DEBONDT, LAKONISHOK, STATMAN und SHEFRIN; vgl. für einen Überblick SHEFRIN (2000), S. 7 ff.; OLSEN (1998), S. 10 ff.

[145] Vgl. OEHLER (1999), S. 55.

[146] Vgl. ROßBACH (2001), S. 10; WEBER (2000), S. 312.

[147] Vgl. RAPP (2000), S. 93 f.

[148] Fundamentale Urteilsheuristiken gehen zurück auf TVERSKY und KAHNEMAN; vgl. TVERSKY/KAHNEMAN (1974).

[149] Vgl. für einen Überblick über von Anlegern systematisch angewendete Heuristiken unter anderem HIRSHLEIFER (2001), S. 1541-1548; FISHER/STATMAN (2000), S. 74-78; OEHLER (1995), S. 26 ff.

Auch wenn der *Behavioral Finance*-Forschung Kritik entgegengebracht wird[150], erscheint es im Kontext dieser Arbeit und vor dem Hintergrund der Historie dieser Investorengruppe sinnvoll, das Verhalten privater Anleger auf dieser Grundlage zu analysieren. Daher werden im Folgenden die Determinanten des Risikoverhaltens von Privatanlegern sowie die Heuristiken der *Behavioral Finance* auf die Relevanz und Implikationen für die Ausschüttungspolitik von Aktiengesellschaften untersucht.

3.5.2.2 Risiko-Rendite-Wahrnehmung

Kapitalanlageentscheidungen sind abgesehen von so genannten sicheren Geldanlagen, wie zum Beispiel Sparbriefe, Entscheidungen unter Unsicherheit, da der Anleger nur mehr oder minder vage Vorstellungen über die zukünftigen Entwicklungen der Kapitalmärkte oder einzelner Aktien hat.[151] Diese Unsicherheit, in der Literatur oft als Risiko bezeichnet[152], wird in der Entscheidungs- bzw. Investmenttheorie als Streuung der Rendite um ihren Erwartungswert verstanden, die in erster Linie durch die statistischen Risikomaße der Varianz und Standardabweichung gemessen und ausgedrückt wird. Die Standardabweichung spielt in der Kapitalmarkttheorie eine zentrale Rolle und wird (bei stetigen Renditen) als Volatilität bezeichnet.

Aus verhaltenswissenschaftlicher Sicht sind für die Anlageentscheidung jedoch nicht nur die objektiven Risiko-Rendite-Maße ausschlaggebend, sondern das individuelle Risikoempfinden und Einschätzen zukünftiger Renditen durch den Anleger.[153] Neben der Risikoeinstellung, die in den normativen Entscheidungstheorien wie dem μ-σ-Prinzip das Risikoverhalten bestimmt, ist dabei auch die Risiko- und Ergebniswahr-

---

150 Ein wesentlicher Kritikpunkt betrifft das Fehlen eines geschlossenen Theoriesystems. Stattdessen gibt es verschiedene Theorien, die versuchen, diverse Beobachtungen zu erklären. Hier sind vor allem die *Prospect*-Theorie von KAHNEMAN und TVERSKY, die *Behavioral Portfolio*-Theorie von SHEFRIN und STATMAN, die auf der Portfolio-Theorie und der Urteilsheuristik *Mental Accounting* aufbaut, sowie das *Model of Investor Sentiment* von BARBERIS/SHLEIFER/VISHNY zu nennen, welches die Erklärung von Über- und Unterreaktionen zum Ziel hat; vgl. KAHNEMAN/TVERSKY (1979); SHEFRIN/STATMAN (2000); BARBERIS/SHLEIFER/VISHNY (1998). Der *Behavioral Finance* wird auch *Theory Fishing* vorgeworfen, da die psychologischen Phänomene zufällig seien und versucht werde, eine geeignete Heuristik für die gefundenen Daten zu finden; vgl. BARBERIS/THALER (2002), S. 61; HIRSHLEIFER (2001), S. 1535.

151 Vgl. STEUL (2003), S. 8. Bei Entscheidungen unter Unsicherheit sind die exakten Wahrscheinlichkeiten der relevanten Umweltzustände nicht bekannt, das heißt, die Entscheider haben nur vage Vorstellungen über die Wahrscheinlichkeiten; vgl. BAMBERG/COENENBERG (2002); LAUX (2003).

152 Bei Entscheidungen unter Risiko sind dagegen die Eintrittswahrscheinlichkeiten bekannt; vgl. KNIGHT (1921). Um Missverständnissen vorzubeugen, werden die Begriffe im Folgenden synonym gebraucht, wenngleich immer die Definition von Entscheidungen unter Unsicherheit zutreffend ist.

153 Vgl. OLSEN/COX (2001), S. 30; OLSEN/KHAKI (1998), S. 59.

nehmung für das Risikoverhalten von Anlegern entscheidend.[154] Private Anleger haben meist kein präzises Risikoverständnis, das sich anhand statistischer Messgrößen bestimmen lässt, sondern eine eher intuitive und stark emotional beeinflusste Risikowahrnehmung.[155] Daher hat speziell die Risikowahrnehmung eine große Bedeutung für das Risikoverhalten, weshalb darauf der Fokus der folgenden Betrachtungen gelegt wird.[156]

Abbildung 15: Determinanten des Risikoverhaltens

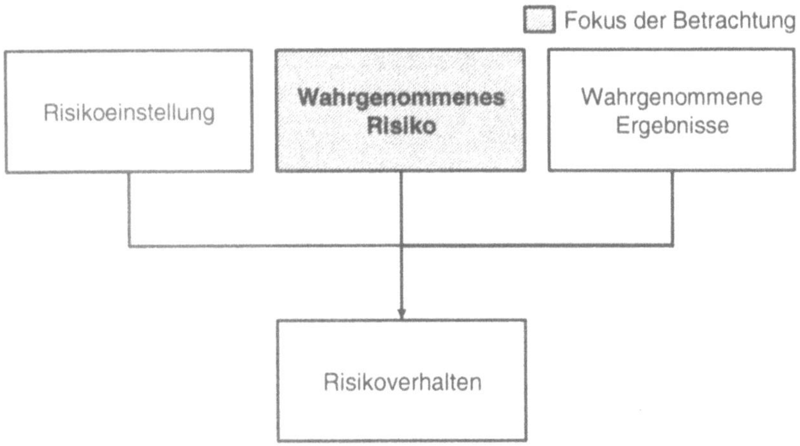

Quelle: STEUL (2003), S. 9; eigene Darstellung.

[154] Vgl. STEUL (2003), S. 16. Bereits in der Entwicklungszeit der traditionellen Entscheidungs- und Investmenttheorien wurde die Möglichkeit von weiteren Einflussfaktoren eingeräumt: „My feeling is that the statistical computations should be used to arrive at a tentative set of μ_i and σ_{ij}. Judgement should then be used in increasing or decreasing some of these μ_i and σ_{ij} on the basis of factors and nuances not taken into account by the formal computations." MARKOWITZ (1952), S. 91.

[155] Vgl. OLSEN/COX (2001), S. 30.

[156] Vgl. STEUL (2003), S. 10 f. Die Risikowahrnehmung spielt bei Finanzentscheidungen eine zentrale Rolle; vgl. ebenda, S. 54.

Die verhaltenswissenschaftliche Forschung bringt insbesondere drei inhaltliche Komponenten des wahrgenommenen Risikos hervor:[157]

- Das *Downside Risk* oder *Loss Aversion*: Die subjektiv empfundene Gefahr eines (hohen) Verlustes bzw. einer negativen Abweichung von der Referenzrendite.
- Die Volatilität: Die subjektiv wahrgenommene Schwankung der Renditen im Zeitablauf.
- Die Ambiguität: Die subjektiv empfundene Unsicherheit des Anlegers, die auf Grund von unvollständigen Informationen und/oder mangelnder Kompetenz entsteht.[158]

Die hohe Relevanz der Komponenten des wahrgenommenen Risikos und ihre Folgen lassen sich am Aktionärsverhalten der letzten Jahre zeigen. Private Anleger haben sich in den Jahren nach den Höchstständen Anfang 2000 vom Aktienmarkt zurückgezogen.[159] Die **Verlustaversion** nach den Kursverlusten hat sich stark erhöht. Darauf lässt unter anderem die starke Nachfrage nach Produkten wie offene Immobilienfonds[160] schließen sowie die zunehmende Popularität so genannter Garantiefonds; insbesondere Absolute und Total Return-Fonds[161] erfahren einen regen Zulauf. In 2003 verdreifachte sich die Zahl der neu angebotenen Fonds dieser Art; in den vergangenen zwei Jahren flossen rund 8 Mrd. Euro in diese Titel.[162] Des Weite-

---

157 Vgl. OLSEN/TROUGHTON (2000), S. 26; OLSEN (1997), S. 63 f.; OLSEN/COX (2001), S. 32.

158 Der Ambiguität kommt bei Finanzentscheidungen eine große Rolle zuteil, wie empirische Experimente zeigen; vgl. unter anderem SARIN/WEBER (1993), S. 614; WEBER (1989), S. 467. Der Begriff der Ambiguität geht auf ELLSBERG zurück; das Ellsberg-Paradoxon suggeriert, dass Anleger avers hinsichtlich Ambiguität sind, was in den experimentellen Untersuchungen bestätigt wird; vgl. OLSEN/TROUGHTON (2000), S. 28; ELLSBERG (1961), S. 664 f.; zu den Verweisen auf verschiedene Untersuchungen vgl. STEUL (2003), S. 37. Die Ambiguität beschreibt Entscheidungssituationen, in denen vom Entscheider keine eindeutigen subjektiven Wahrscheinlichkeiten bestimmt werden können. Je höher die wahrgenommene Ambiguität, desto höher das wahrgenommene Risiko. Der Grad der Ambiguitätsaversion steht dabei in engem Zusammenhang zur wahrgenommenen subjektiven Kompetenz des Entscheiders. HEATH/TVERSKY bezeichnen den Ambiguitätseffekt insofern als einen Spezialfall des Kompetenzeffekts; vgl. HEATH/TVERSKY (1991), S. 7 f. Entscheider bevorzugen Situationen, in denen sie sich gut informiert und kompetent fühlen und sind somit ambiguitätsscheu; vgl. KEPPE/WEBER (1995), S. 52; JUNGERMANN/PFISTER/FISCHER (1998), S. 187.

159 Vgl. Abschnitt 3.5.1.

160 Vgl. KALBHENN (2004), S. 8.

161 Diese Strategien versprechen die folgenden Vorteile: eine Abkehr vom traditionellen Benchmark-Ansatz, eine Ausrichtung auf absolute Erträge bei mittelfristig weitgehender Wertsicherung, ein Renditeziel oberhalb des Geldmarkt-Niveaus, ein bestimmtes Volatilitätsziel und spezielle Risikomanagement-Techniken, die dies ermöglichen sollen; vgl. DWS (2004), Total Return-/Absolute Return-Fondskonzepte: Weil relativ gut immer noch absolut schlecht sein kann, erhältlich unter URL: http://info.dws.de/dws/homepage.nsf/doc/home.

162 Vgl. HOFFKNECHT, Petra (2004), Sicherheit ist für viele Investoren wichtiger als der Gewinn, in: Handelsblatt vom 05. Mai 2004. Diese Produkte, die nur in steigenden Märkten Geld verdienen können, unterscheiden sich von Hedge-Fonds, die auch in fallenden Märkten an Wert gewinnen können.

ren überstieg der Nettozufluss in Zertifikate in 2003 mit 5 Mrd. Euro die Zuflüsse in Aktienfonds von 3,7 Mrd. Euro.[163] Es ist dabei zu beobachten, dass die Anleger trotz (oder gerade wegen) der guten Entwicklung an den Aktienmärkten 2003 Sicherheit verstärkt nachfragen, obwohl Produkte dieser Art eine beschränkte Teilnahme an positiven Entwicklungen bedeuten – denn die Sicherheit hat ihren Preis. Auch die Versicherungsbranche hat auf die veränderte Situation reagiert und bietet verstärkt fonds- bzw. aktienindexgebundene Policen mit zusätzlicher Garantieleistung an.[164] Fondsgesellschaften werben stark mit Dividendentiteln und eigens dafür aufgelegten Fonds.[165] Der europäische Markt für Wandelanleihen (Papiere, welche die relative Sicherheit einer Anleihe mit der Gewinnchance einer Aktie kombinieren) hat sich in den letzten fünf Jahren verdreifacht.[166] Allein im Jahr 2003 wurden Wandelanleihen im Wert von nahezu 40 Mrd. Euro neu begeben. Garantieprodukte werden vom Anleger verlangt; sie treffen den Nerv der Zeit.

In enger Verbindung zu dieser Entwicklung sind zum einen die Aktienmärkte in den letzten zehn Jahren **volatiler** geworden, zum anderen werden die Schwankungen nach dem Phänomen der Überreaktion subjektiv noch höher empfunden. Das Volatilitätsmaß VDax[167] drückt die vom Markt erwartete Schwankungsbreite oder implizite Volatilität des Dax-Index für die jeweils nächsten 45 Tage aus. Die Volatilität ist ein Maß für die Ungewissheit. Während der Durchschnitt in den Jahren 1992 bis Mitte 1997 bei 16 Prozent lag, erhöhte sich dieser Wert seitdem auf rund 28 Prozent.[168] Diese Entwicklung zeigt trotz des starken Rückgangs in 2003 das gestiegene Risiko am deutschen Aktienmarkt. Für das Wiederbeleben des deutschen Aktionärs ist dies per se nicht förderlich. Nach dem deutlichen Kursanstieg 2003 an den Börsen stellt sich die Frage nach der weiteren Entwicklung. Fallende Kurse würden die Ungewiss-

---

[163] Vgl. HOFFKNECHT, Petra (2004), Zertifikate auf dem Vormarsch, in: Handelsblatt vom 25. Juni 2004.

[164] Vgl. o. V. (2003), S. 700.

[165] Vgl. RÖHL/HEUSSINGER (2004), Deutsche Bank setzt auf Dividenden, in: Handelsblatt vom 13. Februar 2004. Während deutsche Aktienfonds 2004 Abflüsse von rund 3,5 Mrd. Euro verzeichneten, verbuchte der DWS Top Dividende im gleichen Zeitraum einen Zufluss von 957 Mio. Euro; vgl. EURO AM SONNTAG, Nr. 4 vom 23. Januar 2005, S. 12 f., erhältlich unter URL: http://www.deutsche-bank.de. Seit Jahresbeginn 2005 flossen bereits rund 600 Mio. Euro in den DWS Top Dividende; das verwaltete Vermögen beträgt knapp 3 Mrd. Euro; vgl. KIRCHNER, Christian (2005), Dividendenfonds erzielen hohe Renditen, in: Handelsblatt vom 30. März 2005.

[166] Vgl. WEHNER, Holger (2004), Wandelanleihen erfreuen sich neuer Beliebtheit, in: Handelsblatt vom 02. Juni 2004.

[167] Der Dax-Volatilitätsindex VDax wird in Prozent pro Jahr angegeben. Um die Schwankungsbreite des Dax innerhalb der nächsten 45 Tage auszurechnen, muss folgende Formel angewendet werden: $VDax\,(\text{in }\%) * \sqrt{\frac{45\,Tage}{365\,Tage}} * Dax\,(in\text{ Punkten})$. Bei einem Dax-Stand von 4.000 Punkten und einem VDax von 25 Prozent bedeutet eine erwartete Schwankungsbreite für die nächsten 45 Tage von +/- 350 Punkten.

[168] Gut erkennbar ist die Volatilität senkende positive Kursentwicklung am deutschen Markt im Jahr 2003.

heit am Aktienmarkt vergrößern und bei längerem Anhalten in einem Anstieg der Volatilität resultieren. Vor diesem Hintergrund ist es nicht auszuschließen, dass die Volatilität am deutschen Aktienmarkt wieder auf höhere Niveaus ansteigt.

Abbildung 16: Entwicklung des VDax

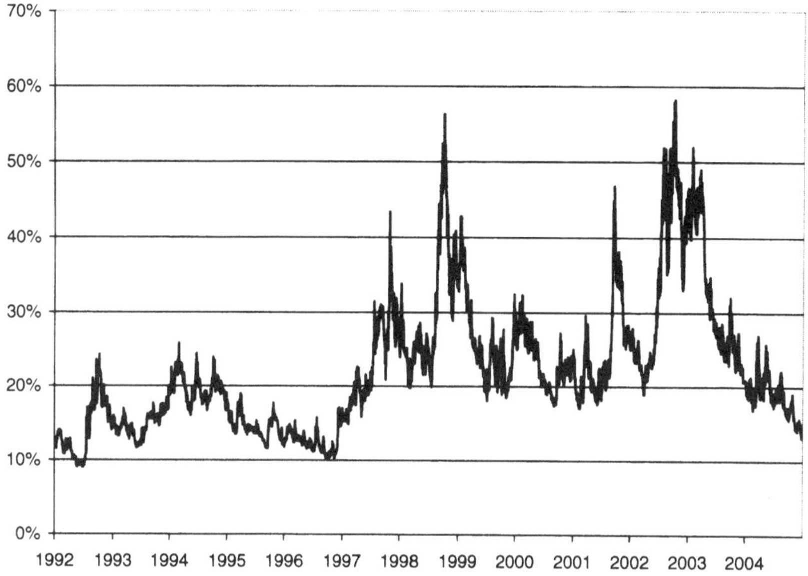

Quelle: DATASTREAM.

Letztendlich ist zu beobachten, dass die subjektiv empfundene Unsicherheit oder **Ambiguität** derzeit sehr hoch ist. Viele Kleinanleger, die in den letzten Jahren direkt in Aktien investierten, sind zu Fondsinvestoren geworden: Während im Jahr 1997 59 Prozent der Aktien- und/oder Fondsanteile besitzenden Anleger ausschließlich in Aktien investiert waren, ging dieser Anteil per Juni 2004 auf 24 Prozent zurück. Im gleichen Zeitraum erhöhte sich der Anteil der ausschließlich Fondsanteile besitzenden Anleger von 30 Prozent auf 57 Prozent. Die Gruppe der sowohl in Aktien als auch in Fonds anlegenden Investoren erhöhte sich zu Lasten der reinen Aktieninvestoren um 8 Prozentpunkte. Das menschliche Aufnahme- und Urteilsvermögen ist begrenzt[169]

[169] Der Begriff der *Limited Cognitive Capacity* geht auf SIMON zurück. Folgen dieser sind nach HOGARTH: (1) die Informationswahrnehmung sei selektiv auf Grund der Vielzahl an Informationen, die Anleger regelmäßig empfangen, (2) die Informationsverarbeitung erfolge meist sequentiell, (3) Anleger verwenden in der Urteilsfindung Heuristiken, um den mentalen Aufwand zu begrenzen und (4) Menschen haben ein begrenztes Erinnerungsvermögen, welches Urteile negativ beeinflussen kann; vgl. HOGARTH (1989) zitiert in WAHLUND/GUNNARSSON (1996), S. 712; SIMON (1955), S. 114.

und so mancher Anleger fühlte sich mit der Entscheidung der Aktienauswahl sichtlich überfordert. Durch die Abtretung der Entscheidung bezüglich der Aktienauswahl an die als kompetenter wahrgenommene Fondsgesellschaft reduziert er die empfundene Unsicherheit bzw. Ambiguität.

Abbildung 17: Verschiebung von Aktionären zu Fondsbesitzern in Deutschland

In Tsd., in Prozent

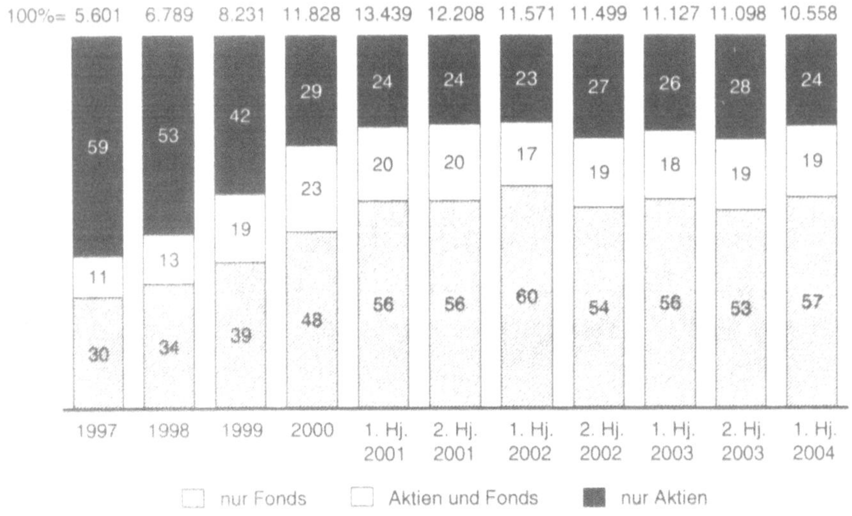

Quelle: Deutsches Aktieninstitut (2004a), S. 1.

Es bleibt zusammenfassend festzuhalten, dass private Investoren generell und insbesondere gegenwärtig ein hohes Risiko am Aktienmarkt wahrnehmen. Sie empfinden ein hohes Maß an Unsicherheit bzw. Ambiguität, weisen eine gestiegene Verlustaversion auf und verlangen ein höheres Maß an Sicherheit. Diese Risikokomponenten der verhaltenswissenschaftlichen Forschung müssen Unternehmen in die Ausgestaltung ihrer Ausschüttungspolitik aufnehmen, wenn die Präferenzen von privaten Anlegern berücksichtigt werden sollen. Höhere Ausschüttungen wirken einerseits der Verlustaversion und der hohen empfundenen Unsicherheit entgegen, andererseits reduzieren sie aus Sicht der Anleger die wahrgenommene Volatilität, da sie einen gewissen Renditesockel darstellen.

3.5.2.3 Urteilsheuristiken und Mental Accounting

Neben den im Vorigen beschriebenen Zusammenhängen haben so genannte Urteilsheuristiken und das *Mental Accounting* Einfluss auf die Risiko- und Ergebniswahrnehmung von Anlegern. Diese Phänomene werden im Folgenden erläutert und auf die Relevanz für die Ausschüttungspolitik von Unternehmen untersucht.

Heuristiken sind Daumenregeln oder mentale Abkürzungen, um schnell komplexe Probleme zu lösen.[170] Im Rahmen der Ausschüttungspolitik können Heuristiken eine nicht zu vernachlässigende Rolle spielen, wie nachfolgend gezeigt werden soll. Die Repräsentativitätsheuristik geht auf KAHNEMANN/TVERSKY zurück und beschreibt das Phänomen, dass Individuen bei der Einschätzung unsicherer zukünftiger Ereignisse dazu tendieren, in Stereotypen zu denken und mittels weniger augenscheinlicher Merkmale zu verallgemeinern.[171] „People evaluate the probability of an uncertain future event by the degree to which it is similar to recently observed events."[172] Des Weiteren werden im Rahmen der Repräsentativitätsheuristik häufig kausale Zusammenhänge vermutet, obwohl diese nicht valide sind oder gar nicht existieren.[173] Dieses Phänomen kann dazu führen, dass Investoren glauben, zufällige Ereignisse kontrollieren zu können und eine übersteigerte Kompetenz empfinden (*Overconfidence*). Grundsätzlich führt die Repräsentativitätsheuristik zur Übergewichtung von augenscheinlichen, leicht zugänglichen Informationen und zur Untergewichtung von abstrakten, komplexen und schwer zugänglichen Informationen.[174] Der Gebrauch der Repräsentativitätsheuristik kann dazu führen, dass Anleger Trends naiv extrapolieren, was zu verzerrten Prognosen und Erwartungen führen kann.[175] Dieses Verhalten der Anleger kann Unternehmen dazu veranlassen, eine möglichst konstant steigende Dividende vorzuweisen und eher von einer niedrigeren Ausschüttungsquote auszugehen, um in schlechteren Jahren einen größeren finanziellen Puffer zu haben. Anleger gehen davon aus, dass dieser Trend in der Zukunft anhält. Das hohe Maß an Dividendenkontinuität in Deutschland in Verbindung mit der vergleichsweise niedrigen Ausschüttungsquote entspricht diesen Überlegungen. Diese Konstellation verstärkt jedoch unter anderem die *Principal-Agent*-Problematik, große Teile des freien Cashflows nicht auszuschütten. Vor dem Hintergrund der Repräsentativitätsheuristik sollten Unternehmen größere Anstrengungen aufbringen, komplexere Informationen den Anlegern verständlich zu machen und dadurch die Untergewichtung relevanter Informationen verhindern. Unternehmen, die stärker in den Dialog mit dem Kapital-

---

170 Vgl. FULLER (1998), S. 10.
171 Vgl. KAHNEMAN/TVERSKY (1973), S. 238; KAHNEMAN/TVERSKY (1972), S. 431.
172 FULLER (1998), S. 13.
173 Vgl. JORDAN (2004), S. 67.
174 Vgl. SHEFRIN (2000), S. 14.
175 Vgl. HIRSHLEIFER (2001), S. 1545.

markt treten und relevante Informationen zielgerichtet und verständlich kommunizieren, können eine starke Reputation aufbauen und für sich profitieren. Hingegen kann das starke Maß an Dividendenkonstanz auf niedrigem Niveau den Anleger zu falschen Schlüssen verleiten – so geht er von dem Trend der konstanten Dividende aus und lässt die relativ niedrige Ausschüttung außer Betracht.

Das Konzept des *Mental Accounting* geht auf **TVERSKY/KAHNEMAN (1981)**[176] zurück und beschreibt einen Prozess der mentalen Kategorisierung von Optionen bzw. ihrer Konsequenzen sowie die Art und Weise, in der sie mental zusammengefasst bzw. getrennt werden. Es kann ebenfalls als Heuristik zur Komplexitätsreduktion bezeichnet werden.[177] Im finanzwirtschaftlichen Kontext werden dabei vom Anleger der Aktienkurs und die Dividende in separaten mentalen Konten verbucht ohne Berücksichtigung der gegenseitigen Interdependenzen, was im Modell von **HARTMANN/GÜRTLER (2003)** folgende Wirkung haben kann: Die Substitution von Dividenden durch Kursgewinne (zum Beispiel bei Kürzung der Dividende bei unveränderter Profitabilität) löst beim Investor unmittelbar Enttäuschung, also Nutzeneinbuße, aus. In einem vollkommenen Kapitalmarkt kann der Anleger zwar durch den Verkauf von Anteilen die ursprüngliche Zahlung nachbilden, was allerdings nicht den (bereits realisierten) Nutzenverlust durch die Dividendenpolitik entgegen seiner Präferenzen kompensiert. Selbst in einem vollkommenen Kapitalmarkt sind bei limitiert rationalen Investoren verschiedene Zahlungsformen keine perfekten Substitute mehr.[178] Dies hat in Bezug auf die Ausschüttungspolitik Konsequenzen für die Wahl des Instruments: Sollte ähnlich wie in den USA eine starke Substitution von Dividenden durch Aktienrückkäufe[179] auch in Deutschland stattfinden, muss auf Seiten der Unternehmen damit gerechnet werden, dass Anleger diese Entscheidung nicht begrüßen. Die im Vergleich niedrige Vertrautheit mit dem Kapitalmarkt in Deutschland sowie die Erfahrung der Kursverluste über die letzten Jahre und die dadurch gestiegene Verlustaversion und empfundene Unsicherheit wirken hier tendenziell verstärkend.[180]

3.5.3 Das Informationsverhalten privater Kapitalanleger

Dem Instrument der Ausschüttungspolitik kommt neben der reinen Distribution von freien Mitteln auch die Aufgabe der Übertragung von Informationen zu. Da in einem Markt mit Informationsasymmetrien mindestens eine Gruppe von Marktteilnehmern schlechter informiert ist als andere, tragen Entscheidungen über die Verwendung von

---

176 Vgl. TVERSKY/KAHNEMAN (1981).

177 Vgl. STEUL (2003), S. 71.

178 Vgl. HARTMANN/GÜRTLER (2003), S. 3.

179 Vgl. Abschnitte 2.2 und 4.5.

180 Zu weiteren Ausführungen zur *Behavioral Dividend Policy* vgl. Abschnitt 4.3.

Mitteln dazu bei, aktuelle oder zukünftige Entwicklungen zu signalisieren bzw. aus der Informationsasymmetrie resultierende Konflikte abzuschwächen, da Investitions-, Finanzierungs- und Ausschüttungspolitik in engem Zusammenhang stehen.[181] Insbesondere private Anleger sehen sich grundsätzlich einem großen Informationsnachteil gegenüber, da sie in der Regel weniger kompetent sind als andere Investorengruppen bzw. nur über stark begrenzte Informationsverarbeitungskapazitäten verfügen. Neben dem Risikoverhalten muss daher auch das Informationsverhalten privater Anleger analysiert werden, um Aufschluss über das Verhalten und die Entscheidungsprozesse privater Anleger zu gewinnen.

In der Theorie existiert eine Reihe von Erklärungsansätzen zum Informationsverhalten bei Kaufentscheidungen, von denen im Folgenden diejenigen betrachtet werden, die auf Aspekte der Ausschüttungspolitik übertragbar sind. Es handelt sich im Einzelnen um folgende Ansätze:[182]

- Der risikotheoretische Ansatz und
- der kapazitäts- und komplexitätstheoretische Ansatz.

Der risikotheoretische Ansatz besagt, dass Informationsaktivitäten dazu dienen, die mit einer Anlageentscheidung verbundenen Risiken zu reduzieren.[183] Es wird dabei in das Anlage- (mit der Anlage originär verbunden) und das Informationsrisiko unterschieden, das sich an objektiven Beurteilungskriterien und subjektiven Einschätzungen zur Qualität der Information orientiert.[184] In Analogie zu den Ergebnissen der Konsumentenverhaltensforschung[185] präferieren Anleger zur Reduzierung des Informationsrisikos eher die Informationsquellen, die aus ihrer Sicht besonders glaubwürdig sind. Eine negative Grundeinstellung zu bestimmten Anlageformen kann dazu führen, dass Anleger dort vergleichsweise höhere Informationsanforderungen haben bzw. eine Anlageform überhaupt nicht zum Informationsgegenstand wird.[186] In Anbetracht der im Allgemeinen niedrigen Akzeptanz von Aktien als Vermögensanlage in Deutschland muss diese besonders hohe Anforderung an die Glaubwürdigkeit von Informationen in Verbindung mit dem Unternehmen und Aktienmarkt berücksichtigt werden. Anleger erwarten von Unternehmen aussagefähige und entscheidungsrelevante Prognosen. Wird diese Erwartungshaltung nicht erfüllt, führt dies dazu, dass Anleger (1) sich auf Produkte beschränken, über die sie sich ausreichend informiert

---

181 Vgl. hierzu ausführlich Abschnitte 4.4 sowie 5.
182 Zu weiteren Ansätzen vgl. STÜFE (1999), S. 23-33.
183 Vgl. GEMÜNDEN (1992), S. 1018.
184 Vgl. STÜFE (1999), S. 24.
185 Vgl. TÖLLE (1983), S. 88-91.
186 Vgl. STÜFE (1999), S. 25.

fühlen, (2) risikoarme und wenig erklärungsbedürftige Produkte bevorzugen, (3) die Anlageentscheidung an einen Experten delegieren oder (4) die Anlageentscheidung unterlassen. Die Delegation der Entscheidung an Fondsmanager fand in den letzten Jahren statt.[187] Die übrigen drei Implikationen tragen offensichtlich nicht zur Förderung des Aktienbesitzes bei. Nicht nur die traditionellen Kommunikationsmedien für den privaten Anleger wie Geschäftsberichte und Hauptversammlungen lassen diese hohe Informations- und Prognosegüte oft vermissen[188], auch die Ausschüttungspolitik deutscher Aktiengesellschaften auf niedrigem und hohe Flexibilität gewährleistendem Niveau wird den hohen Informationsanforderungen hinsichtlich Aussagekraft und Entscheidungsrelevanz nicht gerecht.

Der kapazitäts- und komplexitätstheoretische Ansatz berücksichtigt die limitierten kognitiven Fähigkeiten von Individuen. Informationsaktivitäten sind demnach nur im Rahmen der vorhandenen Fähigkeiten und Erfahrungen, aber auch von begrenzten Ressourcen wie Zeit und Geld möglich.[189] Der Anleger ist nur begrenzt in der Lage, Handlungsalternativen zu erkennen und umfassend bzw. konsistent zu bewerten.[190] Frühe Studien in der Konsumentenverhaltensforschung konnten nachweisen, dass mit steigender Informationsmenge die Qualität der Entscheidung gemessen an den subjektiven Präferenzen abnimmt, weil sich die Entscheider zur Komplexitätsreduktion auf wenige (Schlüssel-)Eigenschaften berufen, die häufig zu falschen Entscheidungen führen.[191] Die Ergebnisse der *Behavioral Finance*-Forschung zur Existenz von verschiedenen Urteilsheuristiken bestätigen diese Aussage auch für das Verhalten von Teilnehmern an Kapitalmärkten.

Die Ausschüttungspolitik deutscher Aktiengesellschaften auf relativ niedrigem Niveau führt dazu, dass Ausschüttungen oft keinen hohen Informationsgehalt aufweisen. Eine derartige Ausschüttungspolitik genügt im Sinne des risiko-theoretischen Ansatzes nicht den hohen Informationsanforderungen, die speziell an die Anlageform der Aktie gestellt werden. Im Sinne des kapazitäts- und komplexitätstheoretischen Ansatzes ist es entscheidend, dass Anleger mit Hilfe weniger, jedoch relevanter Informationen Entscheidungen richtig interpretieren können. Substanzielle Ausschüttungen, die starke Signale darstellen und Interessenkonflikte wirksam abbauen, können diese Anforderungen erfüllen; jedoch sind diese in Deutschland meist nicht gegeben.

---

187 Vgl. Abschnitt 3.5.2.2 und insbesondere Abbildung 17.
188 Vgl. HOCKER (2001), S. 445.
189 Vgl. MEFFERT/STEFFENHAGEN/FRETER (1979), S. 104.
190 Vgl. SILBERER (1981), S. 50-54.
191 Vgl. JACOBY/SPELLER/KOHN (1974), S. 67; RAFFÉE/FRITZ (1987), S. 83 f.

3.5.4 *Schlussfolgerungen*

Die Entwicklung an den Aktienmärkten in den vergangenen Jahren resultierte in einem rückläufigen Engagement privater Anleger am Aktienmarkt und einem gesunkenen Vertrauen. Darüber hinaus sehen sich Unternehmen bei den privaten Investoren der tendenziell am schlechtesten informierten und kontrollschwächsten Investorengruppe gegenüber. Privatanleger haben nicht die Möglichkeit, auf die Geschäfts- und Aktionärspolitik der Unternehmen hinreichend Einfluss zu nehmen. Hinzu kommt die Beobachtung, dass diese Anleger kognitive und emotionale Unzulänglichkeiten aufweisen, das heißt, sich im Zweifel nicht im Sinne eines *Homo oeconomicus* verhalten. Dies hat zur Folge, dass das subjektive Risikoempfinden privater Anleger als eine zentrale Determinante des Risikoverhaltens mit den Komponenten Verlustaversion und subjektiv wahrgenommene Volatilität und Ambiguität im aktuellen Umfeld eine hohe Relevanz besitzt und sehr ausgeprägt ist. Die Aspekte der *Behavioral Finance* sind daher zu berücksichtigen. Danach haben private Anleger eine gestiegene Verlust- und Ambiguitätsaversion sowie durch das *Mental Accounting* eine hohe Präferenz für Barausschüttungen. Ausschüttungen und insbesondere Dividenden können dazu beitragen, das subjektive Risikoempfinden zu reduzieren.

Auch aus den Erkenntnissen hinsichtlich des Informationsverhaltens lassen sich Implikationen für die Kommunikations- und Ausschüttungspolitik ableiten. Insbesondere Privatanleger leiden am so genannten *Information Overflow*, das heißt, eine Fülle an Informationen wird an den Kapitalmarkt gegeben, teilweise durch Offenlegungs- und Meldepflichten getrieben, teilweise von den Unternehmen gezielt vorgenommen. Viele dieser Informationen sind für den Anleger nicht entscheidungsrelevant[192], auch ist der Anleger nicht in der Lage, alle Informationen ‚richtig' zu verarbeiten. Die Überladung mit Informationen in Verbindung mit der begrenzten Fähigkeit, diese zur Entscheidungsfindung zu generieren, führt dazu, dass sich Anleger verschiedener Heuristiken bedienen. Die Ausführungen zur Repräsentativitätsheuristik haben gezeigt, dass Anleger Zusammenhänge häufig fehl interpretieren. Die zunehmende Präferenz von Barausschüttungen in Form von Dividenden[193] ist ein Indiz für die Überforderung der Anleger und betont den Versuch, mittels der Dividendenzahlung ein gewisses Maß an Kontrolle zu erlangen: Kontrolle im Sinne des Monitoring, dass freie Mittel nicht intransparent im Unternehmen verbleiben, und im Sinne der persönlichen Kontrolle über die Barausschüttung und der Entscheidung der weiteren Verwendung. Ausschüttungen und insbesondere Dividenden haben somit für diese Investorengruppe als Informationsträger und Kontrollmechanismus großen Wert.

---

[192] Vgl. GERKE (2000), S. 35.

[193] Vgl. Abschnitt 2.1.

3.6 Folgen für die Unternehmens- und Ausschüttungspolitik

Seit nunmehr gut fünf Jahren verändern sich die Besitzstrukturen deutscher Aktiengesellschaften, insbesondere die Bedeutung von institutionellen Investoren hat stark zugenommen. Dahinter steht vor allem das gestiegene Engagement privater Anleger, in die langfristig rentable Anlageform der Aktien zu investieren. Diese Investorengruppe ist in den letzten Jahren, unter anderem getrieben durch die negativen Erfahrungen am Aktienmarkt, verstärkt den indirekten Weg über professionelle Anlagegesellschaften gegangen. Die steigende Bedeutung der privaten Altersvorsorge verstärkt diesen Trend und führt auch dazu, dass andere institutionelle Investoren wie Versicherungen in verstärktem Maße in Aktien investieren. Das Bewusstsein für ein angemessenes Verhältnis von Risiko zu Ertrag wird bei den privaten Anlegern auch weiterhin stärker in den Vordergrund treten, was Produkten der privaten und betrieblichen Altersvorsorge, Investmentfonds, aber auch direkten Anlagen in Aktien zukünftig ein relativ größeres Gewicht zukommen lassen wird.

Die Zahl der inländischen, direkt in Aktien investierenden Anleger hat in den letzten Jahren zwar leicht abgenommen – viele Anleger sind dabei zu Fondsinvestoren geworden. Es spricht jedoch vieles für eine Umkehr dieses Trends und für eine steigende Bedeutung privater Investoren. So hat sich bspw. die Zahl der reinen Aktionäre, das heißt solche, die nur Aktien und keine Fondsanteile besitzen, im 2. Halbjahr 2004 wieder erhöht. Der starke Mittelzuwachs des in dividendenstarke Aktien investierenden Fonds DWS Top Dividende[194] ist ein Indiz dafür, wie private Anleger die Nachfrage institutioneller Investoren nach bestimmten Aktientypen beeinflussen können.

Die Verschiebung der Investorenstruktur weg von Unternehmen und Banken hin zu institutionellen und privaten Investoren aus dem In- und Ausland muss von Unternehmen auch in ihrer Ausschüttungspolitik berücksichtigt werden. Die auf dem Rückzug befindliche Investorenklientel der Banken und Versicherungen beachten nicht nur Aktienrendite und Ausschüttungen in ihrem Kriterienkatalog für gute Performance. Die Kreditvergabe, der Verkauf von Versicherungsdienstleistungen oder die Abnahme von Investmentbanking-Dienstleistungen tragen ebenso zum Erfolg eines Engagements bei.[195] Auch für andere beteiligte Industrieunternehmen spielen weitere Faktoren wie die gegenseitigen Geschäftsbeziehungen eine Rolle; auf der anderen Seite schätzen kapitalnehmende Unternehmen ihre Unabhängigkeit vom Kapitalmarkt und finanzielle Flexibilität. Über die Vertretung im Aufsichtsrat verfügten überdies Unternehmen und durch die Kreditgewährung insbesondere Banken über

---

[194] Vgl. Fußnote 16.

[195] Vgl. SEIFERT et al. (2002), S. 51.

weitgehende Kontroll- und Monitoringmöglichkeiten und -rechte. Die Ausschüttungspolitik und insbesondere die Dividendenzahlung waren aus diesen Gründen für diese Investorengruppe oft nicht mit einem hohen Stellenwert versehen.

Auf der anderen Seite haben institutionelle und private Investoren andere Ausschüttungspräferenzen. Unternehmen sehen sich hier tendenziell schlechter informierten und kontrollschwächeren Investorengruppen gegenüber, die das Instrument der Ausschüttung explizit als Informationsträger und Kontrollmechanismus betrachten.[196] Insbesondere private Anleger haben nicht die Möglichkeit, auf die Geschäfts- und Aktionärspolitik der Unternehmen hinreichend Einfluss zu nehmen, was in Verbindung mit der Erkenntnis, dass sich diese Anleger oft nicht im Sinne eines *Homo oeconomicus* verhalten, zur Folge hat, dass Unternehmen sich in ihrer Investorenansprache und Gestaltung der Ausschüttungspolitik nach anderen Kriterien ausrichten müssen. Die Orientierung an den Eigenschaften und Präferenzen der privaten Anleger erscheint nicht nur wegen der erwartet steigenden Bedeutung dieser Anlegergruppe notwendig; auch die Erkenntnis, dass Privatanleger derzeit ein hohes und gestiegenes Risiko am Aktienmarkt wahrnehmen, lässt die Aspekte der *Behavioral Finance* an Relevanz gewinnen. Danach haben private Anleger eine gestiegene Verlust- und Ambiguitätsaversion sowie durch das *Mental Accounting* eine hohe Präferenz für Barausschüttungen. Ausschüttungen und insbesondere Dividenden können dazu beitragen, das subjektive Risikoempfinden zu reduzieren.

Die Erkenntnisse aus der *Behavioral Finance*-Forschung sind somit aus folgenden Gründen wichtig für die Ausschüttungspolitik deutscher Unternehmen:

- Die hohe und gestiegene Verlustaversion und empfundene Unsicherheit bzw. Ambiguität führt dazu, dass private Anleger verstärkt Anlageinstrumente mit Garantiefunktionen nachfragen. Unternehmen müssen auf derartige Trends reagieren, wenn das Produkt ‚Aktie' in der Auswahlentscheidung bei Finanzanlagen eine wichtige Rolle spielen soll. Eine substanzielle und möglichst stetige Ausschüttung in Form der Dividende kann dabei bis zu einem gewissen Maß als Absicherung dienen und der hohen Verlust- und Ambiguitätsaversion entgegenwirken.

- Privatanleger haben durch das Mental Accounting eine Präferenz für Barausschüttungen, die in der heutigen Situation noch stärker ausgeprägt ist. Diese Haltung muss von den Unternehmen bei der Entscheidung, ob ausgeschüttet werden soll, sowie bei der Wahl der Ausschüttungsform berücksichtigt werden.

---

196 Vgl. hierzu auch Abschnitte 4.4.1 und 4.4.2.

- Der Gebrauch der Repräsentativitätsheuristik kann dazu führen, dass Anleger Trends naiv extrapolieren, was Unternehmen dazu veranlassen kann, eine möglichst konstant steigende Dividende vorzuweisen. Um dies zu gewährleisten, gehen Unternehmen eher von einer niedrigen Ausschüttungsquote aus, um in schlechteren Jahren einen größeren finanziellen Puffer zu haben. Das hohe Maß an Dividendenkontinuität in Deutschland in Verbindung mit der vergleichsweise niedrigen Ausschüttungsquote[197] entspricht diesen Überlegungen. Dies verstärkt jedoch unter anderem die *Principal-Agent*-Problematik, große Teile des freien Cashflows nicht auszuschütten.

Es ist zwar davon auszugehen, dass institutionelle Investoren gegenüber Privatanlegern einen Kompetenzvorteil besitzen und keine vollständige Interessenidentität besteht, jedoch ist zu beobachten, dass auch diese Investorengruppe das Ausschüttungsverhalten von Unternehmen verstärkt kritisiert und auch Forderungen explizit ausspricht. So werden dividendenstarke Aktien immer stärker nachgefragt[198] bzw. der Druck auf Unternehmen erhöht, ihre Ausschüttungen zu steigern.[199] In Deutschland befindet sich der Investoren-Aktivismus noch in den Anfängen, jedoch sind erste Anzeichen stärkeren Engagements und Einflussnahme zu erkennen, mit steigender Tendenz. In den USA sind insbesondere Pensionsfonds auf Grund ihrer Anlegerstruktur auf möglichst hohe und stetige Ausschüttungen angewiesen und wirken aktiv auf Unternehmen ein.[200] Bei steigender Bedeutung dieser institutionellen Investoren in Deutschland wird auch hierzulande der Druck auf die Unternehmen, größere Teile des Gewinns auszuschütten, weiter wachsen.

Der internationale Vergleich lässt vermuten, dass in anderen Märkten, in denen private und institutionelle Anleger bereits seit längerer Zeit eine größere Rolle spielen, die Ausschüttungspolitik von Unternehmen stärker an diesen Erkenntnissen ausgerichtet ist. So liegt Deutschland bei Dividendenrendite und Ausschüttungsquoten in Europa am unteren Ende. Die zunehmende Investition ausländischer Investoren in deutsche Unternehmen führt dazu, dass sich deutsche Unternehmen und insbesondere solche mit einem hohen Anteil an ausländischen Aktionären diesen Vergleichen stellen müssen.

Der starke Trend zu passiven Anlagestrategien von Privatanlegern und Investmentfonds und damit die steigende Bedeutung von Aktienindizes und der Zugehörigkeit

---

[197] Vgl. Abschnitte 2.1 und 2.2.

[198] Vgl. auch Fußnote 16.

[199] Vgl. Fußnote 118.

[200] Vgl. SOMMER, Ulf (2004), Profis pochen auf stetige Dividenden, in: Handelsblatt vom 29. April 2004.

zu diesen haben zusätzliche Konsequenzen für die Aktionärs- und Ausschüttungspolitik deutscher Aktiengesellschaften. Für die Indexzugehörigkeit ist seit 2002 und vor allem seit August 2004 der Marktwert des Streubesitzes in erster Linie maßgeblich. Den Umfang des *Free Floats* können Unternehmen durch ihre Aktionärsstruktur und Anpassungen dieser selbst beeinflussen.[201] Primäre Zielgruppe sind Privatanleger und institutionelle Investoren wie Investmentfonds, die im Allgemeinen keinen Anteil von mehr als 5 Prozent an Unternehmen halten. Eine verstärkte Ausrichtung an den Interessen und Bedürfnissen dieser Investorengruppen kann zu zweierlei Effekten führen: (1) einen höheren Anteil des Streubesitzes und (2) einen positiven Effekt auf den Aktienkurs. Die Ausschüttungspolitik spielt in diesem Zusammenhang eine bedeutende Rolle. Das Nachkommen der Ausschüttungsinteressen dieser Investorengruppen führt potenziell zu einer positiven Resonanz durch die Wahrnehmung entsprechender Informations- und Kontrollfunktionen.

201 Die Bayerische Hypo- und Vereinsbank erhöhte bspw. ihr Gewicht im Dax von 1,29 Prozent auf 2,03 Prozent durch eine Kapitalerhöhung, bei der 214 Mio. Aktien ausgegeben wurden, was den Anteil der frei handelbaren Papiere wesentlich erhöhte; vgl. o. V. (2004), Dax-Einfluss der Hypo-Vereinsbank steigt, in: Handelsblatt vom 17. Juni 2004. MAN steigerte das Gewicht im Dax von 0,77 auf 1,07 Prozent durch die Platzierung von rund 25 Prozent der Anteile aus dem Besitz der Holding Regina, die die Aktien für die Commerzbank, Münchner Rück und Allianz gehalten hatte; vgl. o. V. (2005), MAN gewinnt mehr Gewicht im Dax, in: Handelsblatt vom 17. März 2005.

4 Theorien zur Ausschüttungspolitik

Im Folgenden werden die zahlreichen theoretischen Ansätze zur Dividendenpolitik hinsichtlich ihrer ökonomischen Aussagekraft und empirischen Validität bewertet und zu den Ergebnissen zur Investorenstruktur sowie den Trends hinsichtlich des Ausschüttungsverhaltens deutscher Aktiengesellschaften in Bezug gesetzt. Des Weiteren wird auf den Aktienrückkauf in der Funktion als Ausschüttungsinstrument eingegangen.

4.1 Irrelevanztheorem der Dividendenpolitik (Neo-Klassik)

In ihrem viel beachteten Aufsatz über die Dividendenpolitik und deren Einfluss auf den Unternehmenswert leiteten **MILLER/MODIGLIANI (1961)** ihre grundlegende und bis heute unter bestimmten Annahmen weithin akzeptierte Theorie von der optimalen Dividendenpolitik her.[202] Sie entwickelten einen in sich geschlossenen Bewertungsansatz, der direkt auf der Dividendenpolitik fußt. Nach Meinung der Autoren war der fehlende Konsensus über die optimale Dividendenpolitik dadurch begründet, dass ein vollständiger theoretischer Ansatz bis dahin fehlte. Empirische Untersuchungen konnten mangels des theoretischen Grundgerüsts nicht hinreichend genau spezifiziert werden, um zwischen den bestehenden Hypothesen zu unterscheiden.[203]

Nach MILLER/MODIGLIANI ist eine explizite Dividendenpolitik irrelevant. Bei gegebenem Investitionsprogramm ist der Unternehmenswert unabhängig davon, ob Gewinne einbehalten oder als Dividende ausgezahlt und gleichzeitig die Mittel über eine Kapitalerhöhung wieder hereingeholt werden. Anders ausgedrückt: Die Verfolgung einer Dividendenpolitik über die residuale Ausschüttung hinaus führt nicht zu einer Steigerung des Aktionärsvermögens.[204] Alle Ausprägungen der Dividendenpolitik sind äquivalent. Auch bei Unsicherheit über künftige Gewinne und beliebiger Finanzierungsform[205] hat das Irrelevanztheorem Bestand.[206] Diese Schlussfolgerung war damals für viele überraschend, stand sie doch im absoluten Gegensatz zu der zu dieser Zeit bestehenden Überzeugung, dass die explizite Dividendenpolitik eine bedeutend positive Wirkung auf den Aktienkurs und somit auf das Aktionärsvermögen habe.[207] Den Einwänden von sich auf empirische Studien berufenden Kritikern, die

---

202 Vgl. MILLER/MODIGLIANI (1961), S. 411-433.

203 Vgl. ebenda, S. 411.

204 Andererseits gibt es auch keine Dividendenpolitik, die Wert vernichten könnte. Jede gewählte Dividende ist gleich gut oder schlecht.

205 In einer Welt ohne Steuern gilt die Irrelevanz der Kapitalstruktur, so dass der Marktwert des Unternehmens durch die Aufnahme von Fremdkapital nicht verändert wird.

206 Vgl. MILLER/MODIGLIANI (1961), S. 428-430.

207 Vgl. bspw. GORDON (1959), S. 99-105.

der Dividendenpolitik einen signifikanten Einfluss auf den Aktienkurs zusprechen, entgegnen MILLER/MODIGLIANI elegant und modellkonform. In diesen Fällen gibt die (unerwartete) Änderung der Dividende zwar den Anlass für die Kursänderung, ist aber nicht deren Ursache, sondern die Reflektion der veränderten Gewinn- und Wachstumserwartungen. Die Dividende dient lediglich als Informationsträger.[208]

Die Folgerung von MILLER/MODIGLIANI über die Irrelevanz der Dividendenpolitik wurde unter der Annahme eines vollkommenen Kapitalmarktes und rational handelnden Investoren entwickelt. Zusätzlich wurde die Investitionspolitik unabhängig von der Finanzierungsentscheidung als bekannt angenommen. Es gelten vor allem folgende Prämissen:

- Alle kursrelevanten Informationen sind kostenlos und für jeden Marktteilnehmer gleichermaßen erhältlich.
- Es gibt keine verzerrenden Steuereffekte.[209]
- Emissions- und Transaktionskosten existieren nicht.
- Es bestehen keine Interessenkonflikte zwischen einzelnen *Stakeholder*-Klassen, Aktionären und dem Management.[210]
- Kein Anleger oder Unternehmen verfügt alleinig über ausreichend Einfluss, um Preise von Wertpapieren in irgendeiner Weise zu manipulieren.[211]
- Auf Grund des rationalen Verhaltens sind Aktionäre indifferent zwischen Dividendenzahlungen und Kursgewinnen.

Da das Modell mathematisch schlüssig ist, kann die Untersuchung nach der Wertrelevanz der Dividendenpolitik auf den Prämissenkatalog beschränkt werden. Die Tatsache, dass einzelne Theorien zur Relevanz der Dividendenpolitik immer nur einem Aspekt des Prämissenkatalogs nachgehen, begründet die Schwierigkeit, eine allgemein gültige Antwort auf die Frage nach der optimalen Dividendenpolitik zu finden. In der Realität werden die *Principal-Agent*-Konflikte, der Informationsgehalt von Dividendenzahlungen, die Rationalität von Investoren und die Investitionsmöglichkeiten bei jedem Unternehmen mit je unterschiedlichem Gewicht Einfluss auf die Dividendenpolitik haben. Trotzdem lassen das aktuelle Kapitalmarktumfeld sowie die Trends

---

208 Vgl. MILLER/MODIGLIANI (1961), S. 430.

209 Das heißt nicht, dass Steuern überhaupt nicht existent sind, vielmehr gibt es keine Steuern, die zwischen Kursgewinnen und Dividendeneinkommen oder einbehaltenen und ausgeschütteten Gewinnen diskriminieren.

210 Dadurch gibt es keine Vertrags- bzw. *Agency*-Kosten, die notwendig sind, damit das Management im Interesse der Fremd- und Eigenkapitalgeber handelt.

211 Als Folge sind alle Marktteilnehmer Preisnehmer.

im Ausschüttungsverhalten deutscher Aktiengesellschaften vermuten, dass einige Theorien im aktuellen Umfeld äußerst relevant sind und andere wiederum weniger bzw. keine entscheidende Bedeutung haben. Im Folgenden soll daher untersucht werden, welche Marktunvollkommenheiten am deutschen Kapitalmarkt derzeit und zukünftig die höchste Relevanz aufweisen.

Abbildung 18: Theorien zur Relevanz der Dividendenpolitik

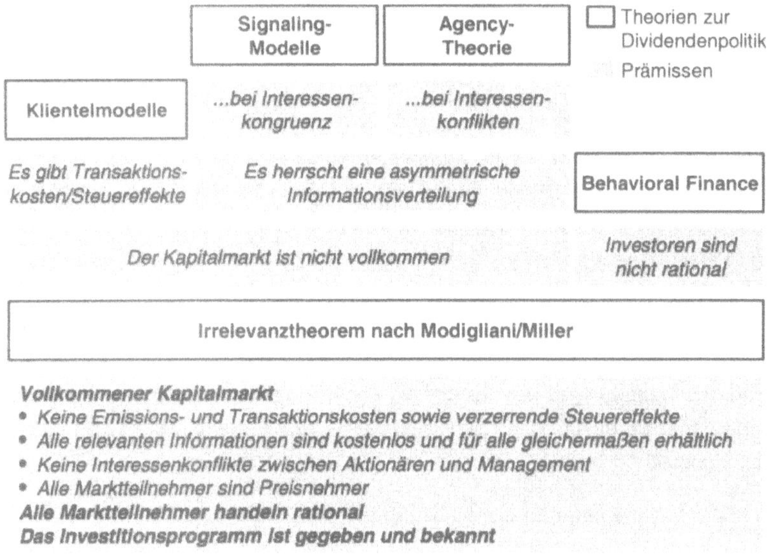

Quelle: Eigene Darstellung.

4.2 Traditionelle Ansätze zur Relevanz der Dividendenpolitik

4.2.1 Das Argument vom ‚Spatz in der Hand'

Bislang wurde davon ausgegangen, dass sämtliche zukünftigen Cashflows einer Unternehmung sicher sind. Die Beobachtung, dass Investitionsprogramme, Gewinne und Cashflows in der Realität nicht mit Sicherheit bekannt sind, hat eine Gruppe von Wissenschaftlern dazu geführt, das Irrelevanztheorem zu attackieren und der sicheren Dividende heute einen höheren Wert zuzusprechen im Vergleich mit der Einbehaltung zu Gunsten der Reinvestition mit unsicheren zukünftigen Kursgewinnen. „Dividends are cash in hand while capital gains are at best in the bush."[212] In anderen Worten: Je großzügiger die Ausschüttung, desto höher der Aktienkurs.

Die präziseste Darstellung dieses Zusammenhangs stammt von **GORDON (1959)**. Er gesteht zwar zu, dass die Einbehaltung von Gewinnen bei gegebener Investitionspolitik zu höheren zukünftigen Dividenden führen müsse, bezweifelt jedoch, dass das hierbei übernommene Risiko durch den Kapitalkostensatz hinreichend vergütet werde.[213] Es konnte allerdings verdeutlicht werden, dass GORDON die von ihm selbst aufgestellte Prämisse des gegebenen Investitionsprogramms verletzt und den Effekt der Änderung der Investitionspolitik der Dividendenpolitik zuspricht.[214] Die Quelle für Dividendenzahlungen sind die unsicheren Erträge aus der operativen Tätigkeit des Unternehmens; sie bestimmen das Risiko des Unternehmens und sind Ergebnis der Investitionspolitik.[215]

MILLER/MODIGLIANI entkräften dieses Argument, indem sie implizieren, dass Investitionsentscheidungen stets mit einem risikoadäquaten, vom Markt determinierten Kapitalkostensatz gefällt[216] und alle positiven NPV-Projekte durchgeführt werden. Steht die Investitionspolitik fest, dann existiert auch eine markteinheitliche Bewertung aller zukünftigen Cashflows.[217] Die Finanzierungsentscheidung ändert nichts am Unternehmenswert, da die Unsicherheit über die Zukunft dadurch nicht beeinflusst wird.[218]

---

212 BREALEY/MYERS (2000), S. 453.

213 Vgl. GORDON (1959), S. 103.

214 Vgl. BRENNAN (1971), S. 1119; MILLER/MODIGLIANI (1961), S. 424-425.

215 Vgl. DARIJTSCHUK (1999), S. 14.

216 Vgl. MILLER/MODIGLIANI (1961), S. 424, und dort insbesondere Fußnote 19.

217 Voraussetzung dafür ist die Annahme der symmetrischen Marktrationalität. Sie ist eine Erweiterung der Annahme von rationalem Verhalten und trägt der Tatsache Rechnung, dass bei Unsicherheit Entscheidungen auf Erwartungen beruhen, vgl. ebenda, S. 427. Diese Annahme erfuhr Kritik unter anderem von BAUMOL, der die symmetrische Marktrationalität als realitätsfern bezeichnete, da es sich für den einzelnen Investor zum Beispiel nicht lohne, andere Marktteilnehmer über ihr Fehlverhalten aufzuklären, vgl. BAUMOL (1963), S. 113. Dieser Kritik kann jedoch entgegengehalten werden, dass sie unterstellt, der Markt unterliege keinerlei Lernprozessen, vgl. NIEDERNHUBER (1988), S. 120-121.

218 Vgl. BHATTACHARYA (1979).

Auch bei Unsicherheit kann das Irrelevanztheorem bei getroffenen Annahmen somit nicht verworfen werden. Eine explizite Dividendenpolitik hat gegenüber einer residualen Politik keinerlei Vorteile.

Solange Unternehmen auf Grund von Dividenden ihre Investitionspolitik nicht ändern, besitzt das ‚Spatz-in-der-Hand'-Argument keine Relevanz.[219] Unterstellt man jedoch, dass Manager nicht das optimale Investitionsprogramm, das heißt alle Projekte mit positivem Kapitalwert, durchführen, können Ausschüttungen in Verbindung mit der kosteninduzierenden Kapitalaufnahme dazu führen, dass Investitionen und insbesondere solche mit negativem Kapitalwert nicht realisiert werden. In diesem Fall führen Ausschüttungen zu einer Änderung der Investitionspolitik. Das Argument vom ‚Spatz in der Hand' erlangt auch dann Bedeutung, wenn Investoren Barausschüttungen gegenüber Kursgewinnen präferieren. Gründe hierfür können Interessenkonflikte, aber auch irrationales Verhalten der Investoren sein.[220]

4.2.2 Berücksichtigung von (geringfügigen) Marktimperfektionen

MILLER/MODIGLIANI waren sich der Strenge ihrer Annahmen bewusst und schlugen selbst vor, die Prämissen des vollkommenen Kapitalmarktes aufzuheben und in ihr Modell zu integrieren. Sie akzeptieren dabei nur solche Imperfektionen, die dazu führen, dass Investoren eine systematische Präferenz für Dividendenzahlungen oder Kursgewinne haben.[221] Des Weiteren folgern sie, dass sich nur dann eine Prämie für eine bestimmte Ausschüttungspolitik erzielen lässt, wenn sich die Verteilung der Investoren stark auf einer Seite der Ausschüttungsskala konzentriert. In allen anderen Fällen führt ein natürlicher Klientel-Effekt dazu, dass sich die verschiedenen Anlegergruppen gemäß ihrer Präferenz in ihrer Aktienauswahl entsprechend positionieren.

Der Kern des Irrelevanztheorems von MILLER/MODIGLIANI drückt die Möglichkeit eines jeden Investors aus, die Dividendenentscheidung des Managers einer Unternehmung zu neutralisieren, indem er bei zu geringer Ausschüttung Aktien verkauft bzw. bei zu hoher Ausschüttung zusätzliche Aktien erwirbt. Genauso kann eine Unternehmung im Falle einer den freien Cashflow übersteigenden Auszahlung Aktien verkaufen bzw. emittieren. In einem vollkommenen Kapitalmarkt führen all diese Strategien zu keinerlei Vermögensänderungen. Da die Annahmen von MILLER/MODIGLIANI jedoch in der Realität nicht anzutreffen sind, werden im Folgenden bestimmte Annahmen aufgehoben und auf ihre Auswirkung untersucht.

---

219 Vgl. EASTERBROOK (1984), S. 651.

220 Auf diese Aspekte wird später in den Abschnitten 4.3 und 4.4.2 eingegangen.

221 Vgl. MILLER/MODIGLIANI (1961), S. 431.

Die Annahme der Transaktionskostenfreiheit gerät bei der Bewertung des Irrelevanztheorems schnell unter Druck. Es entstehen Kosten sowohl für Unternehmen bei der Durchführung von Kapitalerhöhungen[222] als auch für Investoren im Falle des Aktienkaufs und -verkaufs.

Auch gilt es zu beachten, dass bestimmte Anlegerklientele unterschiedliche Zahlungsstrompräferenzen haben können. Investoren mit ohnehin hohem Einkommen bevorzugen unter Umständen eine möglichst geringe Ausschüttung, da sie so die Kosten für eine Reinvestition der überschüssigen Mittel vermeiden können. Rentner wünschen andererseits oftmals möglichst hohe und stabile Ausschüttungen, um damit (teilweise) ihren Konsum zu finanzieren. Sie können derart die Transaktionskosten und die Umständlichkeiten der regelmäßigen Liquidationen ihrer Wertpapierbestände umgehen und würden eher für eine explizite Dividendenpolitik mit hoher Ausschüttung plädieren. Es ist jedoch unklar, ob unter den gesetzten Annahmen Unternehmen selbst bei der absoluten Entsprechung der Ausschüttungspräferenzen ihrer Investoren ihren Wert steigern können. Wenn alle Investoren im Gleichgewicht gemäß ihren Präferenzen bedient werden, kommt dem Service, die Liquiditätsbedürfnisse zu befriedigen, keinerlei Wert zu.[223]

4.2.3 Dividendenpolitik und Steuern

In einer Welt mit Steuern ergibt sich der Marktwert eines Unternehmens durch die Abdiskontierung von Cashflows nach Steuern, denn entscheidend ist, was die Anteilseigner nach sämtlichen Abzügen erhalten.[224] Dieser Grundsatz sollte nach den Regeln der Finanzwissenschaft Auswirkungen auf die Dividendenpolitik haben, wenn Dividenden das Vermögen der Anteilseigner reduzieren, weil sie stärker besteuert werden als Kursgewinne. Anders ausgedrückt: Die unterschiedliche Behandlung der Ausschüttungsformen sollte die Renditeerwartungen der Investoren vor Steuern und deren Nachfrage nach Dividenden beeinflussen.[225]

Die empirischen Studien zum Einfluss von Steuereffekten basieren zum einen auf der Untersuchung von Aktienkursänderungen um den Tag des Dividendenabschlags und zum anderen auf einem modifizierten *Capital Asset Pricing Model* (CAPM) nach Steuern, welches auf den längerfristigen Zusammenhang zwischen der Dividendenrendite und der erwarteten Aktienrendite abstellt. Die zugrunde liegenden Modelle

---

222 Hierauf wird in Abschnitt 5.1 eingegangen.
223 Vgl. LEASE et al. (2000), S. 48.
224 Vgl. HELBLING (1998), S. 478; MOXTER (1983), S. 177; LEUTHIER (1988), S. 506.
225 Vgl. LEASE et al. (2000), S. 51.

werden im Folgenden vorgestellt und die Relevanz des steuerlichen Arguments anhand der empirischen Ergebnisse bewertet.

4.2.3.1 Kursreaktionen am Ex-Tag

Ein Weg, Steuereffekte im Marktwert von Aktien zu begründen, konzentriert sich auf den Zeitpunkt des Dividendenabschlags. Die erste nennenswerte Arbeit diesbezüglich leisteten **ELTON/GRUBER (1970)**. Sie leiten in ihrem einfachen statischen Modell her, dass im Gleichgewicht der Verkaufserlös vor Dividendenabschlag P_{cum} abzüglich der Steuer t_{kg} auf den Kapitalgewinn P_0-P_{cum} gleich dem Verkaufserlös nach Dividendenabschlag P_{ex} zuzüglich der Dividende nach Steuern $D(1\text{-}t_d)$ vermindert um die Steuer t_{kg} auf den verminderten Kapitalgewinn P_0-P_{ex} sein muss:

$$(4.1) \qquad P_{cum} - t_{kg}(P_0 - P_{cum}) = P_{ex} + D(1 - t_d) - t_{kg}(P_0 - P_{ex}).$$

Ansonsten ergeben sich Arbitragemöglichkeiten, die in einem rationalen Markt ausgenutzt werden. Im Gleichgewicht ist der marginale Anleger dann indifferent zwischen dem Kauf (Verkauf) der Aktie am Tag vor oder nach Dividendenabschlag.[226] Da im damaligen US-Steuersystem Dividenden mit einem höheren Steuersatz belegt wurden, muss also der Abschlag geringer als die Dividendenzahlung sein. Nur in dem Fall, dass sich die Steuersätze von Dividenden und Kursgewinnen gleichen, entspricht die Dividendenzahlung nach Steuer dem Dividendenabschlag. Aus dem Verhältnis von Abschlag und Zahlung kann der marginale Steuersatz aus dem beobachtbaren Dividendenabschlag abgeleitet werden:

$$(4.2) \qquad (P_{cum} - P_{ex})/D = (1 - t_d)/(1 - t_{kg}).$$

ELTON/GRUBER ermitteln in ihrem Sample aller an der *New York Stock Exchange* geführten Werte einen durchschnittlichen Grenzsteuersatz des marginalen Anlegers für die Versteuerung von Dividenden in Höhe von 35,1 Prozent. Die Autoren untersuchen auch das Kriterium, dass verschiedene Anlegergruppen unterschiedlich besteuert werden, und finden für ihr Steuerklientelmodell empirische Unterstützung. Langfristig orientierte Investoren in hohen Steuerklassen haben relativ zu solchen in niedrigen eine steuerlich begründete Präferenz für Kursgewinne.[227]

---

226 Vgl. ELTON/GRUBER (1970), S. 69.
227 Vgl. ebenda, S. 72.

Die empirischen Ergebnisse lassen sich jedoch nicht so einfach interpretieren: Da Kursgewinne innerhalb der Spekulationsfrist identisch wie Dividenden besteuert werden, ergäbe sich eine Arbitragemöglichkeit für kurzfristig orientierte Händler, wenn diese die durch den Abschlag entstehenden Kursverluste steuermindernd nutzen können. Die Eliminierung dieser Gewinnmöglichkeiten führt ohne Transaktionskosten und unter Risikoneutralität dazu, dass der Abschlag der Dividendenzahlung entsprechen muss. **KALAY (1982)** erweiterte sein Modell um diesen dynamischen Aspekt und schließt daraus, dass der Grenzsteuersatz des Anlegers nicht aus dem Gleichgewicht von ELTON/GRUBER abgeleitet werden kann. Die beobachteten Kurseffekte um den Ex-Tag lassen somit nicht unbedingt auf einen steuerlichen Klienteleffekt schließen.[228]

Auch die in den USA bis 1984 gängige Praxis des so genannten *Dividend Capturing*[229] lässt vermuten, dass ein Gleichgewicht des Kursrückgangs nach Dividendenabschlag nicht existiert.[230] Eine Gruppe von Marktteilnehmern hat immer die Möglichkeit, aus einer Situation Gewinne zu erzielen, was nur dann nicht der Fall wäre, wenn die Transaktionskosten für Arbitrage höher wären als der zu erzielende Gewinn.[231]

Die weiteren Untersuchungen[232], die unter anderem die Annahme der Transaktionskostenfreiheit aufgaben[233], und das Handelsvolumen um den Tag des Dividendenabschlags oder die US-Steuerreform von 1986 untersuchten, konnten den Streit zwischen den Befürwortern von langfristig orientierten Steuerklientelanlegern und den mit steuerneutralen Kurzfristinvestoren Argumentierenden ebenso nicht entscheiden.

Da die Kurzfriststudien um den Dividendenabschlag herum keine klaren Ergebnisse hervorbringen, werden im Folgenden die auf längere Zeiträume abstellenden Untersuchungen betrachtet.

---

228 Vgl. KALAY (1982), S. 1068.

229 Dabei nutzen Unternehmen die Regelung, dass sie nur 70 Prozent der erhaltenen Dividenden versteuern müssen, zu ihrem Vorteil, indem sie am Tag vor dem Dividendenabschlag Aktien erwerben und einen Gewinn erzielen aus der Differenz von Nachsteuer-Dividende und Nachsteuer-Kursverlusten, vgl. auch LEASE et al. (2000), S. 59.

230 Vgl. ebenda, S. 60.

231 Vgl. KALAY (1984), S. 557, in seiner Antwort auf die Kritik von ELTON/GRUBER/RENTZLER (1984), S. 551-556.

232 Vgl. unter anderem EADES/HESS/KIM (1984); LAKONISHOK/VERMAELEN (1986); KARPOFF/WALKING (1990); MICHAELY (1991); MICHAELY/VILA (1995); KOSKI (1996). Für eine detaillierte Übersicht der empirischen Untersuchungen vgl. ELLERMANN (2003), S. 76-87; für eine tabellarische Zusammenfassung vgl. LEASE et al. (2000), S. 70-71.

233 Nach KALAY werden Überrenditen am Ex-Tag solange abgeschöpft, bis sie den Transaktionskosten entsprechen, vgl. KALAY (1982), S. 1062.

4.2.3.2 Dividendenrendite und erwartete Aktienrendite

Der zweite eingeschlagene Weg, einen Steuerklienteleffekt aufzuzeigen, machte sich das *Capital Asset Pricing Model* (CAPM)[234] als zentrales Gleichgewichts- und Renditebestimmungsmodell zunutze, welches um steuerliche Faktoren erweitert wurde.[235] **Brennan (1970)** bezog erstmals sowohl eine Besteuerung auf Unternehmens- als auch auf Aktionärsebene mit ein. Die Gleichgewichtsbedingung lautet:

(4.3) $$E[r_i]-r_f=\alpha_1+\alpha_2\beta_i+\alpha_3(d_i-r_f)$$

wobei

$E[r_i]$: Erwartete unsichere Rendite der Aktie I

r_f : Risikoloser Zins

β_i : Systematisches Risiko der Aktie i

d_i : Dividendenrendite der Aktie i

$\alpha_1,\alpha_2,\alpha_3$: Koeffizienten, die das Ausmaß der Zusammenhänge ausdrücken

Es besteht ein linearer Zusammenhang zwischen der Überschussrendite einer Aktie und ihrem systematischen Risiko und der Dividendenrendite. Der Koeffizient α_3 kann auch als Grenzsteuersatz des marginalen Investors interpretiert werden:[236]

(4.4) $$\alpha_3=(t_d-t_{kg})/(1-t_{kg}).$$

Daraus folgt, dass Anleger für den ihnen durch Dividendenzahlungen entstehenden Steuernachteil einen Ausgleich verlangen, der sie indifferent gegenüber Dividenden und Kursgewinnen stellt.[237] Und weiter: Aktien mit hoher Dividendenrendite sollten eine höhere Vorsteuerrendite aufweisen als Aktien mit niedriger Dividendenrendite. Somit wäre ein Argument für die Preis- und Renditerelevanz von Steuerklientelmodellen in einem positiven Zusammenhang von Dividenden- und erwarteter Aktienrendite begründet.

---

234 Zu den grundlegenden Arbeiten zum CAPM vgl. Sharpe (1964), Lintner (1965) und Mossin (1966).

235 Abgesehen von Steuern liegen dem Steuer-CAPM weiterhin die Annahmen zugrunde, die einen vollkommenen Kapitalmarkt gewährleisten.

236 Vgl. Ruwisch (2002), S. 369.

237 Vgl. Brennan (1970), S. 423.

BLACK/SCHOLES (1974) fanden in ihrer Untersuchung keine Bestätigung des Modells von BRENNAN. Ihre Eingangshypothese, dass Dividendenerhöhungen zu höheren Aktienkursen bzw. zu niedrigeren erwarteten Aktienrenditen führen, konnte nicht bestätigt werden. Die erwartete Rendite von Aktien mit hoher Dividendenrendite ist nicht signifikant von der von Aktien mit niedriger Dividendenrendite verschieden.[238] Sie folgern demnach, dass die Dividendenrendite keinerlei Entscheidungsrelevanz bei der Wahl des Investments besitze, da der Anleger nicht weiß, ob Aktien mit hoher Dividendenrendite hohe oder niedrige erwartete Renditen haben. Er kann also durch Einbezug der Dividendenrendite kein besseres Renditeergebnis erzielen. Im Gegenteil: Bei der Auswahl der Investments nach der Dividendenrendite läuft der Anleger Gefahr, sein Portfoliorisiko signifikant zu erhöhen.[239]

Der Umkehrschluss besteht darin, dass die Erhöhung der Dividende, abgesehen von kurzfristigen Effekten, keinerlei Auswirkungen auf den Marktwert eines Unternehmens hat und die Dividendenpolitik daher von der Investitionspolitik und Liquiditätssituation abhängig gemacht werden sollte.[240]

Zu einem gegenläufigen Ergebnis kommen **LITZENBERGER/RAMASWAMY (1979)**. Sie stellen einen signifikant positiven Regressionskoeffizienten der Dividendenrendite fest und interpretieren diesen als Maß für den Steuereffekt.[241]

Nachdem der akademische Streit noch einige Jahre und empirische Untersuchungen andauerte[242], erscheint eine Entscheidung zu Gunsten einer Seite nicht möglich.[243] **KALAY/MICHAELY (2000)** zeigen allerdings, dass die unterschiedlichen Ergebnisse stark darauf zurückzuführen sind, über welchen Zeitraum die Renditen und Koeffizienten berechnet werden, so dass Renditevariationen im Quer- und Längsschnitt zu unterscheiden sind. Bei kurzen Zeiträumen von einem Tag bis zu einem Monat sind signifikante Koeffizienten der Dividendenrendite festzustellen.[244] Die Interpretation ist jedoch problematisch, da in diesen Fällen Renditevariationen im Quer- und Längsschnitt betroffen sind. Nur die Querschnittbetrachtung ist konsistent mit dem Steuerklienteleffekt. Die weiteren Untersuchungen zeigten, dass die Ergebnisse von

---

238 Vgl. BLACK/SCHOLES (1974), S. 16 f.

239 Vgl. ebenda, S. 17 ff.

240 Vgl. ebenda, S. 21.

241 Vgl. LITZENBERGER/RAMASWAMY (1979), S. 188; zu ähnlichen Ergebnissen kommen unter anderem GORDON/BRADFORD (1980) sowie BLUME (1980).

242 Vgl. unter anderem KEIM (1985); ELTON/GRUBER/RENTZLER (1983); MILLER/SCHOLES (1982); LITZENBERGER/RAMASWAMY (1980).

243 Vgl. FAMA/FRENCH (1998), S. 820.

244 Vgl. KALAY/MICHAELY (2000), S. 56.

LITZENBERGER/RAMASWAMY auf Renditevariationen im Längsschnitt zurückzuführen sind, also die Steuerklientelhypothese im Sinne von BRENNAN nicht unterstützen.[245]

Das CAPM und die Beschränkung auf einen Risikofaktor β war ebenfalls Gegenstand von Untersuchungen. So fanden **CHEN/GRUNDY/STAMBAUGH (1990)**, dass zwar bei Beschränkung auf diesen Faktor positive Dividendenkoeffizienten, bei Integration eines weiteren Faktors[246] jedoch kein Dividendeneinfluss auf die Renditeforderung feststellbar ist.[247]

Die jüngste Evidenz kommt von **DHALIWAL/LI/TREZEVENT (2003)**. Sie benutzen nicht wie bisher die Dividendenrendite als Maß, ob der marginale Investor sich in einer hohen oder niedrigen Steuerklasse befindet. Alternativ verwenden sie den Grad an institutionellem und unternehmerischem Besitz, da diese Investoren meist von der Steuerpflicht befreit sind oder diese für lange Zeit aufschieben können. Ihre Hypothese bestätigend finden sie für eine gegebene Dividendenrendite einen negativen Zusammenhang zwischen dem Grad an institutionellem Besitz und der erwarteten Vorsteuerrendite.[248]

4.2.3.3 Zwischenfazit

Kursgewinne wurden im US-Steuerrecht lange Zeit gegenüber Dividenden besser gestellt. Langfristig orientierte Investoren von Aktien mit höherer Dividendenrendite sollten demnach eine höhere Vorsteuerrendite verlangen. Die empirische Evidenz zum Verhältnis von Vorsteuerrenditen von Aktien mit hohen und niedrigen Dividendenrenditen kommt allerdings im Querschnitt zu höchst unterschiedlichen Ergebnissen. Die Tatsache, dass es Marktteilnehmer mit unterschiedlichen Steuerverhältnissen gibt, lässt zwar vermuten, dass diese entsprechend handeln und Einfluss auf die Preise und Renditen vor und nach Dividendenabschlag haben; Richtung und Umfang sind allerdings davon abhängig, wer als marginaler Anleger agiert und den Preis letztendlich bestimmt.[249] Auch aus der Portfoliotheorie lässt sich eine steuerinduzierte Aktienauswahl nur schlecht begründen. Investoren, die einige Unternehmen wegen der für sie günstigeren Dividendenpolitik präferieren und andere meiden, han-

---

245 Vgl. KALAY/MICHAELY (2000), S. 73.

246 Dabei benutzten die Autoren den Spread zwischen der Verzinsung von Staatsanleihen und Junk Bonds, was ihnen als Proxy für das durchschnittliche Risiko unternehmerischer Tätigkeit in einer Volkswirtschaft diente.

247 Vgl. CHEN/GRUNDY/STAMBAUGH (1990), S. S68.

248 Vgl. DHALIWAL/LI/TREZEVENT (2003), S. 157.

249 Vgl. ELLERMANN (2003), S. 91.

deln gegen die Erkenntnisse der Portfoliotheorie. Sie laufen Gefahr, ihr eigenes Portfoliorisiko unnötig zu erhöhen.[250]

Ein die Preise und Renditen beeinflussender Steuerklienteleffekt kann abschließend nicht belegt werden. Die empirischen Erkenntnisse lassen trotz einer systematischen Besserstellung von Kursgewinnen nicht darauf schließen, dass steuerliche Aspekte eine signifikante Bedeutung bei der Frage nach der optimalen Ausschüttungspolitik spielen.

4.2.4 Einfluss der Besteuerung in Deutschland

Auch in Deutschland kam man während des körperschaftsteuerlichen Anrechnungsverfahrens zunächst zu unterschiedlichen Ergebnissen. Während **König (1990)** das CAPM nach Steuern testet und keine Evidenz für einen Steuerklienteleffekt findet[251], untersucht **Bay (1990)** die Prämien am Tag des Dividendenabschlags. Er stellt eine inverse Beziehung zwischen der Dividendenrendite und den Steuersätzen der Anleger fest und sieht die Klientelhypothese bestätigt.[252]

Nach der Steuerreform 2001, wonach Dividenden mit dem halben Einkommensteuersatz besteuert werden, verlieren steuerliche Aspekte weitgehend ihre Bedeutung. Ein Steuerklienteleffekt ist danach in Deutschland relativ unbedeutend. Selbst als es die Möglichkeit gab, im Rahmen von Steuergesetzesänderungen in den Übergangsphasen durch Ausschüttungsverzögerungen bzw. das Schütt-aus-hol-zurück-Verfahren (SAHZ)[253] Steuern sowohl bei den Unternehmen als auch bei allen Aktionärsgruppen zu sparen, wurde diese Option nicht konsequent genutzt. **Ellermann (2003)** findet keine Evidenz dafür, dass Unternehmen im Vorfeld von Steuersenkungen vermehrt Dividenden senken oder ausfallen lassen, um die Ausschüttung zu verzögern.[254] Auch werden die geringeren steuerlichen Belastungen nach einer Steuersenkung häufig nicht zur Erhöhung der Nettodividende, sondern zur Erhöhung der Nettothesaurierung genutzt.[255] Steuerliche Aspekte haben in Deutschland keinen nennenswerten Einfluss auf die Dividendenpolitik von Unternehmen.

---

250 Vgl. Black (1976), S. 7-8.
251 Vgl. König (1990), S. 172 ff.
252 Vgl. Bay (1990), S. 106.
253 Beim SAHZ-Verfahren wird der komplette Gewinn ausgeschüttet. Im Anschluss werden die benötigten Mittel in Form einer Kapitalerhöhung dem Unternehmen wieder zugeführt. Dem Aktionär bleibt am Ende seine ursprüngliche residuale Dividende. Zusätzlich entsteht auf Unternehmensebene aus dieser Finanzierungsform ein Steuervorteil, der allerdings nur wirksam wird, wenn der Steuersatz bei Thesaurierung größer ist als der des Anlegers. Im Halbeinkünfteverfahren ist dies nicht mehr der Fall und dem SAHZ-Verfahren kommen gegenüber der direkten Thesaurierung keine Vorteile mehr zu.
254 Vgl. Ellermann (2003), S. 154.
255 Vgl. ebenda, S. 146.

Die Art der Untersuchung von ELLERMANN liefert einen weiteren Baustein in der Steuerfrage. Seine Untersuchung abstrahiert von der Anlegerperspektive und Modellen wie dem CAPM oder Aktienkursveränderungen und stellt stattdessen direkt auf die unternehmerischen Entscheidungen und Verhaltensweisen ab. Danach scheinen Unternehmen anderen Faktoren und Motiven, wie zum Beispiel der Dividendenkontinuität, größeren Wert beizulegen und Steuern nicht als relevanten Entscheidungsparameter zu berücksichtigen. Dieses Verhalten wird sich aller Voraussicht nach im Halbeinkünfteverfahren nicht ändern. Dem SAHZ-Verfahren kommt durch die Gleichbehandlung von Ausschüttungen und Thesaurierungen auf Unternehmensebene keine Bedeutung mehr zu.[256] Im Gegenteil: Im Halbeinkünfteverfahren erweist sich eine Thesaurierung immer dann als vorteilhaft, wenn Dividenden der Einkommensteuerpflicht unterliegen, was unter rein steuerlichen Aspekten sogar zu einem nachteiligen Thesaurierungsanreiz führt. Vor diesem Hintergrund besteht die Gefahr eines so genannten *Lock-in*-Effekts, der das *Corporate Governance*-Problem verschärft, dass nicht der Anleger, sondern der Manager die Kapitalverwendung bestimmt und die optimale Kapitalallokation beeinträchtigen könnte.[257] Kritiker dieser Regelungen befürchten sogar, dass aus steuerlicher Sicht „ohne Not und Druck seitens der Eigentümer Gewinnausschüttungen weitgehend ausbleiben werden“[258].

4.2.5 Zwischenfazit

Insgesamt erscheinen die traditionellen Ansätze nicht in der Lage, die von den Unternehmen praktizierte Dividendenpolitik hinreichend zu erklären. Das Transaktionskostenargument lässt sowohl absolut als auch auf Grund des beschriebenen Klientel-Effekts an Signifikanz vermissen.

Ein steuerlicher Klientel-Effekt lässt sich empirisch aus den verfügbaren Modellen nicht sauber ableiten und kann die beobachteten Phänomene nicht erklären. Obwohl Steuern Implikationen auf das Aktienvermögen von fast jedem Anleger haben, lassen sie keinen Rückschluss über eine optimale Dividendenpolitik zu. Die Existenz einer zwischen Dividenden und Kursgewinnen diskriminierenden Steuer lässt die Waagschale nicht zu Gunsten einer Ausschüttungsform und -strategie kippen. Zwar sollten bspw. Anleger in hohen Steuerklassen niedrige Dividenden bevorzugen, allerdings ist fraglich, inwieweit sie damit ihre Nachsteuerrendite erhöhen können. Auf der anderen Seite ist es bei einer steuerlich sehr heterogenen Anlegerschaft fraglich, ob sich ein Unternehmen besser stellen kann, indem es auf die Präferenz einer Klientel abstellt. Im Gleichgewicht ist jedes Klientel gleich gut und die Existenz beliebig vieler

[256] Vgl. DÖTSCH/PUNG (2000), S. 4.
[257] Vgl. KRAWITZ (2000), S. 1725.

Dividendenstrategien lässt einen Premiumeffekt im Sinne eines höheren Marktwertes nicht zu.[259] Diese Aussage wird von den tatsächlichen unternehmerischen Dividendenstrategien unterstützt, die Steuern nicht als einen relevanten Faktor in der Entscheidungsfindung betrachten.[260]

Bisher erscheint es noch nicht hinreichend geklärt, in welcher Weise Dividenden aus gesamtwirtschaftlicher Sicht überhaupt von Interesse sein können. Auch die Entwicklung eines regen Dividendenhandels in den USA und Deutschland, das so genannte Dividendenstripping, ist ein Indiz dafür, dass Dividenden an die Investoren geleitet werden, die steuerlich dadurch keine Nachteile erleiden und somit Unternehmen durch eine spezielle Dividendenstrategie keine Änderung des Marktwertes erzielen können, die auf Steuereffekten beruht.[261]

Es ist zu vermuten, dass die dominanten Kriterien für die Wertrelevanz der Dividendenpolitik in den noch verbleibenden Annahmen von MILLER/MODIGLIANI zu suchen sind. In den bestehenden Erklärungsdefiziten liegt auch begründet, warum sich die weitergehende Forschung insbesondere mit den Folgen einer asymmetrischen Informationsverteilung beschäftigte. Zuvor wird jedoch auf die Aspekte der *Behavioral Finance* eingegangen und die Annahme voll rational handelnder Investoren auf ihre Bestandskraft überprüft.

4.3 Behavioral Finance und limitiert rationale Investoren

Eine zentrale Annahme von MILLER/MODIGLIANI ist der rationale Investor, der in jeder Situation mehr Vermögen weniger Vermögen vorzieht und indifferent zwischen der Barausschüttung und Kursgewinnen ist.[262] Auch diese Annahme ist angreifbar. Investoren zeigen häufig eine Präferenz für Barzahlungen, auch wenn diese zum Beispiel aus steuerlicher Sicht gegenüber Kursgewinnen nachteilig sind.[263] Die im Markt beobachtbaren Dividendenstrategien entsprechen ebenso wenig diesem Sachverhalt, da Unternehmen trotz des steuerlichen Nachteils Dividenden zahlen. Dieses Phänomen, von **BLACK (1976)** als *Dividend Puzzle* bezeichnet[264], beschäftigt seit Jahrzehnten die Wissenschaft und ist trotz der Vielzahl an Theorien und Untersu-

---

258 SIGLOCH (2000), S. 173.

259 Vgl. BLACK/SCHOLES (1974), S. 2-3, mit dem Verweis auf MILLER/MODIGLIANI (1961), S. 431.

260 Vgl. PELLENS/GASSEN/RICHARD (2003), S. 326.

261 Vgl. ELLERMANN (2003), S. 339.

262 Vgl. MILLER/MODIGLIANI (1961), S. 412. Es sei erinnert, dass die beschriebene Indifferenz natürlich nur in einem vollkommenen Kapitalmarkt ohne Transaktionskosten und Steuereffekte besteht.

263 Für ein anekdotisches Beispiel, in dem ein Unternehmen die Bardividende durch Gratisaktien ersetzen wollte und trotz eines potenziellen finanziellen Mehrertrags im Millionenbereich für Aktionäre und Unternehmen heftige Widerstände seitens der Aktionäre erntete, vgl. SHEFRIN/STATMAN (1984), S. 254.

264 Vgl. BLACK (1976), S. 5.

chungen nicht endgültig gelöst.[265] Die in den 80er Jahren innerhalb der Kapitalmarkttheorie entwickelte Theorie der *Behavioral Finance*[266] stellt einen weiteren potenziellen Puzzlestein in der Dividendenfrage dar. Es wird dem Umstand Rechnung getragen, dass Investoren nicht vollständig rational handeln und daher unter anderem Bardividenden Kursgewinnen vorziehen.[267]

THALER/SHEFRIN (1981) argumentieren, dass Anleger Barausschüttungen und eine explizite Dividendenpolitik bevorzugen, weil diese sie in ihren Investitions- und Konsumentscheidungen diszipliniert. Ausgangspunkt ist die Annahme, dass ein Investor gleichzeitig weitsichtiger Planer und kurzsichtig Handelnder ist. Der Planer ist bemüht, seinen Lebensnutzen zu maximieren, während der kurzsichtig Handelnde nur jeweils eine Periode existiert und eigennützig entscheidet.[268] Um den Nutzen des Planers zu maximieren, ist es daher erforderlich, den Handelnden in seinem Handlungsspielraum zu beschränken. Der Investor lässt also die nötige Selbstkontrolle vermissen und ist auf eine extern auferlegte Disziplin angewiesen. Im Kontext der Dividendenpolitik bedeuten diese Merkmale unter anderem: Im Falle der Konsumfinanzierung durch routinemäßige Aktienverkäufe laufen langfristig orientierte Anleger Gefahr, mehr Aktien zu verkaufen als nötig und kurzfristig mehr zu konsumieren als ursprünglich vorgesehen. Die mangelnde Selbstkontrolle kann jedoch dadurch ausgeglichen werden, dass der Konsumlevel dem Niveau der Dividenden angepasst wird.[269]

Auch bei der Auswahl der Kapitalanlage spielt der Dividendenfaktor eine Rolle. So mögen sich Investoren, die ihren Konsum (teilweise) aus den Rückflüssen von Aktien finanzieren, wie zum Beispiel Rentner, gegen eine Aktie oder einen Aktienfonds ohne kontinuierliche Ausschüttung entscheiden, da es ihnen zu umständlich ist, ihren präferierten Zahlungsstrom eigenhändig nachzubilden. **SHEFRIN/STATMAN (1984)** verbinden die Theorie der Selbstkontrolle mit dem Klienteleffekt und finden hierfür Unterstützung in der Empirie.[270] In Deutschland spielt sicherlich die mangelnde Vertrautheit der Anleger mit dem Kapitalmarkt und der Transaktionsaufwand[271] eine nicht zu vernachlässigende Rolle. Die Autoren argumentieren, dass ein Teil der Investoren

---

265 Vgl. BAKER/POWELL/VEIT (2002b), S. 256.

266 Für einen Literaturüberblick vgl. BARBERIS/THALER (2002).

267 Vgl. zu den grundlegenden Ideen THALER/SHEFRIN (1981) und SHEFRIN/STATMAN (1984).

268 Vgl. THALER/SHEFRIN (1981), S. 394.

269 Für ein intuitives Beispiel von der Schwierigkeit, sich beim Abnehmen zu disziplinieren, vgl. LEASE et al. (2000), S. 49. Ein ähnlicher Effekt lässt sich beobachten, wenn ‚überschüssiges' Geld auf dem Zahlungsverkehrskonto verbleibt und nicht transferiert bzw. gespart wird. Man neigt dazu, bei hohem Kontostand mehr zu konsumieren.

270 Vgl. SHEFRIN/STATMAN (1984), S. 274.

271 Dies kann monetären als auch nicht-monetären Aufwand bedeuten.

Dividenden bevorzugt, um das Bedauern über einen späteren Kursanstieg der zu Konsumzwecken verkauften Aktien zu vermeiden.[272]

Es bleibt offen, für welchen Anteil der Anlegerschaft diese Überlegungen Bedeutung haben. Auch ist nicht eindeutig, ob das Bedürfnis der Investoren nach zum Beispiel Disziplin oder hohen Dividenden dazu führt, dass explizite Dividendenstrategien zu einem höheren Marktwert führen. Bei hinreichend vielen am Markt beobachtbaren Dividendenstrategien sollte die Portfolio-Zusammenstellung hinsichtlich einer gewünschten Dividendenrendite oder absoluten Dividendenzahlungen relativ einfach sein.[273] Angesichts der vorigen Betrachtung in Kapitel 3 ist es jedoch durchaus plausibel, dass Investoren eine Präferenz für bestimmte Wertpapiere bzw. Ausschüttungsstrategien haben und gerade bei einer Kürzung der Dividende enttäuscht reagieren.

Genau diese Enttäuschung greifen **HARTMANN/GÜRTLER (2003)** auf. Sie verbinden das Dividendenpuzzle, warum Unternehmen überhaupt Dividenden zahlen, mit der Enttäuschungstheorie und zeigen, dass Dividenden optimal sind und Aktien ohne Dividenden zu einem Wohlfahrtsverlust führen. Es wird dabei angenommen, dass Anleger mental Aktienkurs und Dividende in unterschiedlichen Konten verbuchen (*Mental Accounting*)[274], was dazu führt, dass bei dieser Form von limitiert rationalem Verhalten verschiedene Formen der Ausschüttung keine perfekten Substitute mehr sind.[275] Eine weitere Annahme besteht darin, dass Anleger nicht das absolute Endvermögen bewerten, sondern die Vermögensänderung.[276]

Die Autoren stellen darüber hinaus die Beobachtung, dass über lange Zeiträume die Dividende weniger stark schwankt als der Gewinn, also Unternehmen ihre Dividende glätten[277], im Rahmen der *Behavioral Finance* auf eine theoretische Grundlage. Sie leiten in ihrem Modell her, dass die Varianz der Dividendenwachstumsrate niedriger ist als die der Gewinnwachstumsrate. Die Autoren testen das Modell gegen den S&P 500 und können die historisch beobachteten Dividenden gut nachbilden. So ist bei Berücksichtigung der Investoranomalien wie Enttäuschung und Freude neben der

---

272 Vgl. SHEFRIN/STATMAN (1984), S. 270.

273 Vgl. LEASE et al. (2000), S. 50.

274 Zum *Mental Accounting* vgl. auch Abschnitt 3.5.2.3.

275 Vgl. HARTMANN/GÜRTLER (2003), S. 3. Danach verursacht ein Rückgang der Dividende Enttäuschung. Bei gleicher Profitabilität und einem vollkommenen Kapitalmarkt steigt zwar der Aktienkurs als Folge in gleichem Maße und der Investor kann den Kursgewinn in Dividenden umwandeln. Der Anleger hat jedoch bereits Enttäuschung empfunden, was durch den Anstieg des Aktienkurses nicht gänzlich kompensiert wird. In Summe entsteht dem Investor ein Nutzenverlust.

276 Dies ist konform mit den Erkenntnissen von LINTNER, nachdem Manager über die Änderung der Dividende entscheiden und nicht über die absolute Höhe, vgl. LINTNER (1956), S. 99.

277 Vgl. LINTNER (1956); für eine Übersicht der empirischen Beobachtungen vgl. BAKER/POWELL/VEIT (2002b), S. 247-249.

Relevanz der Dividende auch eine stabile Dividende als optimal zu betrachten.[278] Die durch den US-Index beschriebenen Dividenden zahlenden Unternehmen scheinen die limitierte Rationalität und insbesondere die empfundene Enttäuschung über Dividendenkürzungen in ihrer Wahl der Dividendenpolitik zu berücksichtigen und eine explizite Dividendenstrategie zu verfolgen.

Die Theorie der *Behavioral Finance* scheint einen nicht zu vernachlässigenden Erklärungsgehalt für die von Unternehmen praktizierte Dividendenpolitik zu besitzen.[279] Anleger haben aus den beschriebenen Gründen eine Präferenz für Barausschüttungen. Insbesondere vor dem Hintergrund der Ergebnisse aus Kapitel 3 hinsichtlich des Risikoverhaltens privater Anleger sowie des angeschlagenen Vertrauens am Kapitalmarkt sollten Unternehmen limitiert rationale Investoren in ihren Dividendenentscheidungen berücksichtigen und ihr Verhalten entsprechend anpassen.

4.4 Asymmetrische Informationsverteilung (Neo-Institutionalismus)

In vielen Märkten ist es für den Investor schwierig, vollständig informiert zu sein bzw. sich auf die Informationen verlassen zu können, die Unternehmen veröffentlichen. Zum einen spielen die fehlende Informationsvollständigkeit und die Tendenz, Informationen nicht preisgeben zu wollen, eine Rolle. Zum anderen tragen aber auch das zunehmende Maß an Konsolidierung und die daraus entstehenden Beziehungs- und Beteiligungsgeflechte dazu bei, dass die Komplexität der Informationen ständig steigt, was Bilanz- und Gewinndaten oft nahezu bedeutungsfrei erscheinen lässt[280], und durch Unstetigkeiten wie kreative Buchhaltung bzw. *Earnings Management* die Beurteilung von Informationen zusätzlich erschwert wird.

Eine Möglichkeit für den Anleger, Unternehmen bezüglich ihrer Qualität und Rentabilität zu unterscheiden, ist die Ausschüttungspolitik und insbesondere Dividenden. Dividenden haben den Vorteil, leicht verständlich zu sein und trotzdem die gewünschte Information übertragen zu können. Zwar können Anleger nicht die Entscheidungen des Managements vorhersagen, aber sie können diese über Zeit beobachten und daraus lernen. Da Gewinnzahlen, vor allem kurzfristig, erheblich beeinflussbar sind und oft die eigentliche Ertragssituation eines Unternehmens nur schwer zu beurteilen vermögen, sind Dividenden ein geeignetes Instrument, die nachhaltige Qualität von Gewinnen und Cashflows zu vermitteln. Diese Überzeugung findet ihren Ausfluss in

---

278 Vgl. HARTMANN/GÜRTLER (2003), S. 13.

279 Wenngleich das empirische Forschungsfeld der *Behavioral Finance* in Bezug auf die Ausschüttungspolitik noch begrenzt erscheint und es wünschenswert wäre, wenn der empirische Wissensstand erweitert werden würde.

280 Vgl. BREALEY/MYERS (2000), S. 444.

den Modellen des *Signaling*, die in Abschnitt 4.4.1 beschrieben und hinsichtlich ihrer ökonomischen Aussagekraft und empirischen Validität bewertet werden.

Kommen zusätzlich zu ungleich verteilten Informationen Interessenkonflikte zwischen Anteilseignern und den delegierten Entscheidungsträgern im Management hinzu, begibt man sich in die Welt der *Principal-Agent*-Problematik.[281] Es reicht dabei aus, wenn der Konflikt potenziell besteht, das heißt, insbesondere von der schlechter informierten Partei als solcher empfunden und antizipiert wird. Die *Agency*-Theorie im Rahmen der Dividendenpolitik hat ihren Ursprung in den Arbeiten von JENSEN/MECKLING, EASTERBROOK und JENSEN und wird nachfolgend in Abschnitt 4.4.2 ebenso wie die *Signaling*-Theorie auf ihre Relevanz untersucht.

4.4.1 Informationswirkung bei Interessenkongruenz (Signaling-Theorien)

Lässt man die Annahme homogener Erwartungen von MILLER/MODIGLIANI fallen, bedeutet dies, dass das Management gegenüber den Marktteilnehmern einen Informationsvorsprung bezüglich des wahren Unternehmenswertes besitzt. Haben Manager bewertungsrelevante positive Informationen, die dauerhaft den Unternehmenswert steigern würden, und verfolgen sie die Interessen der Aktionäre und somit langfristige Marktwertmaximierung, werden sie bestrebt sein, die positiven Informationen öffentlich zu machen und dadurch die vorhandene Informationsasymmetrie zu verringern.

Schon MILLER/MODIGLIANI haben Ausschüttungen eine mögliche Informationsfunktion zugesprochen.[282] **AKERLOF (1970)** zeigte am Beispiel eines Gebrauchtwagenmarktes, wie Informationsasymmetrien zum totalen Marktversagen führen können, wenn es den Verkäufern nicht möglich ist, den potenziellen Käufern die Qualität der von ihnen angebotenen Waren glaubwürdig zu übermitteln.[283] Die Lösung solcher Phänomene beruht auf der Einführung glaubwürdiger Signale, die es den Marktteilnehmern erlauben, ‚gut' von ‚schlecht' zu unterscheiden. Glaubwürdig sind diese Signale, wenn sie mit Kosten verbunden sind, denn ‚talk is cheap'[284]. Die simple Mitteilung der positiven Information ist nicht geeignet, die Informationsasymmetrie zu verringern, denn dann besteht der Anreiz für Anbieter mit ‚schlechter' Qualität, das Signal zu imitieren.

---

[281] Im Folgenden wird auf die *Agency*-Beziehungen zwischen Eigenkapitalgebern und Management abgestellt. Die Überlegungen und Implikationen von Interessenkonflikten zwischen Eigen- und Fremdkapitalgebern erfolgt aus gegebenem Anlass nicht; vgl. dazu bspw. RUWISCH (2002), S. 508 ff. und S. 533-540.

[282] Vgl. MILLER/MODIGLIANI (1961), S. 430.

[283] Vgl. AKERLOF (1970).

[284] Vgl. bspw. MILLER (1987), S. 39; SPENCE (1976), S. 593.

Motiviert aus den Arbeiten und Modellen aus der Informationsökonomie[285], wurden die Signalmodelle für Dividenden entwickelt. Unerwartete Dividendenaufnahmen und -erhöhungen eignen sich als zuverlässiges Signal, um bessere Ertragsaussichten zu signalisieren, da sie mit Kosten zum Beispiel in Form von Steuern verbunden sind. Im Folgenden werden die wichtigsten Arbeiten vorgestellt.

4.4.1.1 Modelle zum Signaling durch Dividenden

BHATTACHARYA (1979) entwickelte ein zweiperiodiges Modell, in dem Investoren aus der Dividende auf den Unternehmenswert schließen.[286] Aktionäre sind daran interessiert, dass der Markt das Unternehmen richtig bewertet, wenn sie nach einer Periode in t_1 die Aktien an andere Investoren verkaufen. Die dafür notwendige Information über die erwarteten zukünftigen Gewinne ist allerdings nur den Managern des Unternehmens bekannt und nicht den die Preise bestimmenden Marktteilnehmern. Das Management handelt im Interesse der Aktionäre, das heißt, es versucht, durch die Festlegung der in t_1 zu zahlenden Dividende und deren Ankündigung in t_0 den Unternehmenswert zu maximieren.

Durch eine unerwartete Dividendenerhöhung signalisiert das besser informierte Management, dass es zukünftig höhere Erträge erwartet. Die Kosten für dieses Signal ergeben sich aus der Notwendigkeit, einen etwaigen Fehlbetrag ausgleichen zu müssen, falls die Rückflüsse aus den Investitionen nicht ausreichen, die Dividende zu zahlen, was annahmegemäß Transaktionskosten verursacht, die als Strafe für die falsche Information angesehen werden können. Diese Kosten führen dazu, dass es sich für Unternehmen mit weniger profitablen Investitionsmöglichkeiten nicht lohnt, eine gleich hohe Dividende anzukündigen, wie Unternehmen mit profitablen Projekten, wodurch die Glaubwürdigkeit des Signals hergestellt wird.

BHATTACHARYA konnte mit seinem Modell erstmals eine Signalfunktion der Dividende demonstrieren. Gleichwohl kann das Modell nicht erklären, warum bei steuerlicher Benachteiligung Ausschüttungen in Form von Dividenden und nicht mittels Aktienrückkäufen durchgeführt werden. Zwar kann man argumentieren, dass in einem Markt, in dem Dividenden höher besteuert werden als Kursgewinne und Aktienrückkäufe möglich sind, der Dividende weiterer Signalgehalt zukommt, doch stellt sich die Frage, ob „share repurchases could achieve the same objective, but a lower cost“[287].

---

[285] Vgl. insbesondere SPENCE (1974) und RILEY (1979), die anhand des Arbeitsmarktes zeigen, welche Eigenschaften ein Signal haben muss und unter welchen Bedingungen es als glaubwürdig anerkannt werden kann.

[286] Vgl. BHATTACHARYA (1979) sowie die Darstellung bei HARTMANN-WENDELS (1986), S. 150-160.

[287] ALLEN/MICHAELY (1995), S. 820.

MILLER/ROCK (1985)[288] untersuchten die Signalwirkung einer in t_0 gezahlten Dividende, definiert als Differenz aus Dividendenzahlung und aufgenommenen Finanzierungsmitteln.[289] Die Marktteilnehmer können im Signalgleichgewicht aus der Dividendenankündigung auf die gegenwärtigen und zukünftig erwarteten Gewinne des Unternehmens schließen, da durch die Annahme eines bekannten Investitionsprogramms in der Budgetgleichung lediglich die Rückflüsse aus den bestehenden und zukünftigen Investitionsprojekten unbekannt sind.

(4.5) $$X - I = D - B$$

wobei

X	:	Unternehmensertrag
I	:	Investitionssumme
D	:	Dividendenzahlung
B	:	aufgenommene Finanzierungsmittel

Die Kosten des Signals sind dabei vom Verzicht auf den Nettobarwert der unterlassenen Investitionen bestimmt, da Unternehmen weniger investieren, um durch eine höhere Dividende einen höheren Unternehmenswert zu signalisieren. ‚Schlechte' Unternehmen können hohe Gewinne vortäuschen und Investitionen kürzen, um hohe Dividenden auszahlen zu können. Zumindest kurzfristig kann derart ein hoher Unternehmenswert erreicht werden. Daher müssen ‚gute' Unternehmen ein Dividendenniveau erreichen, das für ‚schlechte' Unternehmen hinreichend unattraktiv ist zu imitieren.[290] Das Modell kann allerdings ebenso nicht die Vorteilhaftigkeit von Dividenden gegenüber Aktienrückkäufen erklären, da eine identische Besteuerung unterstellt wird. Im Falle niedrigerer Steuern auf Kursgewinne würden Unternehmen das *Signaling* grundsätzlich mittels Aktienrückkäufen durchführen.[291]

Nachdem die Signalkosten bei BHATTACHARYA durch Transaktionskosten bei zusätzlicher externer Finanzierung und bei MILLER/ROCK durch die Störung des optimalen Investitionsprogramms entstehen, entwickelten **JOHN/WILLIAMS (1985)** ein Modell, in

---

288 Vgl. MILLER/ROCK (1985) und auch die Ausführungen in Abschnitt 5.1.1.2.

289 Vgl. ebenda, S. 1037. Durch die Betrachtung des Saldos aus Dividende und externer Finanzierung sind allerdings zwei unterschiedliche Signale denkbar: (1) Nimmt man die Dividende als konstant an, so lässt sich aus der unerwartet höheren (oder niedrigeren) Finanzierung ein Signal für den Unternehmenswert ableiten. (2) Sieht man die Finanzierung als erwartet an, so bedeutet eine unerwartete Dividendenänderung ein Signal für den Unternehmenswert; vgl. MILLER (1987), S. 44.

290 Vgl. ALLEN/MICHAELY (1995), S. 819.

291 Zur Diskussion weiterer Kritikpunkte vgl. RUWISCH (2002), S. 424 f.

dem Steuern für die Signalkosten verantwortlich sind und somit die Frage nach der Vorteilhaftigkeit von Dividenden gegenüber Aktienrückkäufen adressiert.[292]

Das Modell stützt sich auf die Annahme, dass zum einen Aktionäre zur Befriedigung ihres steten Geldbedarfs Aktien verkaufen müssen und/oder zum anderen Unternehmen neue Aktien ausgeben müssen, wenn die Cashflows nicht ausreichen, um das vorgegebene Investitionsprogramm durchzuführen. In beiden Fällen verringert sich tendenziell der Anteil der Altaktionäre am Unternehmen. Wenn jedoch das Unternehmen eine zu versteuernde Dividende zahlt, weil es seine besseren Informationen über die zukünftige Ertragslage signalisieren will und der Markt das Signal erkennt, steigt der Unternehmenswert. Den Kosten der Dividende in Form von Steuern steht der Vorteil eines höheren Erlöses pro Aktie gegenüber, der zu einer geringeren Verwässerung der Aktionäre führt. Die Glaubwürdigkeit des Signals wird dadurch hergestellt, dass ein im Interesse der Aktionäre handelndes Management seinen Aktionären nur dann die Steuern auf die Dividende zumutet, wenn damit eine überdurchschnittlich gute Profitabilität signalisiert werden kann. Bei einem überbewerteten Unternehmen ist ein höherer verbleibender Anteil am Unternehmen für die Aktionäre nachteilig, und ein falsches Dividendensignal lohnt sich nicht.[293]

Als Zwischenfazit bleibt festzuhalten, dass die *Signaling*-Modelle es nicht schaffen, die unterschiedlichen Dividendenpraxen von Unternehmen hinreichend zu erklären: Zum einen ist unklar, warum Unternehmen Dividenden glätten[294], zum anderen können sie in den meisten Fällen nicht erklären, warum Unternehmen überhaupt Dividenden zahlen und nicht per Aktienrückkauf ausschütten.[295] Sie können lediglich eine Erklärung für das Preisverhalten am Aktienmarkt auf unerwartete Dividendenankündigungen liefern.

Auf Grund dieser Kritik wurden weitere Modelle zu Teilaspekten entwickelt. Nach **KUMAR (1988)**[296] besitzen risikoaverse Manager gegenüber ebenfalls risikoaversen Aktionären einen Informationsvorsprung über die zukünftigen Erträge. Das Management signalisiert über die Dividende den Unternehmenswert, hat jedoch die Möglichkeit, nach Festlegung der Dividende über die Höhe der Investitionen zu entscheiden und somit über die extern benötigten Mittel. Dabei sieht es sich zwei gegenläufigen Effekten gegenüber: Zum einen erhöhen höhere Investitionen den Unternehmenswert, da zuerst Projekte mit einem hohen Kapitalwert durchgeführt werden, zum anderen verringert sich der Anteil des Managements am Unternehmen, da zur Finan-

---

292 Vgl. JOHN/WILLIAMS (1985).
293 Vgl. ALLEN/MICHAELY (1995), S. 820.
294 Vgl. bspw. LINTNER (1956).
295 Vgl. ALLEN/MICHAELY (1995), S. 821.
296 Vgl. KUMAR (1988).

zierung mehr neue Aktien ausgegeben werden müssen. Das Management wird also Investitionen durchführen, bis der Nachteil der Verwässerung den Vorteil aus den profitablen Investitionen überkompensiert.[297] Auf diese Weise ergibt sich zumindest ein „grobes"[298], unvollkommenes Signal der Dividende. Das Modell kann die Beobachtung des *Dividend Smoothing* erklären, da Unternehmen ihre Dividende nicht bei jeder marginalen Änderung der Ertragserwartungen revidieren.

OFER/THAKOR (1987)[299] berücksichtigen neben der Dividende explizit die Möglichkeit, Aktienrückkäufe durchzuführen. Wie bei BHATTACHARYA stellen die Transaktionskosten der externen Finanzierung die Kosten des *Signaling* dar.

Beim Aktienrückkauf ergeben sich zusätzliche Kosten für die Manager durch das steigende Risiko ihres privaten Portfolios, da sie annahmegemäß nicht am Tenderverfahren teilnehmen dürfen und sich so ihr Anteil am Unternehmen erhöht. Ist die Abweichung zwischen Marktbewertung und Einschätzung des Managements gering, setzt das Management Dividenden als Signal ein. Ist die Unterbewertung relativ hoch, werden vermehrt Aktienrückkäufe durchgeführt, da sie mehr Informationen beinhalten und als Signal billiger sind.

An dieser Stelle muss berücksichtigt werden, dass neben der Ausschüttung in Form von Dividenden oder Aktienrückkäufen weitere Vehikel bestehen, um Informationen an die Marktteilnehmer zu übertragen, die einzeln oder auch gemeinsam zum *Signaling* eingesetzt werden können und häufig in großer Abhängigkeit stehen; dazu gehören unter anderem Managementbeteiligung, aber auch insbesondere Kapitalerhöhungen und die Veröffentlichung neuer Investitionen.[300] Auf letztere Träger von Informationen wird in Kapitel 5 explizit eingegangen.

4.4.1.2 Empirische Evidenz zur Signalwirkung der Dividendenpolitik

Die theoretischen Modelle lassen erwarten, dass Ausschüttungen eine Übertragungsfunktion zukommt, die es ermöglicht, Informationen der besser informierten Insider an die schlechter informierten Outsider zu übermitteln. Da solch eine Informationsfunktion jedoch nicht für eine tatsächliche Signalfunktion hinreichend ist, wurden insbesondere weitere notwendige Bedingungen zur Bestätigung der Signalwirkung empirisch untersucht, die in den nachfolgenden Abschnitten diskutiert werden:[301]

297 Hierbei wird eine Produktionsfunktion mit abnehmendem Grenznutzen des Kapitals unterstellt.
298 ALLEN/MICHAELY (1995), S. 822.
299 Vgl. OFER/THAKOR (1987).
300 Vgl. LEASE et al. (2000), S. 116.
301 Zu diesen Anforderungen vgl. ebenda, S. 109, oder ALLEN/MICHAELY (1995), S. 823 f.

- Die Ankündigung einer unerwarteten Dividendenänderung führt zu abnormalen Kurseffekten in gleicher Richtung.
- Gewinnprognosen werden gemäß der Dividendenänderung revidiert.
- Es besteht ein positiver Zusammenhang zwischen der Höhe der Dividendenänderung und der nachfolgenden Gewinnänderung.

4.4.1.2.1 Ankündigungseffekte von Dividendenänderungen

Die Kurseffekte im Anschluss an Dividendenankündigungen sind im Allgemeinen und insbesondere für den amerikanischen Aktienmarkt sehr gut dokumentiert. Strittig bleibt jedoch die Interpretation der Bewertungsänderungen als Ausdruck der Signalwirkung oder anderer Erklärungsansätze.[302]

Da frühe Untersuchungen, die entweder weitere Informationsereignisse wie eine Gewinnbekanntgabe zu ungenau von den Dividendenankündigungen trennten[303] oder naiv jede Dividendenänderung als unerwartet betrachteten[304], teilweise widersprüchliche Ergebnisse hervorbrachten, konzentrierten sich eine Reihe von Untersuchungen auf besonders deutliche Dividendenänderungen. Es wurden insbesondere Dividendeneinführungen, -reduktionen und -aussetzungen betrachtet. Diese Studien kamen nahezu alle zu dem Ergebnis, dass zumindest besonders ausgeprägte Dividendenänderungen Kurseffekte im Sinne der *Signaling*-Theorie hervorrufen.

ASQUITH/MULLINS (1983) betrachteten 168 Unternehmen, die erstmalig oder nach mindestens zehn dividendenlosen Jahren eine Dividende ankündigten. Sie stellen einen positiven Zusammenhang zwischen dem Ausmaß der Kursreaktion und der Höhe der Dividendenänderung bzw. der Höhe des Anteils der unerwarteten Dividendenänderung fest.[305]

HEALY/PALEPU (1988) betrachteten in ihrer Untersuchung neben den von ASQUITH/MULLINS verwendeten Unternehmen auch 172 Dividendenaussetzungen. Sie bestätigen die positiven Überrenditen bei Einführung und ermitteln negative Überrenditen

---

302 Vgl. RUWISCH (2002), S. 449.

303 Vgl. AHARONY/SWARY (1980), S. 2. So kam PETTIT in einer der ersten umfassenden Untersuchungen zum Schluss, dass Dividendenankündigungen Informationen übertragen, die über die Informationswirkung gegenwärtiger Gewinne hinausgehen. CHAREST bestätigt diese Aussage in seiner Untersuchung; vgl. PETTIT (1972), S. 1002; CHAREST (1978), S. 326. Zu gegenläufigen Ergebnissen kam WATTS, der argumentiert, dass die Informationsfunktion von Dividenden lediglich trivial sei; vgl. WATTS (1973), S. 211.

304 AHARONY/SWARY kamen auf Basis dieser Annahme zum Ergebnis, dass Dividendenbekanntgaben Informationen enthielten, die über die Information von Gewinnankündigungen hinausgingen; vgl. AHARONY/SWARY (1980) S. 11.

305 Vgl. ASQUITH/MULLINS (1983), S. 93.

bei Dividendenausfall. Dabei treten signifikant abnormale Renditen nicht nur am Ankündigungstag, sondern bereits in den Zeiträumen vor der Ankündigung auf.[306] Auch **MICHAELY/THALER/WOMACK (1995)** zeigten für 561 Dividendeneinführungen und 887 Auslassungen entsprechende Überrenditen innerhalb der drei Tage um die Bekanntgabe und auch im Jahr zuvor. Sie führen aus, dass die Dividendenentscheidung bereits teilweise vom Markt antizipiert wird und mit positiven (negativen) Gewinnüberraschungen einhergeht.[307]

CHRISTIE (1994) ermittelte für Dividendenausfälle und -senkungen ebenfalls negative Überrenditen. Dabei überrascht jedoch, dass die negative Kursreaktion am Ankündigungstag bei einem Dividendenausfall mit -6,94 Prozent geringer ist, als wenn die Dividende um mehr als 60 Prozent gesenkt wird (-8,78 Prozent).[308]

Diese Ergebnisse können die Signalwirkung von unerwarteten Dividendenentscheidungen nicht abschließend bestätigen, da sie noch keinen weitgehend zweifelsfreien Kausalzusammenhang zwischen den beobachteten Überrenditen und der Signaltheorie herstellen können.[309] Es werden im Folgenden Teilaspekte betrachtet, die näheren Aufschluss über die Relevanz der *Signaling*-Theorie geben sollen.

KALAY/LOEWENSTEIN (1986) analysierten den Timing-Effekt auf die Informationswirkung von Dividendenankündigungen. Sie untersuchten den Einfluss verspätet eintreffender Ankündigungen, wobei sich der Ankündigungstermin aus dem Verhalten in der Vergangenheit ableitete.[310] Während ‚pünktliche' Ankündigungen signifikant positive Überrenditen aufwiesen, ergaben sich bei um mehr als fünf Tage verspäteter Ankündigung abnormale negative Renditen; der Markt schien bei verzögerter Ankündigung die zumeist schlechten Nachrichten richtig zu antizipieren.[311] Dieses Ergebnis zeigt, dass das Timing vom Markt in rationaler Weise als Informationsträger interpretiert und die Signalwirkung nicht isoliert, sondern in Abhängigkeit vom Timing der Ankündigung gedeutet wird.

DEANGELO/DEANGELO/SKINNER (2000) analysierten die Signalwirkung von Sonderdividenden und kommen zu dem Ergebnis, dass der Informationsgehalt dieser eher gering ist.[312] Sie stützen sich dabei auf die Beobachtung, dass zum einen Sonderdi-

---

306 Vgl. HEALY/PALEPU (1988), S. 156.

307 Vgl. MICHAELY/THALER/WOMACK (1995), S. 589.

308 Vgl. CHRISTIE (1994), S. 465.

309 So sieht bspw. CHRISTIE in seinen Ergebnissen sowohl die *Signaling*- als auch die *Agency*-Theorie bestätigt; vgl. ebenda, S. 478 f.

310 Auf Basis der Prognoseregel konnten knapp 72 Prozent der Termine exakt vorhergesagt werden, nur gut 5 Prozent der Prognosen verfehlte den tatsächlichen Termin um mehr als fünf Tage; vgl. KALAY/LOEWENSTEIN (1986), S. 376 f.

311 Vgl. ebenda, S. 379-387.

312 Vgl. DEANGELO/DEANGELO/SKINNER (2000), S. 312.

videnden zwar moderate Überrenditen herbeiführen, jedoch kein Unterschied besteht zwischen die Sonderdividende erhöhenden Unternehmen und solchen, die sie senken.[313] Zum anderen sind Sonderdividenden auf Grund ihrer Häufigkeit annähernd gleich gut zu prognostizieren wie reguläre Dividenden und werden von den Unternehmen durch reguläre Dividendenzahlungen ersetzt. Dieses Verhalten lässt annehmen, dass Manager der Möglichkeit, durch Sonderdividenden Signale, die zwischen vorübergehenden und permanenten Dividendenbestandteilen unterscheiden, keine hohe Bedeutung beimessen.[314]

Die Interaktionen von Gewinn- und Dividendenankündigungen belegte **VENKATESH (1989)** in seiner Untersuchung von 72 Dividendenaufnahmen. Er beobachtet, dass die Kursreaktion auf unerwartete Gewinnankündigungen vor Dividendenaufnahme höher ausfällt als danach.[315] Er interpretiert dieses Ergebnis als Beleg dafür, dass Gewinn- und Dividendenankündigungen partielle Informationssubstitute darstellen[316], was bedeutet, dass die Interpretation einer Dividendenankündigung nicht als isoliertes Signal angesehen werden kann.[317]

4.4.1.2.2 Dividendenänderungen und Anpassung von Markterwartungen

Neben den Tests zu den Bewertungsauswirkungen von Dividendenankündigungen beschäftigten sich einige US-amerikanische Studien mit der Frage, ob sich die Gewinnprognosen professioneller Analysten in Folge von Dividendenbekanntgaben anpassen. Werden Dividendenentscheidungen als Signal für die zukünftige Profitabilität interpretiert, sollten die Gewinnerwartungen entsprechend den unerwarteten Dividendenankündigungen revidiert werden.

OFER/SIEGEL (1987) untersuchten die Gewinnschätzungen von Analysten vor und nach unerwarteten Dividendenankündigungen und schlussfolgern, dass die Analysten in rationaler Weise und konsistent mit der Hypothese reagieren, dass unerwartete Dividendenänderungen als Informationen über die zukünftige Gewinnentwicklung interpretiert werden. Das Ausmaß der Änderung ist positiv korreliert mit der Höhe der Dividendenänderung und mit der durch die Kursreaktion am Ankündigungstag hervorgerufenen Bewertungsänderung.[318] Dieses Ergebnis ist allerdings auch mit der *Agency*-Theorie konsistent: Wenn höhere Dividenden Manager disziplinieren, wird

---

313 Vgl. DEANGELO/DEANGELO/SKINNER (2000), S. 350. So reicht anscheinend im Gegensatz zu regulären Dividenden die Ankündigung aus, dass überhaupt eine Sonderdividende gezahlt wird.
314 Vgl. ebenda, S. 351.
315 Vgl. VENKATESH (1989), S. 186.
316 Vgl. ebenda, S. 193.
317 Vgl. RUWISCH (2002), S. 470.
318 Vgl. OFER/SIEGEL (1987), S. 906.

eine bessere Performance und somit Preisentwicklung erwartet, worauf Analysten reagieren.[319] **HOWE/SHEN (1998)** konnten nachweisen, dass Dividendeneinführungen nicht zu Analystenrevisionen bei Unternehmen der gleichen Branche führen, was darauf hindeutet, dass es sich bei den Ergebnissen von OFER/SIEGEL zumindest nicht um allgemeine Branchenentwicklungen handelt.[320]

Hingegen konnten **LANG/LITZENBERGER (1989)** in ihrer Untersuchung von 429 deutlichen Dividendenänderungen (um mindestens 10 Prozent) keinen statistisch signifikanten Zusammenhang zwischen den Gewinnrevisionen von Analysten und Dividendenankündigungen feststellen.[321]

4.4.1.2.3 Dividendenänderungen und zukünftige Unternehmensentwicklung

Damit der Markt eine Dividendenänderung als Signal über die zukünftige Gewinnentwicklung interpretiert, muss sich die signalisierte Information anschließend im Durchschnitt als richtig erweisen, ansonsten verliert das Signal die Glaubwürdigkeit und ist wertlos. Eine Reihe von Untersuchungen widmete sich daher der Gewinnentwicklung der Unternehmen nach einer Dividendenänderung.

Auf Grund gemischter Befunde von frühen Studien[322] beschäftigte sich ein großer Teil der empirischen Forschung mit Teilstichproben besonders ausgeprägter Dividendenänderungen. Im Folgenden werden zunächst einige der Studien vorgestellt, die eine Korrelation gemäß der Signalwirkung feststellen. Im Anschluss folgen ausgewählte Untersuchungen, die schwache bzw. keine Anzeichen für einen solchen Zusammenhang feststellen können.[323]

DEANGELO/DEANGELO/SKINNER (1992) untersuchten 167 Unternehmen, die nach zehn Jahren positiver Gewinne und Dividenden plötzlich einen Verlust auswiesen. Rund die Hälfte der Unternehmen kürzte daraufhin die Dividende. Interessant ist dabei die Gewinnentwicklung dieser zwei Teilstichproben im Anschluss an das Verlustjahr. Während sich die Gewinnsituation bei beiden Gruppen im nachfolgenden Jahr wieder verbesserte, waren die Ertragsprobleme bei der Gruppe der Dividendenkürzer

---

319 Vgl. ALLEN/MICHAELY (1995), S. 825.

320 Vgl. HOWE/SHEN (1998), S. 23.

321 Vgl. LANG/LITZENBERGER (1989), S. 190.

322 WATTS konnte maximal einen schwach positiven Zusammenhang zwischen (unerwarteter) Dividendenänderung und nachfolgender Gewinnentwicklung feststellen; vgl. WATTS (1973), S. 203. Auch GONEDES und PENMAN kamen zu ähnlichen Ergebnissen; vgl. GONEDES (1978) und PENMAN (1983). Dagegen konnten HEALY/PALEPU ihre These bestätigen, dass zumindest Dividendeneinführungen inkrementelle Informationen über die zukünftige Gewinnentwicklung signalisieren; vgl. HEALY/PALEPU (1988), S. 159.

323 Für eine umfassende Darstellung vgl. bspw. RUWISCH (2002), S. 438-447.

weitaus größer und lang andauernder.[324] Die Dividendenkürzung ist damit ein zuverlässiges Signal, dass das Management eine andauernd schlechte Gewinnsituation erwartet.

AHARONY/DOTAN (1994) bestätigten ebenfalls die Prognosekraft von Dividendenänderungen hinsichtlich zukünftiger Gewinne. Sowohl die Richtung als auch das Ausmaß der Änderung steht in einem deutlichen Zusammenhang zu der Gewinnentwicklung der folgenden mindestens zwei Quartale.[325]

In einer groß angelegten Studie analysierten **NISSIM/ZIV (2001)** 12.105 Dividendenerhöhungen, 19.004 unveränderte Dividenden und 697 Dividendenkürzungen und stellten ihre Ergebnisse anderen Studien gegenüber. Sie kommen zum Ergebnis, dass Dividendenerhöhungen in einem positiven Zusammenhang zu den Gewinnen in den vier folgenden Jahren stehen.[326] Sie stellen dabei nicht wie zum Beispiel BERNATZI/MICHAELY/THALER auf die Gewinnveränderung ab, sondern auf das zukünftige Profitabilitätsniveau, was eine direktere Interpretation der Ergebnisse ermögliche und diverse Messprobleme verhindere.[327] Hingegen stehen Dividendensenkungen nicht mit zukünftigen Gewinnen im Zusammenhang, was die Autoren in erster Linie auf das Vorsichtsprinzip der Buchführung zurückführen: Demnach sind Unternehmen angehalten, Verluste zu antizipieren, während Gewinne erst realisiert werden müssen.[328] Die ‚schlechten Nachrichten' sind also in den Gewinnen bereits vorweggenommen. Gleiches gilt für das beobachtete Managerverhalten, im Umfeld negativer Informationen ein *Big Bath* zu nehmen, um Gewinnreserven für spätere Jahre aufzubauen. Somit bestätige sich die Informations- bzw. Signalhypothese von Dividendenänderungen.[329]

Eine deutlich größere Anzahl von Studien sprechen jedoch der Dividende keine bzw. nur begrenzte Signalwirkung hinsichtlich zukünftiger Gewinne zu. Der Zusammenhang von Dividendenaufnahme und nachfolgenden Gewinnveränderungen bei Neuemissionen stand im Fokus der Untersuchung von **LIPSON/MAQUIEIRA/MEGGINSON (1998)**. Die Unternehmen, die eine Dividende aufnahmen, wiesen eine erheblich po-

---

324 Vgl. DEANGELO/DEANGELO/SKINNER (1992), S. 1847.

325 Vgl. AHARONY/DOTAN (1994), S. 146.

326 Vgl. NISSIM/ZIV (2001), S. 2123.

327 Vgl. ebenda, S. 2121, und dort Fußnote 6. So wird zum Beispiel bei der Betrachtung von Gewinnveränderungen als Ausgangsbasis der aktuelle Gewinn verwendet und Änderungen darauf bezogen. Erfährt das Unternehmen aber einen permanenten Gewinnanstieg im Jahr 1 nach der Dividendenerhöhung, wird bei der Betrachtung von Gewinnveränderungen ein positiver Zusammenhang für dieses Jahr festgestellt, jedoch nicht für die weiteren Jahre. Unter Umständen würde somit die Signalhypothese abgelehnt, obwohl die Dividendenerhöhung eindeutig einen permanenten Gewinnanstieg signalisierte.

328 Vgl. NISSIM/ZIV (2001), S. 2126.

329 Vgl. ebenda, S. 2131.

sitivere Gewinnentwicklung auf, allerdings nur im ersten Jahr danach.[330] Die Autoren schlussfolgern, dass Unternehmen zwar Dividenden nutzen, um sich von anderen Unternehmen abzugrenzen, jedoch die Signalfunktion der Dividendenaufnahme beschränkt sei.[331]

BROOK/CHARLTON/HENDERSHOTT (1998) stellten auf die Cashflow-Entwicklung ab und untersuchten die Dividendenpolitik von Unternehmen, die vier Jahre lang konstante Cashflows aufwiesen und im fünften Jahr einen starken Anstieg erfuhren. Unternehmen, bei denen der Anstieg permanenter Natur war, erhöhten im Jahr zuvor die Dividende häufiger und stärker, was vom Markt auch als positive Information gewertet wurde, da diese Unternehmen im Jahr vor dem Anstieg des Cashflows deutliche Überrenditen aufwiesen.[332] Allerdings erfuhren die Unternehmen mit permanentem Cashflow-Anstieg ähnliche kumulierte Überrenditen im Jahr des Cashflow-Anstiegs und im Jahr davor, unabhängig davon, ob sie ihre Dividende im Jahr vor dem Cashflow-Anstieg erhöhten oder nicht; lediglich fiel bei den Dividenden erhöhenden Unternehmen der deutlich größere Teil im Jahr vor dem Cashflow-Anstieg, also früher, an.[333] Des Weiteren waren zum einen die Dividendenänderungen vor dem Cashflow-Anstieg relativ gering verglichen mit dem Cashflow-Anstieg, zum anderen waren die nachfolgenden Dividendenerhöhungen weitaus größer.[334] Die Autoren sehen die Signalhypothese zwar grundsätzlich bestätigt, wenngleich sie einräumen, dass „corporate dividend policy is not primarily motivated by the need to signal private information“[335].

In einer zweiten Untersuchung befassten sich **DEANGELO/DEANGELO/SKINNER (1996)** mit 145 Unternehmen, die nach neun Jahren Gewinnwachstum einen Gewinnrückgang erfuhren. In einer solchen Situation sollte der Dividendenentscheidung des Managements eine große Informationswirkung zukommen und Aufschluss darüber geben, ob der Gewinnrückgang permanenter oder nur vorübergehender Natur ist. Die Ergebnisse lassen jedoch keinerlei Signalwirkung erkennen.[336] Knapp 70 Prozent erhöhten trotz Gewinnrückgang die Dividende und erzielten in den folgenden drei Jahren keine unerwarteten Gewinnsteigerungen, sondern blieben sogar teilweise hinter den Erwartungen zurück.[337] Für die Beobachtung, dass Manager trotz Gewinnrück-

---

330 Vgl. LIPSON/MAQUIEIRA/MEGGINSON (1998), S. 42.

331 Vgl. ebenda, S. 44. So waren in der Stichprobe die Dividenden aufnehmenden Unternehmen älter, größer und profitabler als der Rest.

332 Vgl. BROOK/CHARLTON/HENDERSHOTT (1998), S. 47.

333 Vgl. ebenda, S. 55.

334 Vgl. ebenda, S. 47.

335 Ebenda, S. 47.

336 Vgl. DEANGELO/DEANGELO/SKINNER (1996), S. 344.

337 Vgl. ebenda, S. 352.

gang und mäßiger anschließender Gewinnentwicklung die Dividende erhöhen, bieten die Autoren zwei Erklärungsansätze: Zum einen sind Manager zu optimistisch, zum anderen sind die Dividendenänderungen und damit die Mittelaufwendungen zu klein, um bei etwaiger falscher Entscheidung zu gravierenden Nachteilen für die Manager zu führen.[338]

JENSEN/JOHNSON (1995) untersuchten 268 Unternehmen, die nach mindestens zwölf Quartalen konstanter bzw. steigender Dividenden die Dividende um mindestens 20 Prozent kürzten. Sie stellten fest, dass die Gewinne vor der Dividendenkürzung fallen und im Anschluss daran wieder stiegen.[339] Die Dividendenkürzung markiert somit nach einem deutlichen Gewinnrückgang den Beginn der Restrukturierung, was dadurch bekräftigt wird, dass die steigenden Gewinne auf Kostensenkungen und nicht auf Umsatzsteigerungen zurückzuführen waren.[340] Die Dividendensenkung signalisiert somit nicht eine schlechte Ertragslage, sondern dient eher als Mittel zum Zweck, um eher unpopuläre Maßnahmen wie Mitarbeiterabbau zu unterstützen[341]; ansonsten würden die Signale zu negativ ausfallen bzw. die tatsächliche Gewinnentwicklung unterschätzen. Auch ist zu vermuten, dass Unternehmen die Situation einer Restrukturierung nutzen, um das Dividendenniveau zu senken und im Anschluss eine bessere Entwicklung der Dividende zeigen zu können (*Big Bath*-Problematik).

In einer umfangreichen Studie untersuchten **BENARTZI/MICHAELY/THALER (1997)** 4.249 Dividendenerhöhungen, 2.682 unveränderte Dividenden und 255 Dividendensenkungen von 1.025 Unternehmen. Auch sie konnten der Dividende keine Signalwirkung hinsichtlich der Entwicklung der zukünftigen Profitabilität zusprechen.[342] Vielmehr besteht eine starke vergangenheits- und gegenwartsbezogene Verbindung zwischen Gewinnen und Dividendenänderungen, die Prognosekraft von Dividendenänderungen ist jedoch minimal: So wiesen Unternehmen, die die Dividende erhöhten, in den folgenden zwei Jahren kein abnormales Gewinnwachstum auf, hingegen verzeichneten Unternehmen, die die Dividende senkten, überdurchschnittlich positive Gewinnentwicklungen danach.[343] Auch der Robustheitscheck, dass die Kursreaktion als Proxy für die unerwartete Dividendenänderung dient, konnte die *Signaling*-Hypothese nicht bestätigen. Ein positiver Zusammenhang zwischen Dividendenänderung und zukünftiger Gewinnentwicklung konnte auch hier nicht festgestellt werden.[344] Die Autoren stellen abschließend fest, dass LINTNERS Modell die beste Erklä-

---

338 Vgl. DEANGELO/DEANGELO/SKINNER (1996), S. 364-368.
339 Vgl. JENSEN/JOHNSON (1995), S. 40.
340 Vgl. ebenda, S. 48.
341 Vgl. ebenda, S. 48.
342 Vgl. BENARTZI/MICHAELY/THALER (1997), S. 1031.
343 Vgl. ebenda, S. 1016.
344 Vgl. ebenda, S. 1026.

rung für den Dividendenfestsetzungsprozess bleibe, wonach Dividendenänderungen hauptsächlich vergangenheitsgetrieben seien und eine Dividendenerhöhung einen Gewinnanstieg in den Jahren -1 und 0 reflektiere. Die einzige Informationswirkung sei, dass dieser Gewinnanstieg als permanent betrachtet werden könne.[345]

4.4.1.2.4 Bedeutung alternativer Erklärungen

Nicht für die Höhe künftiger Gewinne als vielmehr für deren Variabilität interessierten sich einige weitere Untersuchungen. So wäre nicht auszuschließen, dass eine Marktreaktion statt mit der Signalwirkung zur zukünftigen Profitabilität auch mit einer Informationswirkung zum zukünftigen Risiko erklärbar ist. Zwar unterstellen die *Signaling*-Modelle risikoneutrale Investoren, allerdings wurde verschiedentlich eine negative Korrelation zwischen Dividendenrendite und systematischem Risiko festgestellt, was diese Arbeiten unter anderem motivierte.[346]

VENKATESH (1989) stellte bei der Analyse von 72 Dividendenaufnahmen fest, dass das Gesamtrisiko nach Aufnahme zwar abnimmt, jedoch nicht das systematische Risiko.[347] Diese Verringerung des Unternehmensrisikos führt er darauf zurück, dass die Marktteilnehmer nun andere Informationen, die vor Dividendenzahlung zu Preisänderungen führten, wie zum Beispiel Gewinnankündigungen, weniger stark gewichten.[348]

Hingegen kamen **DYL/WEIGAND (1998)** bei der Analyse von 240 Unternehmen, die eine Dividende aufnahmen, zum Ergebnis, dass die Kursvolatilität dieser Aktien signifikant abnimmt und eine signifikante (1 %-Niveau) Reduktion des systematischen Risikos stattfindet.[349] Des Weiteren fällt die Gewinnvolatilität signifikant (1 %-Niveau) geringer aus.[350] Dabei unterstellen sie nicht wie VENKATESH eine Informationsverlagerung von Gewinnen zu Dividenden, sondern argumentieren, dass das Risiko sinkt, weil weniger unerwartete Informationen (*News*) auf den Markt kommen.[351] Das geringere Risiko nach Dividendenaufnahme resultiert aus der Reduktion von Gewinnvolatilität und -überraschungen.

Auch **BRADLEY/CAPOOZA/SEGUIN (1998)** erkannten bei der Untersuchung der Unsicherheit zukünftiger Cashflows und der Dividendenfestsetzung einen negativen Zu-

345 Vgl. BENARTZI/MICHAELY/THALER (1997), S. 1032.
346 Vgl. bspw. BLUME (1980), S. 575.
347 Vgl. VENKATESH (1989), S. 188.
348 Vgl. ebenda, S. 189.
349 Vgl. DYL/WEIGAND (1998), S. 30.
350 Vgl. ebenda, S. 32.
351 Vgl. ebenda, S. 28.

sammenhang.[352] Auch dieses Ergebnis kann als Unterstützung der Signalwirkung hinsichtlich des zukünftigen Risikos gewertet werden.

Einen ganz anderen Erklärungsansatz für die Signal-Theorie verfolgen **BERNHARDT/DOUGLAS/ROBERTSON (2005)**. Sie machen die Monotonitätsbeziehung von *Signaling*-Modellen zum Untersuchungsgegenstand, dass, wenn die Kosten des Signals steigen (zum Beispiel, wenn Dividenden stärker besteuert werden), ‚gute' Unternehmen sich mit einer geringeren Menge an Signal von ‚schlechten' Unternehmen differenzieren können. Im Gleichgewicht sollte dann ein Dividendensignal zu einer größeren Anpassung der Markterwartungen und somit der Preise führen, da ein teueres Signal eine größere Informationswirkung hat.[353] Weder die Analyse von Änderungen der Dividendenrendite noch die Betrachtung der absoluten Dividendenänderung konnte jedoch die *Signaling*-Hypothese bestätigen.[354] Die fehlende positive Beziehung zwischen Informationsfunktion in Form eines Ankündigungseffekts und den marginalen Kosten von Dividenden, gemessen über 18 Steuergesetzänderungen in den USA im Zeitraum von 1962 bis 1996, „represents significant evidence against signaling explanations for corporate dividend policy"[355].

4.4.1.2.5 Untersuchungen für den deutschen Kapitalmarkt

Nachdem das Forschungsbild für den amerikanischen Markt sehr gemischt erscheint und eher Zweifel an der Signalwirkung von Dividenden aufkommen lässt, wird im Anschluss auf die vergleichsweise geringe Zahl an Studien am deutschen Kapitalmarkt eingegangen.

Die erste Untersuchung hinsichtlich des Ankündigungseffekts von Dividenden führte **BRANDI (1977)** durch. Er ermittelte deutliche Kursanpassungseffekte, die im Wesentlichen das Bild US-amerikanischer Studien bestätigen: Unerwartet hohe Dividenden gehen mit positiven und unerwartet geringe Dividenden mit negativen Überrenditen einher.[356] Der Kurseinfluss der Dividendenänderungen übersteigt dabei den anderer Informationen.

---

[352] Vgl. BRADLEY/CAPOOZA/SEGUIN (1998).

[353] Vgl. BERNHARDT/DOUGLAS/ROBERTSON (2005), S. 78.

[354] Vgl. ebenda, S. 87-90. Sie widersprechen dabei den Ergebnissen von BERNHEIM/WANTZ, die in der Marktreaktion auf Dividendenerhöhungen einen starken Zusammenhang zu den steuerlichen Grenzkosten von Dividendensignalen in verschiedenen Steuerregimen feststellten; vgl. BERNHEIM/WANTZ (1995), S. 543 ff. BERNHARDT/DOUGLAS/ROBERTSON verwenden jedoch eine andere Methodologie, die es erlaubt, die formalen Aussagen der *Signaling*-Theorie direkter zu untersuchen, vgl. BERNHARDT/DOUGLAS/ROBERTSON (2005), S. 79.

[355] BERNHARDT/DOUGLAS/ROBERTSON (2005), S. 80. Gleichzeitig räumen sie für ihre Ergebnisse agencytheoretische Erklärungsansätze wie die *Free Cashflow*-Hypothese ein; vgl. ebenda, S. 96.

[356] Vgl. BRANDI (1977), S. 146 ff.

SAHLING (1981) untersuchte den Effekt wesentlicher Ausschüttungsänderungen und stellte fest, dass sich die Kurse von Unternehmen mit Dividendenerhöhungen besser entwickeln als der Vergleichsindex. Dividenden reduzierende Unternehmen wiesen eine unterdurchschnittliche Performance auf.[357] Er kann allerdings keinen Zusammenhang zwischen der Höhe der Veränderung und der Höhe der Überrenditen feststellen und versucht auch nicht, das Dividendenankündigungssignal zu isolieren, so dass eine Interpretation der Ergebnisse zu Gunsten der *Signaling*-Theorie nicht unproblematisch ist.[358]

AMIHUD/MURGIA (1997) untersuchten die bis dahin größte Stichprobe an Dividendenbekanntgaben.[359] Bei Dividendenerhöhungen (-reduktionen) ermittelten sie signifikant positive (negative) Überrenditen von 0,97 Prozent (-1,73 Prozent). Auch nach Herausrechnung des Einflusses von Gewinnankündigungen blieb der Zusammenhang signifikant. Dividenden kommt somit eine Informationsfunktion zuteil, die über die anderer Informationen hinausgeht.[360] Dabei geben Dividenden allerdings eher Auskunft über die gegenwärtige und nicht die zukünftige Profitabilität.

GERKE/OERKE/SENTNER (1997) bildeten in ihrer Untersuchung vier Teilgruppen.[361] Während konstante Dividenden keine Kurseffekte nach sich zogen, ergaben sich positive abnormale Renditen bei Dividendenerhöhungen und negative Überrenditen bei Senkungen und Ausfällen. Eine genauere Betrachtung der Erhöhungen und Senkungen, nämlich solcher, bei denen fünf Tage vor bis fünf Tage nach der Dividendenbekanntgabe keine weiteren als kursrelevant einzuschätzenden Informationen an den Markt kamen, ergab noch stärkere Überrenditen. Diese Ergebnisse sind zwar im Sinne der Signaltheorie, zeigen aber auch, dass ein beobachteter Informationseffekt nicht zwingend der Dividendenbekanntgabe zugeschrieben werden kann. Auch konnten die Autoren keinen Zusammenhang zwischen der Höhe der Änderung und der Kursreaktion ausmachen. GERKE/OERKE/SENTNER kommen selbst zu dem Schluss, dass die Ergebnisse sowohl mit der *Signaling*-Theorie als auch mit der *Agency*-Theorie konsistent gewertet werden können.[362]

HEIDEN (2002) ermittelte für Dividendenerhöhungen (0,83 Prozent), -kürzungen (-1,22 Prozent) und -ausfälle (-2,78 Prozent) kurzfristige Kursreaktionen im Sinne der

---

357 Vgl. SAHLING (1981), S. 164 ff.

358 Vgl. RUWISCH (2002), S. 478.

359 Sie berücksichtigten 255 Dividendenerhöhungen und 51 Reduktionen der an der Frankfurter Börse meistgehandelten 200 Unternehmen im Zeitraum von 1988 bis 1992.

360 Vgl. AMIHUD/MURGIA (1997), S. 406.

361 Dividendenerhöhungen (218), konstante Dividenden (130), Dividendensenkungen (46) und Dividendenausfälle (20).

362 Vgl. GERKE/OERKE/SENTNER (1997), S. 819.

Signaling-Theorie.[363] Die Ergebnisse für Dividendenaufnahmen und konstante Dividenden sind nicht signifikant. Zudem kann HEIDEN für Dividendenerhöhungen von Industrieunternehmen die Hypothese bestätigen, dass Dividendenbekanntgaben kleinerer Unternehmen einen höheren Informationsgehalt haben als die größerer Unternehmen, was zu stärkeren Kursreaktionen führt.[364] Kleinere Unternehmen weisen einen höheren Grad an Informationsasymmetrie auf, wobei diese Ergebnisse auch mit der *Agency*-Theorie vereinbar sind. Einschränkend ist festzuhalten, dass lediglich bei Dividendenerhöhungen von Industrieunternehmen die Höhe der Dividendenänderung einen signifikanten Zusammenhang zur Kursreaktion zeigt.[365] Bei Dividendenkürzungen ergibt sich sogar ein negativer Zusammenhang: So waren die Kursreaktionen deutlich negativer für relativ kleine als für große Dividendensenkungen.[366] Des Weiteren zeigt sich ein positiver Zusammenhang zwischen der Dividendenänderung und der Gewinnentwicklung nur vor Dividendenänderung. Danach ist jedoch kein Zusammenhang mehr festzustellen[367], was die *Signaling*-Theorie nicht bestätigt. Analog zu HEIDEN kommen **GOERGEN/RENNEBOOG/DA SILVA (2005)** bei der Analyse der Dividendenänderungen von 221 Unternehmen im Zeitraum von 1984 bis 1993 zum Ergebnis, dass gegenwärtigen Gewinnen der höchste Erklärungsgehalt in Bezug auf die Dividendenentscheidung zukommt.[368] Sie bestätigen damit auch für den deutschen Markt das Modell von LINTNER.[369]

ELLERMANN (2003) untersuchte das Merkmal ‚Dividendenausfall' bei 198 Industrieunternehmen, die zwischen 1984 und 1995 an die Börse gegangen sind, und 134 etablierten Industrieunternehmen. Er stellt dabei insbesondere auf die langfristige Kursentwicklung ab. Während die Gruppe der IPOs eine negative Überrendite von -40,9 Prozent in den drei Jahren nach dem Ausfall aufweist, lässt sich für die etablierten Unternehmen keine Underperformance feststellen (+0,9 Prozent).[370] In den drei Jahren vor dem Ausfall verzeichnen beide Gruppen eine deutliche Underperformance (-49,5 Prozent für IPOs und -38,4 Prozent für Etablierte, wobei bei den Etablierten ein geringerer Anteil eine Underperformance aufweist (85 Prozent vs. 93 Prozent)). Bei den etablierten Unternehmen sind demnach die mit dem Ausfall verbundenen

363 Vgl. HEIDEN (2002), S. 207.
364 Vgl. ebenda, S. 231-240. Hingegen konnte für Dividendenkürzungen sowie für Finanzunternehmen kein signifikanter Zusammenhang festgestellt werden.
365 Vgl. ebenda, S. 217.
366 Vgl. ebenda, S. 213 ff.
367 Vgl. ebenda, S. 250.
368 Vgl. GOERGEN/RENNEBOOG/DA SILVA (2005), S. 388.
369 Vgl. LINTNER (1956) sowie Abschnitt 6.1.1.
370 Vgl. ELLERMANN (2003), S. 274.

negativen Informationen durch die Kursentwicklung bis zum Dividendenausfall gut in den Markterwartungen reflektiert.[371]

4.4.1.3 Schlussfolgerungen

Da in der Regel davon auszugehen ist, dass das Management eines Unternehmens einen Informationsvorsprung und damit eine bessere Einschätzung über die zukünftige Geschäftsentwicklung hat, erscheint es plausibel anzunehmen, dass Manager unter anderem Ausschüttungen dazu verwenden, den Outsidern ihre Einschätzungen zu kommunizieren und so der Ausschüttungspolitik eine Informationsfunktion zugeschrieben werden kann. Eine Reihe von Modellen wurde entwickelt, um diese Informationsfunktion modelltheoretisch zu begründen. Eine kritische Annahme besteht darin, dass Manager streng im Sinne der Aktionäre handeln.[372] Dieser sowie weitere Kritikpunkte[373] führen dazu, dass die Antwort über die Erklärungskraft der *Signaling*-Theorie in der Empirie gesucht werden muss, was in einer Vielzahl von Studien versucht wurde.

Die erste notwendige Bedingung der *Signaling*-Theorie, dass unerwartete Dividenden zu Kursreaktionen führen, gilt durch die zahlreichen Untersuchungen in den USA, aber auch am deutschen Kapitalmarkt zumindest für relativ große Dividendenänderungen, wie zum Beispiel Aufnahme und Ausfall, als weitgehend bestätigt. Es ist jedoch unklar, ob die beobachteten Kurseffekte explizit auf die Signalwirkung zurückgeführt werden können und welche Informationen die Marktteilnehmer aus einer Dividendenänderung wirklich ableiten, die sie zu einer Änderung der Marktbewertung des Unternehmens veranlassen.[374] So bestehen zum Beispiel hinsichtlich des Timings und anderen Informationen wie Gewinnbekanntgaben zum Teil erhebliche Interdependenzen. Auch wurde festgestellt, dass Dividendenerhöhungen (-kürzungen) geringere (höhere) systematische Risiken nach sich zogen, was nicht ausschließen lässt, dass Dividendenänderungen nicht die Höhe zukünftiger Gewinne signalisieren, sondern deren Risiko.

Die zweite Bedingung, dass Dividendenänderungen ihren Niederschlag in revidierten Gewinnerwartungen finden müssen, erfuhr nur bedingte Unterstützung. Zwar konnte teilweise eine theoriekonforme Reaktion der Analysten beobachtet werden, jedoch ließ sich kein Kausalzusammenhang zur *Signaling*-Theorie herstellen; die Ergebnisse sind auch mit der *Agency*-Theorie vereinbar.

---

371 Vgl. ELLERMANN (2003), S. 341.

372 Diese Beurteilung stellt eine sehr restriktive Annahme dar, welche nicht frei von Kritik ist. Nach MILLER stellt sie einen der großen Mängel der *Signaling*-Modelle dar; vgl. MILLER (1987), S. 53.

373 Zu weiteren Kritikpunkten vgl. RUWISCH (2002), S. 500.

374 Vgl. ebenda, S. 455.

Die dritte notwendige und zentrale Bedingung, dass zwischen der Höhe der Dividendenänderung und der zukünftigen Gewinnentwicklung ein positiver Zusammenhang besteht, erfuhr nur sehr begrenzte Unterstützung. Die *Signaling*-Theorie kann den Zusammenhang zwischen zukünftiger Profitabilität und Ausschüttungshöhe nicht erklären; so wiesen zum Beispiel Unternehmen, die die Dividende kürzten, im Anschluss positive Gewinnentwicklungen auf. Vielmehr scheint der Zusammenhang von Dividendenänderungen und Gewinnen stark vergangenheits- bzw. gegenwartsbezogen zu sein. Auch lassen sich durch Dividendenänderungen induzierte Kurseffekte nicht durch zukünftige Gewinne erklären. BERNARTZI/MICHAELY/THALER schließen, dass sich die *Signaling*-Hypothese trotz ihres Charmes in der theoretischen Ableitung empirisch nicht stützen lässt.[375]

Auch für den deutschen Kapitalmarkt sind die Ergebnisse nur beschränkt unterstützend. Zwar wurden mit der *Signaling*-Theorie konforme Ankündigungsrenditen beobachtet, jedoch scheitert der Nachweis eines Kausalzusammenhangs bereits an der Beobachtung eines fehlenden Zusammenhangs zwischen der Höhe der Dividendenänderung und der Stärke der Aktienmarktreaktion. Des Weiteren geben Dividenden eher Auskunft über die gegenwärtige und nicht die zukünftige Ertragslage. Auch zeigten sich deutliche Interdependenzen zu anderen Informationen wie Gewinnbekanntgaben. Die Untersuchungen zum deutschen Kapitalmarkt bestätigen somit die US-amerikanischen Ergebnisse recht gut. Somit ist es nicht möglich, der *Signaling*-Theorie eine unabhängige Gültigkeit zuzuschreiben: Zum einen widersprechen dem zahlreiche Untersuchungen, zum anderen schließen viele Ergebnisse die Gültigkeit alternativer Erklärungsansätze wie der *Free-Cashflow*-Hypothese nicht aus.

Auch die Dividendenpraxis deutscher Unternehmen spricht nicht für eine große Relevanz der *Signaling*-Theorie. Eine Signalwirkung konnte, wenn überhaupt, meist nur für sehr ausgeprägte Dividendenänderungen bestätigt werden, für zum Beispiel häufige, kleine Dividendenerhöhungen jedoch nicht. „[...] the probability that these [modest] changes [in regular dividends] are viewed by investors as meaningful signals about future profitability is small."[376] Die Dividendenpolitik vieler Unternehmen, auch in Deutschland, ist aber maßgeblich durch das Prinzip der Dividendenkonstanz bzw. kontinuierlicher Erhöhungen auf eher niedrigem Niveau geprägt. Der Versuch vieler Unternehmen, Dividenden zu glätten, führt jedoch dazu, dass eine Abhängigkeit zwischen den Dividendenänderungen und zurückliegenden Dividendenentscheidungen und vergangenen Informationen entsteht, was zu einer ineffizienten Verwendung der verfügbaren Information führt.[377] Würden Manager hingegen die Dividende gemäß

---

375 Vgl. BENARTZI/MICHAELY/THALER (1997), S. 1031 f.
376 DEANGELO/DEANGELO/SKINNER (2000), S. 352.
377 Vgl. MARSH/MERTON (1987), S. 21.

ihrer aktuellsten Einschätzung hinsichtlich unerwarteter Gewinne anpassen, würden durch die Dividendenänderung die aktuellsten Informationen mit der größten Signalwirkung übertragen.

Die Tatsache, dass deutsche Unternehmen im internationalen Vergleich nur unterdurchschnittliche Ausschüttungsquoten und Dividendenrenditen aufweisen und oft nur einen geringen Teil freier Cashflows ausschütten[378], lässt ebenfalls vermuten, dass Dividenden keinen verlässlichen Schätzer für zukünftige Gewinne darstellen. In diesem Fall reicht das Ausmaß dieser Dividendenänderungen nicht aus, um glaubwürdige Signale zu senden.[379] Ohne die Aufgabe der Verfügungsgewalt über substanzielle Mittel bzw. die Aufwendung signifikanter Kosten sind Dividendensignale zu unbedeutend, um glaubwürdig Unternehmen mit guten Aussichten von solchen mit weniger guten zu differenzieren. Auch BROOK/CHARLTON/HENDERSHOTT argumentieren, dass die Dividendenpolitik von Unternehmen nicht primär durch *Signaling*-Motive motiviert ist, weil dazu die Dividendenerhöhungen zu gering sind verglichen mit den Cashflow-Anstiegen sowie der weiteren Dividendenerhöhungen nach einem Cashflow-Anstieg.[380]

Für die *Signaling*-Theorie ist es unumgänglich, dass sowohl Unternehmen als auch Marktteilnehmer die Dividendenpolitik von Unternehmen und die gesendeten Signale im Sinne der Theorie verstehen. Falsche Signale zerstören diese selbst erfüllende Wirkungsweise und nehmen dem Signal die Glaubwürdigkeit und führen zu einem Vertrauensverlust. Die *Signaling*-Theorie ist dadurch sehr anfällig. ELLERMANN führt die besonders negativen Überrenditen von IPOs in der Phase nach einem Dividendenausfall im Vergleich zu etablierten Unternehmen darauf zurück, dass diese Unternehmen die Dividende zu spät ausfallen ließen.[381] Unternehmen sollten die Dividende eher früher als später ausfallen lassen, wenn abzusehen ist, dass eine solche Maßnahme in absehbarer Zeit unumgänglich sein wird. Das falsche Signal, zum Beispiel einer konstanten Dividende, führt beim nachfolgenden Dividendenausfall zu überdurchschnittlich negativen Kurseffekten. Dieser Zusammenhang zeigt, „welchen negativen Einfluss eine verfehlte Dividendenpolitik auf die langfristige Entwicklung des Marktwertes haben kann“[382]. Hingegen schaffen es erfolgreiche Unternehmen, den Kapitalmarkt durch eine frühzeitige Einbindung und effektive Kommunikation wesentlicher Informationen und Zusammenhänge auch auf per se eher negative Informationen vorzubereiten und in den entsprechenden Kontext zu setzen und da-

---

378 Vgl. Abschnitt 2.
379 Vgl. DEANGELO/DEANGELO/SKINNER (1996), S. 368.
380 Vgl. BROOK/CHARLTON/HENDERSHOTT (1998), S. 47.
381 Vgl. ELLERMANN (2003), S. 293.
382 Ebenda, S. 342.

durch negative Reaktionen zu vermeiden bzw. zu reduzieren. Voraussetzung ist hierfür eine gute Kommunikation der Gründe.[383]

4.4.2 *Informationswirkung bei (potenziellen) Interessenkonflikten (Agency-Theorien)*

Während in den *Signaling*-Theorien stets unterstellt wird, dass Manager streng im Sinne der Aktionäre handeln, das heißt langfristig den Marktwert maximierend, wird in der *Agency*-Theorie (realistischerweise) angenommen, dass Manager auch andere Zielparameter haben können.[384] Daraus resultiert für die Anteilseigner eine Verhaltensunsicherheit hinsichtlich der Entscheidungen des Managements, die weder ex ante vertraglich ausschließbar noch ex post vollständig überprüfbar ist, da die Anteilseigner nur über begrenzte Informations- und Einflussbefugnisse verfügen (*Incomplete Contracting*). Im Rahmen der *Agency*-Theorie wird untersucht, inwiefern die Verhaltensunsicherheit mit Hilfe verschiedener Kontroll- und Steuerungsmechanismen reduziert werden kann bzw. welche optimalen Verhaltensweisen normativ abgeleitet werden können. Interessant sind an dieser Stelle die Überlegungen der *Agency*-Theorie, die einen Zusammenhang zwischen den Verhaltensweisen[385] und der Ausschüttungspolitik herstellen. Im Folgenden werden daher die theoretischen Grundlagen der *Agency*-Theorie vorgestellt, wobei speziell auf die Zusammenhänge mit der Ausschüttungspolitik abgestellt wird, bevor im Anschluss die Diskussion der empirischen Befunde und des Erklärungsgehalts der *Agency*-Theorie in Bezug auf die Ausschüttungspolitik erfolgt.

4.4.2.1 Eigentum vs. Kontrolle

Aktiengesellschaften haben die Eigenschaft, Aktionären zu gehören, jedoch von Managern operativ geführt zu werden. Die Trennung von Eigentum und Kontrolle wird häufig durch die Notwendigkeit der absoluten Größe einer Unternehmung getrieben, die notwendig ist, um bestimmte Investitionsprojekte durchzuführen oder auch Skaleneffekte zu realisieren.[386] Auch die Erkenntnisse aus der Portfolio-Theorie zur Risikodiversifikation führen dazu, dass Unternehmen meist von vielen zerstreuten Anlegergruppen finanziert werden. Die Unternehmensführung wird dabei an professionel-

---

383 Vgl. bspw. SOTER/BRIGHAM/EVANSON (1996), S. 14 f., HEALY/PALEPU (1998), S. 34.

384 So ist bspw. ein Manager grundsätzlich sehr am Fortbestehen des Unternehmens interessiert, da sein Arbeitseinkommen maßgeblich davon abhängt und er nur begrenzt die Möglichkeit hat, sein unsystematisches Risiko zu reduzieren, zum Beispiel durch eventuell zusätzlich vorhandenes Vermögen. Diese subjektive Konstellation kann dazu führen, dass ein Investitionsprogramm mit für die Anteilseigner suboptimalem Risiko realisiert wird.

385 Das sind vor allem die Investitions- und Finanzierungspolitik, die nach MILLER/MODIGLIANI als exogen gegeben betrachtet wurden; vgl. LEASE et al. (2000), S. 73.

386 Vgl. ebenda, S. 80.

le Manager delegiert, die andererseits meist nicht viel mehr als ihr Humankapital in das Unternehmen investieren.

Um sicherzustellen, dass Manager im Sinne der Eigentümer handeln, existieren Kontrollmechanismen wie das Organ des Aufsichtsrats oder diverse Publizitätspflichten. Das Monitoring von Managern gestaltet sich allerdings oft schwierig. Dies liegt unter anderem an nicht oder nur durch einen nicht zu rechtfertigenden Aufwand zu beseitigenden Informationsasymmetrien und der Resistenz von Managern, Informationen freiwillig offen zu legen, sowie der Schwierigkeit, Entscheidungen von Managern im Nachhinein zu bewerten und zu sanktionieren. Viele Entscheidungen haben langfristigen Charakter, wie die Akquisition eines anderen Unternehmens oder der *Payback* eines langfristigen Investitionsprojekts; eine Fehlentscheidung stellt sich manchmal erst als solche heraus, nachdem der Manager das Unternehmen bereits verlassen hat. Diese Aspekte verdeutlichen, dass Sanktionsmechanismen, die ‚schlechte' Entscheidungen verhindern sollen, teilweise nicht existieren. Auch verursachen Kontroll- und Steuerungsbemühungen für die Aktionäre Kosten.

Easterbrook (1984) argumentiert im Rahmen seines Modells, dass Dividenden auf zwei Arten potenzielle *Agency*-Kosten reduzieren können, die auf Grund der Separation von Eigentum und Kontrolle entstehen:

- Bezüglich des Monitoring der Manager besteht ein erhebliches *Free-Riding*-Problem: Während ein Aktionär die Kosten für seine Monitoring-Aktivitäten in vollem Maße selbst tragen muss, profitiert er entsprechend seinem Anteil meist nur in geringem Umfang an den daraus resultierenden Vorteilen. Er ist deshalb daran interessiert, dass andere diese Aufgabe übernehmen, was insgesamt zu einem suboptimalen Monitoring-Level führt.

  Dividendenzahlungen erhöhen die Wahrscheinlichkeit einer externen Mittelaufnahme, da sie die Eigenmittel reduzieren. Im Rahmen einer externen Kapitalbeschaffung müssen sich die Manager der Beurteilung durch die potenziellen Kapitalgeber unterziehen, die meist von qualifizierten Kontrollinstanzen wie Underwriter und Analysten unterstützt werden. „[...] the contributors of capital are very good monitors of managers."[387] Dabei ist ein weiterer Aspekt zu betonen: Während bestehende Aktionäre Manager nur durch ihr Stimmrecht oder durch Verkauf ihrer Anteile beeinflussen können, leiden potenzielle Kapitalgeber nicht an diesem kollektiven Optionsmangel.[388] Sie sind nur bereit zu investieren, wenn sie für das übernommene Risiko und die po-

---

387 Easterbrook (1984), S. 654.
388 Vgl. ebenda, S. 654.

tenziellen *Agency*-Kosten entsprechend entschädigt werden (in Form eines reduzierten Preises). Manager sind jedoch am maximalen Preis interessiert, wodurch der Anreiz zur Reduktion von Informationsasymmetrien und *Agency*-Kosten gegeben ist **(Kapitalmarktkontroll-Hypothese)**.

- Eine zweite Ursache von *Agency*-Kosten stellt die Risikoaversion von Managern dar, die bemüht sind, das Unternehmensrisiko möglichst gering zu halten, um ihren Arbeitsplatz nicht zu gefährden. Durch die Einbehaltung von Gewinnen können Manager den Verschuldungsgrad reduzieren, was sich reduzierend auf das Konkursrisiko des Unternehmens auswirkt. Bei fest kontraktierten Fremdkapitalzinsen bedeutet dies jedoch eine Vermögensverschiebung von Aktionären zu Fremdkapitalgebern. Sind die Aktionäre hingegen in ihrem Portfolio diversifiziert, ist ihnen daran gelegen, dass Manager die maximalen von den Fremdkapitalgebern gestatteten Risiken eingehen. Die Ausschüttung von Gewinnen wirkt der Senkung des Verschuldungsgrads entgegen **(Verschuldungshypothese)**.

Dividendenzahlungen tragen somit dazu bei, dass sich Unternehmen kontinuierlich am Kapitalmarkt externes Kapital beschaffen müssen.[389] Dieser Mechanismus erhöht die Wahrscheinlichkeit, dass Manager im Sinne ihrer Aktionäre handeln, verglichen mit Managern, die sich dieser genauen Überprüfung nicht aussetzen müssen. Bestehen andere Gründe, stetig externe Mittel aufzunehmen, wären Dividenden jedoch wertlos.[390] Die Beobachtung, dass Wachstumsunternehmen, die anfangs stetig an den Markt zur Mittelaufnahme gehen, keine Ausschüttungen vornehmen und mit diesen erst bei nachlassendem Mittelbedarf beginnen, ist nach EASTERBROOK mit dieser Theorie vereinbar.

Allerdings bestehen auch andere, unter Umständen kostengünstigere Mechanismen, um die Interessen von Managern denen der Aktionäre anzugleichen. Eine Möglichkeit besteht darin, Manager selbst zu Eigentümern zu machen und stärker am Unternehmen zu beteiligen **(Insiderhypothese)** bzw. Entlohnungsverträge zu implementieren, die Manager dafür belohnen, wenn sie sich im Sinne der Aktionäre verhalten **(Vergütungshypothese)**.[391]

JENSEN (1986) führt aus, dass unter der Annahme unzureichender Monitoring-Möglichkeiten Interessenkonflikte zwischen Eigentümern und Managern mit den frei-

---

389 Auch ROZEFF schloss bereits, dass eine optimale Dividendenpolitik aus dem Trade-off zwischen den höheren Transaktionskosten externer Kapitalaufnahme und den reduzierten *Agency*-Kosten resultiere, wenn das Unternehmen seine Dividendenzahlungen erhöht; vgl. ROZEFF (1982), S. 251.

390 Vgl. EASTERBROOK (1984), S. 657.

391 Vgl. ebenda, S. 657.

en Mittel, die nicht für werterhöhende Investitionen benötigt werden, ansteigen. Diese liquiden Mittel sind für Manager sehr leicht verfügbar und es besteht die Gefahr, dass mit zunehmendem diskretionären Handlungsspielraum Manager sich der Einschätzung und Bewertung des Kapitalmarktes entziehen und die freien Mittel nicht im Sinne der Aktionäre verwenden, zum Beispiel für unvorteilhafte Akquisitionen, um den Einflussbereich des Managers zu vergrößern (*Empire Building*)[392] oder für übermäßigen Konsum nicht-geldlicher Vorteile.[393] Es entspricht daher den Aktionärsinteressen, freie Mittel der diskretionären Verfügungsgewalt der Manager zu entziehen und an die Eigentümer auszuschütten **(Überinvestitions- bzw. Verschwendungshypothese)**. [394]

Auch jüngere Arbeiten von **FLUCK (1998)** und **MYERS (2000)** stellen agencytheoretische Modelle der Dividendenpolitik auf, in denen Manager einen gewissen Insideranteil wählen bzw. Dividenden zahlen, um der Kontrolle von Aktionären zu entgehen.[395]

In dem geschilderten Kontext ist die Ausschüttungsentscheidung nicht mehr unabhängig, sondern vielmehr mit der Investitions- und Finanzierungspolitik verquickt. Der Ausschüttung kommt nun neben einer potenziellen Informationsfunktion eine Kontrollfunktion zu. Wird die Existenz von Interessenkonflikten zwischen Anteilseignern und Management unterstellt, kann die Ausschüttungspolitik die daraus resultierenden Probleme lindern, indem zum einen die Kontrollfunktion des Kapitalmarktes bei der Mittelaufnahme genutzt wird und zum anderen die Auszahlung der liquiden Mittel das Management zu weniger Verschwendung, also zum Beispiel Investitionen in unrentable Projekte, und mehr Disziplin zwingt. So ist unter anderem der Druck, Zinszahlungen für ausstehendes Fremdkapital zu leisten, höher, wenn weniger Rücklagen in Form liquider Mittel vorhanden sind. Spiegelbildlich bestehen für das Management jedoch vielfältige Anreize, eine aus Anteilseignersicht zu geringe Verschuldung und zu hohe Thesaurierung anzustreben. Unerwartet hohe Ausschüttungen sollten daher vor dem Hintergrund der Interessenkonflikte von Aktionären begrüßt werden.

---

392 Vgl. JENSEN (1986), S. 328.

393 Vgl. JENSEN/MECKLING (1976), S. 315.

394 Diese Ausschüttungsversprechen sind allerdings im Gegensatz zu den vertraglich festgelegten Zahlungsvereinbarungen des Fremdkapitals freiwillig, so dass auch der Disziplinierungsfunktion des Fremdkapitals eine wichtige Rolle zukommt. Neben den Interessenkonflikten zwischen Eigenkapitalgebern und Managern entstehen dabei auch solche zwischen Eigen- und Fremdkapitalgebern. Auf diese Konflikte wird im Rahmen dieser Arbeit nicht weiter eingegangen; vgl. dazu bspw. SIEKMANN (1999), S. 45 f. sowie S. 150 ff.; RUWISCH (2002), S. 508 ff.

395 Vgl. FLUCK (1998), S. 385-388; MYERS (2000), S. 1006.

4.4.2.2 Empirische Evidenz

Die ersten Studien zu *Agency*-Aspekten und den Interdependenzen zwischen Investitions-, Finanzierungs- und Ausschüttungspolitik waren Querschnittsanalysen, die im Querschnitt der Unternehmen Zusammenhänge zwischen den agencyrelevanten Parametern und der Ausschüttungshöhe untersuchten.

In einer umfangreichen Untersuchung von 1.000 Industrieunternehmen aus 64 Branchen regressierte **ROZEFF (1982)** von ihm geschätzte Zielausschüttungsquoten[396] gegen verschiedene approximierte Kostengrößen, um die Hypothese zu testen, dass Ausschüttungsquoten systematisch mit den *Agency*- und Transaktionskosten externer Finanzierungen zusammenhängen. Die Ergebnisse der multiplen Regressionsansätze waren signifikant (1 %) und lassen nach ROZEFF folgende Schlussfolgerungen zu:[397]

(1) Die Investitionspolitik beeinflusst die Dividendenpolitik. Unternehmen mit höherem Wachstum haben niedrigere Ausschüttungsquoten, da die externe Finanzierung Kosten verursacht.

(2) Höheres verschuldungsinduziertes Risiko führt zu niedrigeren Ausschüttungsquoten, da mit einer höheren Verschuldung höhere fixe Zahlungsverpflichtungen verbunden sind.

(3) Ausschüttungsquoten steigen mit sinkendem Eigenkapitalanteil von Insidern und/oder steigender Anzahl von Aktionären. Diese Aussage unterstützt das Argument, dass Dividendenzahlungen eine Kontroll- und Disziplinierungsfunktion zukommt und *Agency*-Kosten reduziert.

SMITH/WATTS (1992) regressierten Messgrößen der Dividenden- und Finanzierungspolitik[398] gegen verschiedene erklärende Variablen, wie die Menge der Investitionsmöglichkeiten, die Profitabilität und der Tatsache, ob eine Branche als reguliert gilt. Sie formulierten verschiedene Hypothesen:[399]

- Die *Agency*-Theorie impliziert, dass Unternehmen mit größeren Investitionsmöglichkeiten eine geringere Dividendenrendite aufweisen.

---

396 ROZEFF mittelte dabei die Ausschüttungsquoten der letzten 7 Jahre als ausreichenden Zeitraum, um für temporäre Gewinnfluktuationen zu kontrollieren; vgl. ROZEFF (1982), S. 253.

397 Vgl. ebenda, S. 249 f.

398 Die Dividendenpolitik wurde anhand der Dividendenrendite approximiert, die Finanzierungspolitik anhand des Quotienten aus Marktwert des Eigenkapitals und Marktwert des Unternehmens.

399 Vgl. SMITH/WATTS (1992), S. 272 ff. Zusätzlich stellten sie die Hypothese auf, dass Steuerüberlegungen keinen systematischen Einfluss auf die Dividendenpolitik im Querschnitt haben dürften.

- Die *Signaling*-Theorie impliziert, dass Unternehmen mit höheren Informationsasymmetrien höhere Dividenden haben.

Die Ergebnisse bestätigen nach SMITH/WATTS den *Agency*-, jedoch nicht den *Signaling*-Ansatz: Die Investitionsmöglichkeiten verringerten im Durchschnitt die Dividendenrenditen der Branchen, während die Regulierung sie erhöhte.[400]

Auch **JENSEN/SOLBERG/ZORN (1992)** bestätigen die Schlussfolgerungen von ROZEFF und SMITH/WATTS, wonach *Agency*-Überlegungen eine große Rolle bei der Erklärung der Ausschüttungsunterschiede im Querschnitt spielen.[401] Der Insideranteil, der Verschuldungsgrad, das Risiko, das Wachstum und das Investitionsniveau wirken signifikant negativ und die Profitabilität signifikant positiv auf die Ausschüttungsquote.[402]

Bislang konnten die agencytheoretischen Überlegungen gut bestätigt werden. Um die Ergebnisse weiter zu verfestigen bzw. zu hinterfragen, beschäftigte sich die weitere Forschung unter anderem mit der Reaktion der Beteiligten auf (unerwartete) Dividendenänderungen, um einen direkteren Kausalzusammenhang von Dividendenentscheidungen zur *Agency*-Theorie herstellen zu können. Dabei standen die aus der Theorie abgeleiteten Variablen Verschuldungsgrad, Investitionsniveau, Insideranteil, externe Finanzierung sowie Entlohnungsschemata von Managern im Mittelpunkt des Interesses.

4.4.2.2.1 Einfluss von Verschuldungsgrad und Investitionsniveau

Eine höhere Verschuldung kann als effektives Disziplinierungs- und Kontrollinstrument dienen, um die Gewinneinbehaltung zu begrenzen und gleichzeitig die steuerlichen Vorteile von Zinszahlungen zu nutzen. Ein hoher Fremdfinanzierungsgrad verpflichtet Manager zu Zins- und Tilgungszahlungen und reduziert das Verlangen der Aktionäre nach der Ausschüttung nicht benötigter freier Cashflows. Dieser Mechanismus legt nahe, dass erstens eine negative Beziehung zwischen Verschuldungsgrad und Ausschüttungshöhe besteht und zweitens Ausschüttungserhöhungen als Milderung einer möglichen Unterverschuldungsproblematik interpretiert werden können.[403]

---

400 Vgl. SMITH/WATTS (1992), S. 274.

401 Auch GAVER/GAVER bestätigten im Rahmen ihrer Untersuchung die Ergebnisse von SMITH/WATTS; vgl. GAVER/GAVER (1992), S. 157.

402 Vgl. JENSEN/SOLBERG/ZORN (1992), S. 257. Sie verwendeten dabei ein Simultangleichungsmodell mit drei Gleichungen, um die Interdependenzen zwischen den Einflussgrößen zu berücksichtigen; vgl. ebenda, S. 252.

403 Vgl. RUWISCH (2002), S. 541.

AGRAWAL/JAYARAMAN (1994) stellten beim Vergleich von 71 verschuldeten und 71 unverschuldeten Unternehmen theoriekonform eine signifikant (1 %) negative Beziehung zwischen Verschuldung und Ausschüttungsquote fest.[404] Auch bei Berücksichtigung der Investitionsmöglichkeiten gemessen anhand des Umsatzwachstums der letzten fünf Jahre, der Höhe des *Free Cashflows* sowie des Insideranteils war der Fremdkapitalkoeffizient signifikant (1 %) negativ.[405] Die empirischen Ergebnisse bestätigen somit die Verschuldungshypothese.

Die Ausführungen von JENSEN implizieren Interessenkonflikte zwischen Aktionären und Managern, weil letztere Anreize verspüren, die Kontrolle über freie Mittel nicht aufzugeben und im Zweifelsfall in unprofitable Investitionsprojekte zu stecken bzw. diese zu verschwenden.[406] Die empirischen Befunde lassen keine klare Aussage hinsichtlich des Erklärungsgehalts der Verschwendungshypothese zu, was insbesondere daran liegt, dass die Investitionsmöglichkeiten eines Unternehmens schwer zu operationalisieren sind, um eine Unterscheidung in überinvestierende und wertschaffende Unternehmen zu ermöglichen. Eine Reihe von Untersuchungen stellt insbesondere auf Tobins Q-Maß – dem Verhältnis von Markt- zu Buchwert – ab, welches einem Unternehmen mit einem Wert > 1 wertschaffende und einem Unternehmen mit einem Wert < 1 wertvernichtende Investitionsmöglichkeiten zuschreibt. Das Ergebnis ist in einigen Fällen Pro-*Signaling*[407], andere Studien sehen die Verschwendungshypothese als bestätigt an.[408]

LIE (2000) erweitert den Untersuchungszeitraum und bezieht neben Tobins Q-Maß und Cashflow auch den Kassenbestand mit ein. Denn die *Free Cashflow*-Problematik sollte in Unternehmen mit schlechten Investitionsmöglichkeiten und hohen Cashflows, aber auch mit hohen liquiden Mitteln besonders ausgeprägt sein. Es ist gut möglich, dass Unternehmen hohe Barbestände ansammeln trotz niedriger operativer Cashflows.[409] Er untersuchte 570 Sonderausschüttungen, 207 Aktienrückkäufe sowie 7.417 reguläre Dividendenerhöhungen und ermittelte die Entwicklung der Cashflows, Barbestände und Ankündigungseffekte der Ausschüttungsmaßnahmen.

---

404 Vgl. AGRAWAL/JAYARAMAN (1994), S. 142. Zu ähnlichen Ergebnissen kamen unter anderem auch ROZEFF (1982) sowie SMITH/WATTS (1992); vgl. auch Abschnitt 4.4.2.2.

405 Vgl. AGRAWAL/JAYARAMAN (1994), S. 145.

406 Vgl. hierzu auch Abschnitt 4.4.2.1.

407 Vgl. DENIS/DENIS/SARIN (1994); YOON/STARKS (1995); KOCH/SHENOY (1999). Allerdings konnten DENIS/DENIS/SARIN sowie YOON/STARKS die *Free Cashflow*-Hypothese letztlich nicht verwerfen; vgl. DENIS/DENIS/SARIN (1994), S. 586, sowie YOON/STARKS (1995), S. 1016.

408 Vgl. LANG/LITZENBERGER (1989), S. 188; SMITH/WATTS (1992), S. 274; GAVER/GAVER (1992), S. 157 f. So ermitteln LANG/LITZENBERGER (1989), dass die Kursreaktionen auf Dividendenänderungen von Unternehmen mit einem hohen Q-Wert fast vier mal so groß sind wie die von Unternehmen mit einem niedrigen Q-Wert; vgl. LANG/LITZENBERGER (1989), S. 187.

409 Zum Beispiel durch den Verkauf von Vermögenswerten oder vergangener bzw. gegenwärtiger hoher außerordentlicher Cashflows.

Er beobachtet, dass Unternehmen, die einmalige Ausschüttungen in Form von Sonderdividenden oder Aktienrückkäufen durchführen, im Vorfeld der Maßnahme höhere operative Cashflows als der Branchendurchschnitt generieren, um sich danach dem Durchschnitt anzugleichen. Auch die reguläre Dividende erhöhende Unternehmen generieren im Jahr vor der Ausschüttung überdurchschnittliche Cashflows, wobei dies auch in den Jahren nach der Ausschüttung anhält.[410] Des Weiteren weisen Unternehmen mit Sonderdividenden höhere Barbestände als der Branchendurchschnitt auf (mehr als doppelt so hoch), die unmittelbar vor der Ausschüttung ihr Maximum erreichen.[411] Unternehmen mit regulären Dividendenerhöhungen verfügen ebenso über Barbestände oberhalb des Branchendurchschnitts, wobei das Niveau und auch der Anstieg vor der Ausschüttung zwar signifikant, jedoch weit weniger ausgeprägt sind. In beiden Fällen reduzierten sich die Barbestände nach der Ausschüttung.

Die Analyse der Ankündigungseffekte von Sonderdividenden ergab erwartungsgemäß keinen Zusammenhang zu den operativen Cashflows, jedoch einen signifikant (1 %) positiven Einfluss der Barbestände, der bei Unternehmen mit niedrigem Q-Maß stärker ausgeprägt war.[412] Der Markt reagiert somit ausgesprochen positiv auf Sonderdividenden, wenn sich das Unternehmen großen potenziellen *Agency*-Problemen, angezeigt durch substanzielle Barbestände und schlechte Investitionsmöglichkeiten, gegenübersieht. Entgegen der Sonderdividende ist bei regulären Dividendenerhöhungen der Zusammenhang zwischen Überrendite und Cashflows bzw. Barbeständen insignifikant. LIE führt dieses Ergebnis darauf zurück, dass die marginalen Ausschüttungserhöhungen im Vergleich zu den überschüssigen Mitteln bei Dividendenerhöhungen zu klein sind bzw. diese Unternehmen wie gezeigt nicht über entsprechend hohe Barbestände verfügen. Durch regelmäßige Zahlungen und Erhöhungen werden bereits ausreichend Mittel ausgekehrt, um dem Überinvestitionsproblem entgegenzuwirken, wodurch die *Agency*-Problematik weniger ausgeprägt ist.[413] Insgesamt wertet LIE die Ergebnisse als Beleg dafür, dass hohe Einmalausschüttungen von den Marktteilnehmern als starke Abschwächung des Überinvestitionsproblems interpretiert werden, während die Evidenz für relativ kleine Dividendenerhöhungen keine klaren Aussagen zulässt.[414]

---

410 Vgl. LIE (2000), S. 227.
411 Vgl. ebenda, S. 228.
412 Vgl. ebenda, S. 234.
413 Vgl. ebenda, S. 235.
414 Vgl. ebenda, S. 221. Auch NOHEL/TARHAN testeten den Erklärungsgehalt der Überinvestitions- und *Signaling*-Theorie und bestätigten in ihrer Untersuchung von 242 Aktienrückkaufprogrammen die Überinvestitionshypothese. Die untersuchten Tenderrückkäufe seien insbesondere bei überinvestierenden Unternehmen als Teil einer Umstrukturierung anzusehen, die zum Ziel habe, die unprofitablen Überinvestitionen abzubauen; vgl. NOHEL/TARHAN (1998), S. 220.

Die empirischen Befunde können demnach die Überinvestitionshypothese zumindest für hohe (einmalige) Ausschüttungen gut bestätigen. Für kleinere Dividendenänderungen sind die Ergebnisse hingegen nicht eindeutig. Eine Verwerfung der Überinvestitionshypothese anhand der bisherigen Ergebnisse ist jedoch nicht gerechtfertigt.[415]

4.4.2.2.2 Dividenden und die Kapitalmarktkontroll-Hypothese

Nach EASTERBROOK dienen externe Finanzierungsmaßnahmen als Kontrollinstrument ausgeübt durch Finanzierer und Intermediäre. Höhere Ausschüttungen erhöhen im Allgemeinen die Häufigkeit von solchen Maßnahmen, wodurch der *Agency*-Konflikt zwischen Eigenkapitalgebern und dem Management gemildert wird.

Dieser Argumentation widmen sich **BORN/RIMBEY (1993)**. Somit sollte die Beobachtung von externen Finanzierungsmaßnahmen bei der Unterscheidung von wachsenden und desinvestierenden Unternehmen helfen und (unerwartete) Dividendenänderungen von Unternehmen, die zeitnah von externen Finanzierungsmaßnahmen begleitet werden, sollten größere Kursreaktionen hervorrufen.[416] Die Kursreaktion sollte dabei umso stärker ausfallen, je mehr externes Kapital aufgenommen wird.

Sie untersuchten insgesamt 490 Unternehmen, die nach mindestens zehn Jahren ohne Dividendenzahlung erstmalig (474 Unternehmen) bzw. wieder (16 Unternehmen) eine Dividendenzahlung bekannt gaben. Die Außenfinanzierung wurde gemessen als Summe von neu emittierten Aktien, neuer Kredite und Erhöhung schon bestehender Kredite in den vorangegangenen zwölf Monaten.[417] Die Ergebnisse bestätigen die Hypothesen: Die Überrendite pro Einheit Dividendenrendite ist höher für außenfinanzierende Unternehmen.[418] Auch die Menge an aufgenommenem Kapital hat einen signifikant (5 %) positiven Einfluss auf die Überrendite.[419] Die Aussagen bleiben stabil, auch wenn weitere Faktoren wie die durch erhöhte Außenfinanzierung potenziell höheren Dividendenerwartungen einbezogen werden.[420] Die Marktreaktion ist somit konsistent mit der Kapitalmarktkontroll-Hypothese.

HANSEN/KUMAR/SHOME (1994) testeten die Kapitalmarktkontroll-Hypothese anhand der regulierten Versorgungsindustrie in den USA, da traditionelle Dividendentheorien wie Klientel-, *Signaling*- oder Residualtheorie nicht in der Lage waren, die relativ hohen Ausschüttungsquoten (> 60 Prozent) von Versorgern zu erklären und gleichzeitig

---

415 Vgl. RUWISCH (2002), S. 548 f.
416 Vgl. BORN/RIMBEY (1993), S. 252.
417 Vgl. ebenda, S. 253 f.
418 Vgl. ebenda, S. 256 f.
419 Vgl. ebenda, S. 257.

diese Unternehmen zu den größten und häufigsten Aktienemittenten gehören.[421] Die Autoren nehmen an, dass Dividenden in diesem Kontext ein hoher Monitoringeffekt zuteil käme. Die Untersuchung von 81 Versorgungsunternehmen im Zeitraum von 1985 bis 1990 unterstützt die aufgestellte Hypothese:[422] (1) Versorger, bei denen der Aktionär-Regulierer-Konflikt besonders ausgeprägt ist, zahlen signifikant (5 %) höhere Dividenden, (2) Unternehmen mit niedrigerer Besitzkonzentration[423] zahlen signifikant (10 %) höhere Dividenden, (3) je niedriger die Emissionskosten, desto höher die Dividenden und (4) Versorger mit niedrigerem Wachstum zahlen signifikant (1 %) höhere Dividenden. Die Autoren sehen die Kapitalmarktkontroll-Hypothese bestätigt, dass Versorger die dividendeninduzierte Eigenkapitalfinanzierung nutzen, um *Agency*-Kosten, die aus dem Konflikt zwischen Aktionär und Regulierer sowie zwischen Aktionär und Management resultieren, zu kontrollieren.[424]

Anhand des Beispiels von *Sealed Air Corporation* zeigt **WRUCK (1994)**, dass eine mangelnde Cashflow-Knappheit zu Bequemlichkeit und schlechter Performance führen kann. Die daraufhin getätigte Ausschüttung einer hohen fremdfinanzierten Sonderdividende sorgte dafür, dass eine deutliche Verbesserung der Performance erreicht wurde.[425] Die Tatsache, der externen Finanzierungsdisziplin ausgesetzt zu sein, erhöhte den Druck auf das Management, operative Verbesserungen zu erreichen.

MOH'D/PERRY/RIMBEY (1995) erweitern die bislang beschriebenen Querschnittsuntersuchungen um den zeitlichen Aspekt von Managerverhalten hinsichtlich Dividenden. Die Tests umfassten Zeitreihen-Querschnittsanalysen von 341 Unternehmen über einen Zeitraum von 18 Jahren, um zu beobachten, wie sich die Erklärungsvariablen im Zeitablauf verändern.[426] Die ermittelten Zusammenhänge weisen alle die von der *Agency*-Theorie implizierte Richtung auf: Unternehmensgröße, institutioneller Anteil und Anzahl Aktionäre haben einen positiven, vergangenes und zukünftiges Wachstum, Verschuldung, Geschäftsrisiko und Insideranteil einen negativen Einfluss auf die Ausschüttungsquote.[427]

Unternehmen mit starkem Wachstum tendieren zu niedrigeren Ausschüttungen. Insbesondere zukünftiges Wachstum spielt im dynamischen Dividendenfestsetzungsprozess eine große Rolle. Diese Aussage unterstützt ebenso die EASTERBROOK-

420 Vgl. BORN/RIMBEY (1993), S. 258.
421 Vgl. HANSEN/KUMAR/SHOME (1994), S. 17.
422 Vgl. ebenda, S. 21.
423 Gemessen anhand des Herfindahl-Index; vgl. ebenda, S. 20.
424 Vgl. ebenda, S. 22.
425 Vgl. WRUCK (1994), S. 170.
426 Vgl. MOH'D/PERRY/RIMBEY (1995), S. 370.
427 Vgl. ebenda, S. 378 f.

Hypothese, wonach Manager auch über Zeit versuchen, die Summe aus *Agency*- und Transaktionskosten bei der Kapitalaufnahme zu minimieren.[428]

Einen anderen Weg, die Kontrollhypothese zu testen, beschreiten **DESAI/FOLEY/HINES JR. (2002)**, indem sie die Dividenden von ausländischen Tochterunternehmen und Niederlassungen multinationaler Unternehmen untersuchen. Diese Unternehmen haben keinerlei Kontakt zu den Kapitalmärkten, so dass ihre Dividenden keine Informationswirkung für die Marktteilnehmer generieren. Innerhalb des Konzernverbunds sollten Informationsasymmetrien jedoch begrenzt sein, so dass Signal-Effekte eine geringere Rolle spielen und eher Steuervermeidungs- oder Kontrollüberlegungen den Dividendenprozess bestimmen sollten.[429] Die Untersuchung der Dividendenpolitik dieser Unternehmen ermöglicht somit Rückschlüsse auf Aspekte der *Agency*-Theorie. Die *Agency*-Theorie kann bei diesem Vergleich von 10.838 affiliierten Unternehmen von insgesamt 1.347 Mutterunternehmen bestätigt werden.

Insgesamt weisen die Dividendenzahlungen von ausländischen Tochterunternehmen eine große Ähnlichkeit zu denen börsennotierter Unternehmen auf.[430] Die Tatsache, ob Mutterunternehmen börsennotiert sind oder nicht, führt dabei jedoch nicht zu unterschiedlichen Dividendenpraktiken. Hingegen passen sich die Ausschüttungen von Tochterunternehmen deutlich schneller einer Zielausschüttungsquote an als die Ausschüttungen der Mutterunternehmen an ihre Aktionäre und weisen daher im Gegenzug vergleichsweise häufig Dividendenkürzungen auf.[431] Im Fall von ausländischen Tochterunternehmen ist die Intransparenz hinsichtlich der Profitabilität für die Mutter oft sehr hoch, weshalb von Mutterunternehmen Dividenden nah an der Zielausschüttungsquote gewählt werden. Des Weiteren haben Manager von Töchtern bei Dividendenkürzungen durch die geringere Informationsasymmetrie nicht die gleiche Kritik von Aktionären zu befürchten.

Steuerliche Überlegungen spielen zwar eine Rolle, können jedoch die Dividendenpolitik von ausländischen Tochterunternehmen nur unzureichend erklären. So waren die Dividendenpraxen von Tochterunternehmen unterschiedlicher Organisationsformen und damit steuerlicher Behandlungen sehr ähnlich.[432] Darüber hinaus kreiert der gleichzeitige Mittelfluss in Form von Dividenden und Eigenkapital für US-amerikanische Mutterunternehmen eine Steuerschuld, die durch die Nichtzahlung

---

[428] Vgl. MOH'D/PERRY/RIMBEY (1995), S. 382.
[429] Vgl. DESAI/FOLEY/HINES JR. (2002), S. 2.
[430] Vgl. ebenda, S. 17 f.
[431] Vgl. ebenda, S. 18 f. und S. 21.
[432] Vgl. ebenda, S. 33.

von Dividenden leicht hätte vermieden werden können. Die Untersuchungen lassen jedoch ein solch steuerbestrafendes Verhalten erkennen.[433]

Somit können weder Kapitalmarktüberlegungen im Sinne des *Signaling* noch steuerliche Überlegungen die Dividendenpraxis von affiliierten Unternehmen erklären. Andererseits sprechen diese Ergebnisse für die Relevanz von Monitoring- und Kontrollaspekten von Dividendenzahlungen. Des Weiteren ist die Bereitschaft, ‚Steuerstrafen' in Kauf zu nehmen und Dividendenzahlungen zu reglementieren, umso höher, je schlechter die gesetzlichen Rahmenbedingungen eines Landes gestaltet sind und je weiter das Tochterunternehmen entfernt ist sowie im Fall von nicht alleinig durch die Mutter kontrollierten Tochterunternehmen.[434] Diese Ergebnisse lassen darauf schließen, dass Dividenden stark von dem Streben, ausländische Manager zu kontrollieren, geprägt sind.

4.4.2.2.3 Insideranteil und Managemententlohnungssysteme

Auch ein höherer Insideranteil am Eigenkapital eines Unternehmens kann die Interessen von Managern und Aktionären einander angleichen, da auf diese Weise Manager zu Eigentümern gemacht werden. In diesem Fall ist zu erwarten, dass Dividendenzahlungen eine geringere Bedeutung zur Vermeidung von Interessenkonflikten einnehmen. Nachdem bereits ROZEFF und JESEN/SOLBERG/ZORN den Einfluss des Insideranteils auf die Dividendenpolitik im Querschnitt der Unternehmen zeigten[435], bestätigte sich auch bei der Untersuchung von **AGRAWAL/JAYARAMAN (1994)** der Substitutionsmechanismus von Dividenden und Unternehmensbeteiligung von Managern. Selbst unter Berücksichtigung von Verschuldung, Höhe des *Free Cashflows* und Investitionsmöglichkeiten ergab sich ein signifikanter (5 %) negativer Zusammenhang zwischen Insideranteil und Ausschüttungsquote bzw. Dividendenrendite.[436]

FENN/LIANG (2001) untersuchten bei 1.108 Industrieunternehmen den Einfluss von Insideranteilen, definiert als Summe gehaltener Aktien und Aktienoptionen, auf die Ausschüttungspolitik, gemessen als Summe von Dividenden und Aktienrückkäufen. Es ergab sich ein signifikant negativer Zusammenhang zwischen Insideranteil und Ausschüttungssumme, insbesondere bei Dividenden.[437] Dieses Ergebnis spricht bei erster Betrachtung für den Substitutionsmechanismus von Insideranteilen und Aus-

---

433 Vgl. DESAI/FOLEY/HINES JR. (2002), S. 34.
434 Vgl. ebenda, S. 35-37.
435 Vgl. Abschnitt 4.4.2.2.
436 Vgl. AGRAWAL/JAYARAMAN (1994), S. 143 f.
437 Vgl. FENN/LIANG (2001), S. 53.

schüttungen. In den anschließenden TOBIT-Regressionen[438] wurde weiter festgestellt, dass die höchsten Ausschüttungsquoten, wie im Sinne der *Agency*-Theorie erwartet, bei Unternehmen mit niedrigem Insideranteil, geringen Investitionsmöglichkeiten und hohem *Free Cashflow* zu finden waren.[439]

Bei der genaueren Betrachtung stellt sich allerdings auch heraus, dass Aktienoptionen zwar einen signifikant (1 %) negativen Effekt auf Dividenden, jedoch einen signifikant (1 %) positiven Effekt auf Aktienrückkäufe ausüben.[440] So werden zwischen ein und zwei Drittel des durch Aktienoptionen induzierten Dividendenrückgangs in Aktienrückkäufe umgewandelt, während der Rest vom Unternehmen einbehalten wird.[441] Aktienoptionen weisen in der Regel keinen Dividendenschutz auf[442]; in diesem Fall führt eine Verringerung der Dividenden zu einem Wertanstieg der Aktienoption zu Lasten der Aktionäre, der den Wert der höheren Ausschüttung für den Manager übersteigt.[443] So werden Aktionäre in zweierlei Arten von Aktienoptionen negativ tangiert: Erstens führt eine unvollständige Substitution zu einer Reduktion der Gesamtausschüttung, was die *Agency*-Kosten des freien Cashflows ansteigen lässt; zweitens führen die (unerwartete) Dividendenreduktion und der Wertzuwachs der Aktienoptionen zu einer Vermögensverschiebung von Aktionären zu Managern. Diese Ergebnisse verdeutlichen, dass beim Insideranteil zwischen direkten Aktienbeteiligungen und -optionen unterschieden werden muss.

Während die Mehrzahl der empirischen Studien einen die *Agency*-Kosten reduzierenden Einfluss des Insideranteils belegt, besteht jedoch die Möglichkeit, dass ein zu hoher Insideranteil dazu führt, dass Manager quasi unantastbar werden, was wiederum die *Agency*-Problematik verstärkt (*Management Entrenchment Hypothesis*).[444] Es ist daher anzunehmen, dass unterhalb eines kritischen Niveaus des Insideranteils Dividenden und Insideranteil Kontrollsubstitute darstellen. Oberhalb des kritischen Niveaus ist jedoch davon auszugehen, dass höhere Ausschüttungsquoten notwendig sind, um die negativen Anreize zu hoher Insideranteile überzukompensieren.

---

[438] Als erklärende Variablen wurden eingesetzt: Anteil direkt gehaltener Aktien, Anteil von Aktienoptionen, Cashflow geteilt durch den Buchwert der Aktiva, Tobins Q als Maß für die Investitionsmöglichkeiten, die Verschuldungsquote und das Risiko der Geschäftstätigkeit gemessen als Logarithmus des Buchwertes der Aktiva.

[439] Vgl. FENN/LIANG (2001), S. 59 f.

[440] Die direkte Aktienbeteiligung hingegen wies keinen signifikanten Zusammenhang zur Ausschüttung auf; vgl. ebenda, S. 58.

[441] Vgl. ebenda, S. 58.

[442] Vgl. bspw. LAMBERT/LANEN/LARCKER (1989), S. 412, und die dort angegebene Quelle, wonach im Jahr 1986 nur 9 von 193 Aktienoptionspläne von Fortune 200-Unternehmen einen Dividendenschutz hatten. Auch in aktuelleren Untersuchungen wurde dieses Ergebnis bestätigt: Nur in 7 von 618 bzw. 2 von 799 Fällen wurde ein Dividendenschutz von Aktienoptionen festgestellt; vgl. FENN/LIANG (2001), S. 66.

[443] Vgl. FENN/LIANG (2001), S. 66.

[444] Vgl. FAMA/JENSEN (1983), S. 309.

FARINHA (2003) testete mit Hilfe einer Polynomfunktion zweiten Grades die Erwartung des negativen Vorzeichens für den ersten Term und des positiven Vorzeichens für den zweiten Term der Regressionskurve. Die Untersuchung von 693 Unternehmen im Jahr 1991 und 609 Unternehmen in 1996 kann die *Management Entrenchment*-Hypothese klar bestätigen: Der Zusammenhang zwischen Insideranteil und Ausschüttungsquote zeigt den erwarteten U-förmigen Verlauf und ist signifikant auf dem 1 %-Niveau.[445] Das kritische Niveau des Insideranteils beträgt dabei etwa 32 Prozent für 1991 und rund 25 Prozent für 1996.[446] Des Weiteren kann FARINHA den aus der *Agency*-Theorie abgeleiteten positiven Zusammenhang von Aktionärszerstreuung (*Dispersion*) und Ausschüttungsquote signifikant (1 %) bestätigen.[447]

Die vorangegangen Ausführungen lassen bereits die Problematik der Managemententlohnung erkennen. Manager haben einen starken Anreiz, Gewinne einzubehalten, da ihre Entlohnung oft vom Unternehmenswert abhängt:[448]

- Manager erhalten oft zum Gewinn proportionale variable Vergütungsbestandteile; der absolute Gewinn ist dabei tendenziell höher, je mehr Kapital investiert ist.
- Der Arbeitsplatz und damit das Einkommen hängen vorrangig vom Erfolg und Fortbestehen des Unternehmens ab; Rücklagen dienen als Puffer.
- Der Wert von Aktienoptionen hängt vom Marktwert des Eigenkapitals ab.
- Annahmegemäß steigt der soziale Status von Managern mit der Unternehmensgröße.

Dividenden haben auf die angeführten Punkte hingegen eine negative Wirkung: Sie reduzieren die Unternehmensgröße und Verfügungsgewalt, den Wert von Aktienoptionen und Bonusplänen und den Sozialstatus, erhöhen auf der anderen Seite jedoch das Ausfallrisiko. Dies führt zur Tendenz von Managern, die geringstmöglichen, das heißt gerade noch von den Aktionären gebilligten Dividenden zu zahlen, was in der Abwesenheit von weiteren Kontrollmechanismen zu Interessenkonflikten führen kann.

Funktionierende Anreizmodelle hingegen schaffen es, dem Management Anreize zu setzen, sich stärker an den Eigentümerinteressen zu orientieren. Einerseits lässt sich

---

445 Vgl. FARINHA (2003), S. 1187.
446 Vgl. ebenda, S. 1195. Diese Aussage ist ebenso mit der Beobachtung von WESTON vereinbar, dass es keine feindlichen Übernahmen ab einem Insideranteil über 30 Prozent gebe; vgl. WESTON (1979), S. 74-82.
447 Vgl. FARINHA (2003), S. 1194.
448 Vgl. LEASE et al. (2000), S. 84.

so die Kontrollnotwendigkeit verringern, andererseits können jedoch, wie FENN/LIANG zeigten, aus den Vergütungsmodellen selbst Anreize entstehen, geringere Dividenden auszuschütten.

Erstmals testeten **LAMBERT/LANEN/LARCKER (1989)** die Hypothese, dass nach der Einführung von Aktienoptionsplänen die Dividendenzahlungen reduziert werden, da Aktienoptionspläne meist keinen Dividendenschutz aufweisen.[449] Ihre Untersuchung von 221 Unternehmen, die zwischen 1949 und 1978 erstmalig Aktienoptionsprogramme auflegten, ergab den erwarteten Zusammenhang: Nach der Einführung von Aktienoptionsprogrammen wurden signifikant (1 %) geringere Dividenden als erwartet[450] gezahlt.[451] Des Weiteren ließen die Ergebnisse darauf schließen, dass die Dividendenkürzungen umso stärker sind, je höher der Wertverlust für die Manager durch eine Dividendenzahlung ist.[452]

Eine Möglichkeit, der Resistenz von Managern, Dividenden zu zahlen, zu begegnen, ist die Einführung so genannter Dividendenklauseln.[453] **WHITE (1996)** ging der Frage nach, welche Determinanten die Vereinbarung von Dividendenklauseln in Managementvergütungsmodellen beeinflussen und wie sich die Dividendenklauseln auf die Dividendenausschüttung auswirken.

In Übereinstimmung mit den agencytheoretischen Überlegungen ergab sich beim Vergleich von 28 Unternehmen mit und 34 ohne Dividendenklauseln[454] ein signifikant (5 %) positiver Zusammenhang zwischen der Wahrscheinlichkeit von Dividendenklauseln und Unternehmensgröße und signifikant (5 %) negative Einflüsse des Insideranteils, des vergangenen Umsatzwachstums und dem Anteil von Aufsichtsratsmitgliedern, die von außen stammten (*Outside Directors*).[455] In größeren Unternehmen mit niedrigerem Anteil an externen Aufsichtsratsmitgliedern und Managementholdings sind die *Agency*-Kosten des freien Cashflows tendenziell höher, insbeson-

---

449 Vgl. Fußnote 443.

450 Zur Schätzung der erwarteten Dividenden wurde auf das Dividendenerwartungsmodell von MARSH/MERTON zurückgegriffen, bei dem die erwartete Dividende eine Funktion der permanenten Gewinne und langfristigen Ausschüttungsquote ist; vgl. LAMBERT/LANEN/LARCKER (1989), S. 415-418.

451 Vgl. ebenda S. 422.

452 Vgl. ebenda, S. 423.

453 Gängige Klauseln sind zum Beispiel die Beschränkung des Bonuspools auf einen bestimmten Prozentsatz der Dividendensumme, die Voraussetzung einer Mindestdividende pro Aktie, um Bonuszahlungen zu ermöglichen, oder ausbleibende Bonuszahlungen, wenn die Dividende gegenüber dem Vorjahr gekürzt wird; vgl. WHITE (1996), S. 337 f.

454 Diese Unternehmen stammten alle aus Branchen, die tendenziell hohe Cashflows aufweisen und daher die größten Interessenkonflikte vermuten lassen; vgl. ebenda, S. 343 f.

455 Vgl. ebenda, S. 345 f.

dere bei niedrigem Wachstum. Diese Charakteristika machen die Berücksichtigung von Dividendenklauseln „more compelling"[456].

Nachfolgend untersuchte WHITE den Effekt von Dividendenklauseln auf die Ausschüttungspolitik. In allen Regressionsanalysen zur Erklärung der Ausschüttungsquoten, Dividendenrenditen und -änderungen konnte ein signifikant (< 5 %) positiver Einfluss der Dummyvariable für Dividendenklauseln nachgewiesen werden.[457] WHITE schloss daraus, dass Manager höhere Dividenden ausschütten, wenn davon Teile ihrer Vergütung abhängen.[458]

BHATTACHARYYA/MAWANI/MORRILL (2003) gehen auf den Aspekt der *Agency*-Theorie ein, wonach es den Eigentümern nicht hinreichend möglich ist, das Aktivitätsniveau von Managern zu beobachten und deren Qualität zu beurteilen und daher Anreizsysteme implementiert werden, die eine Interessenkonvergenz herstellen sollen. Sie bauen dabei auf einem Modell von BHATTACHARYYA auf, das explizit die zuvor beschriebenen empirischen Zusammenhänge von Dividenden und Managementvergütung in einen theoretischen Kontext einbaut.

Aktionäre fordern die Durchführung von profitablen Investitionen; sind diese nicht verfügbar, haben sie die Präferenz, dass freie Mittel ausgeschüttet werden. Vergütungsmodelle, die die Interessen aller Beteiligten konvergieren lassen sollen, haben daher einen Einfluss auf die Dividendenpolitik. Die zentrale Aussage des Modells[459] ist, dass ein Spektrum an Vergütungsverträgen dazu genutzt wird, um Manager hinsichtlich ihrer Qualität zu bewerten. Manager niedriger Qualität, das heißt mit schlechterem Zugang zu profitablen Investitionsprojekten, werden dazu bewegt, einen höheren Anteil der verfügbaren Mittel als Dividenden auszuschütten. Im Gegenzug werden guten Managern mit Zugang zu einer höheren Anzahl an profitablen Investitionsprojekten Anreize gesetzt, einen höheren Anteil zu investieren. Dadurch hängt die Dividendenausschüttung negativ mit der Produktivität/Qualität der Manager zusammen. Im Gleichgewicht wählen schlechte Manager Vergütungsmodelle, die die Dividendenausschüttung überproportional gewichten, während gute Manager solche

---

456 WHITE (1996), S. 348.

457 Vgl. ebenda, S. 349-352.

458 Vgl. ebenda, S. 355. Dies gilt zumindest für die untersuchten Unternehmen mit hoher *Free Cashflow*-Problematik.

459 Im Modell ist die Vergütung eines Managers eine lineare Funktion von gezahlter Dividende und erzieltem Gewinn. Der erzielte Gewinn wiederum ist abhängig von der Produktivität bzw. Qualität des Managers und dem Investitionsgrad, wobei ein abnehmender Grenzertrag unterstellt wird. Über den Investitionsgrad hat der Manager expliziten Einfluss, da er diskretionär über den Anteil an freien Mitteln entscheidet, der als Dividende ausgeschüttet wird. Annahmegemäß hat ein besserer Manager Zugang zu einer größeren Anzahl von Projekten mit positivem Kapitalwert. Das Modell besagt, dass die Dividendenausschüttung (Gewinneinbehaltung) negativ (positiv) mit der Managementvergütung zusammenhängt, da Manager höherer Qualität den Anreiz haben, mehr zu investieren und dadurch mehr verdienen; vgl. BHATTACHARYYA/MAWANI/MORRILL (2003), S. 2-4.

wählen, die den Gewinn stärker gewichten. Es folgt, dass die Dividendenausschüttung negativ mit der Managementvergütung zusammenhängt, reflektierend, dass hochproduktive Manager stärker investieren und ihre Vergütung dadurch höher ausfällt.

Das Ergebnis der ersten TOBIT-Analyse zeigt einen signifikant (1 %) negativen Einfluss der Managementvergütung sowie einen signifikant (1 %) positiven Einfluss des Jahresüberschusses auf die Ausschüttungsquote.[460] Dieses Ergebnis bestätigt die Hypothese, dass die Managementvergütung einen negativen Effekt auf die Ausschüttungshöhe hat, abhängig von der Menge an freien Mitteln. Weitere Analysen, in denen Effekte berücksichtigt wurden wie Unternehmensgröße, Verschuldung, Markt-/ Buchwert, systematisches Risiko sowie Verzögerungseffekte in der Vergütungsanpassung und der Möglichkeit, Aktienrückkäufe statt Dividenden durchzuführen, bestätigen das Ergebnis.[461] Dabei ist, modellkonsistent und ökonomisch plausibel, der Effekt von Bonus und Aktienoptionen größer als der des Fixums. Im Lichte der Ergebnisse der Untersuchungen von LAMBERT/LANEN/LARCKER, WHITE sowie FENN/ LIANG ist jedoch auf die Gefahr der Benachteiligung von Aktionären im Falle von Aktienoptionen hinzuweisen. Demnach erscheint der Bonus geeigneter, um die Interessen von Eigentümer und Manager anzugleichen.

Abschließend bleibt festzuhalten, dass die Ergebnisse die agencybasierten Überlegungen uneingeschränkt bestätigen. Der Insideranteil steht grundsätzlich in einem negativen Zusammenhang zur Dividendenzahlung.[462] Auch die Vergütung und insbesondere erfolgsabhängige Bestandteile wie Bonus und Aktienoptionen korrelieren mit Dividenden negativ. Zum einen ist dadurch anzunehmen, dass der Interessenkonflikt zwischen Aktionären und Managern eingeschränkt wird und Insideranteil und erfolgsabhängige Vergütungskomponenten als Kontrollsubstitut dienen. Auch Dividendenklauseln bieten die Möglichkeit, in Situationen mit hohen ausschüttungsbezogenen Interessendivergenzen eine Ausschüttung im Sinne der Aktionäre zu induzieren. Zum anderen besteht jedoch im Fall von Aktienoptionen ohne Dividendenschutz die Gefahr, dass sich die *Agency*-Problematik durch die Vermögensverschiebung von Eigentümern zu Managern bzw. wenn Dividendenkürzungen nicht eins zu eins in andere Ausschüttungsformen wie Aktienrückkäufe umgewandelt werden, verschärft.

---

460 Vgl. BHATTACHARYYA/MAWANI/MORRILL (2003), S. 7, und dort Tabelle 3.

461 Vgl. ebenda, S. 7-11.

462 Allerdings gilt dies nur bis zu einem gewissen Niveau; darüber hinaus sind wiederum höhere Ausschüttungen notwendig, um die negativen Effekte des *Management Entrenchment* überzukompensieren.

4.4.2.2.4 Untersuchungen für den deutschen Kapitalmarkt

Für den deutschen Markt kann leider nicht auf einen vergleichbaren Fundus an wissenschaftlichen Untersuchungen zurückgegriffen werden. Einige Studien befassen sich jedoch mit dem Zusammenhang zwischen *Agency*-Theorie und Ausschüttungspolitik, international oder in Deutschland.

La Porta et al. (2000) testen den Erklärungsgehalt zweier konkurrierender *Agency*-Hypothesen anhand eines Vergleichs von über 4.000 Unternehmen in 33 Ländern, unter anderem Deutschland. Dividenden können demnach zwei Funktionen erfüllen:

- Dividendenzahlungen sind Ausdruck und Ergebnis des Aktionärsschutzes (*Outcome Model*).[463] In einem System mit starkem rechtlichem Aktionärsschutz können Aktionäre Manager effektiver von der Verwendung freier Mittel zur Verfolgung eigener Interessen abhalten und höhere Dividendenzahlungen erwirken. Auch sollte zwischen den Investitionsmöglichkeiten und Dividendenzahlungen in Ländern mit starkem Aktionärsschutz ein negativer Zusammenhang bestehen, da Aktionäre sich sicher genug fühlen bzw. der Verschwendung von Cashflows effektiv entgegenwirken können und in der Erwartung höherer Gewinne durch Investitionen niedrigere Ausschüttungen akzeptieren.[464]
- Dividenden werden vorgenommen, um Vertrauen und Reputation aufzubauen und damit zukünftige Kapitalerhöhungen zu erleichtern (*Substitute Model*). Demnach sollten in Ländern mit schwachem Aktionärsschutz höhere Dividenden als in Ländern mit starkem Aktionärsschutz zu beobachten sein. Die Investitionsmöglichkeiten sollten dabei, wenn überhaupt, in Ländern mit geringem Aktionärsschutz einen positiven Einfluss auf die Dividendenhöhe haben, um die Reputation zu erhalten.[465]

Die empirischen Ergebnisse sprechen für die hohe Evidenz der *Agency*-Theorie zur Erklärung der Dividendenpolitik und bestätigen insbesondere die erste Hypothese des *Outcome Model*.[466] Länder mit einem höheren Minderheitsaktionärsschutz weisen höhere Dividenden auf. Des Weiteren ist in diesen Ländern zu beobachten, dass Unternehmen mit hohem Wachstum geringere Dividenden zahlen als solche mit niedrigem Wachstum, was dafür spricht, dass geschützte Aktionäre bereit sind, bei

---

463 Mit Aktionärsschutz sind dabei weniger spezifische Rechte hinsichtlich der Ausschüttung, als vielmehr generelle Rechte wie das Stimmrecht oder die Verhinderung von Vermögensverschiebungen und Ausbeutung gemeint; vgl. La Porta et al. (2000), S. 5 f.

464 Vgl. ebenda, S. 6.

465 Vgl. ebenda, S. 7 f.

466 Vgl. ebenda, S. 27.

entsprechenden Investitionsaussichten auf ihre Dividende zu warten. Hingegen scheinen rechtlich wenig geschützte Aktionäre jede Dividende, unabhängig von den Investitionsmöglichkeiten, zu begrüßen.

Die bereits in Abschnitt 4.4.1.2.5 beschriebene Studie von **GERKE/OERKE/SENTNER (1997)** ist auch an dieser Stelle relevant. Die Autoren konnten ihre Befunde abnormaler Ankündigungsrenditen bei Dividendenerhöhungen, -konstanz, -kürzungen und -ausfällen sowohl der *Signaling*- als auch der *Agency*-Theorie zuschreiben, ohne jedoch einem Ansatz einen höheren Erklärungsgehalt zuschreiben zu können.[467]

Genau dies versuchen **KASERER/ROOS/WENGER (2002)**, indem sie die Ankündigungseffekte von steuerinduzierten Ausschüttungen[468] untersuchten. Diese Sonderausschüttungen wurden vorgenommen, um Steuerersparnisse zu realisieren, die von einer Steuergesetzänderung in den Jahren 1994 und 2000 ermöglicht wurden. Da die Unternehmen keine großen Möglichkeiten hatten, diese Ausschüttungen zeitlich zu beeinflussen, haben die Transaktionen keinen Informationscharakter im Sinne der *Signaling*-Theorie, was zukünftige Gewinne angeht. Eine Kursreaktion, die über die geschätzten Steuerersparnisse hinausgeht, kann demnach auf die Mitigation von *Free Cashflow*-Problemen zurückgeführt werden und somit die *Managerial Discretion*-Hypothese bestätigen.[469]

Die abnormale Rendite im Zeitraum T [-60, 60] ist 3,4-4,6-mal höher als der reine Steuerspareffekt, signifikant auf dem 1 %-Niveau.[470] Des Weiteren wiesen Unternehmen, die die Sonderausschüttung mit dem Schütt-aus-hol-zurück-Verfahren[471] kombinierten, eine signifikant niedrigere Überrendite auf. Diese Unternehmen realisieren die Steuerersparnisse, ohne effektiv freie Mittel an die Aktionäre auszuschütten. Aktionäre scheinen die Managemententscheidung, für die Aktionäre Steuerersparnisse zu realisieren, positiv aufzunehmen und das insbesondere, wenn die Manager dadurch Kontrolle über freie Mittel aufgeben. Die Autoren sehen in den Ergebnissen die *Managerial Discretion*-Hypothese bestätigt.[472]

---

467 Vgl. GERKE/OERKE/SENTNER (1997), S. 813 und S. 818 f.

468 Nachdem *Contaminated Events* ausgeschlossen wurden, wurden für das Jahr 1994 51 und für das Jahr 2000/2001 83 steuerinduzierte Sonderausschüttungen ermittelt. In 52 Fällen wurde die Sonderausschüttung mit dem Schütt-aus-hol-zurück-Verfahren kombiniert; vgl. KASERER/ROOS/WENGER (2002), S. 9 f.

469 Vgl. ebenda, S. 4.

470 Vgl. ebenda, S. 13 f.

471 Dabei wird eine Kapitalerhöhung in gleicher Höhe wie die Dividendenzahlung durchgeführt.

472 Die Autoren stellen weitere Robustheitsanalysen wie den Zusammenhang zu Tobins Q-Maß als Schätzer für Überinvestition oder den Streubesitz als Schätzer für den Mangel an Managementkontrolle in einer ausführlicheren Veröffentlichung in Aussicht. Diese war zum Zeitpunkt der Veröffentlichung dieser Arbeit noch nicht verfügbar.

GUGLER/YURTOGLU (2003) untersuchen in ihrer Analyse von 736 Bekanntgaben von Dividendenänderungen aus dem Zeitraum von 1992 bis 1998 den Einfluss einer der Haupteigenschaften deutscher Beteiligungsstrukturen, die Existenz eines Großaktionärs bzw. einer hohen Anteilskonzentration, auf die Dividendenpolitik, was die Gefahr von Interessenkonflikten zwischen Groß- und Kleinaktionären beinhaltet. Großaktionäre verfügen häufig über die Anreize und die Möglichkeiten, ihre Kontrollrechte zur Erhöhung ihres persönlichen Nutzens auszuüben. Aus agencytheoretischer Sicht sollte dieser Interessenkonflikt bei Großaktionären, die über eine absolute Mehrheit verfügen, und in Abwesenheit weiterer Aktionäre mit einem Anteil über 5 Prozent, die als Kontrollinstanz dienen, am ausgeprägtesten sein. Da Dividenden eine Pro rata-Ausschüttung für alle Anteilseigner sicherstellen, können sie als Instrument dienen, um eine Ausbeutung der Kleinaktionäre zu verhindern.

Die Analyse von 226 Dividendenkürzungen ergab im Ankündigungszeitraum T [-2, 2] hypothesenkonform durchweg signifikant negative Kurseffekte, die monoton mit der erwarteten Schwere des Interessenkonfliktes anstiegen: -1,1 Prozent für Unternehmen mit einem Großaktionär (> 50 Prozent), -1,4 Prozent für Unternehmen, bei denen der zweitgrößte Aktionär weniger als 5 Prozent besitzt, und -1,9 Prozent für Unternehmen, bei denen beides zutrifft.[473] Existiert neben einem Großaktionär ein weiterer Aktionär mit einem Anteil von mindestens 5 Prozent, ist der Ankündigungseffekt bei den Unternehmen der Stichprobe sogar schwach positiv, was für die bedeutende Monitoringfunktion dieser Aktionäre spricht.

Auch die Untersuchung der Ausschüttungsquoten bestätigt die *Rent Extraction*-Hypothese. Ein höherer Anteil des größten Aktionärs erhöht zwar zuerst die Ausschüttungsquote (das Maximum liegt bei 34,4 Prozent der Stimmrechte), darüber hinaus reduziert er diese jedoch[474], während ein höherer Anteil des zweitgrößten Aktionärs die Ausschüttungsquote erhöht.[475] Abweichungen von dem Prinzip ‚Eine Aktie, eine Stimme' resultieren in niedrigeren Ausschüttungsquoten. Großaktionäre können somit zwar als Monitoringinstrument fungieren, jedoch führt eine zu konzentrierte Anteilsstruktur zu *Agency*-Problemen: Dominierende Großaktionäre haben den Anreiz, Kleinaktionäre auszubeuten und tun dies, wenn sie die Möglichkeit dazu haben.[476]

GOERGEN/RENNEBOOG/DA SILVA (2005) stellen anhand von 221 Unternehmen im Zeitraum von 1984 bis 1993 fest, dass deutsche Unternehmen bei der Dividendenfestle-

---

473 Vgl. GUGLER/YURTOGLU (2003), S. 745.

474 Zu einem gleichen U-förmigen Verlauf des Einflusses von Insideranteilen auf die Ausschüttungsquote kommt auch FARINHA für die USA; vgl. FARINHA (2003), S. 1187.

475 Vgl. GUGLER/YURTOGLU (2003), S. 753.

476 Vgl. ebenda, S. 753 f.

gung zwar prinzipiell dem Modell von LINTNER folgen, im Vergleich zu Unternehmen aus dem angelsächsischen Bereich die Dividende angesichts eines (temporären) Verlustes jedoch häufiger senken, aber auch schneller wieder erhöhen.[477] Anschließend testen sie ihre Hypothese, wonach die flexiblere Dividendenpolitik die Folge unterschiedlicher Besitzstrukturen sei. In den angelsächsischen Unternehmen ist durch den höheren Streubesitz die Kontrollkonzentration geringer, was impliziert, dass potenzielle *Agency*-Probleme höher sind und Dividenden genutzt werden, um die Interessen der Kleinaktionäre zu wahren. In Deutschland haben jedoch Großaktionäre andere Monitoring- und Kontrollmöglichkeiten, wie die Vertretung in Aufsichtsräten, oder im Falle von Banken Kreditverträge. Dividenden spielen daher eine geringere *Governance*-Rolle und folglich sei die Dividendenpolitik deutscher Unternehmen flexibler.

Die Ergebnisse der PROBIT-Analyse bestätigen die Hypothese. Die Existenz einer ‚Hausbank' mit direkter oder indirekter Kontrolle erhöht die Wahrscheinlichkeit, Dividenden angesichts eines Verlustes zu senken, während die Abwesenheit eines Großaktionärs (Anteil > 25 Prozent der Stimmrechte) zu einem größeren Widerstreben führt, die Dividende zu kürzen.[478] Dies liege daran, dass Unternehmen mit einem großen Streubesitz größeren *Agency*-Problemen ausgesetzt sind.

4.4.2.3 Schlussfolgerungen

Die *Agency*-Theorie im Rahmen der Dividendenpolitik basiert ebenso wie die *Signaling*-Theorie auf Informationswirkungen durch Ausschüttungsankündigungen, welche entsprechende Marktreaktionen hervorrufen. Dabei wird jedoch von der Annahme abstrahiert, dass Manager sich streng im Sinne der Aktionäre verhalten, und man nimmt realistischerweise an, dass Manager auch eigene Interessen verfolgen. Aktionäre haben jedoch durch die Ausgestaltung der *Principal-Agent*-Beziehung nicht die Möglichkeit, das Managerverhalten jederzeit, vollständig und kostenlos zu überprüfen. Dies führt in erster Linie dazu, dass Manager zur Gewinneinbehaltung tendieren, da niedrigere Ausschüttungen ihren Einfluss erhöhen und ihnen höhere Flexibilität und Sicherheit verschaffen. Des Weiteren können Manager so die Notwendigkeit externer Finanzierungen reduzieren, wodurch sie sich der Kontrollwirkung des Kapitalmarktes entziehen können. Aus diesen Gründen bevorzugen Aktionäre die Ausschüttung überschüssiger Mittel, um den diskretionären Handlungsspielraum von Managern so klein wie möglich zu halten und sie dazu zu zwingen, zur Finanzierung von Investitionen an den Kapitalmarkt herantreten zu müssen. Höhere Ausschüttungen

---

477 Vgl. GOERGEN/RENNEBOOG/DA SILVA (2005), S. 386-394.

478 Vgl. ebenda, S. 396.

verstärken die Monitoringfunktion des Kapitalmarktes und erhöhen die Disziplin von Managern.[479]

Im Rahmen der *Agency*-Theorie ist eine Anzahl von Hypothesen entstanden, die die Kontroll- und Monitoringfunktion von Ausschüttungen, aber auch Kontrollsubstitute wie die Nutzung von Fremdkapital, Insideranteilen oder Vergütungskontrakten beschreiben. *Agency*-Überlegungen können einerseits die beobachteten Kursreaktionen bei Ausschüttungsentscheidungen erklären, andererseits können die genannten Kontrollhypothesen, das heißt die Abhängigkeit der Marktreaktion von den verschiedenen Variablen und deren Ausprägungen, bestätigt werden. Auch die aus der *Agency*-Theorie abgeleiteten Querschnittszusammenhänge lassen sich empirisch belegen.

So kann die Substitutionswirkung durch die signifikant negativen Zusammenhänge von Ausschüttungshöhe und Verschuldungsgrad, Insideranteil[480], Ausmaß der erfolgsabhängigen Vergütung sowie der profitablen Investitionsmöglichkeiten empirisch bestätigt werden. Eine Vielzahl von Studien widerlegt dabei die *Signaling*-Theorie explizit. Auch die Kontroll- und Monitoringwirkung des Kapitalmarktes bei externen Finanzierungsmaßnahmen konnte eindrucksvoll gezeigt werden. Ferner bestätigen die negative Wirkung auf Dividenden von Aktienoptionen, die keinen Dividendenschutz beinhalten, und der positive Einfluss von direkt an die Dividende gekoppelten Vergütungskomponenten (Dividendenklauseln) die *Agency*-Theorie weiter.

Auch für den deutschen Markt kann der Erklärungsgehalt der *Agency*-Theorie in Bezug auf die Ausschüttungspolitik belegt werden. So stehen Besitz- und Kontrollstrukturen in einem starken Zusammenhang zur Dividendenpolitik. Die Existenz dominierender Großaktionäre und Hausbanken resultiert in geringeren Informationsasymmetrien sowie stärkeren Monitoring- und Kontrollmöglichkeiten, was zu einer höheren Flexibilität der Dividendenpolitik in deutschen Unternehmen führt. Allerdings ändern sich die Besitzstrukturen deutscher Unternehmen seit einiger Zeit und werden sich aller Voraussicht nach weiter verschieben.[481] Unternehmen versuchen bewusst, ihren Streubesitz zu erhöhen[482]; zusätzlich vergrößert sich unabhängig von diesen Unternehmensbemühungen die Nachfrage von in- und ausländischen privaten und institutionellen Investoren nach Aktienanlagen. Diese Verschiebung weg von gut informierten und aktiv kontrollierenden Aktionären hin zu schlechter informierten Aktio-

---

479 Vgl. WRUCK (1994), S. 189; LEASE et al. (2000), S. 89.

480 Bis zu einem kritischen Niveau; darüber besteht die Gefahr eines zu großen Einflusses des Managements und der Verschanzung (*Entrenchment*). Auch diese Beobachtungen sind mit der *Agency*-Theorie vereinbar; vgl. Abschnitte 4.4.2.2.3 und 4.4.2.2.4.

481 Vgl. Abschnitt 3 und insbesondere Abbildung 6.

482 Für zwei anekdotische Beispiele vgl. Fußnote 201.

närsgruppen mit stark eingeschränkten Monitoring- und Kontrollmöglichkeiten macht ein Umdenken seitens der Unternehmen erforderlich. In Bezug auf die Ausschüttungspolitik bedeutet dies eine weniger flexible, stärker verpflichtende Ausschüttungspolitik, die sowohl die Probleme der Informationsasymmetrie als auch der eingeschränkten Einflussnahme vermindert.

4.5 Der Aktienrückkauf als Alternative zur Dividendenzahlung

Während Unternehmen in den USA in zunehmendem Maße die Ausschüttungsform des Aktienrückkaufs nutzen[483], bleibt der Aktienrückkauf in Deutschland hinter den Erwartungen zurück.[484] Das vom DAI geschätzte Rückkaufpotenzial von 1,5 Prozent der Marktkapitalisierung wurde selbst im Rückkaufboomjahr 2000 mit 0,5 Prozent weit verfehlt.[485] Nichtsdestotrotz stellt der Aktienrückkauf eine zur Dividende alternative Ausschüttungsform dar und wird im Rahmen der folgenden Betrachtungen behandelt und zu den vorigen Ergebnissen in Bezug gesetzt. In der Regel kommen in Deutschland so genannte *Open-Market*-Programme zum Einsatz, bei denen die Aktien von den Unternehmen anonym über den Markt zurückgekauft werden. Hierauf wird der Fokus der folgenden Diskussion gelegt. Empirisch fundierte Aussagen sind in Deutschland auf Grund des kurzen Erfahrungszeitraums nur bedingt möglich. Neben den wenigen vorliegenden Untersuchungen am deutschen Kapitalmarkt wird daher auch auf die Erkenntnisse am US-amerikanischen Markt eingegangen.

4.5.1 Rückkaufmotive und Ankündigungseffekte

Das gängigste vorgebrachte Motiv für Aktienrückkäufe ist das Signalisieren von Unterbewertung.[486] Unternehmen signalisieren so, mit der Bewertung der am Markt verfügbaren Informationen nicht einverstanden zu sein.[487] **IKENBERRY/LAKONISHOK/VERMAELEN (1995)** beobachten einen negativen Zusammenhang zwischen der abnormalen Kursentwicklung nach Ankündigung und der Kennzahl *Market-to-book* vor Ankündigung.[488] **DITTMAR (2000)** ermittelt, dass die Kennzahl *Market-to-book* von rückkaufenden Unternehmen signifikant geringer ist als die von Nicht-Rückkäufern.[489] Auch das Ausmaß der Informationsasymmetrie hat einen Einfluss auf die Signalstärke, was sich im negativen Zusammenhang von Ankündigungseffekt

---

483 Im Jahr 1998 überstieg in den USA die Summe der Aktienrückkäufe erstmals die der Dividendenzahlungen; vgl. GRULLON/IKENBERRY (2000), S. 31.

484 Vgl. auch Abschnitt 2.2.

485 Vgl. PERTLWIESER (2005), S. 82.

486 Zu einer ausführlichen Diskussion der empirischen Forschung vgl. RUWISCH (2002), S. 481-494.

487 Vgl. BAKER/POWELL/VEIT (2003), S. 493.

488 Vgl. IKENBERRY/LAKONISHOK/VERMAELEN (1995), S. 199.

489 Vgl. DITTMAR (2000), S. 346.

und Unternehmensgröße niederschlägt.[490] Rückkäufe werden auch Dividenden vorgezogen, wenn die Aktienkursentwicklung im Vorfeld schwach war.[491] Hingegen ist die These des Signalisierens von zukünftig höheren Cashflows oder Gewinnen nicht stichhaltig. **GRULLON/MICHAELY (2004)** zeigen, dass Unternehmen im Anschluss an Aktienrückkaufprogramme niedrigere Gewinne und Profitabilitäten aufweisen.[492]

Die steuerliche Ungleichbehandlung von Dividenden und Aktienrückkäufen lässt Aufschlüsse über die Wahl des Aktienrückkaufs als Ausschüttungsform erwarten. Bei einer reinen Distribution von freien Mitteln wäre zu vermuten, dass Unternehmen aus steuerlichen Gründen den Aktienrückkauf der Dividende vorziehen.[493] DITTMAR kommt allerdings zu dem Ergebnis, dass rückkaufende Unternehmen keine niedrigeren Dividendenausschüttungsquoten aufweisen.[494] Diese Aussage impliziert, dass Aktienrückkäufe Dividenden nicht ersetzen und der Steuereffekt bei der Entscheidung keine Rolle spielt. Zu einem anderen Ergebnis kommen **GRULLON/MICHAELY (2002)**. Sie argumentieren für den Substitutionseffekt, dass Unternehmen zunehmend Aktienrückkäufe mit Mitteln finanzieren, die sie früher in Form von höheren Dividenden ausgeschüttet hätten. Zudem würden junge Unternehmen, die Ausschüttungen beginnen, zunehmend eher Aktienrückkäufe als Dividenden vornehmen.[495]

Auch die *Agency*-Theorie findet empirische Unterstützung. **NOHEL/TARHAN (1998)** zeigen, dass Unternehmen, die vor dem Aktienrückkauf gemessen an Tobins Q-Maß überinvestierten, nach der Ausschüttung eine signifikant (1 %) bessere Performance aufweisen, jedoch keine Verbesserung der Investitionsmöglichkeiten oder eine Ausweitung der Investitionen zu beobachten war.[496] Die Verbesserung war auf eine bessere Nutzung der bereits existierenden Ressourcen, inklusive dem Verkauf von unprofitablen Vermögenswerten, zurückzuführen. Letzteres widerspricht der *Signaling*-Theorie und bestätigt die *Free Cashflow*-Hypothese. Mehrere Untersuchungen ermitteln eine positive Korrelation zwischen abnormaler Rendite und überschüssigen Cashflows und schließen daraus, dass Aktienrückkäufe ein effektives Mittel sind, den Markt zu überzeugen, dass eine unprofitable Mittelverwendung dadurch verhindert wird.[497] **STEPHENS/WEISBACH (1998)** beobachten, dass Unternehmen mit höheren

---

490 Vgl. IKENBERRY/LAKONISHOK/VERMAELEN (1995), S. 191.

491 Vgl. KAHLE (2002), S. 237. Diese Aussage ist konsistent mit der These, dass Manager bei Überbewertung nicht rückkaufen, da die Aktien als zu teuer empfunden werden.

492 Vgl. GRULLON/MICHAELY (2004), S. 661 f.

493 Seit 2003 werden Dividenden und Kapitalgewinne allerdings gleichermaßen mit 15 Prozent besteuert.

494 Vgl. DITTMAR (2000), S. 349.

495 Vgl. GRULLON/MICHAELY (2002), S. 1650.

496 Vgl. NOHEL/TARHAN (1998), S. 200 und S. 209 f. Bei Unternehmen mit einem Q-Maß > 1 ließ sich dagegen keine signifikante Änderung der Performance beobachten.

497 Vgl. LI/MCNALLY (1999), S. 19; EVANS/EVANS/GENTRY (2000).

überschüssigen Mitteln *ceteris paribus* größere Rückkaufvolumina tätigen, was anzeigt, dass Rückkäufe zur Reduzierung überschüssiger Mittel dienen.[498]

In der Literatur werden also gegenläufige Ergebnisse präsentiert. Die Existenz mehrerer möglicher Motive lässt darüber hinaus oft verschiedene Interpretationen der Ergebnisse zu. Offensichtlich haben sich jedoch in den letzten Jahren die Motive für Aktienrückkäufe sichtlich geändert, da der drastische Anstieg des Rückkaufvolumens in den USA nicht durch *Signaling* und *Free Cashflow* erklärt werden kann.[499] **BAKER/POWELL/VEIT (2003)** ermitteln in ihrer Befragung von 194 Finanzvorständen gegenüber früheren Ergebnissen einen Wechsel von den traditionellen Motiven wie dem Signalisieren von Unterbewertung oder der Ausschüttung freier Mittel hin zu (aus Aktionärssicht per se weniger vorteilhaften) Gründen wie das Bereitstellen von Aktien für Manageroptionsprogramme, das Abwehren von Übernahmeversuchen oder das Gegenwirken von Verwässerungseffekten bei Aktienoptionen.[500] **BENS et al. (2003)** finden empirische Unterstützung für das Motiv des Gegenwirkens von Verwässerungseffekten und zeigen, dass Manager Aktienrückkäufe tendenziell erhöhen, wenn (1) der verwässernde Effekt von ausstehenden Aktienoptionen auf den Ausübungsrechte berücksichtigenden Gewinn pro Aktie steigt und (2) Gewinne unterhalb dem Niveau liegen, das notwendig für das Erreichen des gewünschten Gewinnwachstums ist.[501]

Bei den zuletzt genannten Motiven ist es jedoch fraglich, ob sich ein ähnlich positiver Effekt auf den Aktienkurs einstellt wie bspw. bei einer signalisierten Unterbewertung, da in diesen Fällen Manager Aktienrückkäufe opportunistisch in eigenem Interesse nutzen. Mit dieser Vermutung konsistent zeigt **KAHLE (2002)**, dass in den letzten Jahren die abnormale Rendite um den Zeitpunkt der Ankündigung abnimmt.[502] Sie führt dies auf die Verdrängung der Motive mit grundsätzlich hohem Wertsteigerungspotenzial durch die starke Zunahme an Mitarbeiter- und Manageroptionsplänen zurück.[503] Sie zeigt, dass die Wahrscheinlichkeit rückzukaufen mit der Anzahl von so-

---

498 Vgl. STEPHENS/WEISBACH (1998), S. 329 und S. 332.

499 Vgl. KAHLE (2002), S. 236.

500 Vgl. BAKER/POWELL/VEIT (2003), S. 500. Auch KAHLE schließt, dass der starke Anstieg des Rückkaufvolumens nicht durch die traditionellen Motive wie *Signaling* und *Free Cashflow*-Hypothese erklärt werden kann, sondern durch andere Faktoren wie Änderungen in der Vergütungspolitik; vgl. KAHLE (2002), S. 236.

501 Vgl. BENS et al. (2003), S. 82 und S. 86.

502 Vgl. KAHLE (2002), S. 245.

503 Das Motiv der Hinterlegung von Optionsprogrammen ist nicht unbedingt intuitiv: Beim Aktienrückkauf in Verbindung mit der Ausübung von Optionen wird die Verwässerung des Gewinns pro Aktie verhindert, die entstehen würde, wenn die ausstehenden Aktien um die Optionsausübung vermehrt würden. Der Verwässerungseffekt spielt allerdings bei der Bewertung von Unternehmen keine Rolle, da nur Cashflows zählen. Jedoch wird dem Gewinn pro Aktie am Kapitalmarkt von Unternehmen und Analysten eine große Rolle beigemessen, was dazu führt, dass sich viele Marktteilnehmer an dieser Größe orientieren.

wohl ausstehenden als auch ausübbaren Manager- und Mitarbeiteraktienoptionen steigt.[504] Der Markt scheint also zu erkennen, dass die Unternehmen die Aktien zurückkaufen, um diese Programme zu hinterlegen, und quittiert dies mit geringeren Überrenditen, was mit der geringeren Per se-Werthaltigkeit dieses Motivs in Einklang steht. Des Weiteren findet sie Evidenz für den von **GRULLON/MICHAELY (2002)** beobachteten Substitutionseffekt im positiven Zusammenhang von vor Dividendenabschlägen ungeschützten Optionen und der Neigung, Dividenden zu unterlassen und stattdessen Aktien zurückzukaufen. Manager handeln so in ihrem besten Interesse und im Zweifel nicht im Sinne des Aktionärs.[505]

Entscheidend ist also der Verwendungszweck der rückgekauften Aktien. Wenn nach dem Rückkauf die Aktien eingezogen werden und das Grundkapital entsprechend verringert wird, ist das Motiv der Ausschüttung überschüssiger Mittel oder der Veränderung der Kapitalstruktur glaubhaft, was sich auf den Aktienkurs positiv auswirkt. Andernfalls scheinen Motive den Ausschlag zu geben, bei denen das Wertsteigerungspotenzial aus Aktionärssicht grundsätzlich geringer ist, wie zum Beispiel die Bereitstellung von Aktien für Optionsprogramme, für (oder gegen) eine Akquisition oder bei vor Dividenden ungeschützten Aktienoptionen. Das positive Signal dieser Motive ist deutlich schwächer. Aktionäre sollten bei Ankündigungen von Rückkaufprogrammen daher die Frage nach dem Verwendungszweck stellen und diesen im Anschluss an die Durchführung überprüfen.[506]

---

504 Vgl. KAHLE (2002), S. 247.

505 Für die aus Aktionärssicht weniger positiven Aspekte der *Agency*-Theorie bei *Open-market*-Programmen sprechen weitere Argumente. Aktienrückkäufe erstrecken sich in der Regel über einen Zeitraum bis zu mehreren Monaten. Da Manager in der Regel einen Informationsvorsprung besitzen, können sie die einzelnen Käufe derart timen, dass tendenziell eher dann Aktien zurückgekauft werden, wenn diese von ihnen als unterbewertet angesehen werden. Gelingt dies, das heißt, steigt im Anschluss der Aktienkurs, stellt diese Ausschüttung sogar ein Vorgang mit positivem Kapitalwert dar. In einer Umfrage unter US-amerikanischen Managern war das am häufigsten genannte Motiv die Unterbewertung (86,4 Prozent ‚agree' bzw. ‚strongly agree'), wobei gut die Hälfte angaben, Rückkäufe zu timen und den Markt dabei zu schlagen; vgl. BRAV et al. (2004), S. 15.
Die *Agency*-Problematik wird dadurch weiter verstärkt, dass Manager die Möglichkeit haben, Unternehmensnachrichten zu timen. So können sie schlechte Nachrichten schneller veröffentlichen und gute Nachrichten verzögern, um zu durchschnittlich geringeren Preisen rückkaufen zu können. Es wurde beobachtet, dass Unternehmen im Vorfeld der Ankündigung Gewinne nach unten manipulieren, um zu niedrigeren Kursen rückkaufen zu können und ihren eigenen Nutzen zu maximieren. Der Markt durchschaut die Manipulation nicht und extrapoliert die Gewinne naiv in die Zukunft, was anschließend zu Gewinnüberraschungen führt; vgl. RODRIGUEZ (2004), S. 20. Vor diesem Hintergrund erscheint es auch interessant zu untersuchen, ob deutsche Unternehmen im Vorfeld von Aktienrückkaufankündigungen Gewinne bewusst beeinflussen.

506 In Deutschland sind Unternehmen verpflichtet, in der dem Aktienrückkauf folgenden Hauptversammlung über die Gründe und den Zweck des Erwerbs, über die Zahl der erworbenen Aktien und den auf sie entfallenden Betrag des Grundkapitals, über deren Anteil am Grundkapital sowie über den Gegenwert der Aktien zu berichten; vgl. § 71 Abs. 3 AktG.

Die Tatsache, dass ein immer größerer Teil von Aktienrückkäufen so genannte *Open-market Repurchases* sind, lässt ebenso darauf schließen, dass das Signalisieren von Unterbewertung an Stellenwert verliert. Machten *Open-market Repurchases* in den USA im Zeitraum von 1984 bis 1985 60 Prozent aller Rückkaufankündigungen aus, so waren es in den Jahren 1998-1999 bereits 97 Prozent.[507] Die anderen Formen des Aktienrückkaufs sind Festpreisrückkäufe und Programme mit holländischen Auktionen. Die letzteren Arten weisen hingegen ein größeres *Signaling*-Potenzial auf, da sie verbindlicher sind und höhere Prämien beinhalten.[508] Auch fällt der durchschnittliche Insideranteil beim Festpreisverfahren höher aus. Auf den Aspekt der mangelnden Verbindlichkeit weisen **GRULLON/IKENBERRY (2000)** hin. *Open-market*-Programme statten Manager mit der Flexibilität aus, den Zeitpunkt des Rückkaufs zu wählen bzw. den Rückkauf nur in kleinerem Umfang oder überhaupt nicht durchzuführen. Der Investor sollte sich des Potenzials der Irreführung bewusst sein, dass Unternehmen Aktienrückkäufe wegen des positiven Effekts auf den Aktienkurs ankündigen, jedoch keine Absicht haben, Aktien wirklich zurückzukaufen.[509] Investoren scheinen diese Strategie zu erkennen. Die durchschnittlichen abnormalen Renditen bei Ankündigung unterscheiden sich je nach Art des Rückkaufs: 11 Prozent bei Festpreisrückkäufen, 8 Prozent bei holländischen Auktionen und nur rund 2 Prozent bei *Open-market*-Programmen.[510]

In Deutschland kommt nahezu ausschließlich das Verfahren des *Open-market*-Rückkaufs zur Anwendung. Im Vergleich zu den *Open-market*-Programmen in den USA wurden hierbei bislang höhere Ankündigungsrenditen ermittelt.[511] **GERKE/FLEISCHER/LANGER (2003)** messen für ihre Stichprobe von 156 Rückkaufankündigungen im Zeitraum von Mai 1998 bis März 2002 eine durchschnittliche Überrendite von 7,0 Prozent für T [-1, 1].[512] **SCHREMPER (2002)** analysiert 112 Rückkaufankündigungen zwischen Mai 1998 und Dezember 2000 und ermittelt eine signifikante abnormale Rendite von 4,1 Prozent[513]; dabei nimmt der Effekt mit steigender

---

507 Vgl. GRULLON/IKENBERRY (2000), S. 34.

508 Vgl. COMMENT/JARRELL (1991), S. 1257 f.

509 Vgl. GRULLON/IKENBERRY (2000), S. 44.

510 Vgl. COMMENT/JARRELL (1991), S. 1265, sowie KAHLE (2002), S. 245.

511 Relativierend ist jedoch anzumerken, dass Untersuchungszeitraum und -stichprobe einige Besonderheiten aufweisen. So ist der Erfahrungszeitraum (1998-Anfang 2003) sehr begrenzt und fällt zudem in eine Phase schlechter Marktentwicklung, was das Unterbewertungsmotiv eher glaubwürdiger machen sollte. Es sind allerdings auch Übertreibungen bzw. Verzerrungen nicht auszuschließen. So kamen rund 40 Prozent der Ankündigungen von Unternehmen des NEMAX, weitere 40 Prozent kamen von kleineren Unternehmen (*Small Caps*); vgl. PERTLWIESER (2005), S. 63. Neben der Gefahr von Übertreibungen besteht zusätzlich das Problem einer geringen Informationseffizienz in diesen Marktsegmenten sowie die Schwierigkeit, Überrenditen mittels eines adäquaten Marktmodells korrekt abzuschätzen.

512 Vgl. GERKE/FLEISCHER/LANGER (2003), S. 293.

513 Vgl. SCHREMPER (2002), S. 181.

Unternehmensgröße ab. **HACKETHAL/ZDANTCHOUK (2004)** erweitern den Untersuchungszeitraum bis April 2003. Für die 224 Rückkaufankündigungen beobachten sie eine signifikante (1 %) abnormale Ankündigungsrendite von 6,0 Prozent.[514] Die Kurseffekte sind im Durchschnitt signifikant höher für Unternehmen mit niedrigen *Market-to-book*-Kennzahlen, für kleinere Unternehmen und solche, die am Neuen Markt notiert waren, sowie für Unternehmen mit schlechterer Kursperformance im Vorfeld der Ankündigung. Die Menge an freien Mitteln sowie verschiedene Besitzkonzentrationsmaße erwiesen sich als nicht-signifikant. Die Autoren sehen in diesen Ergebnissen die *Signaling*-Theorie unterstützt, jedoch nicht die *Agency*-Theorie.[515] Die höhere Überrendite im Vergleich zu anderen Länden führen sie auf die strengeren gesetzlichen Vorschriften in Deutschland zurück.[516] **PERTLWIESER (2005)** misst eine Ankündigungsrendite von 5,9 Prozent[517] und sieht sowohl die *Signaling*- als auch die *Free Cashflow*-Theorie bestätigt.[518] Die hohe Ankündigungsrendite relativiert sich jedoch bei längerer Betrachtung: Im Zeitraum T [-40, 40] beträgt die Kurswirkung lediglich 0,5 Prozent.

---

514 Vgl. HACKETHAL/ZDANTCHOUK (2004), S. 15.

515 Vgl. ebenda, S. 16 f.

516 Allerdings lassen diese, wie weiter unten gezeigt wird, immer noch erhebliche Freiheiten in der Ausgestaltung eines Aktienrückkaufprogramms zu.

517 Vgl. PERTLWIESER (2005), S. 242.

518 Vgl. ebenda, S. 322.

Abbildung 19: Durchschnittliche kumulierte Überrendite von Aktienrückkäufen in Deutschland

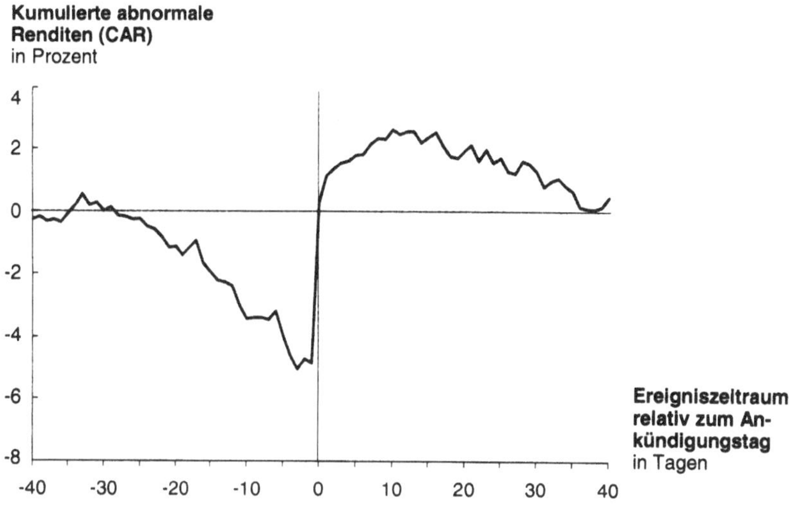

Quelle: PERTLWIESER *(2005), S. 243.*

Das zeitliche Verlaufsmuster der abnormalen Rendite entspricht bei aggregierter Betrachtung den Beobachtungen in den USA.[519] Rückkaufende Unternehmen erfahren demnach vor Ankündigung eine signifikante Underperformance. Die Rückkaufankündigung gleicht jedoch die kumulierte negative Überrendite der Vorperiode nicht vollständig aus. Bei genauerer Betrachtung sind jedoch höchst unterschiedliche Renditeverläufe zu beobachten. Die grobe Unterscheidung nach der Indexzugehörigkeit der rückkaufenden Unternehmen zeigt, dass zum Beispiel Unternehmen des MDax einen geringen Ankündigungseffekt, jedoch eine kontinuierliche Renditesteigerung im Zeitfenster T [-40, 40] aufweisen; hingegen zeigen Unternehmen des Nemax eine stark negative Überrendite vor Ankündigung sowie einen signifikant positiven Ankündigungseffekt, der jedoch in der Folgezeit weitgehend verloren geht, so dass im Ereignisfenster T [-40, 40] nur eine Überrendite von 1,1 Prozent verbleibt.[520] Das unterschiedliche Niveau sowie die unterschiedlichen Verläufe der Überrenditen verdeutlichen dabei die Notwendigkeit, den Aktienrückkauf stets vor dem Hintergrund der Unternehmensgesamtsituation zu bewerten.

---

519 Vgl. bspw. COMMENT/JARRELL (1991), S. 1254.

520 Zur Erklärung der unterschiedlichen Renditeverläufe vgl. PERTLWIESER (2005), S. 274 ff. Auch im weiteren Teilstichprobenvergleich – zum Beispiel nach hohem/niedrigem Buch- zu Marktwert oder Rückkaufvolumen – sind signifikante Renditeunterschiede festzustellen; vgl. ebenda, S. 275.

Abbildung 20: Kumulierte Überrendite nach Börsensegment

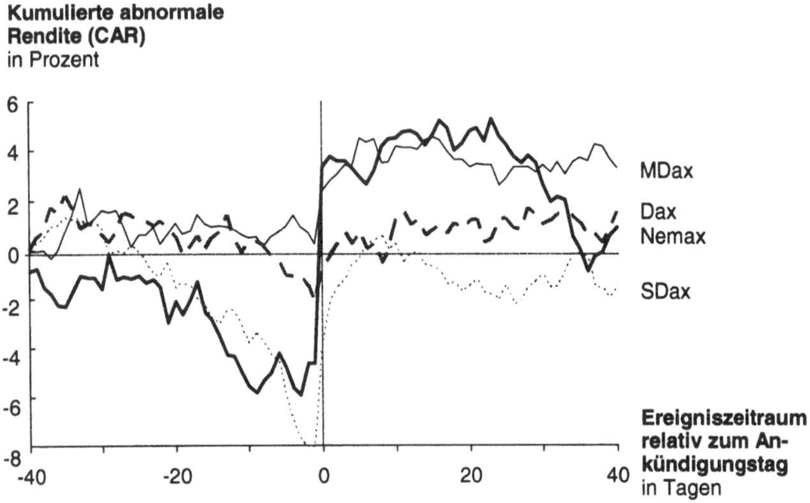

Quelle: PERTLWIESER *(2005), S. 255.*

Eine nachhaltige Wertschaffung über den Ankündigungseffekt hinaus ist auf Ebene aller Aktienrückkäufe nicht festzustellen: Die Aktienkursperformance nach 24 Monaten beträgt nur ca. 1,0 Prozent[521] und liegt damit deutlich unter den nachhaltigen Überrenditen in den USA.[522]

Es bleibt festzuhalten, dass die Motive für Aktienrückkäufe vielfältig sind. Das Signalisieren von Unterbewertung sowie die Ausschüttung freier Mittel scheinen dabei den höchsten Erklärungsgehalt aufzuweisen, allerdings ist ein Wechsel der Motive zu aus Aktionärssicht per se weniger werthaltigen Motiven zu erkennen. In Deutschland wurden in der noch begrenzten Historie vergleichsweise hohe Ankündigungseffekte gemessen; eine nachhaltige Wertschaffung ist jedoch nicht gegeben. Es bleibt zu beobachten, ob sich die Einschätzung der Marktteilnehmer am deutschen Markt bezüglich der Signalwirkung bzw. der Vorteilhaftigkeit von Aktienrückkäufen bereits geändert hat oder in den nächsten Jahren verändern wird oder ob die hohen Ankündigungsrenditen auch in Zukunft Bestand haben.

---

521 Vgl. PERTLWIESER (2005), S. 335. Auch in der langfristigen Betrachtung über 24 Monate sind deutlich unterschiedliche Renditeverläufe und -niveaus zu beobachten; vgl. ebenda, S. 349 ff., und insbesondere Tabelle 97, S. 346.

522 Vgl. bspw. NOHEL/TARHAN (1998), S. 217.

4.5.2 *Aktienrückkäufe und Flexibilität*

Ein wichtiger Aspekt vor dem Hintergrund der beschriebenen Situation am Kapitalmarkt, der der Ausschüttungsform des Aktienrückkaufs gegenüber der Dividende fehlt, ist die Planbarkeit. Während Dividenden im Allgemeinen regelmäßig gezahlt werden, ist ein Aktienrückkaufprogramm eine oft einmalige Sonderaktion, die nicht auf eine langfristige Zusicherung, Gewinne und Cashflows zu steigern, schließen lässt.[523] **GUAY/HARFORD (2000)** wiesen nach, dass Manager einen Aktienrückkauf wählen, wenn sie den temporären Charakter einer Ertragsverbesserung kommunizieren wollen, und eine Dividendenerhöhung, wenn sie von der Dauerhaftigkeit der Verbesserung überzeugt sind. So besitzen Cashflow-Schocks gefolgt von starken Dividendenerhöhungen eine größere nachhaltige Komponente als solche, die auf Aktienrückkäufe oder k(l)eine Dividendenerhöhungen folgen. Dividendenzahlungen und Aktienrückkäufe können demnach nicht als substitutive Signale angesehen werden.[524] Auch **JAGANNATHAN/STEPHENS/WEISBACH (2000)** bestätigten diese Schlussfolgerungen. Sie verglichen verschiedene Größen vor und nach der Ausschüttungsbekanntgabe von Dividenden erhöhenden Unternehmen mit denen, die einen Aktienrückkauf ankündigten. Das Ergebnis waren deutliche Unterschiede in den Variablenausprägungen der beiden Gruppen. Dividenden erhöhende Unternehmen waren im Durchschnitt größer, hatten höhere Ausschüttungsquoten und wiesen höhere operative Cashflows sowie ein höheres Wachstum dieser auf. Aktienrückkäufer hingegen generierten höhere nicht-operative Cashflows mit höherer Volatilität.[525]

Ebenfalls mit diesen Ergebnissen konsistent konnte **SCHREMPER (2002)** nachweisen, dass Unternehmen mit wiederholtem Rückkauf signifikant (< 1 %) höhere Ankündigungsrenditen – nämlich 6,1 Prozent verglichen mit 3,9 Prozent bei erstmaligen Rückkäufern – aufweisen.[526] Wiederholt rückkaufende Unternehmen erscheinen aus Sicht der Investoren glaubwürdiger, höhere Gewinne zu signalisieren und diese kontinuierlich auszuschütten. Jedoch haben von den 172 Unternehmen, die im Zeitraum von 1998 bis 2002 einen Aktienrückkauf vornahmen, nur gut ein Viertel dies mehr als einmal getan.[527] Die mangelnde Planbarkeit von Aktienrückkäufen wird umso deutlicher, als dass sich zwar viele Unternehmen zum Rückkauf ermächtigen lassen, je-

---

523 Vgl. BREALEY/MYERS (2000), S. 446. Unternehmen wählen Dividendenerhöhungen bei eher permanenten positiven Cashflow-Schocks und Aktienrückkäufe bei vorübergehend überschüssigen Mitteln; vgl. GUAY/HARFORD (2000), S. 397 ff.

524 Vgl. GUAY/HARFORD (2000), S. 412.

525 Vgl. Jagannathan/Stephens/Weisbach (2000), S. 374.

526 Vgl. SCHREMPER (2002), S. 197.

527 Vgl. PERTLWIESER (2005), S. 82.

doch nur in rund 23 Prozent der Fälle ein Rückkauf wirklich angekündigt wird.[528] Darüber hinaus wurde in Deutschland das ermächtigte Volumen keineswegs ausgeschöpft: Während sich die Mehrzahl der Unternehmen zum Rückkauf des Maximums von 10 Prozent des Grundkapitals ermächtigen lässt[529], wurden im Durchschnitt nur 3,1 Prozent der ausstehenden Aktien zurückgekauft.[530]

Aktienrückkäufe verfügen somit nicht über das gleiche Maß an Verbindlichkeit wie Dividenden, was bei der Ausschüttungsform des Aktienrückkaufs in einem ‚strategischen' Optionswert der Flexibilität, den sich das Management mit der Ermächtigung verschafft, resultiert. Aus agencytheoretischen Überlegungen birgt diese Flexibilität Konfliktpotenzial, wenn der Manager die Option in seinem eigenen Interesse handelnd ausübt. Auf Basis der *Signaling*-Theorie wäre eine weniger positive Reaktion des Kapitalmarktes zu erwarten, da das Signal, Aktien rückkaufen zu wollen, weniger glaubwürdig ist. Es bleibt daher zu beobachten, ob die hohen Ankündigungseffekte in Deutschland auch in Zukunft Bestand haben.

Neben der Unsicherheit über die Verhaltensanreize des Managements und der Kontinuität von Aktienrückkäufen erscheint auch der große Zeitraum, über den Aktienrückkäufe durchgeführt werden bzw. die Zeitverzögerung, bis es effektiv zur Ausschüttung kommt, problematisch. Während Dividenden und Aktienrückkäufe von der Hauptversammlung genehmigt und Dividenden anschließend ausgezahlt werden, werden im Fall von Aktienrückkäufen (1) nur von rund 23 Prozent der Ermächtigungen Gebrauch gemacht und (2) der Rückkauf oft erst Monate später durchgeführt. Im Durchschnitt vergehen von der Ermächtigung durch die Hauptversammlung bis zur Ankündigung des eigentlichen Rückkaufs 21 Wochen, das heißt rund 5 Monate.[531] Des Weiteren erstreckt sich die tatsächliche Umsetzung in der Regel über weitere Monate.

4.5.3 Schlussfolgerungen

Insgesamt bleibt abzuwarten, ob Aktienrückkäufe in Deutschland in ähnlicher Weise wie in den USA Dividenden ersetzen werden. Der aktuelle Trend spricht eher gegen eine deutliche Bedeutungszunahme dieser Ausschüttungsform. Darüber hinaus bleibt zu beobachten, ob sich die Einschätzung der Marktteilnehmer am deutschen

---

528 Zwischen Mai 1998 und April 2003 ließen sich 607 verschiedene CDax-Unternehmen von der Hauptversammlung zu insgesamt 1.028 Rückkaufprogrammen ermächtigen. Es wurden dabei nur 217 Aktienrückkaufprogramme wirklich ankündigt, des Weiteren wurden weitere 23 durchgeführte Rückkäufe auf Basis von Pressemitteilungen identifiziert, zu denen jedoch keine Ad hoc-Meldungen vorlagen; vgl. PERTLWIESER (2005), S. 26 und S. 56.

529 Vgl. HACKETHAL/ZDANTCHOUK (2004), S. 6.

530 Vgl. PERTLWIESER (2005), S. 69.

531 Vgl. HACKETHAL/ZDANTCHOUK (2004), S. 5 und S. 25.

Markt bezüglich der Signalwirkung bzw. der Vorteilhaftigkeit von Aktienrückkäufen bereits geändert hat bzw. in den nächsten Jahren verändern wird oder ob die hohen Ankündigungsrenditen auch in Zukunft Bestand haben.[532] Die ersten Ergebnisse hinsichtlich der langfristigen Vorteilhaftigkeit von Aktienrückkäufen lassen vermuten, dass der Kapitalmarkt auf die Ankündigung stark überreagiert bzw. Unternehmen in ihrem Rückkaufverhalten vom angekündigten Vorhaben abweichen und dies in der Gesamtperformance nach Ankündigung entsprechend reflektiert wird. Dabei sollten sich Unternehmen der Konsequenzen von falschen Signalen bewusst sein. Falsche Signale können die Glaubwürdigkeit des Aktienrückkaufs als Instrument der Ausschüttungspolitik zunichte machen.

Vor dem Hintergrund der bisherigen Ergebnisse ist fraglich, ob Aktienrückkäufe als Ausschüttungsform ein effektives Informations- und Kontrollinstrument in gleichem Maße wie Dividenden darstellen können. Das hohe Maß an Handlungsspielraum hinsichtlich Timing, Verwendungszweck und Erfüllungsgrad birgt erhebliches Konfliktpotenzial zwischen Anteilseignern und Management. Ist die vorgesehene Ausschüttung eher einmaliger Natur, spräche der steuerliche Vorteil für den Aktienrückkauf in Verbindung mit der Herabsetzung des Grundkapitals.[533] Ansonsten haben Dividenden als Ausschüttungsinstrument den Vorteil der höheren Verbindlichkeit und damit der Disziplinierung, diese Zahlungen zu leisten.

4.6 Exkurs: Die Gewinnverwendungskompetenz der Hauptversammlung

Die Ausführungen in Kapitel 2 zeigten, dass der Großteil deutscher Aktiengesellschaften keinerlei Ausschüttungen vornimmt und lediglich die großen Unternehmen bedeutsame Mittel an ihre Anteilseigner ausschütten, allerdings sind auch deren Ausschüttungskennzahlen wie -quote und Dividendenrendite weiterhin niedrig und bleiben im internationalen Vergleich eher unterdurchschnittlich.

Die Analyse der einzelnen Investorengruppen in Kapitel 3 sowie die Diskussion der empirischen Relevanz zur Dividendenpolitik in Kapitel 4 ergab, dass insbesondere private und institutionelle Anleger auf Grund ihrer Einfluss- und Informationsrechte Ausschüttungen explizit als Informationsträger und Kontrollinstrument betrachten und

---

532 So erscheint es aufschlussreich, die Ankündigungen von Aktienrückkäufen in verschiedene Zeiträume zu unterteilen, um zu sehen, ob zum Beispiel, analog zu den Beobachtungen in den USA, der positive Effekt von Aktienrückkaufankündigungen im Zeitablauf abnimmt. Auch die Analyse von wiederholten Rückkäufen, insbesondere wenn ersteres Programm nicht vollständig oder aus zweifelhaften Motiven durchgeführt wurde, verspricht einen großen Erkenntnisgewinn. Um klare Aussagen generieren zu können, müssten allerdings Aktienrückkäufe eine größere Rolle im Vergleich zu Dividenden spielen als bisher und/oder Dividendenzahlungen stärker substituieren.

533 Für ein Konzept zur praktischen Implementierung eines Aktienrückkaufprogramms vgl. PERTLWIESER (2005), S. 419 ff.

daher tendenziell höhere und stärker verpflichtende Ausschüttungen präferieren und positiv bewerten. Es stellt sich daher die Frage, ob die Aktionäre nicht selbst in der Lage sind, ihre Ausschüttungspräferenzen gegenüber den Aktiengesellschaften durchzusetzen. Im Folgenden wird daher auf die Gewinnverwendungskompetenz der Anteilseigner eingegangen.

Das Organ der Aktionäre, auf die Unternehmensleitung und -politik maßgeblichen Einfluss zu nehmen, ist die Hauptversammlung. Dort können die Aktionäre grundsätzlich von ihrem Stimmrecht Gebrauch machen. Nach der Feststellung des Jahresabschlusses durch Vorstand und Aufsichtsrat (§ 172 AktG) können diese anschließend bis zur Hälfte des Jahresüberschusses den Gewinnrücklagen zuweisen (§ 58 Abs. 2, S. 1 AktG). Darüber hinaus kann die Satzung die Unternehmensleitung dazu ermächtigen, weitere Teile zu thesaurieren, solange die anderen Rücklagen die Hälfte des Grundkapitals nicht übersteigen (§ 58 Abs. 2, S. 2 und 3 AktG). Über den verbleibenden Jahresüberschuss, den Bilanzgewinn, entscheidet die Hauptversammlung (§ 58 Abs. 4 AktG). Somit postuliert das Aktiengesetz zwar eine Mindestausschüttung in Höhe von 50 Prozent des Jahresüberschusses, allerdings kann die Satzung diesen Betrag so lange bis auf Null reduzieren, wie die anderen Gewinnrücklagen 50 Prozent des Grundkapitals nicht übersteigen.[534]

§ 58 AktG ist auf den Jahresüberschuss des Einzelabschlusses anzuwenden. Diese Regelung erlaubt der Leitung von Konzernobergesellschaften, Mindestausschüttungsregeln zu umgehen, indem gewinnbringende Aktivitäten in Tochterunternehmen verlagert werden und die dort anfallenden Jahresüberschüsse per Stimmrechtsausübung thesauriert werden. „Hierdurch wird die Gewinnverwendungskompetenz der Hauptversammlung des Mutterunternehmens de facto erheblich oder sogar vollständig beschnitten."[535] Die gesetzlichen Regelungen weisen somit der Hauptversammlung im Allgemeinen keine ausreichende Kompetenz zu, Ausschüttungsinteressen effektiv durchzusetzen. Auch von Seiten der Unternehmen wird die Rolle der Hauptversammlung in der Festsetzung der Dividende nicht als wesentlich angesehen.[536]

---

534 Vgl. PELLENS/GASSEN/RICHARD (2003), S. 311. Nach § 254 Abs. 1 AktG kann der Beschluss der Hauptversammlung über die Verwendung des Bilanzgewinns angefochten werden, wenn eine Thesaurierung bei vernünftiger kaufmännischer Beurteilung nicht erforderlich erscheint und eine Dividende von mindestens 4 Prozent des Grundkapitals nicht erfolgt. Die Auslegung der vernünftigen kaufmännischen Beurteilung der Lebens- und Widerstandsfähigkeit der Gesellschaft für einen übersehbaren Zeitraum lässt allerdings große Ermessensspielräume offen. Zudem sind Aktionäre zur Anfechtung nur befugt, wenn ihre Anteile zusammen 5 Prozent des Grundkapitals oder den anteiligen Betrag von 500.000 Euro erreichen (§ 254 Abs. 2 S. 2 AktG).

535 Vgl. ebenda, S. 312. Die von vielen Stimmen geforderte Orientierung von § 58 AktG am Konzernüberschuss hätte in den überwiegenden Fällen höhere Ausschüttungen zur Folge; vgl. ebenda, S. 312; KÜHNBERGER/SCHMIDT (1999), S. 1282 f.

536 Vgl. PELLENS/GASSEN/RICHARD (2003), S. 326.

Neben der Gewinnverwendung ist die Gewinnermittlung von entscheidender Bedeutung. Was nutzt den Anteilseignern das Recht, über die Verwendung des Jahresüberschusses zu entscheiden, wenn das Unternehmen bereits im Rahmen der Auf- und Feststellung des Jahresabschlusses große Handlungsspielräume besitzt, um zum Beispiel (unangemessen) hohe finanzielle Reserven zu bilden? Durch das Vorsichtsprinzip sowie die umfassenden Möglichkeiten von erfolgsmindernder Jahresabschlusspolitik wird die Bemessungsgrundlage Jahresüberschuss generell zu gering veranschlagt.[537]

Zusätzlich ist der Trend zur Präsenz auf deutschen Hauptversammlungen stark rückläufig. Während im Jahr 1998 durchschnittlich noch über 60 Prozent der Dax-Anteilseigner ihr Stimmrecht ausübten, waren es im Jahr 2004 nur noch 46 Prozent.[538] Hierfür verantwortlich ist unter anderem die Lossagung der Sparkassen und Volksbanken vom Service, Stimmrechte im Namen ihrer Depotkunden auszuüben. Des Weiteren sorgen der Rückgang der Aktienanteile von Unternehmen und Banken und der damit verbundene Anstieg des Streubesitzes dafür, dass die Präsenzquote auf der Hauptversammlung kaum noch kalkulierbar ist. Auch der Anteil ausländischer Aktionäre steigt, von denen viele wegen der administrativen Vorschriften[539] von der Teilnahme an der Hauptversammlung abgeschreckt sind. So sinkt zwar der Aktionärsanteil von Unternehmen und Banken, allerdings werden viele Unternehmen immer noch von einzelnen Großaktionären beherrscht bzw. sind auch kleinere Anteile auf Grund des Fernbleibens anderer Aktionäre ausreichend, um eine Abstimmung zu seinen Gunsten zu entscheiden. Bei der als sicher anzusehenden Ausübung dieser Blockstimmrechte besteht die Gefahr, dass die Präferenzen anderer Aktionärsgruppen damit zurückbleiben.

Zusammenfassend bleibt festzuhalten, dass die gesetzlichen Regelungen sowie das Organ der Hauptversammlung insbesondere Aktionären des Streubesitzes keine ausreichende Gewinnverwendungskompetenz zukommen lassen. Damit haben Unternehmen grundsätzlich zwei Möglichkeiten: (1) Unternehmen, die sich an den Eigenschaften und Präferenzen der privaten und institutionellen Anleger im Streubesitz orientieren wollen, können durch die strategische Gestaltung der Ausschüttungspolitik den Bedürfnissen dieser an Bedeutung gewinnenden Aktionärsgruppen entsprechen und einen potenziellen Wertbeitrag durch ein klares Profil schaffen, welches von den Investoren geschätzt wird, (2) Unternehmen, die eine hohe Flexibilität gewährleistende Ausschüttungspolitik präferieren, können ohne die Befürchtung direk-

537 Vgl. KÜHNBERGER/SCHMIDT (1999), S. 1264.

538 Vgl. PFEIL, Marcus (2004), Die Stimme versagt, in: Handelsblatt vom 13. Juli 2004.

539 So müssen ausländische Aktionäre ihre zur Hauptversammlung angemeldeten Aktien beim Unternehmen, einem Notar oder einer Bank hinterlegen.

ter Sanktionen (weiterhin) keine Ausschüttungen bzw. Ausschüttungen auf niedrigem Niveau vornehmen.[540]

4.7 Zusammenfassung

Die vorangegangenen Ausführungen haben gezeigt, dass zum einen jede Theorie aussagt, dass eine bestimmte Marktunvollkommenheit die Dividendenpolitik beeinflusst und zum anderen keine der Theorien diese letztendlich alleinig und uneingeschränkt erklären kann. Nichtsdestotrotz lassen sich vor dem Hintergrund der Ergebnisse aus Kapitel 2 und 3 sowie der empirischen Untersuchungen zu den Dividendentheorien Schlussfolgerungen hinsichtlich der Relevanz der verschiedenen Erklärungsansätze ableiten. Während steuerliche Aspekte sowie Transaktionskosten keine dominante Rolle spielen, zeigt sich, dass vor allem die *Agency*-Theorie einen großen Erklärungsgehalt zur Ausschüttungspolitik von Aktiengesellschaften aufweist. Ferner scheinen verhaltensbasierte Überlegungen im Rahmen der *Behavioral Finance* insbesondere vor dem Hintergrund der aktuellen Kapitalmarktsituation in Deutschland stark an Bedeutung zu gewinnen.

Mit Abstrichen ist hier die *Signaling*-Theorie zu nennen. Wenngleich davon auszugehen ist, dass Manager eines Unternehmens einen Informationsvorsprung gegenüber den Aktionären und damit eine bessere Einschätzung über die zukünftige Geschäftsentwicklung haben, ist jedoch fraglich, ob die Dividendenpolitik ein probates Vehikel zur Übertragung dieser Informationen ist. Die Relevanz der *Signaling*-Theorie erscheint vor dem Hintergrund der empirischen Ergebnisse eher gering. Wenngleich dieses Motiv von vielen Entscheidungsträgern als sehr bedeutend angeführt wird[541], sind die von der *Signaling*-Theorie implizierten Zusammenhänge meist nicht nachzuweisen. Insbesondere das Signalisieren zukünftiger Gewinne bzw. Cashflows erfährt keine empirische Unterstützung. Dividenden geben eher Auskunft über die vergangene und gegenwärtige Ertragslage. Der Versuch vieler Unternehmen, Dividenden zu glätten, führt zudem dazu, dass eine Abhängigkeit zwischen den Dividendenänderungen und zurückliegenden Dividendenentscheidungen und vergangenen Informationen entsteht, was keine Signalwirkung im Sinne der Theorie entstehen lässt.

---

540 Gleichwohl wäre anzunehmen, dass im Vergleich zu Handlungsalternative (1) die Unternehmen im Zuge der Veränderung der Investorenstruktur und damit der Ausschüttungspräferenzen einen indirekten Werteffekt durch die negativere Bewertung einer solchen Ausschüttungspolitik durch den Kapitalmarkt erfahren.

541 Vgl. für den deutschen Markt FRANKFURTER et al. (2002), S. 208, sowie PELLENS/GASSEN/RICHARD (2003), S. 328; für den amerikanischen Markt vgl. bspw. BAKER/POWELL/VEIT (2003), S. 499, sowie BAKER/POWELL/VEIT (2002a), S. 278.

Auch die Beobachtung, dass deutsche Unternehmen im internationalen Vergleich nur unterdurchschnittliche Ausschüttungsquoten und Dividendenrenditen aufweisen und oft nur einen geringen Teil überschüssiger Mittel ausschütten, lässt den Informationsgehalt der Ausschüttungen limitiert erscheinen. Durch das Prinzip der Dividendenkontinuität bzw. kontinuierlicher Erhöhung auf niedrigem Niveau reichen die oft geringen Dividendenänderungen nicht aus, um glaubwürdige Signale zu senden. Auch die im Vergleich zu den angelsächsischen Unternehmen flexiblere Dividendenpolitik deutscher Unternehmen, dass die Dividende angesichts eines Verlustes häufig gesenkt wird, um sie in den anschließenden Jahren wieder zu erhöhen, führt dazu, dass das Signal der Dividendensenkung nicht wie im Sinne der Signal-Theorie die zukünftige und längerfristige Gewinnentwicklung ausdrückt.

Während die *Agency*- ebenso wie die *Signaling*-Theorie versucht, Marktreaktionen auf Ausschüttungsankündigungen durch Informationswirkungen zu erklären, wird jedoch von der Annahme der Verhaltenssicherheit abstrahiert und unterstellt, dass Manager nicht immer im Sinne der Aktionäre handeln, sondern auch eigene Interessen verfolgen. Die Eigentümer können zudem das Verhalten der Manager meist nur begrenzt und oft nur unter erheblichem Aufwand beobachten. Zusätzlich kann die Güte von Entscheidungen des Managements nicht immer hinreichend eingeschätzt werden.

Die *Agency*-Theorie schreibt Ausschüttungen daher eine Kontrollfunktion zu, die verhindert, dass Manager sich der Kontrollwirkung des Marktes entziehen und vorhandene Mittel wertvernichtend investieren. Die entwickelten Kontrollhypothesen im Zusammenhang mit der Ausschüttungspolitik können, insbesondere für relativ große Ausschüttungsänderungen, empirisch gut bestätigt werden. Gemäß der Verschuldungshypothese lässt sich eine negative Beziehung zwischen Verschuldungsgrad und Ausschüttungshöhe feststellen. In gleicher Weise wirken erfolgsabhängige Vergütungsbestandteile bzw. Dividendenklauseln und bis zu einem bestimmten Niveau auch Insideranteile[542]; auch wirken Ausschüttungen dem Überinvestitionsproblem entgegen. Starke empirische Unterstützung findet die *Agency*-Theorie von Seiten der Kapitalmarktkontroll-Hypothese: Höhere Ausschüttungen erhöhen die Wahrscheinlichkeit von externen Finanzierungsmaßnahmen, wodurch Informationsasymmetrien abgebaut werden und beteiligte Parteien wie Marktteilnehmer und Intermediäre als

[542] Es ist jedoch auch zu beachten, dass zwar Verschuldungsgrad, Managementvergütung und Insideranteil als Kontrollsubstitute für Ausschüttungen dienen, ein gewünschter Effekt aber nicht immer eintritt. Es konnte bspw. gezeigt werden, dass Aktienoptionen ohne Dividendenschutz zu einer Reduktion der Dividendenzahlungen führen; das Management handelt dabei jedoch in eigenem Interesse, was zu Lasten der Aktionäre geht. Auch Insideranteile oberhalb eines kritischen Niveaus verstärken die *Agency*-Problematik.

Kontrollinstanz fungieren, was wiederum den Druck auf Unternehmen erhöht, die eigene operative Performance zu erhöhen.

Die Beobachtung, dass deutsche Unternehmen im Vergleich zu den angelsächsischen Unternehmen angesichts eines (temporären) Verlustes ihre Dividende häufiger senken, um sie anschließend wieder zu erhöhen, wurde ebenso auf agencytheoretische Aspekte, nämlich die konzentrierten Besitz- und Kontrollstrukturen deutscher Unternehmen zurückgeführt. In diesem Fall verfügen Unternehmen und Banken als dominante Anteilseigner über ausreichende bzw. andere Informations- und Einflussrechte als Aktionäre des Streubesitzes, wodurch die Dividendenpolitik zur Reduzierung von *Agency*-Problemen von ihrer Funktion verliert. Die oft temporäre Dividendensenkung wird jedoch aus Sicht der Aktionäre im Streubesitz als Verschärfung der *Agency*-Problematik interpretiert.

Einzig die empirische Überprüfung der *Agency*-Theorie in Bezug auf kleine (unerwartete) Ausschüttungsänderungen konnte noch nicht abschließend nachgewiesen werden. Allerdings ist darauf hingewiesen worden, dass die häufig nur marginalen Ausschüttungserhöhungen im Vergleich zu den überschüssigen Mitteln bei Erhöhungen von regulären Dividenden zu klein und die Ausschüttungsquoten tendenziell zu gering sind, um entsprechend positive Marktreaktionen hervorzurufen.[543] So führt das Phänomen der Dividendenglättung dazu, dass Dividenden eine deutlich geringere Volatilität als die Gewinne aufweisen. Werden demnach Dividenden nicht stärker an Gewinn- und Cashflowänderungen angepasst, ist der Disziplinierungseffekt für Manager zu gering, um im Durchschnitt signifikante Zusammenhänge im Sinne der *Agency*-Theorie zu beobachten.

Die in Kapitel 3 beschriebene Änderung der Investorenstruktur bzw. die bereits stattfindende Verschiebung in den Aktionärsstrukturen deutscher Unternehmen lässt darauf schließen, dass agencytheoretische Aspekte der Ausschüttungspolitik in Zukunft eine noch größere Rolle spielen werden. Die zu Lasten der Aktionärsgruppen der Unternehmen und Banken zunehmenden Anteile von in- und ausländischen privaten und institutionellen Investoren sprechen tendenziell für eine Verschärfung des Interessenkonfliktes zwischen Aktionären und Managern. Diese Aktionärsgruppen sind in der Regel schlechter informiert und verfügen nicht über vergleichbare Monitoring- und Kontrollinstrumente wie Unternehmen und Banken, die oftmals entsprechende Aufsichtsratsmandate besitzen oder direkt mit den Unternehmen in Geschäfts- oder Kreditbeziehungen stehen. Folge sind eine größere Informationsasymmetrie und schlechtere Monitoring- und Kontrollmöglichkeiten. Auch die in Zukunft höhere Be-

543 Vgl. LIE (2000), S. 234 f.

deutung der Eigenkapitalfinanzierung in Deutschland wird dafür sorgen, dass die Verschuldung und damit die verpflichtende Wirkung von Fremdkapital tendenziell sinken werden. Hinzu kommen Aspekte limitierter Rationalität insbesondere von privaten Anlegern. In Bezug auf die Ausschüttungspolitik bedeutet dies eine weniger flexible und substanziellere Ausschüttungspolitik, die sowohl die Probleme der Informationsasymmetrie als auch der eingeschränkten Einflussnahme vermindert.

Der Aktienrückkauf wird in Deutschland seit 1998 verstärkt genutzt, wenngleich seit 2002 mit rückläufiger Tendenz. Zwar wird in den bisherigen wenigen Untersuchungen am deutschen Markt die Informationswirkung von Aktienrückkäufen relativ hoch eingeschätzt, jedoch muss sich im Zeitablauf zeigen, ob diese Einschätzung der Marktteilnehmer hält oder ob das Signal analog zu den USA an Glaubwürdigkeit verliert. Dort gewinnen zunehmend andere Motive an Bedeutung, die aus agencytheoretischen Überlegungen jedoch für Aktionäre per se weniger vorteilhaft sind; dazu zählen die Unterlegung von Optionsprogrammen, das Gegenwirken von Verwässerungseffekten bei vor Dividenden ungeschützten Optionen und die Schaffung einer Akquisitionswährung bzw. die Verhinderung einer Übernahme. Diese Motive lassen die Vorteilhaftigkeit des Aktienrückkaufs als Ausschüttungsinstrument eher zweifelhaft erscheinen. Mit zunehmender Entfremdung des Aktienrückkaufs besteht die Gefahr, dass Investoren diesem Instrument als Ausschüttungsverfahren vermehrt skeptisch gegenüberstehen. Diese Einschätzung gilt grundsätzlich ebenso für den deutschen Markt.

Des Weiteren stellt ein (potenzieller) Aktienrückkauf für das Management eine nicht zu unterschätzende ‚strategische' Option dar, indem (1) angekündigte Programme nicht oder nur teilweise ausgeführt werden können, (2) bei Ankündigung das Rückkaufvolumen nicht kommuniziert werden muss[544], (3) selbst angekündigte Rückkaufvolumina nicht verbindlich sind und (4) der Zeitpunkt der Durchführung im Ermessen des Managements liegt.[545] Diese Aspekte können erhebliches Potenzial für Interessenkonflikte zwischen Aktionären und Management bergen. Diese Reihe an Unsicherheiten in Verbindung mit der in Kapitel 3 hergeleiteten Präferenz von Privatanlegern aber auch institutionellen Investoren für (hohe) Barausschüttungen lässt die Vorteilhaftigkeit der Ausschüttungsform ‚Aktienrückkauf' gering erscheinen. Auch fehlt es Aktienrückkäufen gegenüber Dividenden an Verbindlichkeit, was man daran erkennen kann, dass der Großteil von Unternehmen nicht regelmäßig Aktien zurückkauft. Aktienrückkäufe werden in Deutschland nicht als kontinuierliches Ausschüttungsinstrument genutzt und stellen keine echte Alternative zu Dividenden dar. Erst

---

544 Nur 25 Prozent der rückkaufenden Unternehmen kommunizieren im Rahmen ihre Ad hoc-Meldung ein avisiertes Rückkaufvolumen; vgl. PERTLWIESER (2005), S. 178.

545 Die Ermächtigung durch die Hauptversammlung gilt für 18 Monate; vgl. § 71 Abs. 1 S. 7 AktG.

wenn Aktienrückkäufe Dividendenzahlungen in stärkerem Maße substituieren und so volumenmäßig bedeutend werden sowie den Charakter von regelmäßigeren Ausschüttungen bekommen, ist eine Kontroll- und Monitoringfunktion zu erwarten. Ansonsten fehlt es Aktienrückkäufen gegenüber Dividenden an Bedeutung und Nachhaltigkeit, um ähnliche Effekte zu erzielen. Es bleibt zu beobachten, ob die mit der *Signaling*-Theorie und insbesondere mit der Unterbewertungshypothese vereinbaren Überrenditen von Rückkaufankündigungen in Deutschland auch in Zukunft Bestand haben. Bei zunehmend flexibler Handhabung durch das Management und für den Aktionär weniger positiven Motiven besteht die Gefahr, dass das Signal an Glaubwürdigkeit verliert und ähnlich der Entwicklung in den USA die positive Einschätzung der Marktteilnehmer abnimmt.

Unter Berücksichtigung der Ergebnisse zur Bedeutung der verschiedenen Investorengruppen sowie deren Eigenschaften und Präferenzen in Bezug auf die Ausschüttungspolitik von Aktiengesellschaften[546] können in Verbindung mit den Ergebnissen zur Relevanz der Dividendentheorien folgende Haupthandlungsempfehlungen abgeleitet werden:

- Die hohe Relevanz der agencytheoretischen Überlegungen in Verbindung mit der (zukünftig) stärkeren Bedeutung der Aktionärsgruppen im Streubesitz führt dazu, dass im Zweifel höhere Ausschüttungsquoten gewählt werden sollten, auch wenn bzw. gerade weil dadurch die Wahrscheinlichkeit einer externen Finanzierung steigt.[547] Die vergleichsweise geringen Ausschüttungsquoten deutscher Unternehmen und das dadurch hohe Maß an Selbstfinanzierung lassen annehmen, dass deutsche Unternehmen die Kontroll- und Disziplinierungsfunktion des Kapitalmarktes nicht ausreichend in Anspruch nehmen.
- Unternehmen sollten die Erkenntnisse zum Risikoverhalten insbesondere von privaten Anlegern in ihren Ausschüttungsentscheidungen stärker berücksichtigen. Die hohe Unsicherheit in Verbindung mit der gestiegenen Verlustaversion resultiert in einer starken Präferenz für Barausschüttungen. Unter dem Aspekt der begrenzten Rationalität macht somit eine möglichst stete und attraktive Verzinsung in Form einer Dividende die Aktie mit anderen Anlageformen vergleichbarer und attraktiv.

546 Vgl. Abschnitt 3.

547 Auch potenzielle Dividendensenkungen müssen nicht per se negativ aufgenommen werden. In dieser Hinsicht hat sich die Fähigkeit der Investoren gezeigt zu differenzieren. Investoren berücksichtigen bspw., dass Unternehmen, die historisch eher hohe Ausschüttungsquoten hatten und nun zum Beispiel gestiegenen Risiken im Investitions- und Finanzierungsbereich gegenüberstehen, einer stärkeren Innenfinanzierung bedürfen. Voraussetzung für die Akzeptanz ist eine gute Kommunikation der Gründe; vgl. SOTER/BRIGHAM/EVANSON (1996), S. 14 f., HEALY/PALEPU (1998), S. 34.

- Langfristig erfolgreiche Unternehmen vermeiden die Aussendung falscher Signale. Unternehmen sollten daher bspw. nicht beim ersten Verlust die Dividende senken, um sie anschließend wieder zu erhöhen. Ansonsten besteht die Gefahr einer stark negativen Reaktion auf die oft temporäre Senkung oder den Ausfall einer Dividende, da die an Bedeutung zunehmenden Aktionäre im Streubesitz dies als Verschärfung der *Agency*-Problematik interpretieren. Eine weniger flexible, stärker verpflichtende Ausschüttungspolitik wirkt reduzierend sowohl auf die Probleme der Informationsasymmetrie als auch der eingeschränkten Einflussnahme.

- Abgesehen von nicht wiederkehrenden überschüssigen Mitteln sollte die Ausschüttungsform der Dividende Anwendung finden. Speziell die Substitution von Dividendenzahlungen durch Aktienrückkäufe ist kritisch zu hinterfragen. Im Fall der Anwendung von Aktienrückkäufen ist darauf zu achten, dass die Flexibilität dieser Ausschüttungsform nicht zu Ungunsten der Aktionäre ausgenutzt wird. Ansonsten besteht die Gefahr eines Glaubwürdigkeitsverlustes, was die positiven Marktreaktionen, die über die letzten Jahre beobachtet wurden, tendenziell geringer werden lassen würde.

5 Interdependenzen zwischen Investitions-, Finanzierungs- und Ausschüttungspolitik

In Kapitel 3 wurde in der Analyse der einzelnen Investorengruppen festgestellt, dass insbesondere die an Bedeutung gewinnenden in- und ausländischen privaten und institutionellen Anleger eine explizite Ausschüttungspolitik präferieren und das für sie optimale Ausschüttungsniveau tendenziell über dem derzeitigen Niveau in Deutschland liegt. In Kapitel 4 wurde herausgearbeitet, dass insbesondere die *Agency*-Theorie für die Ausschüttungspolitik eine große Bedeutung hat, die impliziert, im Zweifel mehr als weniger auszuschütten. Eine explizite Ausschüttungspolitik kann jedoch Auswirkungen auf das Investitionsprogramm und die Finanzierung haben, wenn Unternehmen durch zum Beispiel höhere Ausschüttungen nicht das ausreichende Kapital verbleibt, um geplante Investitionen durchzuführen. Unterstellt man ein optimales Investitionsprogramm, das heißt, alle Projekte mit einem positiven Kapitalwert sollen durchgeführt werden, dann wäre es in diesem Fall notwendig, die benötigten Mittel durch die Auflösung von Rücklagen bzw. extern zu beschaffen. Nimmt man realistischerweise an, dass das Investitionsprogramm nicht exogen gegeben ist, das Management also die Möglichkeit hat, das Investitionsprogramm zu gestalten, kann der Zwang, externes Kapital zu beschaffen, zum *Underinvestment* führen, das heißt, Unternehmen unterlassen Investitionen, die einen positiven Kapitalwert haben.[548]

Glaubt man nicht an die Planung und Durchführung des optimalen Investitionsprogramms und unterstellt zusätzlich potenzielle Interessenkonflikte zwischen Kapitalgebern und Management (unter Umständen hat das Management andere Gründe, ein Projekt durchzuführen bzw. es hat eine andere Zielfunktion oder ein Kapitalwert ist nicht immer zu bestimmen aus Gründen von Unsicherheit, unvollständiger Information etc.), ist eine explizite Ausschüttungspolitik im Sinne der Kapitalmarktkontroll-Hypothese[549] ein Instrument, das Management und die Anteilseigner in einen stärker involvierenden Prozess einzubinden: Für das Management, indem es sich explizit Gedanken über die Vorteilhaftigkeit der Projekte macht und bei externem Kapitalbedarf dies gegenüber dem Kapitalmarkt begründet, sowie für die Investoren, indem sie Kontrolle über freie Mittel im Unternehmen erlangen und bei Beschaffung von zusätz-

---

548 Vgl. zum Beispiel MYERS/MAJLUF (1984), S. 219. Gründe hierfür können die bei der Kapitalbeschaffung entstehenden Kosten sein oder auch die häufige Resistenz von Unternehmen, Informationen preiszugeben, was im Rahmen einer Kapitalerhöhung oder Kreditaufnahme notwendigerweise erfolgen muss, damit die Kapitalgeber der Finanzierung zustimmen.

549 Vgl. Abschnitt 4.4.2.1 und 4.4.2.2.2.

lich benötigtem Eigenkapital die Entscheidung über die weitere Bereitstellung treffen können.[550]

Diese Überlegungen zeigen, dass die Ausschüttungspolitik nicht von der Finanzierungs- und Investitionspolitik entkoppelt werden kann, weshalb im Folgenden auf die Abhängigkeiten eingegangen wird.

5.1 Interdependenzen von Ausschüttungs- und Finanzierungspolitik

Die Finanzierung von Investitionsprojekten kann einerseits durch Selbstfinanzierung, also die Einbehaltung von Gewinnen erfolgen, andererseits durch externe Mittel in Form von Fremdkapital oder Eigenkapital. Höhere Ausschüttungen gehen zu Lasten der Selbstfinanzierung und führen dazu, dass weniger interne Mittel zur Finanzierung von Investitionen zur Verfügung stehen. Dadurch erhöht sich die Wahrscheinlichkeit, externe Finanzierungsquellen zu nutzen, will man die Dividendenkontinuität[551] wahren. Zusätzlich wird jedoch unabhängig von der Ausgestaltung der Ausschüttungspolitik die Eigenschaft deutscher Unternehmen, eher knapp mit Eigenkapital ausgestattet zu sein, dafür sorgen, dass die externe Eigenkapitalaufnahme in Zukunft stärker an Bedeutung gewinnen wird.

Abbildung 21: Entwicklung der Eigenkapitalquote in Deutschland und im internationalen Vergleich

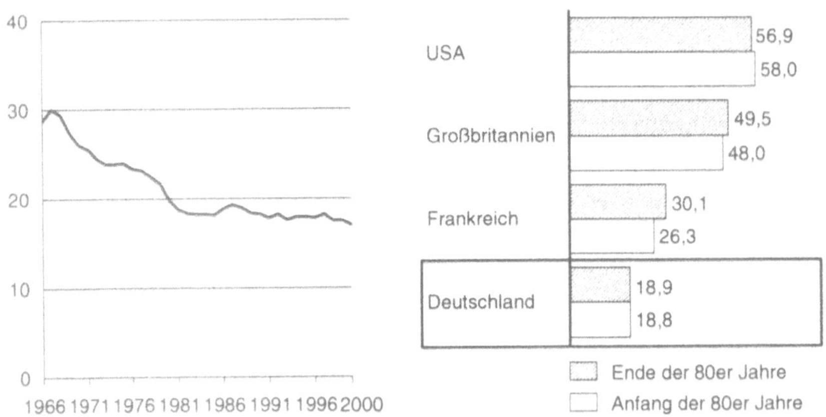

Quelle: Deutsche Bundesbank, OECD, DAI; vgl. DEUTSCHES AKTIENINSTITUT (2003), Kapitel 4.

---

550 Vgl. EASTERBROOK (1984), S. 654.

551 Als ein erklärtes Ziel von Unternehmen; vgl. dazu unter anderem LINTNER (1956).

Nicht nur der internationale Vergleich übt auf deutsche Unternehmen Druck zur Erhöhung der Eigenkapitalquote aus, auch andere Faktoren wie Basel II zwingen Unternehmen tendenziell zu einer höheren Ausstattung mit Eigenkapital.[552] Wie bereits gezeigt gewinnen die Investorengruppen der in- und ausländischen privaten und institutionellen Anleger an Bedeutung. Diese Investorengruppen präferieren wie in Kapitel 3 beschrieben und auch auf Grund der Relevanz von Interessenkonflikten[553] eher höhere und verbindliche Ausschüttungen. Höhere Ausschüttungen würden allerdings den Bedarf an externem Kapital tendenziell weiter erhöhen, was die Notwendigkeit deutscher Unternehmen, zur Mittelaufnahme an den Kapitalmarkt zu gehen, weiter verstärkt. Hierbei wird unter anderem der Aktionärskommunikation – und damit *Investor Relations* – eine wichtige Stellung zukommen, denn Voraussetzung, um die Kapitalgeber von der Vorteilhaftigkeit der Maßnahme zu überzeugen, ist eine gute Kommunikation der Gründe.[554]

Die Mittelaufnahme in Form von Eigenkapital ist mit direkten Kosten und unter Umständen mit negativen Kursreaktionen verbunden. Zwar verringert der von einer Änderung in der Ausschüttungspolitik unabhängige Druck für deutsche Unternehmen, ihre Eigenkapitalausstattung zu verbessern, potenzielle Nachteile, die durch eine Änderung der Ausschüttungspolitik entstehen könnten[555], doch muss dies im Folgenden explizit untersucht werden: Wenn höhere Ausschüttungen zu einer Erhöhung der Wahrscheinlichkeit beitragen, Kapitalerhöhungen durchzuführen, muss der Nutzen dieser Ausschüttungspolitik die etwaigen Kosten aufwiegen. Dieser Frage wird im Anschluss nachgegangen.

5.1.1 Modelle zu Finanzierungsentscheidungen bei asymmetrisch verteilten Informationen

In der Realität ist davon auszugehen, dass Finanzierungsentscheidungen am Emissionsmarkt im Umfeld asymmetrisch verteilter Informationen getroffen werden. Die asymmetrische Verteilung kann die Verhaltensweise der Vertragspartner sowohl vor als auch nach Vertragsabschluss beeinflussen. Vor Vertragsabschluss besteht eine ungleiche Verteilung von Informationen über bewertungsrelevante Sachverhalte und man spricht von *Hidden Information*; nach Vertragsabschluss tritt das Problem nicht

---

552 Eine weitere Ausdehnung der Fremdkapitalfinanzierung ist daher eher unwahrscheinlich, weshalb im Folgenden auf die externe Eigenkapitalaufnahme in Form von Kapitalerhöhungen abgestellt wird.

553 Vgl. hierzu Abschnitt 4.4.2.

554 Vgl. WOOLRIDGE/GHOSH (1998), S. 154.

555 Unter Umständen ist dann eine etwaige Mehraufnahme an externen Mitteln nicht mit signifikanten Kosten verbunden. Im Fall von hohen fixen Emissionskosten kann es sogar vorteilhaft sein, ein höheres Emissionsvolumen zu wählen; vgl. PRÜHER (2000), S. 233.

direkt beobachtbarer und sanktionierbarer Handlungen auf und man spricht von *Hidden Action*.[556] Beide Aspekte sind relevant bei Finanzierungsentscheidungen, da zum einen bei Ankündigung ein potenzieller Informationsvorsprung seitens des Managements besteht, zum anderen nach erfolgter Finanzierungsmaßnahme das Management über die letztendliche Verwendung der aufgenommenen Mittel entscheiden kann. Die Marktteilnehmer werden folglich versuchen, die Signale bei Ankündigung von Finanzierungsentscheidungen zu bewerten und auch einzuschätzen, in welchem Maße Interessenkonflikte über die Verwendung der Mittel bestehen.[557] Die nachfolgenden Arbeiten zu Finanzierungsentscheidungen bilden die theoretische Basis für die Untersuchung der Informationseffekte einzelner Finanzierungsmaßnahmen.

5.1.1.1 Ansatz von Myers/Mailuf (1984)

Das Modell zur *Pecking Order* von Finanzierungsinstrumenten betrachtet den Zusammenhang zwischen Informationsasymmetrien und den Eigenschaften des verwendeten Finanzierungsinstruments und wird als typisches Beispiel für das Auftreten von adverser Selektion[558] angeführt. Informationsasymmetrien können selbst dann, wenn sämtliche verfügbaren Informationen kostenfrei verteilbar wären, dadurch bestehen, dass Manager organisatorisches Wissen über das Unternehmen aufbauen.[559] Die Separierung von Unternehmensbesitz und professionellem Management kreiert so asymmetrische Informationen auf natürliche Weise. Ausgehend von einem Informationsvorsprung des Managements gegenüber den Investoren analysieren rationale Investoren die Finanzierungsentscheidung derart, dass sie aus dem gewählten Finanzierungsinstrument auf den Unternehmenswert und dessen zu erwartende Entwicklung schließen.

Im Modell handeln die Manager im Interesse der passiv verhaltenden Altaktionäre, was bedeutet, dass zusätzliche Aktien ausschließlich von Neuinvestoren erworben

---

556 Vgl. ARROW (1985), S. 38 ff.

557 Vgl. THIES (2000), S. 87.

558 Danach wird am Markt in dauerhaft unter- und überbewertete Unternehmen unterschieden, die verschiedene Verhaltensweisen hinsichtlich des Timings von Kapitalerhöhungen aufweisen. Kapitalerhöhungen werden nur von überbewerteten Unternehmen durchgeführt, während unterbewertete auch bei gegebener Investitionsmöglichkeit so lange mit der Ankündigung einer Kapitalerhöhung warten, bis die Unterbewertung aufgeholt ist. Zur adversen Selektion vgl. die grundlegende Arbeit von AKERLOF (1970), S. 488-500.

559 Vgl. MYERS/MAJLUF (1984), S. 196.

werden.[560] Eine Eigenkapitalemission führt also dazu, dass Ansprüche auf die bestehenden Vermögensteile an neue Aktionäre verkauft und Anteile am Nettobarwert der geplanten Investitionsprojekte für die bestehenden Aktionäre ‚akquiriert' werden. Sind die Vermögenswerte am Markt unterbewertet, können die Kosten der Verwässerung den positiven Nettobarwert des geplanten Projekts übersteigen, und das Management kann im Sinne der Altaktionäre zum Schluss kommen, das Projekt nicht durchzuführen und auf eine Emission zu verzichten.[561] Eine Emissionsankündigung lässt andererseits auf eine Überbewertung des Unternehmens schließen und führt daher zu einer negativen Kursreaktion.[562] Die Autoren zeigen in ihrem Modell, dass der negative Kurseffekt dann geringer ausfällt, wenn die (glaubhaft vermittelbare) Motivation für die Emission nicht der Verkauf von Anteilen eines überbewerteten Unternehmens ist; zum Beispiel, wenn die Projekte so rentabel sind, dass eine unverzügliche Durchführung vorteilhaft ist oder wenn die Unsicherheit über den Wert der bestehenden Vermögenswerte reduziert wird und die Emission dann neue Investitionsmöglichkeiten signalisiert.[563]

Das Modell bietet eine Erklärung, warum Unternehmen tendenziell die Innenfinanzierung der Wertpapieremission vorziehen und, wenn sie emittieren, Fremdkapital gegenüber der Ausgabe von Aktien präferieren[564], und dies bei Verfolgung der Interessen der passiv verhaltenden Altaktionäre. Manager haben jedoch auch mitnichten andere Interessen und Zielfunktionen als die Maximierung des Vermögens ihrer Aktionäre. Daher werden diese beobachteten Phänomene auch anders interpretiert als *Managerial Capitalism*: Der Versuch des Managements, sich der disziplinierenden Wirkung des Kapitalmarktes zu entziehen und die Verpflichtung zu lösen, im Interesse der Anteilseigner zu handeln.[565] Da interne Mittel weder Informationsasymmetrien noch einer Auszahlungsverpflichtung unterliegen, wird eine externe Kapitalaufnahme

---

560 Daneben gibt es die Möglichkeiten, dass das Management im Interesse aller Aktionäre handelt bzw. im Interesse der aktiv verhaltenden Altaktionäre, was bedeutet, dass sie ihr Portfolio anpassen und ein Teil der neuen Aktien auch von Altaktionären erworben wird. Auf Grund empirischer Befunde wie der Tendenz von Unternehmen, von der Innenfinanzierung abzuhängen, Fremdkapital gegenüber Eigenkapital vorzuziehen und der negativen Kursreaktion auf die Ankündigung von Kapitalerhöhungen sehen die Autoren sich in ihrer Annahme über Manager- und Investorenverhalten bestätigt und führen ihr Modell darauf zurück; vgl. ebenda, S. 189 und S. 213-215.

561 Diese Entscheidung kann zum Phänomen des *Underinvestment* und zur suboptimalen Kapitalallokation führen, was eine Reduzierung des Unternehmenswertes zur Folge haben kann.

562 Die in Deutschland vorherrschende Praxis der Kapitalerhöhung über Bezugsrechte kann diesen Konflikt abschwächen, da die Wahrscheinlichkeit steigt, dass Altaktionäre an der Maßnahme teilnehmen und sie daher gleichzeitig auch Neuaktionäre darstellen.

563 Vgl. MYERS/MAJLUF (1984), S. 206. So erweitern AMBARISH/JOHN/WILLIAMS das Modell, indem Finanzierungs- und Investitionsentscheidungen Informationen über die bestehenden Vermögenswerte und/oder den Wert der Wachstumsmöglichkeiten beinhalten. Überwiegen die Wachstumsmöglichkeiten, resultieren positive Kurseffekte; vgl. AMBARISH/JOHN/WILLIAMS (1987), S. 338.

564 Vgl. MYERS/MAJLUF (1984), S. 207 ff.

565 Vgl. ebenda, S. 209.

durch risikobehaftete Finanzierungsinstrumente nur erfolgen, wenn die internen Mittel nicht ausreichen, den erforderlichen Finanzierungsbedarf abzudecken.

5.1.1.2 Ansatz von Miller/Rock (1985)

Das Modell vom *Cashflow Signaling* geht von der Annahme aus, dass das Management gegenüber den Investoren einen Informationsvorsprung hinsichtlich der Abweichungen der laufenden Erträge von den erwarteten Werten besitzt, jedoch symmetrische Informationen über den Umfang geplanter Investitionen und den Unternehmenswert bestehen, der sich aus den erwarteten Cashflows ergeben würde. Da die Aufnahme von Finanzierungsmitteln mit der Mittelverwendung im Gleichgewicht stehen muss, können die Investoren die beobachteten Investitions- und Finanzierungsankündigungen als Hinweis auf unerwartete Gewinne, das heißt auf die Höhe der Abweichungen in den Cashflows nutzen.[566]

Der Kapitalmarkt interpretiert folglich eine unerwartete Veränderung der Dividendensumme – definiert als Differenz aus Dividendenzahlung und aufgenommenen Finanzierungsmitteln – als Signal für eine mögliche Ertragsveränderung.[567] Da das geplante Investitionsprogramm und damit die Profitabilitäten bekannt sind, impliziert ein unerwarteter Finanzierungsbedarf niedrigere als angenommene Gewinne[568]; das vorhandene Kapital ist nicht ausreichend. Der Ankündigungseffekt einer Kapitalerhöhung entspricht dem Dividendeneffekt, nur bei umgekehrten Vorzeichen. Wurde ein positiver Netto-Cashflow erwartet, kann ein Unternehmen durch die Auszahlung einer höher als erwarteten Dividende oder durch Verzicht auf eine erwartete Außenfinanzierung einen positiven Kurseffekt herbeiführen, selbst wenn dadurch auf Investitionen verzichtet werden muss[569], was die Kosten des *Signaling* in Form entgangener Investitionserträge darstellt (*Underinvestment*).[570]

Die Annahme eines bekannten und konstanten Investitionsprogramms schränkt allerdings die Verwendbarkeit des Modells stark ein. In der Praxis werden Investitionsprogramme revidiert bzw. neue Projekte erschlossen, die zu einem früheren Zeitpunkt noch nicht bekannt waren. Dadurch können unerwartete Finanzierungsmaß-

---

566 Vgl. auch Gleichung (4.5) in Abschnitt 4.4.1.1.

567 Vgl. MILLER/ROCK (1985), S. 1037.

568 Dies weist darauf hin, dass der Erwartungswert des zufälligen Elements ε beim Ertrag der Investition negativ war und die Gewinne niedriger ausfallen als erwartet; vgl. ebenda, S. 1038.

569 Vgl. ebenda, S. 1032. Zwar wird der Markt im Zeitablauf aus dem Verhalten des Unternehmens lernen und der Preiseffekt wird verschwinden, aber Investoren, die zwischenzeitlich ihre Anteile verkaufen, erzielen auf Kosten der verbleibenden Aktionäre einen überhöhten Preis. Auch Manager, die am kurzfristigen Aktienerfolg gemessen werden, haben einen Anreiz zur beschriebenen Handlungsweise.

570 Vgl. MILDE (1990), S. 334 ff.

nahmen nicht nur als Kompensation eines Ertragsrückgangs interpretiert werden, sondern auch als Finanzierung nicht-antizipierter, vorteilhafter Projekte. In diesem Zusammenhang hat das Modell von MILLER/ROCK jedoch für den deutschen Kapitalmarkt eine besondere Bedeutung, nämlich zur Erklärung der Ausschüttungswirkung von Bezugsrechtsemissionen.

Können die Informationen über die Vorteilhaftigkeit nicht-antizipierter Investitionsprojekte glaubhaft an den Kapitalmarkt weitergegeben werden, sind auch positive Kurseffekte auf Grund dieser Art von Finanzierungsmaßnahmen durch die Ausgestaltung der Bezugskonditionen denkbar. Bezogen auf das Emissionsvolumen, das annahmegemäß ex ante festgelegt wird, ist die Anzahl neu auszugebender Aktien umso größer, je niedriger der Bezugskurs gewählt wird. Abgeleitet aus dem Dividendenbarwertmodell hat eine Aktienemission in diesem Fall unter der Voraussetzung einer Politik der Dividendenkontinuität eine positive Ausschüttungswirkung.[571] Unter der Annahme einer konstanten Dividende (was eine Voraussetzung für die Signalwirkung ist) bedeutet dies, dass das Management über die Festlegung der Bezugskonditionen der Kapitalerhöhung zur Finanzierung zusätzlicher Investitionen dem Kapitalmarkt deren gute Ertragserwartungen signalisiert, denn nur in diesem Fall ist es möglich, dauerhaft eine gleich bleibende Stückdividende auf die gestiegene Anzahl von Aktien zu zahlen. Wird hingegen in jedem Jahr eine beliebige Dividende gezahlt, verliert die Emission neuer Aktien ihre Ausschüttungswirkung und stellt auch kein Signal an den Markt mehr da.

5.1.1.3 Ansatz von John/Williams (1985)

In ihrem Modell leiten die Autoren ein Gleichgewicht her, in dem es rational ist, Dividendenzahlungen und Aktienemissionen parallel zu tätigen. Die Emission neuer Aktien führt zwar zu einer Verwässerung der Anteile von Altaktionären, jedoch können Dividenden diesen Effekt vermindern. Unternehmen werden neue Aktien emittieren, wenn der Cashflow nicht ausreicht, um die geplanten Investitionsprojekte durchzuführen und gleichzeitig Dividenden zahlen.

Eine Dividendenerhöhung signalisiert im Umfeld asymmetrisch verteilter Informationen positive Informationen über die zukünftige Ertragslage. Erkennen Investoren dieses Signal, welches mit Kosten in Form von Steuern verbunden ist, steigt der Unter-

---

[571] Vgl. BOLLINGER (1999), S. 118. Zur Herleitung des Modells vgl. zum Beispiel STEINER/UHLIR (2001), S. 112 ff.

nehmenswert.[572] Übersteigt der Investitionsbedarf den Cashflow, reduzieren höhere Preise die Anzahl neu zu emittierender Aktien, was wiederum den Verwässerungseffekt einer Kapitalerhöhung vermindert. Dieser Vorteil führt in Verbindung mit dem Steuernachteil höherer Dividenden zu einem Gleichgewicht. Unternehmen sollten folglich im Vorfeld einer Aktienemission Dividenden zahlen, soweit der gemeinsame Effekt von Emission und vorhergehender Dividende positiv ausfällt. Unter allen signalisierenden Unternehmen zahlen solche mit positiveren Insider-Informationen höhere Dividenden und erreichen größere Preiseffekte.[573] Werden keine externen Mittel benötigt, verliert das Signal höherer Dividenden seinen Wert.

5.1.1.4 Ansatz von Jensen (1986)

Die *Free-Cashflow*-Hypothese fußt auf der Annahme von *Agency*-Problemen, die sich aus der Trennung von Eigentum und Kontrolle ergeben. Da Auszahlungen die den Managern zur Verfügung stehenden Ressourcen reduzieren, bestehen Anreize, den eigenen Nutzen und Einfluss zu erhöhen, indem ein Unternehmenswachstum auch über die optimale Größe hinaus angestrebt wird.[574] Ein derartiges Verhalten führt dazu, dass in Projekte mit negativem Kapitalwert investiert wird (*Overinvestment*).

Bei der Ankündigung einer Kapitalerhöhung wird der Markt prüfen, ob das Unternehmen über entsprechend rentable Investitionsmöglichkeiten verfügt. Da Informationssymmetrie hinsichtlich der bestehenden Vermögenswerte und laufenden Cashflows besteht, signalisiert eine unerwartete Kapitalaufnahme ein höher als geplantes Investitionsaufkommen. Nach der Überinvestitionshypothese wird erwartet, dass Kapitalerhöhungen, die eine Zufuhr von finanziellen Mitteln darstellen, die Gefahr von Überinvestitionen erhöhen und demnach negative Kursreaktionen auslösen. Besonders ausgeprägt ist dieser Effekt bei reiferen Unternehmen bzw. in Branchen mit geringen Wachstumsaussichten. Im Zuge einer zunehmenden Orientierung am *Shareholder Value* sollten derartige Maßnahmen vom Kapitalmarkt zumindest langfristig sanktioniert werden, wenn der Markt keine profitablen Investitionsmöglichkeiten für das Unternehmen voraussieht.[575] Überschüssige Cashflows, das heißt Mittel, die über jene hinausgehen, die für die Finanzierung von Projekten mit positivem Kapitalwert und zur Bedienung von Fremdkapital erforderlich sind, sollten daher in Form von

---

572 Vgl. JOHN/WILLIAMS (1985), S. 1054. Der Effekt ist dabei umso stärker, je größer die Asymmetrie der Informationen ist, was unter anderem dazu führt, dass einige Unternehmen keine Dividenden zahlen, da der Mehrnutzen in Form einer geringeren Verwässerung die Kosten der Dividende nicht übersteigt.

573 Vgl. ebenda, S. 1055.

574 Vgl. JENSEN (1986), S. 323.

575 Vgl. THIES (2000), S. 91.

Dividenden und Aktienrückkäufen an die Anteilseigner ausgeschüttet bzw. in Fremdkapital, das mit fixen Zahlungsverpflichtungen verbunden ist, umgewandelt werden. Andererseits ist für Unternehmen mit einem sehr hohen Verschuldungsgrad[576], die in Wachstumsmärkten tätig sind, eine positive Kursreaktion zu erwarten, da bei diesen Unternehmen die Gefahr der Unterinvestition deutlich gemindert ist.[577]

Auch der Umfang der Anteile am Unternehmen, die Manager halten, und die Vergütungsstruktur spielt hierbei eine Rolle. Zum einen wird die Gefahr von Überinvestition erhöht, wenn Manager am Umsatz oder an der bilanziellen Unternehmensgröße gemessen werden. Zum anderen müssen im Eigeninteresse handelnde Manager, die nicht zugleich Volleigentümer sind, die Kosten der nicht-pekuniären Vorteile, die sie aus ihrer Tätigkeit ziehen, nicht allein tragen. Bei rationalen Erwartungen werden die Aktionäre erkennen, dass das Management diese Vorteile bei der Reduzierung ihrer Anteile wie im Falle einer Kapitalerhöhung, an der das Management nicht entsprechend seines Anteils teilnimmt, erhöhen wird.[578]

5.1.1.5 Zwischenfazit

Die Modelle zu Finanzierungsentscheidungen implizieren, dass Kapitalerhöhungen tendenziell in Phasen steigender Kurse, also bei einer Überbewertung durchgeführt werden. Da Anleger das Verhalten der Manager antizipieren, wird daraus geschlossen, dass dieser Effekt umso stärker auftritt, je größer die Asymmetrie in der Informationsverteilung ist.[579] Unternehmen können also, indem sie aktiv Informationsasymmetrien und Interessenkonflikte reduzieren, negative Kurseffekte bei Kapitalerhöhungen reduzieren bzw. vermeiden. Diese Erkenntnis wird umso wichtiger, als deutsche Unternehmen in den nächsten Jahren verstärkt externes Eigenkapital beschaffen müssen, um ihre Eigenkapitalquote zu erhöhen oder im Falle höherer Ausschüttungen gegebenenfalls zusätzliches Kapital benötigen. Auch die Theorie des *Managerial Capitalism* verstärkt die Notwendigkeit, Informationsasymmetrien aktiv abzubauen und sich einer stärker verpflichtenden Disziplinierung durch den Kapitalmarkt zu unterstellen, zum Beispiel durch den Zwang der Erzielung einer konstanten und substanziellen Ausschüttung. Unternehmen, die wirklich im langfristigen Interesse der Anteilseigner handeln wollen, ist daher zu empfehlen, die Möglichkeiten der Dividen-

---

576 Nach der Kontrollhypothese reduziert Fremdkapital auf Grund der festen finanziellen Tilgungs- und Zinsverpflichtungen den Managern zur Verfügung stehenden freien Cashflow; vgl. JENSEN (1986), S. 324.

577 Vgl. STULZ (1990), S. 3.

578 Vgl. BOLLINGER (1999), S. 87.

579 Vgl. ebenda, S. 84.

den- und Finanzierungspolitik zu nutzen, um Reputation und Vertrauen bei den Kapitalmarktteilnehmern aufzubauen.

In Deutschland unterscheidet sich die Praxis in der Art der Emission: Während in den USA fast ausschließlich freie Emissionen durchgeführt werden[580], bilden nach deutschem Recht Bezugsrechtsemissionen den größten Teil der durchgeführten Kapitalerhöhungen.[581] Es ist jedoch fraglich, ob die *Signaling*-Modelle auf den deutschen Markt übertragbar sind. Antizipieren die Marktteilnehmer, dass das Management in ihrem Interesse handelt[582], werden sie die ihnen über das Bezugsrechtsverfahren angebotenen Aktien beziehen und so an dem positiven Kapitalwert teilhaben; die *Pecking Order*, die unterstellt, dass Altaktionäre nicht an der Kapitalerhöhung teilnehmen, wäre dann nicht übertragbar.[583] Aktienemissionen dürften bei Bezugsrechtsemissionen daher keinen negativen Einfluss auf den Aktienkurs aufweisen.[584] Andererseits werden Transaktionskosten in den Modellen vernachlässigt. Führt ein Unternehmen trotz Transaktionskosten eine Kapitalerhöhung durch, lässt dies *ceteris paribus* darauf schließen, dass der Vorteil aus der Verwendung der neu zufließenden Mittel die Kosten der Emission übersteigen; ein positiver Preiseffekt wäre die Folge.

Ein anderer Aspekt beschreibt die Wirkung der Wahl des Bezugskurses. Aus den Ausführungen zum Ausschüttungseffekt[585] von Aktienemissionen lässt sich zeigen, dass zwischen der Dividendenpolitik von Unternehmen und einer Kapitalerhöhung mit Bezugsrechten ein direkter Zusammenhang besteht, wenn sich die Anleger bei ihrer Entscheidung am Dividendensatz orientieren. Dann hat die Ankündigung einer Kapitalerhöhung einen Signaleffekt, dessen Beurteilung von der Höhe des Bezugskurses abhängt. Bezogen auf das Emissionsvolumen, das annahmegemäß ex ante festgelegt wird, ist die Anzahl neu auszugebender Aktien umso größer, je niedriger der Bezugskurs gewählt wird. Die Höhe der Ausschüttungssumme bei konstanter Stückdividende hängt von der Zahl der dividendenberechtigten Aktien ab. Je höher die Anzahl der neuen Aktien, desto stärker muss der Gewinn und damit die Ausschüttungssumme steigen, um eine unveränderte Stückdividende zahlen zu können.[586] Bei asymmetrischen Informationen kennen die Anleger den Wert des Investi-

---

580 ECKBO/MASULIS ermitteln, dass im Zeitraum von 1963 bis 1981 weniger als 5 Prozent aller Kapitalerhöhungen der an der *New York Stock Exchange* und *American Stock Exchange* notierten Unternehmen Bezugsrechtsemissionen waren. Seit 1981 kommen diese so gut wie gar nicht mehr vor; vgl. ECKBO/MASULIS (1992), S. 294.

581 Selbst nach der Erleichterung des Ausschlusses von Bezugsrechten seit 1994 ist die Mehrzahl der Emissionen weiterhin mit einem Bezugsrecht verknüpft; vgl. THIES (2000), S. 171.

582 Diese Annahme wird in den Modellen von MYERS/MAJLUF und JOHN/WILLIAMS unterstellt; vgl. MYERS/MAJLUF (1984), S. 188; JOHN/WILLIAMS (1985), S. 1054.

583 Vgl. MYERS/MAJLUF (1984), S. 195.

584 Vgl. PADBERG (1995), S. 132.

585 Vgl. auch Abschnitt 5.1.1.2.

586 Abgesehen von der Möglichkeit der Auflösung von Rücklagen zur Bedienung der Dividende.

tionsprojekts nicht ohne weiteres. Über die Festlegung des Bezugskurses kann das Management ein Signal über die Ertragsaussichten des Projekts senden: Ein niedriger Bezugskurs bedingt eine große Anzahl neuer Aktien, die nur bei guten Ertragsaussichten, also zukünftig höheren Gewinnen, mit einer konstanten Stückdividende bedient werden können bzw. bei einem konstanten Gewinn zur Erhöhung der Ausschüttungsquote führt. Unter der Annahme der konstanten Ausschüttungspolitik ist bei der Ankündigung einer Emission eine negative Beziehung zwischen dem Emissionskurs und der erzielten Überrendite zu erwarten.[587] Die These der Irrelevanz der Höhe des Bezugskurses[588] verliert dann ihre Gültigkeit, wenn die Anleger sich an der Ausschüttungssumme orientieren.

Um den Erklärungsgehalt der verschiedenen Theorien und Ansätze zu Kapitalerhöhungen weiter zu überprüfen, wird im Folgenden auf die empirischen Ergebnisse eingegangen.

5.1.2 Empirische Evidenz zu indirekten Kosten von Kapitalerhöhungen

Prinzipiell kann bei der Messung der Kurseffekte von Kapitalerhöhungen danach unterschieden werden, welcher Zeitraum der Untersuchung zugrunde lag: vor Ankündigung, bei Ankündigung oder danach. Auf informationseffizienten Märkten kommt dem Ankündigungszeitpunkt die größte Bedeutung zu. Wenn die Veröffentlichung der Information ‚Kapitalerhöhung' einen Informationswert hat, der zu einer Revision der Markterwartungen führt, sollten Kursreaktionen zum Zeitpunkt der Ankündigung zu beobachten sein.[589] Das Kursverhalten vor und nach Ankündigung gibt dagegen Aufschluss darüber, in welchem Umfang Informationen bereits vor Ankündigung an den Markt gelangen bzw. mit welcher Geschwindigkeit neue Informationen verarbeitet werden.[590]

Da die Bezugsrechtsemission in Deutschland das dominante Verfahren ist, werden die Ergebnisse dieses Verfahrens für die Ankündigung und die Zeit danach im Folgenden stärker detailliert.[591]

Zuvor wird kurz auf die Untersuchungen zur Kursentwicklung in der Vorankündigungsperiode eingegangen, die jedoch nur begrenzten Aufschluss über das Timing

---

587 Vgl. BOLLINGER (1999), S. 122.

588 Vgl. zum Beispiel HARTMANN-WENDELS (1986), S. 14 ff.

589 Die kurzfristige abnormale Rendite als Ausdruck des mit Kapitalerhöhungen verbundenen Informationseffekts wird allerdings in jüngeren Studien in Zweifel gezogen; vgl. LOUGHRAN/RITTER (1995), S. 49.

590 Vgl. PADBERG (1995), S. 163.

591 Für eine ausführlichere Diskussion der Effekte bei allen Verfahren und unter Einbezug weiterer Kapitalmärkte vgl. THIES (2000), S. 164-263; PADBERG (1995), S. 164-180.

von Kapitalerhöhungen geben. Während am amerikanischen Kapitalmarkt signifikante Überrenditen gemessen wurden[592], waren in Deutschland deutlich geringere Werte zu beobachten.

Tabelle 1: Abnormale Renditen in der Vorankündigungsperiode

Autor (Jahr)	**Abnormale Rendite**[1]	**Periode**	**Stichprobe**	**Intervall**[2]
Brakmann (1993)	6,2%[k.A.]	1978 - 1988	126	T [-141,-22]
Heiden et al. (1997)	2,0%[k.A.]	1981 - 1990	129	T [-30, -3]
Bollinger (1999)	4,8%[5%]	1980 - 1992	621	T [-249,-1]
Thies (2000)	12,7%[k.A.]	1974 - 1995	1180	M [-12, -1]
Burkhardt (2003)	12,2 - 14,3%[1%,3]	1974 - 1994	527	T [-365, -1]
	4,8%[1%]	1974 - 1994	527	T [-60,-1]

[1] Unter Angabe des Signifikanzniveaus
[2] T steht für Tage, M für Monate
[3] Je nach verwendetem Referenzindex

Quelle: BRAKMANN (1993),S. 295; HEIDEN/GEBHARDT/BURKHARDT (1997), S. 52; BOLLINGER (1999), S. 210; THIES (2000), S. 414; BURKHARDT (2003), S. 201 und S. 205.

Die Ergebnisse lassen sich grundsätzlich mit den theoretischen Überlegungen in Einklang bringen, dass Kapitalerhöhungen eine Überbewertung des emittierenden Unternehmens signalisieren.[593] Die Werte für den deutschen Markt sind allerdings deutlich geringer. Die niedrigeren Werte lassen sich mitunter durch das Platzierungsverfahren mit Bezugsrechten erklären. **ECKBO/MASULIS (1992)** ermitteln für das *Firm Commitment* für T [-60, -2] bei Industrieunternehmen eine abnormale Rendite von

---

592 ASQUITH/MULLINS messen im Zeitraum T [-480, -10] eine abnormale Rendite von 40,4 Prozent bei Platzierung von Aktien aus der Kapitalerhöhung und 21,4 Prozent bei Platzierung von Aktien aus Altbesitz, während KORAJCZYK/LUCAS/MCDONALD im Zeitraum T [-250, -2] einen *Run-Up* von 40,0 Prozent bzw. 27,5 Prozent beobachten; vgl. ASQUITH/MULLINS (1986), S. 75; KORAJCZYK/LUCAS/MCDONALD (1990), S. 265.

593 BOLLINGER fasst die Ergebnisse ihrer Studie wie folgt zusammen: „Im Durchschnitt aller Kapitalerhöhungen trifft es auch für den deutschen Markt zu, dass Kapitalerhöhungen dann platziert werden, wenn die Aktien der emittierenden Gesellschaft eine hohe Bewertung aufweisen." BOLLINGER (1999), S. 213.

12,1 Prozent, während für *Standby Rights* nur 4,6 Prozent gemessen wurden.[594] Dies lässt darauf schließen, dass Unternehmen bei Kapitalerhöhungen mit Bezugsrechten keinen übermäßigen Anreiz verspüren, Überbewertungen auszunutzen, sowie Timing und Finanzierungsstrategie nicht explizit darauf abstellen.[595] Bezugsrechte wirken einem Verwässerungseffekt entgegen und können diesen bei vollem Bezug der neuen Aktien durch die Altaktionäre sogar ausschließen; zusätzlich ist das *Adverse Selection*-Problem bei Bezugsrechtsemissionen niedriger.[596] Der Anreiz zur Ausnutzung von Überbewertungen ist bei *Firm Commitments* zu Lasten der Neuaktionäre höher.

Darüber hinaus lassen die relativ geringen Überrenditen von deutschen Unternehmen in der Vorankündigungsperiode die Hypothese anzweifeln, dass Unternehmen eine Überbewertung zur Durchführung einer Kapitalerhöhung systematisch ausnutzen.[597] Es ist ebenso anzunehmen, dass im Vorfeld der Kapitalerhöhung Informationen über zukünftige Investitionsmöglichkeiten an den Markt gelangen und die Kursentwicklung diese positiven Aussichten (zu Recht) reflektiert.[598] Die Emissionsankündigung ist dann nur damit zu begründen, dass diese Projekte finanziert werden müssen.

---

594 Vgl. ECKBO/MASULIS (1992), S. 320-321. Für *Uninsured Rights* ist die abnormale Rendite mit -2,4 Prozent sogar negativ.

595 Vgl. THIES (2000), S. 202.

596 Vgl. ECKBO/MASULIS (1992), S. 313.

597 „Die Emission in eine Hausse-Phase hinein [...] gelingt im Durchschnitt nicht.“ BOLLINGER (1999), S. 214.

598 Vgl. KORAJCZYK/LUCAS/MCDONALD (1990), S. 262.

5.1.2.1 Kursreaktion in der Ankündigungsperiode

Die Kurseffekte in der Ankündigungsperiode bei freien Emissionen sind in den USA sehr gut dokumentiert. Die empirischen Studien stellen eine negative Kursreaktion am Tag der Ankündigung fest, wie Tabelle 2 zeigt.

Tabelle 2: Kursreaktion bei der Ankündigung von Finanzierungsmaßnahmen in den USA

	Industrieunternehmen		Versorger		Banken	
Emittierte Titel	Abnormale Rendite	Stichprobe	Abnormale Rendite	Stichprobe	Abnormale Rendite	Stichprobe
Stammaktien	-2,62$^{1\%}$ bis -3,34%$^{1\%,1}$	128 - 389	-0,80%$^{1\%,2}$	646	-1,0%$^{5\%,3}$	47
Vorzugsaktien	-1,30%^{NS,4}	14	0,18%$^{5\%,4}$	201	-1,36%^{NS,4}	5
Wandelanleihen	-2,31%$^{1\%,5}$	132	--	--	--	--
Festzinsanleihen	-0,37%$^{10\%,5}$	150	0,13%^{NS,6}	140	--	--

Quelle: [1] *ASQUITH/MULLINS (1986), S. 71; MASULIS/KORWAR (1986), S. 105; ECKBO/MASULIS (1992), S. 320; HULL/KERCHNER (1996), S. 62;*
[2] *ECKBO/MASULIS (1992), S. 320;*
[3] *SLOVIN/SUSHKA/POLONCHEK (1991), S. 641;*
[4] *LINN/PINEGAR (1988), S. 169-170;*
[5] *DANN/MIKKELSON (1984), S. 171;*
[6] *ECKBO (1986), S. 137.*

Die stärksten Kursreaktionen sind bei der Ankündigung von Stammaktien und Wandelanleihen zu beobachten, während bei der Ankündigung von Festzinsanleihen und Vorzugsaktien nur schwach negative Kurseffekte festzustellen sind. Vorzugsaktien stellen zwar rechtlich Eigenkapital dar, doch wirtschaftlich sind sie auf Grund der mit ihnen verbundenen Privilegien mit Fremdkapitaltiteln vergleichbar.[599] Diese Ergebnisse bestätigen in ihrer Grundtendenz die *Pecking Order*-Theorie.

Die weniger negativen Kursreaktionen bei Versorgungsunternehmen und Banken deuten auf die Relevanz von institutionellen Faktoren hin und bestätigen offenbar die Relevanz von Informationskosten nach MYERS/MAJLUF, wonach das Maß an Informationsasymmetrie zwischen Emittent und Investoren für Richtung und Stärke des Kurseffekts entscheidend ist.[600] Die Informationsasymmetrie ist bei Versorgern und Banken weniger ausgeprägt, da diese Branchen strengen Regulierungsmechanis-

599 Vgl. BREALEY/MYERS (2000), S. 392.
600 Vgl. MYERS/MAJLUF (1984), S. 189.

men unterliegen.[601] Zusätzlich beanspruchen insbesondere Versorgungsunternehmen regelmäßig den Kapitalmarkt zur Mittelaufnahme, was dazu führt, dass die Marktteilnehmer die Emission antizipieren und/oder die Qualität der Finanzierungsankündigung besser einschätzen können.[602]

In Deutschland werden Kapitalerhöhungen überwiegend mit Bezugsrechten durchgeführt. Während in den USA bei der Emission junger Aktien mit Bezugsrechten die negativen abnormalen Renditen bestätigt wurden (wenngleich sie im Vergleich zum *Firm Commitment* weit weniger negativ ausfallen)[603], zeigen hingegen Untersuchungen am deutschen Markt durchweg positive abnormale Renditen bei Ankündigung.

Tabelle 3: Kursreaktionen bei Ankündigung von Bezugsrechtsemissionen

Autor (Jahr)	**Abnormale Rendite**[1]	**Periode**	**Stichprobe**	**Intervall**
Brakmann (1993)	1,1%[1%]	1978 - 1988	126	T [-1, 0]
Padberg (1995)	1,1%[1%]	1972 - 1991	479	T [-1, 1]
Heiden et al. (1997)	0,1%[NS]	1981 - 1990	190	T [-2, 1]
Bollinger (1999)	0,6%[5%]	1980 - 1992	120	T [-1, 0]

[1] Unter Angabe des Signifikanzniveaus

Quelle: *BRAKMANN (1993), S. 230; PADBERG (1995), S. 231; HEIDEN/GEBHARDT/BURKHARDT (1997), S. 50; BOLLINGER (1999), S. 215.*

Als Ursache für die vom amerikanischen Markt unterschiedlichen Ergebnisse wird vor allem der Ausschüttungseffekt von Bezugsrechtsemissionen angeführt. Kann eine konstante Dividendenpolitik unterstellt werden, interpretiert der Markt die Finanzierungsentscheidung, insbesondere die Ausgestaltung der Bezugskonditionen, als Signal für die zukünftigen Unternehmenserträge.[604] Durch eine entsprechende Gestaltung der Emissionskonditionen kann eine positivere Aufnahme durch den Markt erreicht werden als bei freien Emissionen. So zeigt **BOLLINGER (1999)** für T [-1, 0] bei kleinen Bezugsverhältnissen (bis 5 : 1), das heißt, eine höhere Anzahl neuer Aktien,

[601] Vgl. THIES (2000), S. 245; WANSLEY/DHILLON (1989), S. 232.

[602] Vgl. PADBERG (1995), S. 349.

[603] ECKBO/MASULIS ermitteln für T [-1, 0] bei *Standby Rights* eine signifikante abnormale Rendite von -1,0 Prozent für Industrieunternehmen und -0,5 Prozent für Versorger; bei *Uninsured Rights* ergeben sich nicht-signifikante Renditen von -1,4 Prozent bzw. 0,2 Prozent; vgl. ECKBO/MASULIS (1992), S. 321.

[604] Vgl. PADBERG (1995), S. 404.

eine signifikante abnormale Rendite von 1,4 Prozent, während für größere Bezugsverhältnisse lediglich 0,2 Prozent (nicht-signifikant) beobachtet wurden.[605] Auch die Höhe des Bezugskurses unterstützt die Ausschüttungshypothese. Der Ankündigungseffekt bei zum aktuellen Aktienkurs relativ niedrigen Bezugskursen beträgt 1,2 Prozent und ist statistisch signifikant, verglichen mit -0,1 Prozent bei relativ hohen Bezugskursen.[606]

PADBERG (1995) ermittelt einen relativen Bezugskurs bei Banken und Industrieunternehmen von etwa 60 Prozent des aktuellen Aktienkurses und sieht ebenso die Ausschüttungshypothese bestätigt.[607] Auch **BÖTTCHER (1980)** bestätigt in seiner Untersuchung von 971 Kapitalerhöhungen im Zeitraum von 1974 bis 1975 die Signalwirkung des Bezugskurses. Er vergleicht die Entwicklung der Stückdividende vor und nach der Kapitalerhöhung und stellt fest, dass Kapitalerhöhungen nahezu keinen Einfluss auf die kurzfristige Dividendenpolitik ausüben, das heißt, die Dividende pro Aktie konstant bleibt.[608]

Ferner zeigt **BRAKMANN (1993)** die Bedeutung des Ausschüttungseffekts und der Dividendenpolitik für die Kursreaktion bei Ankündigung einer Kapitalerhöhung. Unternehmen, die mit der Emissionsankündigung einen Hinweis zur Dividendenpolitik geben, erzielen eine abnormale Rendite für T [-1, 0] von 1,7 Prozent verglichen mit 0,2 Prozent für die Unternehmen ohne Hinweis.[609] Dabei behält ein Großteil der Emittenten (86,5 Prozent der Stichprobe) die Stückdividende sowohl vor als auch im Jahr nach der Kapitalerhöhung mindestens konstant.[610] Dieses Ergebnis unterstreicht die Bedeutung der Informationspolitik des Unternehmens für die Kursreaktion.[611]

Die Aufstockung des Eigenkapitals hat im Gegensatz zum amerikanischen Markt, primär bedingt durch die Emissionsart mit Bezugsrechten in Verbindung mit dem Ausschüttungseffekt, keine negative Wirkung. Die Wahl eines eher niedrigen Bezugskurses in Verbindung mit der Verpflichtung, die Dividende konstant zu halten, kann einen positiven Effekt der Emission verstärken und die Glaubwürdigkeit der Informationen und des Unternehmens erhöhen.

---

605 Vgl. BOLLINGER (1999), S. 220. Auch der Anteil positiver Werte als Maß dafür, inwieweit der Durchschnitt durch wenige extreme Werte geprägt ist, ist bei kleinen Bezugsverhältnissen mit über 70 Prozent signifikant.

606 Vgl. ebenda, S. 221.

607 Vgl. PADBERG (1995), S. 342-345. Der Effekt in Deutschland ist dabei im internationalen Vergleich stark ausgeprägt. In den USA wurden relative Bezugskurse über 90 Prozent beobachtet; vgl. SINGH (1997), S. 112 f.

608 Vgl. BÖTTCHER (1980), S. 502 ff.

609 Vgl. BRAKMANN (1993), S. 319. Auch HEIDEN/GEBHARDT/BURKHARDT kommen zu ähnlichen Ergebnissen; vgl. HEIDEN/GEBHARDT/BURKHARDT (1997), S. 69.

610 Vgl. BRAKMANN (1993), S. 324.

611 Vgl. THIES (2000), S. 235.

5.1.2.2 Kursreaktion in der Nachankündigungsperiode

Am amerikanischen Kapitalmarkt zeigt sich für Unternehmen, die eine freie Emission durchführen, im Vergleich zu Unternehmen, die keine Kapitalerhöhung durchführen, eine negative *Long-Run-Performance.* Abhängig von der Periode, dem Betrachtungsintervall[612] und verwendeter Benchmark ergeben sich abnormale Renditen von -22,8 Prozent bis zu -59,4 Prozent.[613]

SPIESS/AFFLECK-GRAVES (1995) beobachten, dass die *Underperformance* negativ mit dem Unternehmensalter, definiert als Zeitraum zwischen Börsengang und Kapitalerhöhung, zusammenhängt.[614] Dieses Ergebnis bestätigt offenbar die Überlegung, dass jüngere Unternehmen stärkeren Informationsasymmetrien über Projekt- und Managementqualität ausgesetzt sind.[615] Des Weiteren lässt sich daraus schließen, dass Manager durch gezieltes Timing mögliche Überbewertungen ausnutzen. Die negative *Long-Run-Performance* unterstreicht, dass der Markt offenbar nicht imstande ist, das negative Signal der Kapitalerhöhung angemessen zu bewerten.[616]

Eine andere Erklärung für die unterdurchschnittliche Rendite betrifft das *Earnings Management.* Es wird vermutet, dass Unternehmen im Vorfeld einer Kapitalerhöhung zu bilanzpolitischen Maßnahmen greifen, um den Gewinn gezielt zu erhöhen. **RANGAN (1998)** stellt fest, dass Unternehmen zum einen ihre Erträge in den drei Monaten vor und nach Ankündigung der Emission aktiv managen und zum anderen *Discretionary Accruals* ein signifikanter Erklärungsbeitrag für die Kursentwicklung im Jahr nach der Kapitalerhöhung zukommt.[617] Auch **TEOH/WELCH/WONG (1998)** schließen: „In sum, the evidence is consistent with the hypothesis that investors naively extrapolate pre-issue earnings, and ignore relevant information contained in pre-issue discretionary accruals."[618]

LEE (1997) führt die negative Performance auf die von JENSEN postulierten *Agency-*Probleme durch den erhöhten *Free Cashflow* zurück, die durch die Mittelaufnahme entstehen und vom Markt bei Ankündigung unterschätzt werden.[619]

---

612 Die meisten Untersuchungen stellen auf die Intervalle M [1, 36] und M [1, 60] ab; vgl. unter anderem LOUGHRAN/RITTER (1995); SPIESS/AFFLECK-GRAVES (1995).

613 Vgl. LOUGHRAN/RITTER (1995), S. 31; SPIESS/AFFLECK-GRAVES (1995), S. 252-254.

614 Vgl. SPIESS/AFFLECK-GRAVES (1995), S. 256-259.

615 Vgl. SLOVIN/YOUNG (1990), S. 730.

616 Vgl. THIES (2000), S. 252.

617 Vgl. RANGAN (1998), S. 118. RANGAN kann allerdings nach spätestens 18 Monaten im Anschluss an die Kapitalerhöhung keinen signifikanten Zusammenhang mehr feststellen. Dieses Ergebnis verdeutlicht, dass bilanzmanipulative Maßnahmen nur temporären Charakter haben.

618 TEOH/WELCH/WONG (1998), S. 94. Auch die Ergebnisse von JUNG/KIM/STULZ unterstützen die Free Cashflow-Hypothese; vgl. JUNG/KIM/STULZ (1996), S. 160.

619 Vgl. LEE (1997), S. 1461.

In Deutschland fallen die abnormalen Renditen wie in Tabelle 4 gezeigt weniger negativ aus als am amerikanischen Markt.[620] Es lassen sich hierbei wie am amerikanischen Markt[621] keine Branchenunterschiede erkennen.[622] Im Unterschied zum amerikanischen Markt, wo signifikant negative Überrenditen auch noch im vierten und fünften Jahr nach der Emission beobachtet werden[623], konzentriert sich die *Underperformance* bei deutschen Bezugsrechtsemissionen dagegen auf einen Zeitraum von drei Jahren.[624]

Tabelle 4: Long-Run-Performance nach Kapitalerhöhungen in Deutschland

Autor (Jahr)	**Abnormale Rendite**[1]	**Periode**	**Stichprobe**	**Intervall**
Stehle et al. (2000)	-3,2^{NS} bzw. -9,0%$^{10\%}$	1960 - 1992	584	M [1, 36]
Thies (2000)	-10,2%$^{1\%}$ bzw. -3,7%$^{10\%}$	1974 - 1995	1.168	M [1, 36]
Burkhardt (2003)	-17,4%$^{1\%}$ bzw. -13,6%$^{1\%}$	1974 - 1994	527	M [1, 36]

[1] Je nach Benchmark (marktwertgewichtetes Portfolio bzw. gleichgewichtetes Portfolio)

Quelle: STEHLE/EHRHARDT/PRZYBOROWSKY (2000), S. 189; THIES (2000), S. 418; BURKHARDT (2003), S. 201.

Die Timing-Hypothese, nach der Unternehmen Kapitalerhöhungen bei Überbewertung durchführen, konnte, insbesondere für Deutschland, im Zuge der Analyse der Vorankündigungsrenditen nicht eindeutig belegt werden. BURKHARDT konnte lediglich für die Periode 1985-1994 einen signifikant positiven zeitverzögerten Zusammenhang zwischen der Marktrendite und dem Emissionsvolumen feststellen.[625] Sie findet jedoch empirische Evidenz für die Hypothese, dass Unternehmen Kapitalerhöhungen

620 Die gegenläufigen Ergebnisse von STEHLE/EHRHARDT/PRZYBOROWSKY sind dabei auf die unterschiedliche Stichprobenstruktur zurückzuführen, die zu Gunsten großer Unternehmen verzerrt ist und gerade für kleine Unternehmen nach der Informationshypothese eine unterdurchschnittliche Rendite zu erwarten ist; vgl. BURKHARDT (2003), S. 203. BURKHARDT weist für große Unternehmen mit -4,0 Prozent eine hochsignifikante (1 %) weniger negative Rendite nach als für kleine Unternehmen (-15,2 Prozent). Des Weiteren berücksichtigen STEHLE/EHRHARDT/PRZYBOROWSKY ausschließlich Unternehmen des amtlichen Handels, für die auf Grund der größeren Informationsdichte eine bessere Renditeentwicklung zu beobachten ist. Erwartungsgemäß rentieren die Unternehmen, die im amtlichen Handel notieren, mit -8,5 Prozent hochsignifikant (1 %) besser als Unternehmen im geregelten Markt (-30,0 Prozent) und im Freiverkehr (-32,7 Prozent); vgl. ebenda, S. 221 und S. 224.

621 Vgl. SPIESS/AFFLECK-GRAVES (1995), S. 262-264.

622 Vgl. BURKHARDT (2003), S. 212.

623 Vgl. LOUGHRAN/RITTER (1995), S. 32 f.

624 Vgl. BURKHARDT (2003), S. 199.

625 Vgl. ebenda, S. 244.

auf dem Höhepunkt der Unternehmensperformance durchführen, was sich durch einen stark überdurchschnittlichen *Run Up* sowie einer überdurchschnittlichen negativen *Long-Run-Performance* begründet.[626]

Einen interessanten Aspekt der Wirkung von Bezugsverhältnissen behandelt **THIES (2000)**. Er kommt zu dem Ergebnis, dass die Wahl eines niedrigen Bezugsverhältnisses, das heißt mehr neue Aktien, langfristig nicht den Ausschüttungseffekt bestätigt, wie dies bei der Analyse der Ankündigungsrenditen der Fall war.[627] Wie in Abbildung 22 zu erkennen ist, weisen zwar niedrige Bezugsverhältnisse anfangs eine höhere *Long-Run-Performance* auf, während hohe Bezugsverhältnisse von > 8 : 1 am schlechtesten abschneiden. Ab dem zweiten Jahr dreht sich das Bild jedoch um, was darauf schließen lässt, dass Unternehmen, die die Anzahl der Aktien stark erhöhen, die durch das Signal geweckten Erwartungen nicht erfüllen können.[628]

Abbildung 22: Long-Run-Performance von Kapitalerhöhungen und Bezugsverhältnis

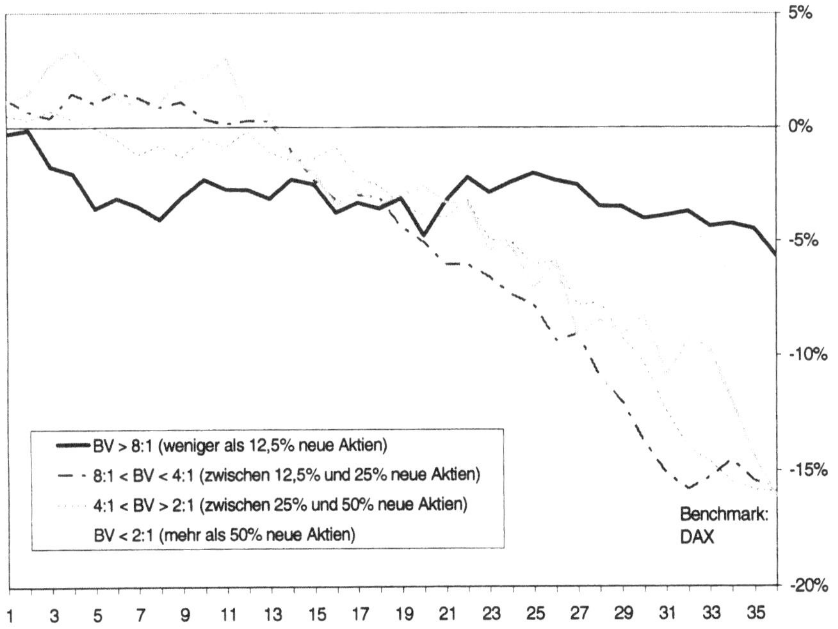

Quelle: THIES (2000), S. 430.

---

626 Vgl. BURKHARDT (2003), S. 250.
627 Vgl. Abschnitt 5.1.2.1.
628 Vgl. THIES (2000), S. 432.

auf dem Höhepunkt der Unternehmensperformance durchführen, was sich durch einen stark überdurchschnittlichen *Run Up* sowie einer überdurchschnittlichen negativen *Long-Run-Performance* begründet.[626]

Einen interessanten Aspekt der Wirkung von Bezugsverhältnissen behandelt **THIES (2000)**. Er kommt zu dem Ergebnis, dass die Wahl eines niedrigen Bezugsverhältnisses, das heißt mehr neue Aktien, langfristig nicht den Ausschüttungseffekt bestätigt, wie dies bei der Analyse der Ankündigungsrenditen der Fall war.[627] Wie in Abbildung 22 zu erkennen ist, weisen zwar niedrige Bezugsverhältnisse anfangs eine höhere *Long-Run-Performance* auf, während hohe Bezugsverhältnisse von > 8 : 1 am schlechtesten abschneiden. Ab dem zweiten Jahr dreht sich das Bild jedoch um, was darauf schließen lässt, dass Unternehmen, die die Anzahl der Aktien stark erhöhen, die durch das Signal geweckten Erwartungen nicht erfüllen können.[628]

Abbildung 22: Long-Run-Performance von Kapitalerhöhungen und Bezugsverhältnis

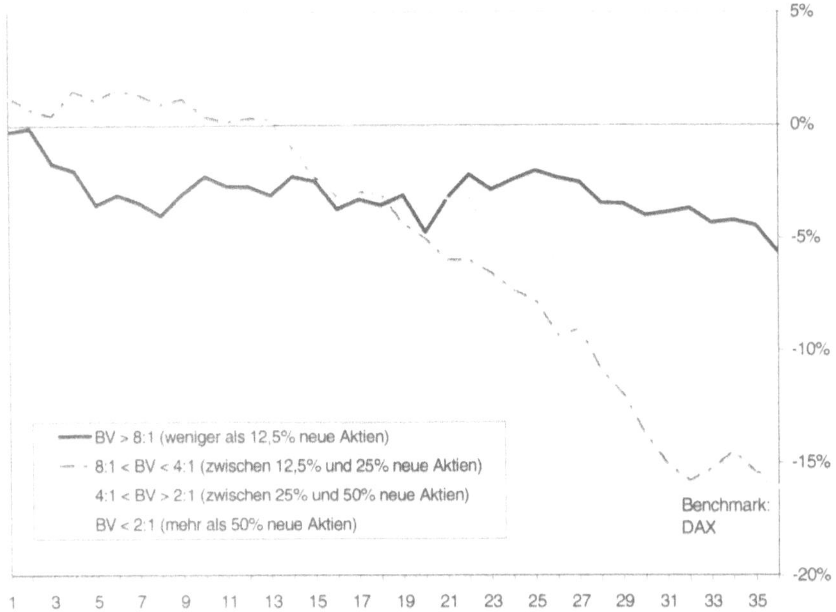

626 Vgl. BURKHARDT (2003), S. 250.
627 Vgl. Abschnitt 5.1.2.1.
628 Vgl. THIES (2000), S. 432.

nicht unerheblichen Provisionen für das begleitende Emissionskonsortium oder -haus hinzu, welches die Abnahme der Aktien zu einem fest vereinbarten Preis garantiert, also das Platzierungs- und das Preisrisiko trägt.

In Deutschland sehen die Vorschriften des Aktiengesetzes grundsätzlich vor, dass den Altaktionären das Recht zum Bezug junger Aktien entsprechend ihrer bisherigen Anteilsquote eingeräumt werden muss.[632] Trotz der Erleichterung des Ausschlusses von Bezugsrechten seit 1994[633] ist die Mehrzahl der Emissionen weiterhin mit einem Bezugsrecht verknüpft.[634] Bei Bezugsrechtsemissionen ist das Risiko einer Fehlplatzierung meist erheblich eingeschränkt, da die Unternehmen von den großen Aktionären oftmals eine Vorverpflichtung zur Abnahme der Aktien erhalten.[635] Um das Platzierungsrisiko dennoch weiter einzuschränken, kommt in Deutschland oft eine spezielle Art des Bezugsrechtsverfahrens zur Anwendung, der Bezugsrechtsemission mit *Standby Underwriting*.

Aus technischen und administrativen Gründen werden dabei die jungen Aktien meist nicht in kleinen Einzelbeträgen von den Altaktionären gezeichnet, sondern von einem Emissionskonsortium oder -haus mit der Verpflichtung übernommen, diese den Altaktionären gemäß ihrer bisherigen Anteilsquote zum Bezug anzubieten.[636] Übernimmt es dabei nur die Aufgabe des Vertriebs, spricht man von einem Begebungskonsortium bzw. *Best-effort Underwriting*. Das Risiko einer Nichtplatzierung von Aktien verbleibt beim Emittenten (*Uninsured Rights Offering*). Verpflichtet sich der Emissionspartner zur Abnahme der bis zum Ende der Bezugsfrist nicht abgesetzten jungen Aktien zu einem vorab vereinbarten Preis, übernimmt er eine Garantiefunktion (*Standby Offer*) und trägt das Preis- und Platzierungsrisiko.

Die direkten Kosten der Emissionen unterscheiden sich also je nach Platzierungsverfahren, da die Übernahme von Vertriebsleistungen, Preis- und Platzierungsrisiko entsprechend abgegolten werden muss. Dabei unterliegt dieser Kostenblock Kostendegressionseffekten[637], da die Gebühren für die Emissionsbegleiter den größten Teil

---

[632] Vgl. § 186 Abs. 1 AktG.

[633] Ein Ausschluss ist dann zulässig, wenn die Kapitalerhöhung 10 Prozent des Grundkapitals nicht überschreitet und der Ausgabekurs den Börsenkurs nicht wesentlich unterschreitet (§ 186 Abs. 3 AktG).

[634] Vgl. THIES (2000), S. 171.

[635] Diese beträgt bei Bezugsrechtsemissionen ohne die Unterstützung eines Emissionshauses im Durchschnitt 60 Prozent des Emissionsvolumens; vgl. ebenda, S. 172.

[636] Vgl. § 186 Abs. 5; vgl. auch PADBERG (1995), S. 16.

[637] Vgl. SMITH (1977), S. 277; BOHREN/ECKBO/MICHALSEN (1997), S. 244.

der direkten Emissionskosten ausmachen[638] und entweder fix sind oder nur degressiv mit dem Emissionsvolumen steigen. Tabelle 5 gibt einen Überblick über die durchschnittlichen gesamten direkten Emissionskosten für Kapitalerhöhungen bei Industrieunternehmen in Abhängigkeit des Platzierungsverfahrens.

Tabelle 5: Durchschnittliche direkte Emissionskosten bei alternativen Platzierungsverfahren gemessen am Emissionsvolumen

Studie von	Uninsured rights	Rights with standby	Firm commitment
USA			
Eckbo/Masulis (1992)	1,82% (26)	4,03% (42)	6,09% (351)
Smith (1977)	2,45% (38)	6,05% (56)	6,17% (484)
Norwegen			
Bohren/Eckbo/ Michalsen (1997)	3,0% (23)	3,2% (22)	4,4% (62)
Deutschland			
Bühner/Kaserer (2002)	1,65% (95)[1]		4,61% (4)

[1] Es ist nicht erkenntlich, welche Art des Bezugsrechtsverfahrens jeweils zur Anwendung kam.
(Anzahl der zugrunde liegenden Beobachtungen)

Quelle: ECKBO/MASULIS (1992), S. 304; SMITH (1977), S. 277; BOHREN/ECKBO/ MICHALSEN (1997), S. 244; BÜHNER/KASERER (2002), S. 35.

Das Bezugsrechtsverfahren stellt somit das günstigere Verfahren dar. Auffallend ist, dass die Emissionskosten in Deutschland unter den Werten liegen, die für andere internationale Kapitalmärkte ermittelt wurden.[639] Neben dem Kostenaspekt sprechen weitere Argumente für das Bezugsrechtsverfahren. Während Bezugsrechte, wie bereits gezeigt, für Unternehmen eine Platzierungshilfe sind, stellen sie für die Aktionäre einen Verwässerungsschutz dar. Ohne Bezugsrechte bestünde die Gefahr einer ‚schleichenden Enteignung' der Kleinaktionäre, da Unternehmen neue Aktien beliebig an ausgesuchte Großanleger ausgeben könnten.[640] Zwar wird eingeräumt, dass ein einzelner Aktionär mit seinem Stimmrecht keinen Einfluss auf die Geschäftspolitik

638 Bei einem *Firm Commitment Underwriting* stellen diese etwa 80-90 Prozent der gesamten direkten Emissionskosten dar, bei Emission mit *Standby Offer* etwa 70 Prozent; vgl. ECKBO/MASULIS (1992), S. 304; SMITH (1977), S. 277. In Deutschland machen Bankgebühren bei Emissionen mit Bezugsrechtsausschluss rund 90 Prozent der Gesamtkosten aus, bei Bezugsrechtsemissionen beträgt der Anteil etwa 80 Prozent; vgl. BÜHNER/KASERER (2002), S. 35.

639 Vgl. BÜHNER/KASERER (2002), S. 35.

640 Vgl. BOLLINGER (1999), S. 78.

hat, doch besteht die Möglichkeit, durch den Zusammenschluss mit anderen Aktionären diesen Stimmen ein nicht zu unterschätzendes Gewicht zu verleihen. Eine Abschaffung des Bezugsrechts hingegen könnte die Gefahr einer stärkeren Zurückdrängung der Kleinaktionäre erhöhen, was sich negativ auf die Förderung der Aktienkultur und privaten Aktienanlage in Deutschland auswirken würde.

Die Beobachtung, dass in den USA das *Firm Commitment* das eindeutig dominante Platzierungsverfahren darstellt, führte zum *Underwriting*-Paradoxon oder *Rights-Offer*-Paradoxon.[641] Es ist also zu vermuten, dass andere Einflussfaktoren als die direkten Emissionskosten die Wahl des Platzierungsverfahrens prägen.

5.1.3.2 Wechselwirkungen zwischen direkten und indirekten Emissionskosten

Die Erkenntnis, dass nicht die direkten Emissionskosten die Wahl des Platzierungsverfahrens primär beeinflussen, führte dazu, dass sich die Literatur eingehend mit der Frage nach den eigentlichen Einflussfaktoren beschäftigte.

ECKBO/MASULIS (1992) erweitern das Modell von MYERS/MAJLUF, indem sie von der Annahme abstrahieren, dass die Altaktionäre nicht an der Kapitalerhöhung teilnehmen, und führen den Parameter $k \in [0, 1]$ ein, der den Anteil der Altaktionäre beschreibt, der bereit ist, die ihnen gemäß ihres Unternehmensanteils zustehenden neuen Aktien zu beziehen.[642] Unter Berücksichtigung direkter und indirekter Emissionskosten analysieren sie dabei den Einfluss des Parameters k auf das zu wählende Platzierungsverfahren.

Für Unternehmen mit Ausprägungen von $k < 1$ besteht grundsätzlich der Anreiz, junge Aktien nur im Falle einer Überbewertung auszugeben, da unterbewertete Unternehmen sich einem Verwässerungseffekt gegenübersehen, der in einem negativen Zusammenhang zu k steht.[643] Dies führt zu einem adversen Selektionsprozess, der in einem negativen Ankündigungseffekt der Barkapitalerhöhung resultiert. Um potenziellen Investoren die Besorgnis bezüglich der Emission überbewerteter Aktien zu nehmen, kann das unterbewertete Unternehmen eine Investmentbank als Zertifizierungsinstanz beauftragen, die die Angemessenheit des Aktien- und somit des Bezugskurses sowie den Zugang zu vorteilhaften Investitionsprojekten bestätigt. Dieses Signal kann durch eine Übernahmegarantie seitens der Investmentbank weiter er-

[641] Für eine kurze zusammenfassende Darstellung weiterer Einflussfaktoren, die dazu führen können, dass das Platzierungsverfahren des *Firm Commitment* trotz höherer direkter Emissionskosten gewählt wird, vgl. ECKBO/MASULIS (1992), S. 307-309.

[642] Die Autoren gehen davon aus, dass k durch Faktoren wie begrenzte liquide Mittel oder dem Wunsch der Aktionäre nach Beibehaltung ihrer Stimmrechtsquote determiniert werde, die das Management nicht beeinflussen könne; vgl. ebenda, S. 310.

[643] Vgl. ebenda, S. 311.

höht werden. Der marginale Vorteil, einen *Underwriter* einzuschalten, um ein Scheitern der Kapitalerhöhung auszuschließen, erhöht sich, je größer die Informationsasymmetrie zwischen Emittent und Investor und je niedriger der Anteil zeichnungswilliger Altaktionäre ist.

Die Investmentbank sieht sich dabei oft einem Interessenkonflikt mit dem Unternehmen gegenüber, wenn dieses an einem hohen Bezugskurs interessiert ist, die Investmentbank jedoch ein mögliches Absinken des Aktienkurses unter den Bezugskurs vermeiden möchte.[644] Zusätzlich wird die Investmentbank bei Informationsasymmetrien mit der Gefahr konfrontiert, dass das emittierende Unternehmen Informationen bezüglich einer Überbewertung der Aktien explizit zurückhält.[645] Je höher die Informationsasymmetrie ist, umso größer ist das Platzierungsrisiko der Bank. Dieser Mechanismus führt dazu, dass der *Underwriter* eine gewissenhafte Prüfung durchführen wird, die wiederum mit erheblichem Aufwand und Kosten verbunden ist. Für den deutschen Markt zeigen **BÜHNER/KASERER (2002)** einen positiven Zusammenhang zwischen dem Ausmaß an Informationsasymmetrie gemessen durch die Aktienkursvolatilität und den Emissionskosten. Dieses Ergebnis bestätigt die ökonomisch plausible Überlegung, dass die bei der Zertifizierung anfallenden Informationskosten durch die Emissionsbanken mit steigender Informationsunsicherheit ansteigen.[646] Auch das Bestreben des *Underwriter*, regelmäßig als Emissionsbegleiter zu fungieren und damit das Reputationsrisiko zu tragen, lässt den Anreiz erklären, eine detaillierte Prüfung durchzuführen.

Die Tatsache, dass die Kosten für die Übernahmegarantie durch eine Konsortialbank absolut und relativ sehr hoch sind[647], wirft die Frage auf, ob insbesondere bei Bezugsrechtsemissionen durch eine bestimmte Wahl der Emissionskonditionen auf diesen Kostenblock verzichtet werden kann, auch wenn zu erwarten ist, dass nicht alle Altaktionäre an der Kapitalerhöhung teilnehmen. So wäre anzunehmen, dass die Wahl eines im Vergleich zum aktuellen Börsenkurs sehr niedrig festgesetzten Bezugskurses das Platzierungsrisiko weitgehend eliminiert. In der Praxis werden allerdings häufig allzu niedrige Bezugskurse vermieden, wofür zwei Erklärungsansätze bestehen. Zum einen könnte ein relativ niedriger Bezugskurs als Signal für eine Überbewertung interpretiert werden, wenn das Management das Platzierungsrisiko gering halten will und der niedrige Bezugskurs auch im Fall einer Kurskorrektur noch unter dem Börsenkurs liegen soll.[648] Um einen höheren Bezugskurs zu rechtfertigen

---

644 Gerade die Investoren verlangen, dass der *Underwriter* die Angemessenheit von Aktien- und Bezugskurs bestätigt.

645 Vgl. PRÜHER (2000), S. 76.

646 Vgl. BÜHNER/KASERER (2002), S. 38.

647 Siehe Fußnote 639.

648 Vgl. PRÜHER (2000), S. 79.

bzw. um das Platzierungs- und Preisrisiko zu eliminieren, werden daher die kostenpflichtigen Dienste einer Konsortialbank in Anspruch genommen, die als Zertifizierungsmechanismus dient, welche die Angemessenheit des Börsenkurses und somit auch des (höheren) Bezugskurses bestätigt.[649]

PADBERG (1995) zeigt in seiner empirischen Untersuchung am deutschen Markt keinen wie nach dem Argument der Überbewertung erwartet positiven, sondern einen negativen Zusammenhang zwischen dem relativen Bezugskurs und der auf die Ankündigung folgenden Aktienkursreaktionen.[650] Der Markt interpretiert also einen relativ niedrigen Bezugskurs als positives Signal, was wiederum die Ausschüttungshypothese bestätigt:[651] Die Marktteilnehmer interpretieren den Bezugskurs als ein Signal über die (positiven) Erwartungen des Managements bezüglich der zukünftigen Erträge bzw. erwartet das Management konstante Gewinne, impliziert dies eine höhere Ausschüttungsquote. Verfolgt das Management nämlich eine Politik der Dividendenkontinuität, signalisiert die Festsetzung eines niedrigen Bezugskurses die Bereitschaft, künftig eine höhere Dividendensumme auszuschütten.[652] Die Praxis hoher Bezugskurse lässt annehmen, dass Unternehmen die Präferenz haben, die Ausschüttungserhöhung nach einer Kapitalerhöhung aus eigenem Interesse zu beschränken, da es die Wahrung der Dividendenkonstanz erleichtert.[653] Die Wahl eines hohen Bezugskurses führt dazu, dass weniger Aktien emittiert werden, was wiederum die Ausschüttungssumme weniger steigen lässt und die stückabhängigen Emissionskosten reduziert. Ein im Interesse der Aktionäre handelndes Management wird jedoch bereit sein, höhere direkte Emissionskosten aufzuwenden, wenn dadurch indirekte Emissionskosten vermieden werden können: Durch die empirische Validität der Ausschüttungsfunktion des Bezugskurses wirkt ein niedriger Bezugskurs als Signal *ceteris paribus* aktienkurssteigernd.

Insgesamt bleibt festzuhalten, dass Unternehmen bereit sind, *Underwriter* in den Emissionsprozess einzubinden, um die Bewertungsunsicherheit des Marktes und damit indirekte Emissionskosten zu reduzieren.[654] Damit kann die Bereitschaft zur Übernahme der neuen Aktien zu einem (bei unterbewerteten Unternehmen unter Umständen höheren) ‚zertifizierten' Kurs erhöht werden.

---

649 Vgl. THIES (2000), S. 94.
650 Vgl. PADBERG (1995), S. 404.
651 Vgl. auch Abschnitt 5.1.1.2 und 5.1.2.1.
652 Vgl. BOHREN/ECKBO/MICHALSEN (1997), S. 234; PADBERG (1995), S. 138 f.
653 Vgl. BOLLINGER (1999), S. 123.
654 Vgl. PRÜHER (2000), S. 78.

5.1.3.3 Exkurs: Die Rolle von Namensaktien bei Barkapitalerhöhungen

Die Aktiengattung der Namensaktie erfreut sich seit einigen Jahren zunehmender Beliebtheit. Dabei kann die Namensaktie zur Reduzierung des Platzierungsrisikos beitragen, da die Altaktionäre gezielt und direkt angesprochen werden können. Kapitalerhöhungen lassen sich so effektiver und kostengünstiger durchführen.

Ein Drittel der Dax-Unternehmen hat in den letzten Jahren auf die Gattung der Namensaktien umgestellt bzw. diese direkt bei Gründung ausgegeben. Mitte 2004 lauteten von den 30 Dax-Titeln zehn auf den Namen.[655] Die neue Popularität der Namensaktie lässt sich auf die folgenden Gründe zurückführen:

- **Investor Relations:** Im Vordergrund steht die Bedeutung der Namensaktie zur Verbesserung der *Investor Relations*.[656] Namensaktien erweitern sowohl die Möglichkeiten zur Information über Aktionäre als auch zur Informationsübermittlung an Aktionäre. Neben Strukturanalysen des Aktionärskreises und der Auswertung von Haltefristen ermöglichen Namensaktien eine gezielte, oft schnellere und preiswertere Information mit individualisierter Ansprache.[657] So können Informationen gezielt auf die Bedürfnisse und Anforderungen einzelner Investorengruppen zugeschnitten werden, wie zum Beispiel gut verständliche Basisinformationen für private Anleger und detailliertere und komplexere Informationen für aktive institutionelle Investoren.[658] Das hierbei entstehende Vertrauensverhältnis zwischen Unternehmen und Aktionär führt dazu, dass sich Aktionäre auch in Krisensituationen nicht sofort von ihren Aktien trennen.[659]

- **Global Share:** Ein wichtiges Motiv für die Namensaktie ist bei vielen großen und global tätigen Unternehmen die beabsichtigte Börsennotierung in den USA. So werden Inhaberpapiere an der *New York Stock Exchange* nicht akzeptiert. Auch Imagegründe sprechen für die Namensaktie, da Inhaberaktien in den USA wegen der Anonymität der Aktionäre als ‚anrüchig' gelten, da sie zum Beispiel Möglichkeiten zu Steuerhinterziehung oder verdecktem Erwerb maßgeblicher Beteiligungsquoten eröffnen.[660] Zudem entfällt die Notwendigkeit, den Umweg über so genannte *American Depository Receipts* (ADR) zu

---

655 Neben den Versicherungen Allianz und Münchner Rück auch die von DaimlerChrysler, Deutsche Bank, Deutsche Börse, Deutsche Post, Deutsche Telekom, Lufthansa, Infineon und Siemens; auch die seit Juni 2004 gelistete Postbank emittierte Namensaktien.

656 Vgl. DEUTSCHES AKTIENINSTITUT (2001b), S. 2.

657 Vgl. VON ROSEN/GEBAUER (2000), S. 135.

658 Vgl. SEIFERT et al. (2002), S. 135.

659 Vgl. DEUTSCHES AKTIENINSTITUT (2001b), S. 2.

660 Vgl. TERSTEGE (2001), S. 13.

gehen, die verbriefte Anteile an Inhaberaktien in Form von Namenszertifikaten darstellen[661] und als Aktien zweiter Klasse gelten.

- **Kosten:** Das traditionelle Gegenargument, die Namensaktie verursache zu hohe Kosten, ist mit den Gesetzesänderungen seit 1997 und der Möglichkeit, Namensaktien in elektronischen Registern (Girosammelverwahrung) zu verwahren, nicht mehr tragbar.[662] Auch durch den technologischen Fortschritt bei der Abwicklung des Handels sind Namensaktien heute genauso leicht übertragbar und fungibel wie Inhaberpapiere.[663]

Auch im Falle einer Kapitalerhöhung können Namensaktien Vorteile bieten. Unternehmen können ihren Aktionären kostengünstig und auf direktem Wege gezielte Informationen über die Kapitalerhöhung zukommen lassen, zum Beispiel über die Mittelverwendung und die Eigenschaften des Investitionsprojekts. Je nach Vertrauensverhältnis zwischen Unternehmen und Aktionären lassen sich so indirekte Emissionskosten vermeiden. Neben weiteren Vorteilen wie dem Verwässerungsschutz für die Altaktionäre profitieren auf der anderen Seite Unternehmen von einer höheren Gewissheit über die Bereitschaft der Altaktionäre, Aktien zu beziehen, und können so das Platzierungsrisiko minimieren.[664] Auch auf die direkten Kosten der Emission, insbesondere die Gebühren für den *Underwriter*, hat dies einen positiven Effekt.

5.1.4 Schlussfolgerungen

Eine explizite Ausschüttungspolitik hat Auswirkungen auf das Investitionsprogramm und die Finanzierung, wenn Unternehmen durch zum Beispiel höhere Ausschüttungen nicht das ausreichende Kapital verbleibt, um geplante Investitionen durchzuführen. Höhere Ausschüttungen gehen zu Lasten der Selbstfinanzierung und führen dazu, dass weniger interne Mittel zur Finanzierung von Investitionen zur Verfügung stehen. Es erhöht sich dadurch die Wahrscheinlichkeit, externe Finanzierungsquellen zu nutzen. Treten dabei negative (Kurs-)Effekte auf, sollte der Nutzen höherer Ausschüttungen diese überkompensieren.

Für Kapitalerhöhungen am US-amerikanischen Markt werden deutliche Überrenditen in der Vorankündigungsperiode, negative Ankündigungsrenditen und negative *Long-Run-Performance* gemessen. Diese Ergebnisse bestätigen im Allgemeinen die Timing-Hypothese, nach der Kapitalerhöhungen bei Überbewertung durchgeführt wer-

---

661 Hauptakteure in diesem Markt sind US-amerikanische Depot-Banken wie Citibank oder J. P. Morgan Chase.

662 Vgl. TERSTEGE (2001), S. 17.

663 Vgl. DEUTSCHES AKTIENINSTITUT (2001b), S. 1.

664 Vgl. VON ROSEN/GEBAUER (2000), S. 137.

den, wobei diese oft durch die Ausnutzung von diskretionären Spielräumen bzw. *Earnings Management* bewusst herbeigeführt wird, sowie die Informationshypothese, nach der die Informationsasymmetrie zwischen Management und Marktteilnehmern zu einer negativen Aufnahme des Signals einer Kapitalerhöhung führt.

Dagegen unterscheiden sich die Beobachtungen für den deutschen Kapitalmarkt zum Teil grundlegend, was in erster Linie an dem Verfahren der Kapitalerhöhung mit Bezugsrechten liegt. Die Überrenditen in der Vorankündigungsperiode fallen im Vergleich zu den USA deutlich geringer aus; des Weiteren ist die *Long-Run-Performance* ebenso weniger negativ. Diese Erfahrungen lassen darauf schließen, dass Unternehmen in Deutschland Überbewertungen weniger stark ausnutzen bzw. Überbewertungen und Übertreibungen am deutschen Kapitalmarkt nicht in dem Maße wie in den USA stattfinden. Zurückgeführt werden kann dies auf das Platzierungsverfahren mit Bezugsrechten, bei dem die Emission bei temporärer Überbewertung keine Vorteile für die bisherigen Aktionäre verspricht.[665]

Die Ergebnisse zum Ankündigungseffekt für den deutschen Markt stehen offenbar im Widerspruch zu den Beobachtungen für den amerikanischen Markt. Wenngleich generell von Informationsasymmetrien zwischen Management und Investoren auszugehen ist, scheinen diese in Deutschland nicht den Ausschlag zu Gunsten der modellgemäß erwarteten negativen Rendite zu geben. Für deutsche Bezugsrechtsemissionen ist hingegen ein positiver Ankündigungseffekt zu verzeichnen; die Gefahr von *Underinvestment* für deutsche Unternehmen ist dadurch gering. Dabei kommt einem anderen Informationseffekt, dem Ausschüttungseffekt von Bezugsrechtsemissionen, eine große Bedeutung zu, da ein signifikanter Zusammenhang zwischen positiver Ankündigungsrendite und niedrigem relativem Bezugskurs, niedrigem Bezugsverhältnis sowie hohem rechnerischem Wert des Bezugsrechts festgestellt werden kann.[666]

Der positive Ankündigungseffekt mündet jedoch mittel- bis langfristig in einen negativen *Long-Run*-Effekt, der jedoch geringer als in den USA ausfällt. Die weniger negative *Long-Run-Performance* von Bezugsrechtsemissionen am deutschen Markt lässt annehmen, dass die Festlegung der Emissionsbedingungen wie Bezugsrechtswert und Bezugskurs sich auch in der langfristigen Betrachtung als geeignet erweisen, Informationsasymmetrien zu verringern. Allerdings kann THIES diese Aussage nur bedingt bestätigen. Im Durchschnitt zeigen Unternehmen mit einem niedrigen Bezugsverhältnis, das heißt eine höhere Anzahl junger Aktien, eine schlechtere *Long-Run-*

---

665 Vgl. THIES (2000), S. 442.
666 Vgl. BOLLINGER (1999), S. 306; PADBERG (1995), S. 341-350.

Performance.[667] Die Festlegung der Bezugskonditionen wird zwar von den Marktteilnehmern als Signal über die zukünftige Ertragslage gewertet, wenngleich „die ex ante positive Einschätzung bei Bekanntgabe niedriger Emissionskurse und kleiner Bezugsverhältnisse sich in vielen Fällen ex post nicht in einer anhaltend günstigen Kursentwicklung fortsetzt"[668].

Bei der Betrachtung der *Long-Run-Performance* wird jedoch deutlich, dass bei der Interpretation der Ergebnisse erheblich differenziert werden muss. So bestätigt BURKHARDT die Informationshypothese, nach welcher der Grad an Informationsasymmetrie einen hochsignifikanten Einfluss auf die relative Rendite der Emittenten ausübt. Große Unternehmen sowie im amtlichen Handel notierte Unternehmen rentieren deutlich besser.[669] Bei beiden Merkmalen ist ein geringeres Maß an Informationsasymmetrie zu erwarten.

Auch die Emissionsfrequenz übt einen positiven Einfluss auf die *Long-Run-Performance* aus. Unternehmen, die wiederholt Kapitalerhöhungen durchführen, weisen langfristig sogar eine positive Überrendite auf.[670] Diese Unternehmen scheinen zum einen über ausreichend profitable Investitionsmöglichkeiten zu verfügen, zum anderen lässt sich dabei ein Informationseffekt im Sinne der Kapitalmarktkontroll-Hypothese ausmachen. Unternehmen mit regelmäßiger Kapitalmarktbeanspruchung befinden sich in einem steten Informationsaustausch mit den Marktteilnehmern. Vor dem Hintergrund ist eine erhöhte Wahrscheinlichkeit der externen Mittelaufnahme, die auf Grund höherer Ausschüttungen entsteht, nicht per se negativ zu beurteilen. Im Gegenteil: Unternehmen nutzen so die stetige Beurteilung der Performance und der eigenen Pläne durch den Kapitalmarkt. „[...] contributors of capital are very good monitors of managers."[671] Die *Free Cashflow*-Problematik, die auf Grund von hohen Gewinneinbehaltungen entsteht, kann durch Ausschüttungen vermindert werden, und die Kapitalgeber können über eine weitere Mittelbereitstellung neu entscheiden. Auch der in den Emissionsprozess eingebundene *Underwriter* trägt dazu bei, die Finanzierungsmaßnahme und Investitionspläne zu begutachten und den Unternehmenswert bzw. die Emissionskonditionen zu verifizieren, wodurch die Furcht vor einer Überbewertung reduziert wird.[672] Der stärkere Dialog mit dem Kapitalmarkt führt dazu, dass Informationsasymmetrien und *Agency*-Kosten abgebaut

---

667 Vgl. THIES (2000), S. 430, und auch Abbildung 22 in Abschnitt 5.1.2.2.

668 BOLLINGER (1999), S. 307.

669 Vgl. BURKHARDT (2003), S. 221 und S. 224. Auch in der multivariaten Analyse bestätigen sich die Ergebnisse der univariaten Untersuchungen; vgl. ebenda, S. 285 und S. 290 f.

670 Vgl. THIES (2000), S. 424.

671 EASTERBROOK (1984), S. 654.

672 Vgl. ebenda, S. 654.

und die Transparenz erhöht werden. Ein geringeres Maß an Informationsasymmetrie hat zudem einen positiven Einfluss auf die direkten Emissionskosten.[673]

5.2 Interdependenzen von Ausschüttungs- und Investitionspolitik

In gleicher Weise, wie Abhängigkeiten zwischen der Ausschüttungs- und Finanzierungspolitik bestehen, können Ausschüttungsentscheidungen auch auf das Investitionsprogramm eines Unternehmens Einfluss nehmen. Ausschüttungen reduzieren die dem Unternehmen unmittelbar zur Verfügung stehenden Mittel, wodurch es an unternehmerischer Flexibilität verliert. Deutsche Aktiengesellschaften scheinen jedoch gerade diese Flexibilität in finanzieller und investiver Sicht hoch einzuschätzen.[674] Dafür sprechen die im internationalen Vergleich niedrigen Ausschüttungsquoten und die damit einhergehende starke Selbstfinanzierung durch einbehaltene Gewinne. Damit verfügen deutsche Aktiengesellschaften über eine große Freiheit, was den Einsatz der erwirtschafteten Gewinne und damit Investitionen angeht. Diese Zusammenhänge sind Gegenstand der folgenden Betrachtung.

5.2.1 Ausschüttungspolitik und Flexibilität

Ein zusätzlicher Baustein in der Ausschüttungsentscheidung ist das Prinzip der unternehmerischen Flexibilität. Flexibilität ist die Möglichkeit, Entscheidungen (in der Überzeugung der Vorteilhaftigkeit) zu treffen, auch wenn andere gegensätzliche Meinungen vertreten. Es handelt sich nicht um die Frage von richtig oder falsch, sondern von unterschiedlichen Überzeugungen und mangelnder Zeit oder objektiver Informationen, um diese Überzeugungen konvergieren zu lassen.[675] Die Möglichkeit, Entscheidungen zu treffen, die nicht der externen Zustimmung bedürfen bzw. durch andere Parteien geblockt werden können, scheint von Unternehmen geschätzt zu werden. Diese Flexibilität gibt Managern den Freiraum, auf äußere Einflüsse zu reagieren und zum Beispiel die strategische Richtung zu verändern oder kurzfristige unternehmerische Chancen wahrzunehmen. Dabei ist es nicht zwingend der Fall, dass die Nichtzustimmung durch ungleich verteilte Informationen oder abweichende Interessen[676] verursacht wird. Auch Agenten, die über die gleiche Information verfügen und identische Zielfunktionen haben, können bezüglich der optimalen Entscheidung anderer Meinung sein. So kann es zum Beispiel aus spieltheoretischen Überlegungen mehr als eine optimale Entscheidung geben oder Individuen verlassen sich auf

673 Vgl. Abschnitt 5.1.3.1.

674 Vgl. Abschnitt 2.2.

675 Vgl. BOOT/THAKOR (2002), S. 1.

676 Zu den Implikationen dieser auf die Dividendenpolitik vgl. Abschnitte 4.4.1 und 4.4.2.

ihre Intuition und ignorieren in der Entscheidungsfindung historische Daten.[677] In diesem Kontext ist jedoch weniger entscheidend, aus welchem Grund Individuen in ihren Meinungen trotz gleicher Ausgangslage divergieren, sondern dass eine potenzielle Divergenz besteht und dies *a priori* von den Entscheidungsträgern und anderen Parteien erkannt wird.

Das Bestreben des Managements, Flexibilität zu schaffen, beeinflusst die Ausschüttungspolitik, wenn sich dies auf Form und Umfang von Ausschüttungen auswirkt. Bezüglich der Ausschüttungsform interpretieren **JAGANNATHAN/STEPHENS/WEISBACH (2000)** ihre empirische Evidenz dahingehend, dass aus Gründen der höheren Flexibilität Aktienrückkäufe Dividenden vorgezogen werden. Aktienrückkäufe bewahren im Gegensatz zu Dividenden die finanzielle Flexibilität, da sie die Unternehmen implizit nicht zu zukünftigen Zahlungen verpflichten.[678] Auch **FENN/LIANG (2001)** bestätigen diese Hypothese und können nachweisen, dass sich der Ausschüttungsmix mit steigender Unsicherheit über die Menge an profitablen Investitionsmöglichkeiten sowie steigender Volatilität des operativen Ergebnisses zu Gunsten des Aktienrückkaufs verändert.[679]

5.2.1.1 Ansatz von Fuller/Thakor

Dass Flexibilität neben der Ausschüttungsform auch den Umfang von Ausschüttungen beeinflussen kann, zeigen **FULLER/THAKOR (2004)**. Die Möglichkeit, dass Aktionäre bezüglich unternehmerischer Entscheidungen anderer Meinung sein können und diese blockieren könnten, führt dazu, dass das Management der operativen Flexibilität einen Wert beimisst. Die Reduzierung von Dividenden oder Nichtausschüttung von freien Mitteln erhöht die Flexibilität und die Fähigkeit, in Projekte zu investieren, die Aktionäre unter Umständen aus kurzfristiger Perspektive nicht befürworten würden.[680] Demgegenüber stehen die Kosten, nicht auszuschütten, in Form eines niedrigeren Aktienkurses, denn Ausschüttungen werden grundsätzlich vom Kapitalmarkt positiv bewertet. Manager wägen diesen Zielkonflikt in ihrer Dividendenpolitik ab.[681] Im Folgenden wird das Modell von FULLER/THAKOR kurz beschrieben.

---

677 Für einen umfassenden Überblick über die Gründe von Nichtzustimmung zwischen Parteien trotz gleicher Informationen und Zielfunktionen vgl. BOOT/THAKOR (2002), S. 6-10.

678 Vgl. JAGANNATHAN/STEPHENS/WEISBACH (2000), S. 356, sowie Abschnitte 4.5 und 6.1.2.

679 Vgl. FENN/LIANG (2001), S. 60.

680 Die Autoren entwickeln ihr Modell frei von potenziellen Interessenkonflikten, indem sie postulieren, dass das Management nur Projekte durchführe, die einen langfristig positiven Kapitalwert haben und so der Marktwertmaximierung nachkommen.

681 Vgl. FULLER/THAKOR (2004), S. 3.

5.2.1.1.1 Modellbeschreibung

Das Unternehmen verfügt über freie Mittel in Höhe von R in t = 0. Diese können entweder als Dividende in t = 0 ausgezahlt, in t = 1 in ein neues Projekt investiert oder aufgespart bis t = 2 als Liquidationsdividende ausgezahlt werden. Die Hauptentscheidung in t = 0 ist also, eine Dividende zu zahlen oder nicht. In t = 0 ist bekannt, dass in t = 1 ein neues Projekt mit der Wahrscheinlichkeit θ aufkommt, das der Finanzierung bedarf. Es können unterschiedliche Auffassungen über den Wert des Projekts bestehen. Für die Investition in das neue Projekt in t = 1 werden die ursprünglichen Mittel verwendet oder im Falle einer Dividende in t = 0 extern mit Transaktionskosten $\tau > 0$ beschafft. Der *Payoff* wird angenommen als $\xi \in \{L,H\}$ mit $0 < L < R < H < \infty$; das heißt, das Projekt ist die Investition nur im Falle des hohen *Payoffs* wert.

In t = 1 bekommen Management und Investoren ein identisches Signal über den *Payoff* in t = 2. Die Interpretation dieses Signals kann jedoch unterschiedlich sein; das Management interpretiert das Signal als $x \in \{L,H\}$ und Investoren als $y \in \{L,H\}$. Die Wahrscheinlichkeit der Übereinstimmung wird mit dem Parameter ρ gemessen. Je höher ρ, desto höher die Wahrscheinlichkeit, dass Management und Investoren den Wert des neuen Projekts in t = 1 gleich einschätzen.[682] Diese unterschiedliche Einschätzung kann unter anderem daraus resultieren, dass das Signal aus ‚harten' und ‚weichen' Informationen besteht und die ‚weichen' Fakten unterschiedlich interpretiert werden können.[683]

Das Ziel des Managements ist die Maximierung des gewichteten Durchschnitts des Aktienkurses in t = 0 und t = 2. Das Management versucht also, das Endvermögen der Aktionäre in t = 2 zu maximieren, ist aber auch sensitiv dafür, wie dieses Endvermögen von den Investoren in t = 0 eingeschätzt wird. Es wählt die Dividendenpolitik, die dies maximiert:

(5.1.) $$W(D) = P_2^x + \beta P_0^y$$

wobei

P_2^x : Erwarteter Aktienkurs in t = 2, eingeschätzt durch das Management in t = 0 mit dem erwarteten Signal x

---

682 In t = 2 sind die Payoffs allgemein beobachtbar, so dass dann keine unterschiedlichen Einschätzungen möglich sind.

683 Als Beispiel wird von den Autoren die unterschiedlichen Einschätzungen von Vorstandsvorsitzendem und Aufsichtsrat bezüglich der Vorteilhaftigkeit der Hewlett Packard-Compaq-Fusion angeführt; vgl. FULLER/THAKOR (2004), S. 12.

P_0^y : Aktienkurs in t = 0 durch die Investoren bestimmt, die ihr erwartetes Signal y zugrunde legen, und nach der Information der Dividendenentscheidung in t = 0

β : Positive Gewichtungskonstante

Das Management investiert in das neue Projekt aus den verfügbaren Mitteln, wenn es x = H beobachtet und es in t = 0 keine Dividende ausgeschüttet hat. Wenn es in t = 0 die Dividende R ausgeschüttet hat, wird das Projekt nur finanziert, wenn

(5.2) $H - \tau > R$[684].

Beobachten die Investoren y = L und werden externe Mittel benötigt, findet die Investition auf Grund mangelnder Zustimmung der Investoren nicht statt. Wenn in t = 0 keine Dividende ausgeschüttet wurde, besteht die Wahrscheinlichkeit $\eta \in \{0, 1\}$, dass das Management trotz der fehlenden Zustimmung der Investoren das Projekt durchführen kann. η wird als Flexibilitätsparameter bezeichnet. Das Management als Hauptentscheidungsträger hat also durch die interne Liquidität die Möglichkeit, als positiv bewertete Projekte auch gegen den Willen der Aktionäre durchzuführen. Aktionäre können allerdings abhängig von der Qualität der *Corporate Governance*-Strukturen das Management unter Druck setzen, in ihrem Interesse zu handeln. Je höher η, desto größer die Wahrscheinlichkeit, dass das Management diese Hürden überwinden kann.

Die Dividendenpolitik hat in diesem Kontext Auswirkungen auf das Investitionsprogramm, indem sie die Flexibilität des Managements beeinflusst, Investitionsentscheidungen zu treffen.[685]

5.2.1.1.2 Interpretation der Hauptparameter

Drei Hauptparameter beschreiben das Modell: Der Übereinstimmungsparameter ρ, der Präferenzparameter β und der Flexibilitätsparameter η.

ρ wird von der Effektivität und Glaubwürdigkeit der Unternehmenskommunikation mit den Investoren beeinflusst. Je überzeugender die Kommunikation bezüglich der Stra-

---

684 Davon wird im Weiteren ausgegangen. Zur Frage nach der Bedeutung von direkten Emissionskosten bei Kapitalerhöhungen vgl. Abschnitt 5.1.3.1.

685 Vgl. FULLER/THAKOR (2004), S. 14.

tegie und der Investitionsmöglichkeiten ist, desto höher wird ρ sein. Die Aufgabe des Managements ist also zum einen, Investoren dazu zu bewegen, die relevanten Informationen im eigenen Sinne zu interpretieren, und zum anderen diese Informationen ausreichend präsent zu machen.

β misst die Bedeutung, die das Management der Aktienkursreaktion in t = 0 relativ zum Endwert in t = 2 beimisst. Je kurzfristig orientierter das Management ist, desto höher wird β sein.

η hängt vom *Track Record* des Managements ab, Leistung zu bringen und *Shareholder Value* zu schaffen. Je besser die Unternehmensentwicklung ist, desto höher sollte die Flexibilität des Managements sein. Auch Unternehmen mit breit gestreuter Aktionärsbasis sollten weniger Einmischung erfahren und so höhere Werte für η erzielen.

5.2.1.1.3 Empirische Ergebnisse

Aus dem Modell leiten die Autoren neun Hypothesen ab, die sie anschließend mit einem Sample von 2.407 Dividenden zahlenden und nicht zahlenden Unternehmen aus dem Zeitraum von 1980 bis 2000 empirisch mit Hilfe von univariaten Regressionen testen.[686] Die Ergebnisse unterstützen die Hypothesen größtenteils. Einige Ergebnisse, die im Rahmen dieser Arbeit interessant sind, werden im Folgenden hervorgehoben.

Eine Hypothese sagt aus, dass Dividendenzahlungen mit steigendem Aktienkursniveau abnehmen bzw. von den Unternehmen in Zeiten von niedrigen Kursen höhere Dividenden gezahlt werden. Die Intuition im Rahmen des Modells ist folgende: Da das Management mit der Dividendenpolitik die Summe aus Endwert *und* aktuellem Aktienkurs maximiert, entsteht die Präferenz, überhaupt eine Dividende zu zahlen.[687] Je niedriger die Übereinstimmung (gemessen durch ρ) von Aktionären und Management bezüglich der Einschätzung von neuen Projekten ist, desto höher schätzen die Aktionäre die marginalen Kosten der Management-Flexibilität verbunden mit der Nichtzahlung einer Dividende ein. Aktienkurse in t = 0 sind also mit sinkendem ρ niedriger. Zwar ist auch der Nutzen der Flexibilität für das Management bei niedriger Übereinstimmung höher, aber ab einem gewissen Punkt wird dieser vom negativen Effekt auf den aktuellen Kurs überstiegen. Weiter steigt bei sinkendem ρ die Wahr-

---

686 Die Autoren weisen darauf hin, dass weitere Untersuchungen angestellt werden sollten, insbesondere die Durchführung von multivariaten Analysen; vgl. FULLER/THAKOR (2004), S. 32 und S. 34.

687 Bei alleiniger Berücksichtigung des Endwertes würde das Management gar keine Dividenden zahlen.

scheinlichkeit, dass das Management in Projekte investiert, die Aktionäre nicht befürworten, was ebenso negativ auf den Kurs in t = 0 wirkt. Aus diesen Überlegungen lässt sich schließen, dass in Zeiten von niedrigeren Kursen höhere Dividenden gezahlt werden. Mittels vier Messgrößen für die Dividende[688] testen die Autoren, ob die Dividendenausschüttungen für Perioden mit niedrigen Kursen signifikant höher sind als in Perioden hoher Kurse.[689]

Der Test bestätigt die Hypothese und ist statistisch signifikant.[690] Während die höheren *Payouts* gemessen durch die Dividendenrendite und die Dividenden geteilt durch den Gewinn oder liquide Mittel auch für die Dividendenkonstanz im Sinne von LINTNER sprechen, ist der höhere *Payout* gemessen durch die absoluten Dividenden überraschend und Evidenz für die Flexibilitätstheorie.

Aus den vorigen intuitiven Überlegungen ist ebenso die Hypothese abgeleitet, dass Investoren Dividenden in Zeiten von niedrigen Kursen höher bewerten als in Zeiten hoher Kurse.[691] Mit sinkendem Aktienkurs durch sinkende Übereinstimmungswahrscheinlichkeit steigen die marginalen Kosten der Flexibilität für die Aktionäre. Eine Dividende ist in diesem Fall bei niedrigen Kursen höher bewertet. Anhand der monatlichen Renditen zeigen die Autoren, dass die Renditen von Dividenden zahlenden Unternehmen in Bärenmärkten die der Nichtzahler signifikant übersteigen, jedoch Nichtzahler in Zeiten hoher Kurse signifikant höhere Renditen erzielen.[692] Eine zweite Implikation dieser Überlegungen ist, dass in Zeiten niedriger Kurse Dividendenerhöhungen positivere Kursreaktionen hervorrufen sollten als in Zeiten hoher Kurse, während die Reaktion auf Dividendenkürzungen weniger negativ sein sollte.[693] Die Untersuchung von 11.805 Quartalsdividendenerhöhungen und 8.760 Quartalsdividendenkürzungen im Zeitraum von 1980 bis 2000 bestätigt diese Annahme: Die kumulierte abnormale Kursreaktion ± 2 Tage um die Ankündigung betrug bei Dividen-

---

688 Das sind (1) die Dividendenrendite, (2) absolute Dividenden, (3) das Verhältnis von Dividende zu liquiden Mitteln definiert als Barbestand zuzüglich liquide Wertpapiere und (4) die Dividende geteilt durch den (positiven) Jahresüberschuss; vgl. FULLER/THAKOR (2004), S. 27-28.

689 Perioden hoher Kurse sind definiert als positive Jahresrenditen des S&P 500-Index, Perioden mit niedrigen Kursen sind solche, in denen der S&P 500-Index eine negative Jahresrendite hatte. Robustheitstests wurden mit der Definition von *Ned Davis Research* von Bullen- und Bärenmärkten durchgeführt, was vergleichbare Ergebnisse lieferte, vgl. ebenda, S. 27.

690 t-Test, Wilcoxon-Vorzeichen-Rang-Test und Kruskal-Wallis-Test sind signifikant auf dem 1 %-Niveau, vgl. ebenda, S. 36.

691 Diese Hypothese ist konsistent mit den Ergebnissen von FULLER/GOLDSTEIN, die nachweisen konnten, dass Dividenden zahlende Unternehmen gegenüber nicht zahlenden Unternehmen in Bärenmärkten höhere Renditen erzielen; vgl. FULLER/GOLDSTEIN (2003), S. 10.

692 Vgl. FULLER/THAKOR (2004), S. 37. Um für Unterschiede im Risiko zu kontrollieren, wurden Beta-Dezile gebildet. Die Ergebnisse waren signifikant für alle Beta-Dezile. Zusätzlich wurden die abnormalen Renditen, also die Differenz zwischen tatsächlicher und erwarteter Rendite, mit dem gleichen Ergebnis gemessen.

693 Vgl. ebenda, S. 29.

denerhöhung 1,12 Prozent in Zeiten hoher Kurse und 1,36 Prozent bei niedrigen Kursen. Bei Dividendenkürzungen betrug sie -0,28 Prozent in Zeiten hoher Kurse und 0 bei niedrigen Kursen.[694]

Die dritte Hypothese sagt aus, dass das idiosynkratische Risiko eines Unternehmens in inverser Beziehung zur Dividendenausschüttung steht. Aus dem Modell leitet sich ab, dass die Wahrscheinlichkeit, in neue Projekte zu investieren, mit abnehmenden Dividenden zunimmt. Unter der Annahme, dass das Risiko des neuen Projekts hauptsächlich idiosynkratisches Risiko ist[695], ergibt sich dann ein höheres solches Risiko. Um das idiosynkratische Risiko zu messen, werden zuerst die täglichen abnormalen Renditen gegen die abnormale Marktrendite regressiert:

$$(5.3) \qquad r_{jt} - r_f = \alpha + \beta_j \left(r_{Mt} - r_f\right) + \varepsilon_{jt}$$

mit r_{jt} als täglicher Rendite t des Unternehmens j, r_f als 3-Monats-Treasury bill, r_{Mt} als tägliche Rendite des Marktportfolios[696] und β_j als Beta für die Aktie j. Anschließend wird das idiosynkratische Risiko als Durchschnitt der quadrierten Residuen ε_{jt} berechnet und vier Risikoquartile gebildet:

$$(5.4) \qquad \text{Idiosynkratisches Risiko} = \frac{1}{N}\sum_{i=1}^{N_t}(\varepsilon_{jt})^2 .$$

Die vier Dividendenmessgrößen werden für die Risikoquartile verglichen. Das Ergebnis ist eine inverse, streng monotone Relation zwischen allen Messgrößen für die Dividendenausschüttung und dem idiosynkratischen Risiko. Der Unterschied ist darüber hinaus signifikant verschieden über die Risikoquartile.[697]

Die Dividendenpolitik ist also im Modell von FULLER/THAKOR ein Instrument, um das idiosynkratische Risiko zu beeinflussen. Auch rein intuitiv gesehen lässt sich vermuten, dass die Ausschüttung von freien Mitteln die Ungewissheit seitens der Investoren verringert. Häufig ist den Investoren unklar, in welche Projekte Geld fließt, und bei Durchführung größerer Projekte wie Unternehmensfusionen und -käufe wird die Vorteilhaftigkeit oft in Frage gestellt. **GOYAL/SANTA-CLARA (2003)** ermitteln, dass der Anteil des idiosynkratischen Risikos an der gesamten durchschnittlichen Aktienvarianz 85 Prozent im Marktmodell und 80 Prozent im Fama-French-3-Faktor-Modell be-

---

694 Vgl. FULLER/THAKOR (2004), S. 38. Die Differenz war signifikant auf dem 1 %-Niveau für t-Test, Wilcoxon-Vorzeichen-Rang- und Kruskal-Wallis-Test.

695 Diese Annahme ist im Kontext der Nichtzustimmung nahe liegend, da man nicht zu sehr anderer Meinung sein wird, wenn *Payoffs* hochkorreliert mit dem Markt sind; vgl. ebenda, S. 10.

696 Gemessen am Portfolio des Center for Research in Security Prices (CRSP).

697 Vgl. FULLER/THAKOR (2004), S. 31 und S. 39.

trägt.[698] Demnach hätte die Reduktion des idiosynkratischen Risikos auch eine Verringerung des Gesamtrisikos und im Rahmen der Marktmodelle eine Reduktion der erwarteten Rendite zur Folge, was sich positiv auf den Aktienkurs auswirken würde.

Die Tatsache, dass das Modell, das von asymmetrischen Informationen und Interessenkonflikten absieht, empirische Bestätigung erhält, lässt vermuten, dass die Problematik der Flexibilität durch potenzielle Interessenkonflikte weiter verstärkt wird.

5.2.2 Die Problematik von Liquiditätsreserven

Die Wertschätzung der finanziellen Flexibilität und die mangelnde Berücksichtigung der Auswirkungen auf den aktuellen Aktienkurs[699] führt oft zur Entstehung von Liquiditätsreserven, auch ‚Kriegskassen' genannt.[700] In vielen Fällen werden diese Mittel kurzfristig in festverzinsliche Wertpapiere investiert, da diese kurzfristig liquidierbar sind, wenn sich neue, als vorteilhaft empfundene Projekte ergeben.[701] Festverzinsliche Wertpapiere stellen jedoch isoliert betrachtet – außer für hohe persönliche Einkommensteuersätze[702] – ein schlechtes Investment dar, da Zinserträge auf Unternehmensebene stärker besteuert werden als auf Aktionärsebene. Entscheidend ist also die Frage, ob durch die Bildung von Kriegskassen das gegenwärtige oder zukünftige Investitionsprogramm positiv beeinflusst wird, um die potenziellen Nachteile zu kompensieren.

Die Motive von Kriegskassen sind die folgenden:

- **Verfügbarkeit:** Die freien Mittel sind sehr schnell verfügbar. So können potenzielle Informationsvorsprünge des Managements schnell werterhöhend umgesetzt werden, sobald sich vorteilhafte Investitionsprojekte ergeben – zum Beispiel bei der Akquisition eines anderen Unternehmens.[703]

---

[698] Vgl. GOYAL/SANTA-CLARA (2003), S. 980 und S. 1001.

[699] Um im Rahmen des Modells von FULLER/THAKOR zu argumentieren.

[700] Vgl. DARIJTSCHUK (1999), S. 20.

[701] Vgl. ebenda, S. 20-22.

[702] Auf Unternehmensebene werden Zinserträge derzeit mit der Körperschaftsteuer (25 Prozent) und der Gewerbesteuer (16,67 Prozent bei einem Hebesatz von 400 Prozent) versteuert. Auf Anteilseignerebene werden die Erträge ab 2005 mit dem persönlichen Einkommensteuersatz von maximal 42 Prozent versteuert. Daraus ergibt sich folgendes Verhältnis der Nachsteuererträge: $\frac{(1-s_K)(1-s_{GE})}{(1-s_E)}$ Ab einem Einkommensteuersatz von 38 Prozent wäre die Anlage in festverzinsliche Wertpapiere auf Unternehmensebene vorteilhafter. Mit einem Steuersatz darunter haben diese Investitionen für den Anteilseigner einen negativen Nettokapitalwert.

[703] „In extreme cases projects have the characteristics of now or never." HUBERMAN (1984), S. 895.

- **Kontrolle:** Freie Mittel, die im Unternehmen verbleiben, unterliegen nicht der unmittelbaren äußeren Kontrolle; das heißt, weder Eigen- noch Fremdkapitalgeber müssen über die Ziele und Verwendung informiert werden.[704]
- **Kosten:** Unter Umständen hohe Transaktionskosten bei der Beschaffung externen Kapitals oder Liquidationen für laufende Zahlungen oder auch Investitionen können durch die Haltung hoher Bestände an Barkapital vermieden werden.[705]

Insbesondere die ersten zwei Motive erhöhen die Flexibilität des Managements, in Projekte investieren zu können, ohne auf die Zustimmung der Kapitalgeber oder die allgemeine Marktverfassung angewiesen zu sein. Diese Situation birgt jedoch auch Nachteile. Im Modell von MYERS/MAJLUF wird das Vorhalten von Liquiditätsreserven mit der *Pecking Order*-Theorie erklärt, wonach Emissionen und insbesondere Aktienemissionen mit negativen Kurseffekten verbunden sind. Der Zwang zur Kapitalaufnahme wird dann als negatives Signal gedeutet. Die Vorteile der Liquiditätsreserven verschwinden also, wenn die Investoren wissen bzw. antizipieren, dass Manager Kapitalerhöhungen nur bei Überbewertung sowie fehlender Liquidität durchführen und Liquiditätsreserven deshalb aufbauen, um die Gefahr von negativen Kurseffekten durch Kapitalerhöhungen zu vermeiden.[706]

Schätzen Manager den Wert des zur Verfügung gestellten Kapitals zu niedrig ein oder sind sogar (mitunter fälschlicherweise) der Meinung, dass sie mit dem Kapital höhere Renditen erwirtschaften können, besteht die Gefahr, dass Wert vernichtet wird, indem unvorteilhafte Investitionsprojekte realisiert werden (*Overinvestment*).[707] Auch dies verstärkt die Problematik von Liquiditätsreserven. **OPLER et al. (2001)** untersuchten im Zeitraum von 1971 bis 1994 über 80.000 amerikanische Unternehmen und weisen nach, dass Unternehmen mit größeren Beständen an freien Mitteln höhere Investitionen tätigen und verstärkt Unternehmen akquirieren, selbst wenn die Investitionsmöglichkeiten nicht aussichtsreich erscheinen.[708]

Wird dies von den Anlegern antizipiert, sind mit der Haltung von Liquiditätsreserven auch *Agency*-Kosten verbunden. Es ist anzunehmen, dass die liquiden Mittel auf Grund ihrer Eigenschaft, für das Management ohne zeitliche Verzögerung frei verfügbar zu sein, *Agency*-Kosten verursachen, die die weniger liquider Vermögensge-

704 Vgl. DARIJTSCHUK (1999), S. 21.
705 Vgl. OPLER et al. (2001), S. 55.
706 Vgl. BOLLINGER (1999), S. 84.
707 Vgl. EASTERBROOK (1984); JENSEN (1986).
708 Vgl. OPLER et al. (2001), S. 65.

genstände übersteigen. Die *Agency*-Kosten werden weiter erhöht, wenn das Management auf Kosten der Anteilseigner eigene Ziele verfolgt, die nicht dem Kriterium der Unternehmenswertmaximierung genügen, zum Beispiel bei der Durchführung von ‚Prestigeprojekten'.[709]

Auch auf das gegenwärtige Investitionsprogramm können Kriegskassen indirekte Effekte haben. Während man als Vorteil die größere finanzielle Stärke nennen kann, die es einem Unternehmen erlaubt, längere Perioden finanzieller Schwierigkeiten durchzuhalten oder Investitionsprojekte mit hohen Anfangsinvestitionen und einem längeren *Payback* durchzuführen, bestehen auch hier erhebliche Nachteile. Werden Barreserven in festverzinsliche Wertpapiere investiert, kann auf Grund der steten und risikolos zu erzielenden Erträge der Anreiz fehlen, in risikoreichere, aber langfristig notwendige Projekte zu investieren (*Underinvestment*).[710]

Die hohe Verfügbarkeit dieses Kapitals, für das nicht wie beim Fremdkapital zwingend Periode für Periode die Kapitalkosten erwirtschaftet werden müssen, kann zu hohen Ineffizienzen führen.[711] Es erscheint somit fraglich, ob die vermeintlich positiven Aspekte der hohen Bestände an freien Mitteln und die damit verbundene finanzielle und investive Flexibilität des Managements überwiegen.

5.2.3 Schlussfolgerungen

Unternehmen schätzen die Flexibilität, bei der Durchführung von Investitionsprojekten nicht auf die Zustimmung externer Kapitalgeber angewiesen zu sein. Sie scheinen ihre Ausschüttungspolitik mitunter an dem gewünschten Maß an Flexibilität auszurichten. Dividenden schränken Manager in ihrer Flexibilität und Handlungsfreiheit ein, da im Regelfall Dividendenkürzungen negative Reaktionen hervorrufen und daher vermieden werden. Auf Grund des hohen Verbindlichkeitsgrads von Dividenden werden von vielen Managern Aktienrückkäufe als Ausschüttungsform bevorzugt. BRAV et al. erfahren bei der Befragung US-amerikanischer Manager, dass viele das Dividendenniveau ihres Unternehmens ‚bedauern' und ansehen als „an undesired anchor that prevents their firm from having the desired flexibility in cash payout"[712].

Neben der Ausschüttungsform des Aktienrückkaufs können auch hohe Bestände an liquiden Mitteln zu höherer operativer Flexibilität verhelfen. Die zum Teil sehr hohen

---

709 Auch steigt mit einem zunehmenden Bestand an freien Mitteln die Gefahr, zum Übernahmeziel zu werden, da das übernehmende Unternehmen dieses Kapital zur Finanzierung der Übernahme nutzen kann; vgl. OPLER et al. (2001), S. 59.

710 Vgl. DARIJTSCHUK (1999), S. 22.

711 Vgl. WRUCK (1994), S. 176 f.

712 BRAV et al. (2004), S. 20.

Barbestände von Unternehmen lassen vermuten, dass Manager die hohe Verfügbarkeit dieser Mittel schätzen und sogar potenziell negative Effekte wie *Agency*-Kosten in Kauf nehmen. Der vermeintlich positive Effekt von Liquiditätsreserven als Garant für die Durchführung vorteilhafter Investitionsprojekte wird jedoch dadurch konterkariert, dass diese Mittel vorübergehend durch das Unternehmen am Kapitalmarkt angelegt werden müssen. Eine solche Zwischenanlage kann beispielsweise nicht kapitalwertneutral erfolgen, wenn die Erträge Steuern induzieren, die im Falle einer privaten Anlage nicht angefallen wären. Des Weiteren treten durch die Gefahr, dass das Management aus Eigeninteressen diese für sie frei verfügbaren Mittel in unprofitable Investitionsprojekte investiert, *Agency*-Kosten auf.[713] „Having too much cash lying around is an ill-advised investment."[714]

Die im internationalen Vergleich niedrigen Ausschüttungsquoten deutscher Unternehmen[715] und hohen Barbestände[716] lassen darauf schließen, dass die potenziellen Probleme, die sich mit der hohen Flexibilität in der Ausschüttungspolitik und hohen Beständen an liquiden Mitteln ergeben, in Deutschland nicht zu vernachlässigen sind. Auch hier zeigt sich das Widerstreben von Managern, einen regen Informationsfluss aufzubauen und sich der Bewertung durch den Kapitalmarkt auszusetzen bzw. den Druck zur Erzielung angemessener Renditen zu erhöhen. Eine Anhebung der Ausschüttungsquoten würde wiederum den Druck auf die Unternehmen erhöhen, das erwirtschaftete Kapital angemessen zu verzinsen.[717] Denn bei der Aufnahme externer Mittel müssen die Unternehmen gegenüber den Kapitalgebern die Aufnahme und Verwendung der Mittel explizit begründen. Auch würde ein kontinuierlicher Austausch mit den Marktteilnehmern dazu beitragen, Reputation aufzubauen, was wiederum die Kapitalbeschaffung vereinfachen bzw. verbilligen würde. Dieser Mechanismus erhielte die Flexibilität, würde jedoch die Probleme reduzieren, die durch freie Mittel und/oder zu niedrige Ausschüttungen entstehen.

---

713 Vgl. PRÜHER (2000), S. 234.

714 LEASE et al. (2000), S. 186.

715 Vgl. Abschnitt 2.2.

716 Innerhalb der letzten drei Jahre haben sich die Barreserven deutscher Unternehmen verdreifacht; vgl. HUSSLA, Gertrud (2005), Profianleger achten auf die Perspektive, in: Handelsblatt vom 26. April 2005.

717 Vgl. WRUCK (1994), S. 175 ff.

6 Umfrage zur Bedeutung und Motivation von Ausschüttungen aus Unternehmenssicht

Wie in Kapitel 4 gezeigt ist die Ausschüttungspolitik eines der kontroversesten Themen in der Finanzwissenschaft. **BLACK (1976)** stellte fest: „The harder we look at the dividend picture, the more it seems like a puzzle, with pieces that just don't fit together."[718] Seitdem sind eine Vielzahl an Theorien und Modellen entwickelt worden, die durch eine große Anzahl von empirischen Untersuchungen auf ihren Erklärungsgehalt überprüft wurden. Keiner der Theorien ist es jedoch abschließend gelungen, die Antwort auf das Dividendenpuzzle zu finden. Knapp drei Jahrzehnte später schließen **BAKER/POWELL/VEIT (2002b)**: „Despite a voluminous amount of research, we still do not have all the answers to the dividend puzzle."[719] Die Schwierigkeit, ein allgemein gültiges Modell zu finden, kann darin begründet sein, dass die Ausschüttungspolitik nicht mathematisch und einheitlich für alle Unternehmen zu jeder Zeit modellierbar ist.[720] Während die relevanten Marktimperfektionen gefunden scheinen, erweist es sich trotzdem als schwierig, normative Aussagen hinsichtlich der Dividendenpolitik zu treffen, da jedes Unternehmen unterschiedliche Eigenschaften, Manager und Eigentümer hat.[721]

Während viele Akademiker also versuchten, theoretische Modelle zu entwickeln und normative Aussagen zur Ausgestaltung der Ausschüttungspolitik herzuleiten, gingen andere einen alternativen Weg, um die Einflussfaktoren in der Ausschüttungsentscheidung zu ermitteln. Sie wählten das Mittel der Befragung der Entscheidungsträger und versuchten in direkter Ansprache herauszufinden, welche Einflussfaktoren in ihren Ausschüttungsentscheidungen Berücksichtigung finden. Dieser Forschungszweig fügte damit einen weiteren Puzzlestein hinzu. Die Bedeutung dieser Studien liegt auch in der Fähigkeit herauszufinden, ob die Ansichten der Manager und deren Ausschüttungsentscheidungen konsistent mit den theoretischen Erkenntnissen sind.[722] Wenngleich diese Methodik die theoretischen Arbeiten und ökonometrisch-statistisch basierten Untersuchungen nicht ersetzen kann, erscheint es plausibel, sich nicht auf die Untersuchung finanzieller Kennzahlen und Marktreaktionen zu beschränken, sondern die Wahrnehmung derer zu untersuchen, die maßgeblich die Entscheidung über das ‚Wann' und ‚Wie viel' von Ausschüttungen treffen.[723] Zwar

---

718 BLACK (1976), S. 5.
719 BAKER/POWELL/VEIT (2002b), S. 255.
720 Vgl. ebenda, S. 256, mit dem Querverweis auf FRANKFURTER/WOOD (1997), S. 31.
721 Wenngleich sich der Erklärungsgehalt der Theorien zum Teil deutlich unterscheidet, was gewisse Tendenzaussagen, insbesondere für deutsche Aktiengesellschaften, zulässt; vgl. dazu die Ausführungen in Abschnitt 4 und insbesondere Abschnitt 4.7.
722 Vgl. FARRELLY/BAKER (1989), S. 90; BAKER/VEIT/POWELL (2001), S. 20.
723 Vgl. FRANKFURTER et al. (2002), S. 204.

besteht bei (anonymen) Umfragen, insbesondere bei unvollständigem Rücklauf, die Gefahr von Verzerrungen, jedoch ergänzen sie die theoretisch-empirischen Methoden, indem sie versuchen, durch die direkte Abfrage der Meinungen von Managern auf die wirklichen Motive zu schließen. Die Tatsache, dass eine Vielzahl von Faktoren und unternehmerischen Entscheidungen mit der Ausschüttungsfrage in Zusammenhang stehen, lässt vermuten, dass Manager sehr unterschiedliche Auffassungen hinsichtlich der Ausschüttungspolitik vertreten.[724] Darüber hinaus ist die Befragung der Hauptentscheidungsträger ein Mittel, um die strategischen Aspekte der Ausschüttungspolitik zu prüfen und Hinweise auf die Relevanz von beobachteten Trends und aufgestellten Hypothesen zu erhalten; eine quantitativ empirische Untersuchung historischer Daten lässt in Anbetracht der im Wandel begriffenen Rahmenbedingungen am deutschen Kapitalmarkt[725] sowie des aktuellen Bezugs und der strategischen Stoßrichtung der Arbeit keinen hohen Erkenntnisgewinn erwarten.

6.1 Ergebnisse bisher durchgeführter Umfragen

Angefangen mit LINTNER sind insbesondere in den USA eine Reihe von Umfragen zur Praxis der Dividendenpolitik durchgeführt worden. Einige wenige Untersuchungen beschäftigten sich auch mit der Ausschüttungsform des Aktienrückkaufs. Unter deutschen Aktiengesellschaften ist der wissenschaftliche Fundus deutlich eingeschränkt. Die Ergebnisse dieser Studien werden im Folgenden kurz vorgestellt.

6.1.1 Umfragen zur Dividendenpolitik

Eine der grundlegenden Arbeiten zum Entscheidungsprozess in der Dividendenfestsetzung stammt von **LINTNER (1956)**. Er befragte die *Chief Executive Officers* (CEOs) bzw. *Chief Financial Officers* (CFOs) von 28 Unternehmen nach den Haupteinflussfaktoren in ihrer Dividendenentscheidung. Die Befragten waren der Ansicht, dass stetige Dividendenzahlungen von den Investoren geschätzt werden und die Gefahr von negativen Kursreaktionen reduzieren; dabei ist nicht die absolute Dividende entscheidend, sondern die Höhe der Dividendenänderung. Oberstes Ziel ist es, negative Aktionärsreaktionen und damit Dividendenkürzungen zu vermeiden. Unternehmen erhöhen ihre Dividende daher nur, wenn dieses Niveau auch längerfristig möglich erscheint. Als Folge versuchen Unternehmen die Dividende zu glätten mit dem Ziel einer graduellen Annäherung an eine Zielausschüttungsquote. Darauf aufbauend stellte LINTNER ein Dividendenmodell auf, das als Einflussfaktor auf die aktuelle Divi-

---

724 Vgl. dazu bspw. die Ausführungen zu den Interdependenzen der Investitions-, Finanzierungs- und Ausschüttungspolitik in Abschnitt 5.

725 Vgl. dazu auch Abschnitte 2 und 3.

dende den aktuellen Gewinn sowie die Vorjahresdividende berücksichtigte. Er konnte mit Hilfe seines Modells 85 Prozent der Dividendenänderungen von Jahr zu Jahr erklären.[726]

BAKER/FARRELLY/EDELMAN (1985) befragten die CFOs von 562 Unternehmen an der *New York Stock Exchange* (NYSE) aus drei Branchen (Versorger, verarbeitende Industrie und Handel). Basierend auf 318 Antworten konnten sie in starker Übereinstimmung mit LINTNER vergangene Dividenden und antizipierte zukünftige Erträge, aber auch die Verfügbarkeit liquider Mittel als maßgebliche Einflussfaktoren in der Dividendenentscheidung ermitteln. Des Weiteren bestand unter den Befragten konsistent mit der Dividendenglättung nach LINTNER eine starke Zustimmung hinsichtlich (1) dem Bestreben, Dividenden konstant zu zahlen, (2) Dividendenänderungen, die nach kurzer Zeit wieder rückgängig gemacht werden müssen, zu vermeiden, und (3) der graduellen Anpassung der Ausschüttungsquote an eine Zielausschüttungsquote.[727] Darüber hinaus waren die Befragten der Ansicht, dass die Ausschüttungspolitik den Aktienkurs beeinflusst und dem *Signaling* eine hohe Bedeutung zukommt bzw. der Markt Dividendenbekanntgaben für die Aktienbewertung nutzt.

BAKER/FARRELLY (1988) befragten Unternehmen, die seit mindestens zehn Jahren ununterbrochen Dividendenerhöhungen durchführten. Diese Unternehmen sind der Ansicht, dass die Dividendenpolitik relevant ist und den Aktienwert beeinflusst.[728] Über die bisherigen Erkenntnisse hinausgehend zeigen die Ergebnisse, dass diese Unternehmen der Dividendenstabilität und dem Einfluss von Dividenden auf den Aktienkurs ein überdurchschnittliches Gewicht beimessen.

BAKER (1989) wählte als Stichprobe 175 Unternehmen an der NYSE, die im Zeitraum von 1980 bis 1985 keine Bardividende zahlten. Die Beschränktheit der ausgewählten Unternehmen berücksichtigend ließen sich basierend auf 68 Rückläufern als Gründe für die Nichtzahlung (1) die Verfügbarkeit von profitablen Investitionsprojekten, (2) die Verfügbarkeit liquider Mittel und (3) die Kosten der externen Finanzierung ermitteln.[729]

FARRELLY/BAKER (1989) nahmen eine entgegengesetzte Perspektive ein und befragten 503 institutionelle Investoren (Fondsmanager und Wertpapieranalysten) nach ihren Ansichten zur Dividendenpolitik. Basierend auf 130 Antworten zeigte sich, dass

726 Vgl. LINTNER (1956), S. 108. Auch andere Untersuchungen konnten das Modell von LINTNER empirisch bestätigen; vgl. bspw. FAMA/BABIAK (1968). BENARTZI/MICHAELY/THALER (1997), S. 1032, schließen sogar: „Lintner's model of dividends remains the best description of the dividend setting process available."

727 Vgl. BAKER/FARRELLY/EDELMAN (1985), S. 80 f.

728 Vgl. BAKER/FARRELLY (1988), S. 88.

729 Vgl. BAKER (1989), S. 53.

diese Investorengruppe in einer Dividendenerhöhung einen positiven Effekt auf den Aktienkurs sieht.[730] Darüber hinaus werden eher Kursgewinne gegenüber Dividenden präferiert, während *Signaling* keine Unterstützung fand.

ABRUTYN/TURNER (1990) befragten die CEOs von 550 der 1.000 größten US-amerikanischen Unternehmen vor dem Hintergrund der Steuerreform im Jahr 1986. Die 163 Antworten zeigten die größte Zustimmung zu *Signaling*-Aspekten (63 Prozent ordneten *Signaling* an erster oder zweiter Stelle ein), während *Agency*-Aspekte von 44 Prozent hoch eingestuft wurden; Steuerklienteleffekte spielten keine Rolle.[731]

PRUITT/GITMAN (1991) befragten hochrangige Finanzmanager der 1.000 größten US-amerikanischen Unternehmen, woraus 114 Antworten resultierten. Danach treffen die Manager dieser Unternehmen Dividendenentscheidungen weitgehend unabhängig von Investitions- und Finanzierungsentscheidungen. Haupteinflussfaktoren in der Dividendenentscheidung waren einmal mehr vergangene und gegenwärtige Gewinne, Gewinnvolatilität und -wachstum sowie die Vorjahresdividende, während Investitionsausgaben keine große Rolle spielten.[732]

BAKER/POWELL (1999) stellten anhand von 198 von CFOs ausgefüllten Fragebögen fest, dass die Befragten der Dividendenpolitik eine hohe Wertrelevanz beimessen.[733] Aspekte des *Signaling* bekommen einen vergleichsweise hohen Stellenwert zugesprochen, während steuerliche bzw. *Bird-in-the-Hand*-Überlegungen eine untergeordnete Rolle spielen. Erstaunlicherweise bestätigten knapp 92 Prozent die Kapitalmarktkontroll-Hypothese, wonach Dividenden Unternehmen zwingen, sich extern zu finanzieren, was zur Überprüfung durch den Kapitalmarkt führt. Für den Dividendenfestsetzungsprozess konnten wieder einmal die Einflussfaktoren nach LINTNER und insbesondere das Bemühen von Dividendenglättung beobachtet werden.

BAKER/VEIT/POWELL (2001) befragten CFOs von Finanz- und Nicht-Finanzunternehmen an der *Nasdaq*, die mindestens acht aufeinander folgende Quartalsdividenden zahlten. Basierend auf 188 Antworten sind wie schon in früheren Studien die von LINTNER ermittelten Einflussfaktoren wie vergangene Dividenden, Gewinnstabilität und das gegenwärtige und zukünftig erwartete Gewinnniveau maßgeblich in der Dividendenentscheidung.[734] Des Weiteren hat der CEO bei fast zwei Drittel der Unternehmen den größten Einfluss, während bei knapp 26 Prozent der Unternehmen der

---

730 Vgl. FARRELLY/BAKER (1989), S. 92 f.
731 Vgl. ABRUTYN/TURNER (1990), S. 494.
732 Vgl. PRUITT/GITMAN (1991), S. 422.
733 Vgl. BAKER/POWELL (1999), S. 25 f. und S. 30.
734 Vgl. BAKER/VEIT/POWELL (2001), S. 26 f.

CFO den größten Einfluss hat.[735] In einer zweiten Veröffentlichung zur selben Umfrage belegen die Autoren, dass Manager der Dividendenpolitik eine Wertrelevanz zuschreiben und einer residualen Dividendenpolitik im Durchschnitt nicht zustimmen.[736] Dem *Signaling* kommt gemäß den Befragten die größte Bedeutung zu, während Steuern und *Agency*-Theorie keine bzw. nur begrenzte Zustimmung erfuhren.

Brav et al. (2004) untersuchten die Meinungen von 256 Finanzmanagern börsennotierter Gesellschaften, wovon 166 eine Dividende zahlten, 167 Aktienrückkäufe tätigten und 77 keine Ausschüttungen vornahmen. Zusätzlich führten sie 23 Einzelinterviews mit CEOs bzw. CFOs durch. Analog zu früheren Erkenntnissen ist die Meinung zur Dividendenpolitik sehr konservativ, wobei insbesondere Dividendenkürzungen vermieden werden. Der Fokus liegt dabei auf Änderungen der Stückdividende, das heißt Dividenden sind *sticky*, werden von Jahr zu Jahr geglättet und Dividendenerhöhungen werden solange vermieden, bis die Erhöhung nachhaltig möglich erscheint.[737] 65 Prozent der Befragten würden sogar externe Mittel aufnehmen, um eine Dividendenkürzung zu vermeiden. Dies alles führe dazu, dass Nichtzahler stark von der Dividendenaufnahme abgeschreckt sind. Des Weiteren zeigten die Manager klar an, dass operative und investive Entscheidungen Vorrang vor der Aufrechterhaltung von Aktienrückkäufen haben. Bei Dividenden ist das Bild anders: Die Dividendensumme, bestimmt durch die Stückdividende, wird als gleichwertig zu inkrementellen Investitionen angesehen; Dividendenerhöhungen sind hingegen Investitionsentscheidungen untergeordnet.[738]

Die Dividende als kostspieliges Signal zur Abgrenzung von Wettbewerbern fand keine Unterstützung. Dass steuerliche Aspekte nur eine untergeordnete Rolle spielen, belegen die Ergebnisse zur Angleichung der Dividendenbesteuerung an die Besteuerung von Kapitalgewinnen. So sagten 70 Prozent der Dividenden zahlenden Unternehmen, dass die Steuersenkung auf Dividenden keinen bzw. wahrscheinlich keinen Einfluss auf ihre Dividendenentscheidungen hat, während 87 Prozent der Nicht-Dividendenzahler daraufhin nicht die Dividendenzahlung aufnehmen werden.[739]

Für den deutschen Markt liegen bislang zwei Umfragen vor. **Frankfurter et al. (2002)** versendeten im Jahr 2000 954 Fragebögen an Unternehmen der Segmente Amtlicher Handel, Geregelter Markt und Freiverkehr. Unter den 420 Rückläufern bestand ein hoher Konsens an Zustimmung[740] zu den folgenden Aussagen: (1) Aktionä-

---

[735] Vgl. Baker/Veit/Powell (2001), S. 34.
[736] Vgl. Baker/Powell/Veit (2002a), S. 276.
[737] Vgl. Brav et al. (2004), S. 19.
[738] Vgl. ebenda, S. 20.
[739] Vgl. ebenda, S. 10.
[740] Gemessen am Verhältnis von zustimmenden Antworten zu ablehnenden Antworten.

re wünschen reguläre Dividenden, (2) Bardividenden sind notwendig, weil Aktionäre dies erwarten, (3) einmal eine Dividenden gezahlt, muss diese aufrechterhalten werden, (4) Dividendenerhöhungen finden nur statt, wenn das höhere Niveau beibehalten werden kann, (5) Dividendenerhöhungen signalisieren eine erfolgreiche Performance, (6) Dividendenerhöhungen ziehen nur eine kurzfristige Kursreaktion nach sich, (7) Dividendenkürzungen würde eine negative Reaktion nach sich ziehen, da wir eine Politik der Dividendenkontinuität betreiben.[741]

Ein anderer Teil der Fragen erfuhr einen hohen Grad an Ablehnung. Der Konsens betrifft folgende Aussagen: (1) Aktionäre schließen aus Dividendenerhöhungen nicht, dass Unternehmen keinen besseren Verwendungszweck für die Mittel haben, (2) nicht nur Unternehmen mit einer positiven Aktienkursentwicklung sollten Dividenden erhöhen, (3) der Ersatz einer Bar- durch eine Aktiendividende sei kein Zeichen für eine schlechte Performance des Unternehmens, (4) Bardividenden seien kein teurer Mittelabfluss für das Unternehmen, (5) Aktionäre haben sehr wohl ein gutes Verständnis des ökonomischen Wertes von Bardividenden.

Im Anschluss gruppierten die Autoren die Unternehmen mittels statistischer Methoden[742] in zwei heterogene Gruppen (Gruppe A 367 Unternehmen, Gruppe B 53 Unternehmen). Bezüglich der Mehrheit der Fragen bestanden diametral entgegengesetzte Meinungen zwischen den beiden Gruppen.[743] Insbesondere sprachen die Unternehmen der Gruppe B Dividenden eine geringere ökonomische Bedeutung und ein geringeres Interesse seitens der Aktionäre zu. Diese Unternehmen hatten im Vergleich zu Gruppe A einen höheren Insideranteil, höhere Markt-Buchwert-Verhältnisse, niedrigere institutionelle Anteile und waren jünger sowie hauptsächlich am Neuen Markt notiert. Weder Unternehmensgröße, Marktwert des Eigenkapitals noch Kurs-Gewinn-Verhältnis konnten jedoch die unterschiedlichen Meinungen der CFOs erklären.

Pellens/Gassen/Richard (2003) interessierten sich insbesondere für die Entscheidungsrelevanz von § 58 AktG, worin Mindest- und Höchstausschüttungsgrenzen für den Einzelabschluss festgelegt werden, und ob die Regulierung von Ausschüttungen Einfluss auf das Ausschüttungsverhalten hat. Die Befragung wurde Anfang 2002 durchgeführt. Anhand von 95 Fragebögen von Unternehmen des Dax 100, Nemax 50 und SMax ließ sich feststellen, dass weder gesetzliche Rahmenbedingungen des § 58 AktG noch steuerliche Aspekte die Ausschüttungspolitik maßgeblich beeinflus-

---

[741] Vgl. Frankfurter et al. (2002), S. 207.
[742] Zum Vorgehen vgl. ebenda, S. 209.
[743] Vgl. Frankfurter et al. (2002), S. 209 ff.

sen.[744] Stattdessen liegt das Augenmerk analog zu LINTNER auf kontinuierlichen Dividendenzahlungen. Unterschiede ergaben sich zwischen den Motiven großer und kleinerer Unternehmen. Während große Unternehmen mehr Wert auf Dividendenkontinuität, Dividenden von Vergleichsunternehmen und Erwartungen von Analysten legen (pro *Signaling*), betonen kleinere Unternehmen die Bedeutung von freier Liquidität, Verschuldungsgrad und Interessen von Fremdkapitalgebern (pro *Agency*).[745]

Als Ergebnis lässt sich festhalten, dass das Hauptziel der Unternehmen eine kontinuierliche ergebnisabhängige Dividendenpolitik ist. Haupteinflussfaktoren sind aktuelle und erwartete Gewinne bzw. Cashflows sowie vergangene Dividenden. Auch sprechen die befragten Manager der (expliziten) Dividendenpolitik eine Wertrelevanz zu. *Signaling*-Aspekten scheint eine größere Bedeutung beigemessen zu werden als den anderen Erklärungsansätzen. Meines Erachtens ist es jedoch nicht überraschend, dass *Agency*-Überlegungen in den Umfragen keine große Bestätigung finden, da diese Motive im Zweifel Ziele entgegen den Aktionärsinteressen und damit Interessenkonflikte unterstellen. Umso höher ist das Ergebnis von BRAV et al. zu werten, dass Manager das Dividendenniveau ihres Unternehmens oft ‚bedauern', weil es sie in ihrer operativen Flexibilität einschränkt.[746] Viele der befragten Manager würden, wenn sie es könnten bzw. wenn sie noch einmal neu anfangen müssten, weniger Dividenden zahlen und durch Aktienrückkäufe ersetzen, da ihnen diese Maßnahme eine größere Flexibilität bezüglich der Investitionspolitik verschafft.[747]

Die Berücksichtigung unterschiedlicher Zeiträume und Stichproben zeigt auch, dass sich die Meinungen im Zeitablauf zum Teil geändert haben und es einen Unterschied macht, welche Art von Unternehmen befragt wird. So spielt es beispielsweise eine Rolle, ob Unternehmen mit einer langjährigen und stabilen Dividendenpraxis befragt wurden oder ob jüngere bzw. stark wachsende Unternehmen oder Unternehmen, die keine Dividenden zahlen, ausgewählt wurden.

6.1.2 Umfragen zum Aktienrückkauf

Die erste hinreichend große Befragung in den USA stammt von **TSETSEKOS/KAUFMAN/GITMAN (1991).** Basierend auf 210 Antworten von CFOs großer Unternehmen zeigte sich, dass der wichtigste, einen Aktienrückkauf herbeiführende Umstand ein niedriger Aktienkurs ist. Während das am häufigsten genannte Motiv ‚das Bestreben, die Kapitalstruktur zu ändern' war, waren die meisten Antworten mit der *Signa-*

---

[744] Vgl. PELLENS/GASSEN/RICHARD (2003), S. 328.
[745] Vgl. ebenda, S. 328.
[746] Vgl. BRAV et al. (2004), S. 20.
[747] Vgl. ebenda, S. 19.

ling-Hypothese vereinbar.[748] Des Weiteren finanzierten die meisten Unternehmen ihre Rückkäufe mit verfügbaren Mitteln.

BAKER/POWELL/VEIT (2003) untersuchten die Meinungen von 642 Managern im Zeitraum von Januar 1998 bis September 1999 bezüglich durchgeführter Aktienrückkäufe. Die 194 Antworten ließen erkennen, dass der häufigste genannte Grund für den Rückkauf von Stammaktien mit fast 75 Prozent der ‚niedrige (unterbewertete) Aktienkurs' war, konsistent mit der *Signaling*-Theorie.[749]

Im Gegensatz zu ihren Erkenntnissen hinsichtlich der Dividendenpolitik stellten **BRAV et al. (2004)** für Aktienrückkäufe eine größere Bereitschaft fest, auf Grund von begrenzten liquiden Mitteln oder Investitionsmöglichkeiten Mittel für diese Form der Ausschüttung zu kürzen. Des Weiteren bestehe die Bereitschaft, Dividendenerhöhungen in Aktienrückkäufe umzuwandeln, aber nicht umgekehrt.[750] Mit Aktienrückkäufen wird ein deutlich höheres Maß an Flexibilität verbunden, was dazu führt, dass Rückkaufentscheidungen weit weniger konservativ sind. Das am häufigsten genannte Motiv für Rückkäufe war die Unterbewertung der Aktien (86,4 Prozent ‚agree' bzw. ‚strongly agree'). Gut die Hälfte der Manager gab an, Rückkäufe zu timen und den Markt dabei zu schlagen.[751] Drei Viertel der Befragten zeigten an, dass die Erhöhung des Gewinns pro Aktie ein wichtiger Faktor in der Rückkaufentscheidung darstellt. Viele Unternehmen koppelten das Rückkaufvolumen an das Bestreben, Verwässerungseffekte durch Aktienoptionspläne zu eliminieren.

Für den deutschen Markt existiert bislang eine Untersuchung von **PELLENS/SCHREMPER (2000)**. Danach spielen steuerliche Motive sowie die Möglichkeit der Kapitalstrukturgestaltung nur eine untergeordnete Rolle. Der Großteil der Befragten räumte auch dem Bestreben bzw. der Notwendigkeit, Überliquiditäten abzubauen, nur eine geringe Bedeutung ein. Es zeigte sich allerdings, dass bei den Unternehmen tendenziell eine Überliquidität bestand. Die Autoren schließen daraus, dass Aktienrückkäufe als Eingeständnis gesehen werden, nicht über ausreichende Investitionsmöglichkeiten zu verfügen.[752] Das Motiv der Unterbewertung sowie der Kommunikation positiver Zukunftserwartungen erfuhr breite Zustimmung. Die Glaubwürdigkeit der Aussage ist allerdings schwer zu beurteilen, da die meisten Unternehmen den Rückkauf noch nicht durchgeführt hatten.[753] Über die Hälfte hatte sich noch nicht für eine Rückkaufmethode entschieden und kein Unternehmen hatte vor, das aus

---

748 Vgl. TSETSEKOS/KAUFMAN/GITMAN (1991).
749 Vgl. BAKER/POWELL/VEIT (2003), S. 493.
750 Vgl. BRAV et al. (2004), S. 5.
751 Vgl. ebenda, S. 15.
752 Vgl. PELLENS/SCHREMPER (2000), S. 142.
753 Vgl. ebenda, S. 145.

Signaling-Aspekten präferierte Festpreisverfahren anzuwenden. Auch wären die wenigsten (nur 3 von insgesamt 37 Unternehmen) bereit, eine Prämie von über 10 Prozent auf den aktuellen Börsenkurs zu bezahlen. Auch die gesetzliche Beschränkung auf 10 Prozent des Grundkapitals lässt im Vergleich zu den USA nur ein schwächeres Signal entstehen. Das Motiv der Unterlegung von Aktienoptionsplänen bzw. Ausgabe von Belegschaftsaktien spielte bei den meisten (75 bzw. 62 Prozent) keine bzw. eine geringe Rolle. Das Motiv, eigene Aktien zur Maßnahme gegen Übernahmeversuche zu erwerben, hielten 73 Prozent der Manager für nicht bzw. nur schwach relevant.[754]

6.2 Methodologie der Umfrage

Wie gezeigt sind Umfrageergebnisse zur Ausschüttungspolitik für den deutschen Kapitalmarkt bislang eher selten. FRANKFURTER et al. fragten die Meinung der Manager zu 27 Aussagen zur Dividendenpolitik ab; PELLENS/GASSEN/RICHARD beschäftigten sich hingegen mit den internen und externen Einflussfaktoren bei der Festlegung der Dividendenhöhe, wobei das eigentliche Ziel der Befragung darin bestand, inwieweit die Ausschüttungsregulierung durch § 58 AktG[755] die Dividendenfestsetzung beeinflusst. PELLENS/SCHREMPER untersuchten durch Managementbefragung deutscher Unternehmen die Relevanz verschiedener Motive bei der Durchführung von Aktienrückkäufen.

Eine umfassende Befragung zur Ausschüttungspolitik wurde unter deutschen Aktiengesellschaften somit noch nicht durchgeführt; insbesondere wurden Dividenden und Aktienrückkäufe noch nicht gemeinsam betrachtet. Dabei versprechen jedoch gerade die Abhängigkeiten dieser unterschiedlichen Formen der Ausschüttung einen Er-

---

[754] Bezüglich der Untersuchung von PELLENS/SCHREMPER ist anzumerken, dass die Anzahl der Unternehmen und deren Erfahrungswerte zum Zeitpunkt der Befragung auf Grund der erst kurzen Möglichkeit, Aktienrückkäufe als effektive Ausschüttungsform durchzuführen, stark beschränkt war. Auch die damals geringe Bedeutung von Aktienoptionsprogrammen und die starke Einschränkung des Marktes für Unternehmenskontrolle lassen die Aussagen hinsichtlich dieser Motive für die heutige Zeit nur bedingt aussagekräftig erscheinen.

[755] Darin werden Mindest- und Höchstausschüttungsgrenzen definiert. So kann nach Feststellung des Jahresüberschusses durch Vorstand und Aufsichtsrat maximal die Hälfte dessen den Gewinnrücklagen zugewiesen werden. Das deutsche Aktiengesetz sieht somit grundsätzlich eine Mindestausschüttung an die Aktionäre in Höhe von 50 Prozent des Jahresüberschusses vor. Allerdings kann die von der Hauptversammlung beschlossene Satzung den Ausschüttungsbetrag nach h.M. so lange bis auf Null reduzieren, wie die anderen Gewinnrücklagen die Hälfte des Grundkapitals nicht übersteigen. Auch ist der Jahresüberschuss nach den vom Gläubigerschutzprinzip geprägten GoB zu ermitteln und ist damit von den angewendeten Bilanzansatz- und -bewertungsregeln abhängig und in der Regel nicht marktwertorientiert. § 58 AktG ist des Weiteren auf das Jahresergebnis des Einzelabschlusses anzuwenden, was dem Management von Muttergesellschaften weitere Gestaltungsmöglichkeiten durch das Verschieben von Gewinnen eröffnet. Die Gewinnverwendungskompetenz der Hauptversammlung werde dadurch erheblich oder sogar vollständig untergraben; vgl. PELLENS/GASSEN/RICHARD (2003), S. 311 f.

kenntnisgewinn.[756] Darüber hinaus zeigten die Ergebnisse bisheriger Umfragen, dass sich Aussagen bzw. Meinungen zur Ausschüttungspolitik im Zeitablauf ändern können. Es erscheint durchaus plausibel, dass Einflussfaktoren, die mit der Ausschüttungspolitik direkt oder auch indirekt in Verbindung stehen, Ausschüttungsentscheidungen beeinflussen. Gerade die Trends hinsichtlich der Veränderung in der Investorenstruktur deutscher Unternehmen, der steigenden Bedeutung der Eigenkapitalfinanzierung und privater Aktienanlage bzw. Vorsorge sowie die steigende Popularität von Aktienrückkäufen und auch von Aktienindizes lassen Auswirkungen auf die Ansichten deutscher Manager zur Ausschüttungspolitik erwarten.

6.2.1 *Selektion zu befragender Unternehmen*

Die Frage nach der optimalen Ausschüttungspolitik ist grundsätzlich für alle Aktiengesellschaften relevant. Die Befragung richtete sich an die im CDax notierten Unternehmen, was den Anspruch der Repräsentativität erfüllt: Der CDax-Index umfasst alle inländischen, an der Frankfurter Wertpapierbörse (FWB) gelisteten Unternehmen und „repräsentiert die gesamte Breite des deutschen Aktienmarktes und ist damit in besonderem Maße für Analysezwecke geeignet“[757]. Insgesamt waren zum 23. August 2004 701 Wertpapiere im CDax notiert. Nach Eliminierung von Doppelzählungen durch die Notierung von sowohl Stamm- als auch Vorzugsaktien einiger Unternehmen verblieben 667 Unternehmen. 138 Unternehmen wurden ausgeschlossen, da sie sich im Insolvenzverfahren bzw. in Liquidation befanden oder bereits von einem anderen Unternehmen übernommen worden waren. Die endgültige Stichprobe betrug somit 529 Unternehmen.[758]

6.2.2 *Umfragedesign und Hypothesen*

Das Umfragedesign war auf das Ziel der Untersuchung abgestellt, Einblicke in den Entscheidungsprozess der Festlegung von Ausschüttungen durch die Befragung der an diesem Prozess maßgeblich Beteiligten zu erlangen sowie Motive, Einstellungen und Einflussfaktoren vor dem Hintergrund aktueller Trends und Rahmenbedingungen sowie den verfügbaren Theorien bzw. Erklärungsansätzen zur Praxis von Ausschüttungen zu testen. Ein weiteres Ziel der Untersuchung neben dem Querschnittsvergleich über die gesamte Stichprobe waren Erkenntnisse über die Einstellung der Unternehmen mit unterschiedlichen unternehmensspezifischen Rahmenbedingungen wie Größe oder Investitionspotenzial. In Anbetracht der hohen Bedeutung der Divi-

---

756 Vgl. bspw. BRAV et al. (2004) sowie Abschnitt 4.5.

757 DEUTSCHE BÖRSE AG (2004), S. 5.

758 Diese Unternehmen repräsentieren über 99,5 Prozent des gewichteten CDax.

dendenkontinuität lässt des Weiteren insbesondere die Unterscheidung in Dividenden zahlende Unternehmen und Nichtzahler unterschiedliche Ergebnisse erwarten.

Eine Befragung kann entweder in schriftlicher, mündlicher oder telefonischer Form erfolgen. Persönliche Interviews scheiden auf Grund der hohen Interviewerkosten aus, die durch die hohe Anzahl und große räumliche Streuung der Befragten entstehen würden, aber auch wegen möglicher Verzerrungsgefahren durch den Interviewereinfluss (Interviewer-Bias).[759] Die schriftliche Befragung bietet hingegen die Vorteile einer großen räumlichen Abdeckung mit geringem Aufwand sowie geringerer Beeinflussungsmöglichkeiten durch den Interviewer. Es wird somit die Durchführungsobjektivität gewahrt, welche eine geringstmögliche soziale Interaktion zwischen Befragtem und Interviewer fordert. In aller Regel erfolgt die Beantwortung eines schriftlichen Fragebogens überlegter und präziser als auch etwa beim Telefon-Interview.[760] Zudem ist die Zusicherung der Anonymität glaubwürdiger.[761] Die Befragung wurde folglich mittels eines standardisierten Fragebogens durchgeführt.

Die schriftliche Befragung weist jedoch auch einige potenzielle Nachteile wie Stichprobenprobleme auf Grund ungenauer Adressenbasis, Gefahr der Diskrepanz von antwortender und entscheidender Person sowie mangelnde Motivation der Befragten auf. Diese Punkte wurden bei der Durchführung der Umfrage explizit berücksichtigt. So erfolgte eine ausführliche Adressenermittlung über verschiedene Informationsquellen[762] inklusive personalisierter Ansprache. Während bei den größten Unternehmen des Samples[763] der Fragebogen an den Leiter von Investor Relations mit der Bitte um Weiterleitung an den maßgeblichen Entscheidungsträger adressiert wurde, wurde bei den restlichen Unternehmen der Finanzvorstand persönlich angesprochen.[764] In einem personalisierten Anschreiben wurden Zweck und Zielsetzung der Befragung, Zusicherung der Vertraulichkeit sowie Dank für die Mitarbeit im Voraus deutlich herausgestellt. Als zusätzlicher Anreiz wurde den interessierten Befragten eine Zusammenfassung der Untersuchungsergebnisse in Aussicht gestellt. Um die Befragung möglichst flexibel und einfach zu gestalten, wurde der Fragebogen zusätzlich in elektronischer Form und interaktiv zur Verfügung gestellt; 6 der 98 antwortenden Unternehmen nahmen diese Form der Beantwortung in Anspruch.

---

759 Vgl. MEFFERT (2000), S. 156.
760 Vgl. BEREKOVEN/ECKERT/ELLENRIEDER (2004), S. 120.
761 Vgl. SCHNELL/HILL/ESSER (1999), S. 336.
762 In erster Linie wurden hierbei die Unternehmenswebsites sowie Bloomberg genutzt.
763 Unternehmen des Dax, MDax, TecDax und SDax.
764 In den Fällen, wo der Finanzvorstand nicht eindeutig zu bestimmen war, wurde der Vorstandsvorsitzende bzw. ein anderes Vorstandsmitglied ausgewählt.

Zur Messung und Auswertung von Messdaten wird ein Instrument benötigt, mit dem die Zuordnung der Merkmalsausprägungen zu Zahlenwerten vorgenommen werden kann.[765] Einen solchen Maßstab liefert die in der Untersuchung verwendete Skala. In der Marktforschung ist die Rating-Skala die am häufigsten eingesetzte Skalierungsmethode.[766] Mit diesem Instrument werden qualitative Merkmale wie Einstellungen oder Meinungen in quantitative Größen transformiert. Streng genommen liefert die Rating-Skala nur ordinal skalierte Angaben, jedoch kann sie durch die Annahme gleicher Abstände zwischen einzelnen Messwerten und entsprechender graphischer Darstellung als Intervallskala mit metrischen Messdaten angesehen werden.[767] Die Rating-Skala erfüllt damit die mathematischen Voraussetzungen von Intervallskalen und erlaubt den Einsatz entsprechender statistischer Operationen.[768]

In der Rating-Skala wurden fünf Stufen vorgegeben, um die Diskriminationsfähigkeit der Befragten nicht zu überfordern. Dabei ist eine Kategorie für Indifferenz angegeben, um ein forciertes Rating zu vermeiden. Eine solche Rating-Skala, das heißt mit standardisierten Frage-Items bzw. ohne Freiheitsgrade und offene Fragen, erfüllt die Auswertungs- und Interpretationsobjektivität hinreichend.[769]

Da ein Ziel der Untersuchung Erkenntnisse über die Einstellung von Unternehmen mit unterschiedlichen Charakteristika waren, erfolgte die Befragung nicht anonym; der Name des Unternehmens wurde am Anfang des Fragebogens aufgeführt. Dies ermöglicht bei der Auswertung und Interpretation der Antworten Querschnittsvergleiche auf Basis von Finanzinformationen sowie die Betrachtung von Untergruppen. Des Weiteren wurde explizit abgefragt, ob der Ausfüllende an Ausschüttungsentscheidungen beteiligt ist, um eine Diskrepanz zwischen antwortender und entscheidender Person zu vermeiden und die Repräsentativität zu gewährleisten.

Ausgehend von den Hypothesen und Schlussfolgerungen, die in den vorigen Abschnitten zu den Trends hinsichtlich des Ausschüttungsverhaltens, zur Struktur der Investoren und deren Präferenzen, zu den Theorien der Dividendenpolitik und der Ausschüttungsform des Aktienrückkaufs sowie zu den Wechselwirkungen der Ausschüttungspolitik mit der Finanzierungs- und Investitionspolitik erarbeitet wurden, erfolgte die Ableitung der Aussagen und Fragen für den Fragebogen. Dabei wurde große Sorgfalt auf die Formulierung gelegt und versucht, Ausdrücke zu vermeiden, die zu Grunde liegende Theorien allzu augenscheinlich machen würden. Insbesondere waren die folgenden Hauptfragen von Interesse:

---

765 Vgl. NIESCHLAG/DICHTL/HÖRSCHGEN (2002), S. 396.
766 Vgl. BEREKOVEN/ECKERT/ELLENRIEDER (2004), S. 74.
767 Vgl. ebenda, S. 76. Zur hierarchischen Ordnung der Mess- bzw. Skalenniveaus vgl. ebenda, S. 73.
768 Vgl. MEFFERT (2000), S. 149.
769 Vgl. BEREKOVEN/ECKERT/ELLENRIEDER (2004), S. 88.

- Wie sehen Manager den Entscheidungsprozess bei der Festlegung von Ausschüttungen? Es ist zu erwarten, dass die Befragten den von LINTNER ermittelten Einflussfaktoren, insbesondere bei der Festlegung von Dividenden, und damit dem Prinzip der Dividendenkontinuität zustimmen. Dies wurde in früheren Umfragen bereits festgestellt und auch empirisch bestätigt.[770]

- Welche theoretischen Erklärungsansätze werden durch die Befragten unterstützt? Inwieweit spiegelt dies die empirischen Ergebnisse wider? Es ist davon auszugehen, dass die Ausschüttungspolitik nach Meinung der Manager wertrelevant ist. Insbesondere die agencytheoretischen Aspekte werden empirisch deutlich belegt und sollten auf Grund der stattfindenden Änderung in der Investorenstruktur einen hohen Stellenwert besitzen. Aspekte der *Behavioral Finance* sollten vor dem Hintergrund der Entwicklung an den Kapitalmärkten über die letzten Jahre verstärkt Berücksichtigung finden. Auch bei Ansichten des *Signaling* ist Zustimmung zu erwarten: Wenngleich die Empirie zwar nur einen stark eingeschränkten Erklärungsgehalt bescheinigt, bestätigen die meisten Umfragen die *Signaling*-Theorie. Steuerliche Aspekte sollten hingegen keine große Rolle spielen.

- Welche Interdependenzen bestehen zur Investitions- und Finanzierungspolitik? Welche weiteren Einflussfaktoren beeinflussen Ausschüttungsentscheidungen? Es ist zu erwarten, dass die Manager Abhängigkeiten zwischen Ausschüttungs-, Investitions- und Finanzierungspolitik sehen. Von Interesse ist dabei, wie die Implikationen dieser Interdependenzen eingeschätzt werden bzw. welche Entscheidungen Priorität vor anderen besitzen. Darüber hinaus ist zu erwarten, dass auch weitere Einflussfaktoren wie zum Beispiel die Frage der Indexzugehörigkeit und Vergütungssysteme Ausschüttungsentscheidungen tangieren.

- Welche Motive führen zur Durchführung eines Aktienrückkaufs? In den noch wenigen Arbeiten zu Aktienrückkäufen in Deutschland werden die Unterbewertung von Aktien sowie das *Signaling* als Haupterklärungsansätze argumentiert. In den USA haben sich die Motive für Aktienrückkäufe über die letzten Jahre stark verschoben. Während früher Aspekte des *Signaling* oder eine empfundene Unterbewertung eigener Aktien dominierten, werden in letzter Zeit andere Motive, wie die Bereitstellung von Aktien für Optionsprogramme oder die Substitution von Dividenden auf Grund vor Dividendenabschlägen ungeschützter Aktienoptionen, angeführt. In Deutschland ist die Ausschüt-

---

[770] Zu den Umfragen vgl. PELLENS/GASSEN/RICHARD (2003) sowie FRANKFURTER et al. (2002); empirisch untersuchten dies GOERGEN/RENNEBOOG/DA SILVA (2005).

tungsform des Aktienrückkaufs ein vergleichsweise junges Instrument. Es bleibt zu beobachten, ob eine ähnliche Entwicklung wie in den USA festzustellen ist.

- Werden Dividenden und Aktienrückkäufe als Ausschüttungsformen als vergleichbar angesehen? Es ist zu erwarten, dass mit Dividenden ein höheres Maß an Verpflichtung verbunden wird, während Aktienrückkäufe in einer größeren Flexibilität resultieren.

Der erste Teil des Fragebogens beschäftigte sich mit 40 allgemeinen Aussagen bzw. Fragen zur Ausschüttungspolitik, zu denen der Befragte seinen Grad an Zustimmung ausdrücken sollte. Es wurden dabei Fragen sowohl zu Dividenden und Aktienrückkäufen gestellt als auch zu den wahrgenommenen Präferenzen verschiedener Aktionärsgruppen und aktuellen Rahmenbedingungen bzw. Trends am Kapitalmarkt. Der zweite Teil des Fragebogens beschäftigte sich ausdrücklich mit der Ausschüttungsform der Dividende und insbesondere mit den Einflussfaktoren bei der Festlegung dieser. Der dritte Teil konzentrierte sich auf die Ausschüttungsform des Aktienrückkaufs und speziell auf die Gründe bzw. Motive zur Durchführung eines Aktienrückkaufprogramms.

Ein potenzielles Problem von schriftlichen Befragungen ist das Missverständnis von Fragen und Aussagen im Fragebogen. Um diesem vorzubeugen, wurde der Fragebogen im Vorfeld der Untersuchung an zufällig ausgewählten Unternehmen getestet. Hierbei wurde explizit nach der Verständlichkeit der Fragen und Aussagen gefragt. Anmerkungen wurden in der endgültigen Version berücksichtigt.

6.2.3 Stichprobenklassifizierung und Limitationen

Nach dem ersten Anschreiben an insgesamt 529 Unternehmen lagen 57 Fragebögen vor. Um die Rücklaufquote zu erhöhen und die Gefahr eines potenziellen Nicht-Antwort-Bias zu verringern, wurde vier Wochen nach Versand des ersten Anschreibens ein Erinnerungsschreiben inklusive einer zweiten Kopie des Fragebogens an die bis dahin nicht-antwortenden Unternehmen geschickt. Durch die Nachfass-Aktion konnte die Anzahl der Rückläufer um 41 Fragebögen auf insgesamt 98 Fragebögen gesteigert werden. Daraus ergibt sich eine Rücklaufquote von 18,5 Prozent.

53 Unternehmen meldeten sich zurück, um ihre Nichtteilnahme mitzuteilen. Als Grund äußerte der überwiegende Teil der Unternehmen eine grundsätzliche Nichtpartizipation an Umfragen (76 Prozent) sowie vereinzelt Zeitmangel auf Grund von Restrukturierung (6 Prozent) und zu hohe Komplexität bzw. Vertraulichkeit der Fragen (4 Prozent). Des Weiteren nannten einige Unternehmen die fehlende Relevanz der Umfrage für ihr Unternehmen auf Grund eines Beherrschungs- oder Gewinnab-

führungsvertrags (8 Prozent) oder auf Grund eines dominanten Großaktionärs (6 Prozent).

Trotz der guten Rücklaufquote für Umfragen dieser Art[771] und trotz der präventiven Maßnahmen[772] besteht grundsätzlich die Möglichkeit eines Nicht-Antwort-Bias. Um die Repräsentativität des Rücklaufs zu untersuchen, wurden verschiedene Firmencharakteristika der antwortenden mit denen der nicht-antwortenden Unternehmen verglichen. Dazu wurde ein U-Test nach MANN und WHITNEY[773] für den Vergleich von nicht-parametrischen Stichproben durchgeführt, um herauszufinden, ob sich die Verteilung der antwortenden Unternehmen signifikant von den nicht-antwortenden Unternehmen unterscheidet. Innerhalb der Untersegmente lässt sich kein signifikanter Unterschied feststellen. So sind zum Beispiel die antwortenden Unternehmen des Dax nicht signifikant von den nicht-antwortenden Vergleichsunternehmen verschieden. Vergleicht man allerdings die Gesamtheit der antwortenden Unternehmen mit den nicht-antwortenden Unternehmen, bestehen zum Teil hochsignifikante Unterschiede zwischen den beiden Gruppen. So ist die Gesamtheit der antwortenden Unternehmen im Durchschnitt größer[774] und weist höhere freie Cashflows sowie institutionelle Anteile auf.

Interessant erscheint die Frage, warum tendenziell kleinere Unternehmen nicht an der Umfrage teilnahmen. Die geringere Größe und niedrigeren Cashflows sowie der kleinere institutionelle Anteil lassen auf folgende Gründe als Erklärung für die Nichtteilnahme schließen: (1) Kleinere Unternehmen verfügen oft über einen dominanten Großaktionär (meist der Firmengründer), der als bestimmender Anteilseigner eigene Interessen verfolgt und kein Interesse an der Veröffentlichung von Informationen dieser Art hat.[775] (2) Die geringeren Cashflows weisen darauf hin, dass diese Unter-

---

771 Siehe auch Tabelle 7: Rücklaufquoten und Anteil Dividenden zahlender Unternehmen.

772 Hier sind insbesondere die explizite Zusicherung der Vertraulichkeit sowie die nochmalige Versendung des Fragebogens inklusive Erinnerungsschreiben zu nennen.

773 Der U-Test nach MANN und WHITNEY als nicht-parametrischer Test eignet sich für den Vergleich mehrerer (Rang-)Mittelwerte von zwei unabhängigen Stichproben mit beliebiger Verteilung. Die hier betrachteten Variablen besitzen im Allgemeinen keine Normalverteilung, sondern weisen Ausreißer nach oben auf. Selbst im Falle einer Normalverteilung haben nicht-parametrische Tests eine Effizienz von rund 95 Prozent der entsprechenden parametrischen Tests; vgl. BÜHL/ZÖFEL (2002), S. 288.

774 Die antwortenden Unternehmen mit der Rücklaufquote von 18 Prozent stellen mehr als 45 Prozent des gewichteten CDax dar. Ähnliche Rücklaufergebnisse stellten auch PELLENS/GASSEN/RICHARD (2003), S. 316, fest.

775 Die Vertraulichkeit der Informationen sowie die Existenz eines dominanten Großaktionärs wurden vereinzelt als Gründe für die Nichtpartizipation genannt.

nehmen eher jung und wachstumsstark sind und Ausschüttungen daher keine Relevanz bzw. strategische Bedeutung zuschreiben.[776]

Tabelle 6: Samplecharakteristika anhand von Mittelwerten[777]

	Marktkapitalisierung in Mio. EUR			**Freier Cashflow** in Mio. EUR			**Institutioneller Anteil** in %		
	Rückläufer	Nichtantworter	z-Wert[1]	Rückläufer	Nichtantworter	z-Wert[1]	Rückläufer	Nichtantworter	z-Wert[1]
Dax	18.314,6	16.542,0	-0,649	3.316,3	343,8	-1,710 *	16,0	13,0	-0,063
MDax	2.399,1	1.830,9	-0,756	130,0	136,1	-1,358	7,1	12,3	-1,561
TecDax	533,2	919,8	-0,910	6,6	31,3	-0,350	18,4	9,6	-2,380 **
SDax	337,5	348,8	-0,666	18,6	76,7	-1,033	12,3	6,4	-1,305
Übrige	375,7	263,4	-0,293	40,7	25,6	-0,578	3,5	2,8	-1,305
Gesamt	3.092,0	1.062,1	-3,345 ***	622,8	54,8	-3,349 ***	8,0	5,0	-3,247 ***

[1] U-Test nach Mann und Whitney zum Vergleich nicht-parametrischer Stichproben
***/**/*: Gruppenunterschiede sind mit einer zweiseitigen Irrtumswahrscheinlichkeit von unter 1/5/10% signifikant.

Dass die antwortenden Unternehmen im Durchschnitt größer sind, wird auch durch die Betrachtung der Rücklaufquoten der verschiedenen Untersegmente deutlich. Während im Dax 43 Prozent der Unternehmen an der Befragung teilnahmen, waren es im MDax und TecDax noch 26 Prozent, im SDax 23 Prozent, hingegen bei den restlichen CDax-Unternehmen nur noch knapp 15 Prozent. Die aggregierte Rücklaufquote der Untersegmente Dax, MDax, TecDax und SDax beträgt 29 Prozent. Des Weiteren kann aus dem Anteil Dividenden zahlender Unternehmen unter den Umfrageteilnehmern geschlossen werden, dass Dividenden zahlende Unternehmen eher übergewichtet sind.[778] Der Rücklauf kann somit nur bedingt als repräsentativ für die Grundgesamtheit der CDax-Unternehmen angesehen werden. Große und eher Dividenden zahlende Unternehmen mit einem höheren institutionellen Anteil sind tendenziell überrepräsentiert. Da jedoch der Fokus dieser Arbeit eher auf solchen Un-

776 Des Weiteren stellen Umfragen insbesondere kleinere Unternehmen oft vor Kapazitätsprobleme. Die grundsätzliche Nichtpartizipation an Umfragen stellte den häufigsten Grund für die Nichtteilnahme dar.

777 Die Daten wurden mit Hilfe des Informationsdienstes Bloomberg generiert. Die aufgeführte Marktkapitalisierung sowie der institutionelle Anteil basieren auf dem Stichtag 23. August 2004, der freie Cashflow basiert auf Vorjahresbilanzen (2003). Weitere Firmencharakteristika wie Verschuldungsgrad ergaben keine signifikanten Unterschiede.

778 Von den antwortenden Unternehmen gaben 54 Prozent an, Dividenden zu zahlen. Dieser Wert liegt über dem Gesamtanteil von Dividenden zahlenden Unternehmen in Deutschland von 36 Prozent; vgl. auch Abschnitt 2.1 und 2.2.

ternehmen liegt[779], ist diese Verzerrung als unkritisch zu betrachten. Des Weiteren werden nachfolgend die Ergebnisse der Untersuchung für unterschiedliche Unternehmensgruppen[780] getrennt betrachtet, um Anhaltspunkte zu gewinnen, wie die Ergebnisse für bestimmte Gruppen von deutschen Unternehmen verallgemeinert werden können.

Tabelle 7: Rücklaufquoten und Anteil Dividenden zahlender Unternehmen

Segment	**Stichprobe**	**Rückläufer**	***Anteil***	**Dividenden-zahler**	***Anteil***
Dax	30	13	*43,3%*	11	*84,6%*
MDax	47	12	*25,5%*	12	*100,0%*
TecDax	23	6	*26,1%*	3	*50,0%*
SDax	47	11	*23,4%*	6	*54,5%*
Übrige	382	56	*14,7%*	21	*37,5%*
Gesamt	**529**	**98**	***18,5%***	**53**	***54,1%***

Darüber hinaus bestehen weitere potenzielle Verzerrungen. Es ist nicht zu gewährleisten, dass die Befragten ehrlich antworten. Da die Vertraulichkeit der Befragungsergebnisse explizit zugesichert wurde und die befragten Manager sich die Zeit nahmen, den Fragebogen auszufüllen, wird diese Gefahr als gering eingeschätzt. Auch wurden die Befragten durch die Abfrage des Grads an Zustimmung zu einzelnen Aussagen nicht um die Preisgabe vertraulicher Informationen gebeten.

Damit in Zusammenhang steht die Gefahr, dass der Fragebogen nicht von dem gewünschten Entscheidungsträger beantwortet wird. Die persönliche Ansprache sowie die explizite Frage nach der Beteiligung an Ausschüttungsentscheidungen sollten diese Gefahr weitgehend eliminieren. 52 Prozent der Antworter waren entweder Vorstandsvorsitzender, Finanzvorstand oder anderes Vorstandsmitglied. 41 Prozent waren Leiter von Investor Relations; die restlichen 7 Prozent machten hier keine Anga-

779 Es ist anzunehmen, dass die Ausschüttungspolitik für sehr kleine Unternehmen eine eher geringe Relevanz bzw. strategische Bedeutung besitzt; vgl. auch die Ausführungen zuvor zur Charakterisierung der Nichtantworter.

780 Durch die Übergewichtung von großen und Dividenden zahlenden Unternehmen wird in der Betrachtung insbesondere in Zahler und Nichtzahler sowie kleine und große Unternehmen unterschieden.

be.[781] 93 Prozent gaben an, an Ausschüttungsentscheidungen direkt beteiligt zu sein. Diejenigen, die angaben, nicht direkt beteiligt zu sein (5 Prozent), waren Leiter von Investor Relations.[782] 2 Prozent machten an dieser Stelle keine Angabe.

6.3 Ergebnisse der Umfrage

6.3.1 Analysemethoden

In einem ersten Schritt erfolgt die Auszählung bzw. Häufigkeitsverteilung der vorliegenden Antworten auf der verwendeten Skala inklusive Berechnung des Mittelwertes und der Standardabweichung. Dabei wird jeweils zwischen den Dividenden zahlenden Unternehmen und den Nichtzahlern unterschieden, da zu erwarten ist, dass diese beiden Gruppen unterschiedliche Auffassungen zur Ausschüttungspolitik vertreten.

Des Weiteren erfolgt die Interpretation der Ergebnisse mit Hilfe des Quotienten aus Anzahl zustimmender Antworten zu Anzahl ablehnender Antworten (RATIO).[783] Der Vorteil dieser Kennzahl ist die Möglichkeit, den Konsens unter den Befragten hinsichtlich Zustimmung bzw. Ablehnung zu messen, indem die neu-tralen Antworten ausgeblendet werden. Für die Analyse- und Interpretationszwecke werden im Folgenden eine RATIO von 2,0 oder größer als zustimmenden Konsens (in diesem Fall beträgt das Verhältnis von zustimmenden zu ablehnenden Antworten 2 : 1, das heißt, es stimmen mindestens doppelt so viele Antwortende zu wie Antwortende ablehnen) und eine RATIO von 0,5 oder kleiner als ablehnenden Konsens interpretiert. Werte in der Nähe von 1 drücken hingegen Uneinigkeit unter den Befragten aus.

Darüber hinaus werden weitere Teilstichproben auf Basis extern verfügbarer Informationen gebildet, da davon auszugehen ist, dass bestimmte Aspekte der Ausschüttungspolitik unterschiedliche Bedeutung für verschiedene Typen von Unternehmen haben. Insbesondere bei Fragen, die eine hohe Uneinigkeit – gemessen anhand der Kennzahl RATIO – unter den Befragten aufweisen, erscheint es viel versprechend, unter den antwortenden Unternehmen stärker zu differenzieren. Da die betrachteten Variablen keiner Normalverteilung folgen, sondern eine starke Verzerrung am oberen Ende der Skala, verursacht durch die überproportional großen Dax-Unternehmen, aufweisen, wird beim Vergleich der Teilstichproben der nicht-parametrische, das

---

781 Bei den Unternehmen des Dax, MDax, SDax und TecDax wurden die Leiter Investor Relations persönlich angeschrieben, um die Gefahr der unzureichenden Aufmerksamkeit bzw. mangelnden Zeit der Vorstände für Umfragen dieser Art zu umgehen.

782 Es ist davon auszugehen, dass diese Personen in diese Sachverhalte ausreichend involviert sind bzw. Rücksprache mit den Entscheidungsbeteiligten gehalten haben.

783 Vgl. hierzu FRANKFURTER et al. (2002), S. 206.

heißt verteilungsfreie Chi-Quadrat-Anpassungstest verwendet, um zu überprüfen, ob sich die Antwortverteilung der Teilstichproben signifikant unterscheidet.[784] Zur Durchführung der Chi-Quadrat-Tests wurde die Fünf-Punkte-Skala zu drei Kategorien (Zustimmung, Indifferenz und Ablehnung) zusammengefasst, um die potenziellen Probleme kleiner Klassenbesetzungen zu reduzieren.[785]

6.3.2 Deskriptive Ergebnisse

6.3.2.1 Allgemeine Hypothesen zur Ausschüttungspolitik

Tabelle 8 zeigt die Einschätzung der befragten Unternehmen bezüglich Stellenwert und Ziel der Ausschüttungspolitik sowie verschiedener mit der Ausschüttungspolitik verbundener Aspekte.

Die befragten Unternehmen sind deutlich und signifikant der Meinung, dass sich die Aktionärsstruktur ihres Unternehmens in Zukunft weiter verändern wird (A04). Insbesondere die im Vergleich zu den Dividendenzahlern kleineren Nichtzahler[786] stimmen dieser Aussage zu. Somit sind auch die befragten Unternehmen tendenziell der Meinung, dass sich die Verschiebung der Aktionärsstrukturen der vergangenen Jahre hin zu privaten Aktionären und institutionellen Investoren fortsetzen wird bzw. aktiv von den Unternehmen unterstützt wird.[787] Damit in Zusammenhang messen die Unternehmen der Zugehörigkeit zu einem Aktienindex, bestimmt durch die Marktkapitalisierung des Streubesitzes, signifikant eine große Bedeutung bei (A22). Auch Fragen der Finanzierung spielen vor dem Hintergrund sich ändernder Aktionärsstrukturen eine starke Rolle. In Übereinstimmung mit der entwickelten Hypothese wird die Eigenkapitalfinanzierung von den Befragten mit starker Zustimmung in Zukunft wichtiger eingeschätzt (A05).[788] Diese Beurteilung verstärkt die Bedeutung der Verschiebung der Aktionärsstrukturen hin zu privaten und institutionellen Anlegern als potenzielle Investoren weiter.

---

[784] Selbst im Falle einer Normalverteilung haben nicht-parametrische Tests eine Effizienz von rund 95 Prozent der entsprechenden parametrischen Tests; vgl. BÜHL/ZÖFEL (2002), S. 288.

[785] Vgl. auch BAKER/POWELL/VEIT (2002a), S. 273.

[786] Die durchschnittliche Marktkapitalisierung der Nichtzahler beträgt 0,5 Mrd. Euro verglichen mit 5,2 Mrd. Euro für die Dividendenzahler.

[787] Das Ziel, den Streubesitz zu erhöhen, erfährt jedoch entgegen der aufgestellten Hypothese insbesondere durch die Dividendenzahler nur leichte Unterstützung. Da die Dividendenzahler tendenziell die größeren, indexnotierten Unternehmen darstellen, ist zu vermuten, dass diese Unternehmen der Meinung sind, bereits über einen hinreichend großen Streubesitzanteil zu verfügen. So weisen Dividendenzahler einen deutlich höheren institutionellen Anteil auf (9,8 Prozent verglichen mit 5,4 Prozent für die Nichtzahler). Die kleineren, nicht in einem der Hauptindizes geführten Nichtzahler hingegen geben an, ihren Streubesitz erhöhen zu wollen (RATIO 2,0).

[788] Insbesondere die kleineren Nichtzahler sind nahezu einstimmig der Meinung, dass die Eigenkapitalfinanzierung zukünftig an Bedeutung gewinne.

Die Dividenden zahlenden Unternehmen schreiben der Ausschüttungspolitik als wichtigen Teil der Kommunikationspolitik (A06) einen hohen Stellenwert zu und nutzen das Instrument der Ausschüttungspolitik tendenziell auch, um sich von anderen Unternehmen abzugrenzen (A11). Generell geben die befragten Unternehmen an, sich dabei an den Präferenzen der Investoren zu orientieren (A13). Dabei scheinen die Unternehmen jedoch auf die Veränderung der Aktionärsstrukturen noch nicht entsprechend reagiert zu haben. Weniger als die Hälfte gaben an, ihr Ausschüttungsverhalten in den letzten zehn Jahren geändert zu haben (A19). Der relativ niedrigere Wert für die Dividendenzahler unterstützt das Prinzip der Dividendenkontinuität. Nichtzahler, die angaben, ihre Ausschüttungspolitik geändert zu haben, haben entweder den Ausschüttungsmix zu Gunsten von Aktienrückkäufen verändert oder Ausschüttungen gänzlich unterlassen. Dieses Ergebnis spricht dafür, dass insbesondere die Nichtzahler auf die veränderten Aktionärsstrukturen sowie die höheren Ausschüttungsforderungen der an Bedeutung gewinnenden Aktionärsgruppen (noch) nicht reagiert haben.

Die Hypothese, wonach die Hauptversammlung keinen effektiven Einfluss auf die Ausschüttungspolitik nehmen kann, wird in der Tendenz, jedoch nicht signifikant, bestätigt (A40). Vergleicht man jedoch die Unternehmen, die Dividenden zahlen, mit den Nichtzahlern, lässt sich bei den Dividendenzahlern eine signifikante Ablehnung feststellen (RATIO 0,5), wogegen die Nichtzahler keine von der Indifferenz abweichende Meinung haben.[789] Es scheint, als ob Unternehmen, die regelmäßig Dividenden zahlen und den Ausschüttungsprozess bereits durchlaufen haben, in Ausschüttungsfragen eher wenig Gegenwehr durch die Hauptversammlung erfahren haben bzw. Einsprüche eher leicht zurückweisen konnten und daher der Hauptversammlung wenig Einfluss in Ausschüttungsfragen zuschreiben.

[789] Die Antwortverteilungen der beiden Teilstichproben unterscheiden sich signifikant auf dem 1 %-Niveau (χ^2-Wert: 11,83).

Tabelle 8: Antworten zum Stellenwert der Ausschüttungspolitik sowie damit verbundener Aspekte

Aussage			Zustimmungsgrad (in Prozent)										
			Stimme zu		Indiffe-rent	Stimme nicht zu							
			5	4	3	2	1	n	Mittel-wert	σ	RATIO[1]	χ2-Wert[2]	Rang[3]
A04	Die Aktionärsstruktur unseres Unternehmens wird sich in den nächsten 5-10 Jahren (weiter) verändern.	Alle	35.1	34.0	17.0	10.6	3.2	96	3.87	1.11	5.00		6
		DIV	26.0	32.0	22.0	16.0	4.0	51	3.60	1.16	2.90	10.39 ***	
		NDIV	45.5	36.4	11.4	4.5	2.3	45	4.18	0.97	12.00		
A05	Die Bedeutung der Eigenkapitalfinanzierung nimmt zu.	Alle	33.3	29.2	29.2	8.3	0.0	98	3.88	0.98	7.50		5
		DIV	23.1	30.8	32.7	13.5	0.0	53	3.63	0.99	4.00	7.80 **	
		NDIV	45.5	27.3	25.0	2.3	0.0	45	4.16	0.89	32.00		
A06	Die Ausschüttungspolitik ist ein wichtiger Teil der Kommunikationspolitik unseres Unternehmens.	Alle	14.6	40.6	22.9	14.6	7.3	98	3.41	1.13	2.52		14
		DIV	23.1	46.2	13.5	11.5	5.8	53	3.69	1.13	4.00	22.38 ***	
		NDIV	4.5	34.1	34.1	18.2	9.1	45	3.07	1.04	1.42		
A11	Die Ausschüttungspolitik ist ein Instrument, um sich von anderen Unternehmen abzugrenzen.	Alle	4.2	41.7	34.4	14.6	5.2	98	3.25	0.94	2.32		24
		DIV	5.8	50.0	26.9	11.5	5.8	53	3.38	0.97	3.22	8.78 **	
		NDIV	2.3	31.8	43.2	18.2	4.5	45	3.09	0.88	1.50		
A13	In unserer Ausschüttungspolitik orientieren wir uns an den Präferenzen unserer Investoren.	Alle	7.3	52.1	21.9	12.5	6.3	98	3.42	1.01	3.17		13
		DIV	7.7	50.0	25.0	9.6	7.7	53	3.40	1.03	3.33	1.17	
		NDIV	6.8	54.5	18.2	15.9	4.5	45	3.43	1.00	3.00		
A19	Die Ausschüttungspolitik unseres Unternehmens hat sich in den letzten 10 Jahren verändert.	Alle	32.3	14.6	19.8	18.8	14.6	98	3.31	1.46	1.41		22
		DIV	30.8	15.4	13.5	25.0	15.4	53	3.21	1.50	1.14	8.84 **	
		NDIV	34.1	13.6	27.3	11.4	13.6	45	3.43	1.42	1.91		

[1] Die Kennzahl RATIO berechnet sich wie folgt: Anzahl zustimmender Antworten (5 bzw. 4) geteilt durch die Anzahl ablehnender Antworten (2 bzw. 1).
[2] Chi-Quadrat-Anpassungstest, ob sich die Antwortverteilung der Teilstichproben DIV und NDIV signifikant voneinander unterscheidet.
[3] Rang des Mittelwerts unter den 40 Aussagen zur Ausschüttungspolitik.
***/**/*: Antwortverteilungen der Teilstichproben DIV und NDIV unterscheiden sich mit einer zweiseitigen Irrtumswahrscheinlichkeit von unter 1/5/10%.
() Voraussetzung für Chi-Quadrat-Anpassungstest, dass nur in maximal 20% der Felder erwartete Häufigkeiten von <5 auftreten dürfen, ist nicht erfüllt.

Aussage (*Fortsetzung*)		Zustimmungsgrad (in Prozent)					n	Mittelwert	σ	RATIO[1]	χ2-Wert[2]	Rang[3]
		Stimme zu		Indifferent	Stimme nicht zu							
		5	4	3	2	1						
A22 Die Zugehörigkeit zu einem Aktienindex ist für unser Unternehmen von großer Bedeutung.	Alle	38.5	20.8	14.6	19.8	6.3	98	3.66	1.34	2.28		9
	DIV	44.2	17.3	11.5	23.1	3.8	53	3.75	1.34	2.29	1.90	
	NDIV	31.8	25.0	18.2	15.9	9.1	45	3.55	1.34	2.27		
A34 Die Erhöhung des Streubesitzes ist ein wichtiges Ziel in unserer Aktionärspolitik.	Alle	20.0	25.3	26.3	15.8	12.6	97	3.24	1.29	1.59		25
	DIV	19.6	21.6	27.5	13.7	17.6	52	3.12	1.37	1.31	1.50	
	NDIV	20.5	29.5	25.0	18.2	6.8	45	3.39	1.20	2.00		
A40 Die Hauptversammlung kann effektiv Einfluss auf die Ausschüttungspolitik unseres Unternehmens nehmen.	Alle	7.7	26.4	22.0	25.3	18.7	92	2.79	1.24	0.78		30
	DIV	6.0	18.0	28.0	26.0	22.0	51	2.60	1.20	0.50	11.83 ***	
	NDIV	10.0	35.0	15.0	25.0	15.0	41	3.00	1.27	1.13		

[1] Die Kennzahl RATIO berechnet sich wie folgt: Anzahl zustimmender Antworten (5 bzw. 4) geteilt durch die Anzahl ablehnender Antworten (2 bzw. 1).
[2] Chi-Quadrat-Anpassungstest, ob sich die Antwortverteilung der Teilstichproben DIV und NDIV signifikant voneinander unterscheidet.
[3] Rang des Mittelwerts unter den 40 Aussagen zur Ausschüttungspolitik.
***/**/*: Antwortverteilungen der Teilstichproben DIV und NDIV unterscheiden sich mit einer zweiseitigen Irrtumswahrscheinlichkeit von unter 1/5/10%.
() Voraussetzung für Chi-Quadrat-Anpassungstest, dass nur in maximal 20% der Felder erwartete Häufigkeiten von <5 auftreten dürfen, ist nicht erfüllt.

6.3.2.2 Wertrelevanz der Ausschüttungspolitik

Tabelle 9 zeigt die Antworten zu den Aussagen bezüglich der Wertrelevanz von Ausschüttungen sowie einer residualen Ausschüttungspolitik.

Unter den 40 Aussagen zur Ausschüttungspolitik erreicht Aussage A01, dass die Investitions-, Finanzierungs- und Ausschüttungspolitik in Abhängigkeit zueinander stehen, den höchsten Grad an Zustimmung (Mittelwert 4,26). Fast 85 Prozent der Befragten stimmen dieser Aussage zu. Weniger als 20 Prozent sind der Meinung, dass die Ausschüttungspolitik keine Auswirkungen auf den Unternehmenswert hat (A38). Diese Einschätzung spricht für die Wertrelevanz von Ausschüttungen. Bei den Nichtzahlern ist allerdings Zustimmung festzustellen, dass Dividendenerhöhungen bzw. -aufnahmen lediglich einen kurzfristigen Effekt nach sich ziehen (A03), also nicht wertrelevant sind. Die Dividendenzahler, die potenzielle Werteffekte bereits erfahren konnten, stimmen dieser Aussage im Durchschnitt jedoch eher nicht zu. Dem Ergebnis der Nichtzahler zu Aussage A03 im Widerspruch steht das stark zustimmende und signifikante Ergebnis zu Aussage 26, wonach eine Dividendenerhöhung ein Zeichen für eine gute Entwicklung ist.[790]

Auf den ersten Blick ebenfalls gegen die Wertrelevanz von Ausschüttungen (A01 und A38) spricht die mehrheitliche Meinung, dass Entscheidungen über Dividenden und Aktienrückkäufe eher nach Festlegung des Investitions- und Finanzierungsprogramms getroffen werden (A17 und A37), also residualen Charakter haben; und dies trotz des konsensgeprägten Ergebnisses, dass Unternehmen versuchen sollten, möglichst kontinuierliche Dividendenzahlungen/-wachstum zu erreichen (A08).[791] Die Ergebnisse zu den Aussagen A17 und A37 lassen zwei Interpretationen zu: (1) Das Ergebnis für eine eher residuale Ausschüttungspolitik ist primär durch die nicht zahlenden Unternehmen geprägt. Diese Unternehmen haben den vermeintlich verpflichtenden Charakter von Ausschüttungen (noch) nicht erfahren. Dividendenzahler sind weniger, wenngleich mit Zustimmung, der Meinung für eine residuale Ausschüttungspolitik. (2) Die Meinung der Dividendenzahler für eine eher residuale Politik kann gegebenenfalls mit der Beobachtung erklärt werden, dass deutsche Aktiengesellschaften ein im internationalen Vergleich eher niedriges Ausschüttungsniveau aufweisen.[792] Sie verfolgen zwar das Ziel der Dividendenkontinuität, jedoch ist das Ausschüttungsniveau zu niedrig, als dass dies mit dem Investitions- und Finanzierungsprogramm in Konflikt geraten könnte. Somit geben die Unternehmen zwar an,

[790] Vgl. Tabelle 11.
[791] Vgl. Tabelle 13.
[792] Vgl. Abschnitt 2.

eine eher residuale Ausschüttungspolitik zu betreiben und Dividendenentscheidungen nach Festlegung des Investitions- und Finanzierungsprogramms zu treffen; diese ist jedoch faktisch noch weit von der Ausschüttung des gesamten Residuums entfernt, welche eine Dividendenkontinuität potenziell gefährden könnte.

Die Antworten deuten also in Summe hypothesenkonform darauf hin, dass die Ausschüttungs- und insbesondere die Dividendenpolitik als wertrelevant angesehen werden.[793] Um besser zu verstehen, warum Unternehmen der Dividendenpolitik eine Wertrelevanz zuschreiben, wird im Folgenden ihre Einschätzung hinsichtlich der verschiedenen Dividendentheorien untersucht.

793 Insbesondere in Verbindung mit den Ergebnissen zum Dividendenfestsetzungsprozess wird die Wertrelevanz von Ausschüttungen bestätigt; vgl. auch Abschnitt 6.3.2.4.

Tabelle 9: Antworten zur Wertrelevanz der Ausschüttungspolitik

Aussage			Zustimmungsgrad (in Prozent)										
			Stimme zu		Indifferent	Stimme nicht zu							
			5	4	3	2	1	n	Mittelwert	σ	RATIO[1]	χ2-Wert[2]	Rang[3]
A01	Die Investitions-, Finanzierungs- und Ausschüttungsentscheidungen stehen in Abhängigkeit zueinander.	Alle	55.2	29.2	5.2	7.3	3.1	98	4.26	1.06	8.10		1
		DIV	50.0	30.8	5.8	9.6	3.8	53	4.13	1.14	6.00	1.89 ()	
		NDIV	61.4	27.3	4.5	4.5	2.3	45	4.41	0.95	13.00		
A03	Eine Dividendenerhöhung bzw. -aufnahme zieht lediglich einen kurzfristigen positiven Effekt nach sich.	Alle	7.3	39.6	18.8	27.1	7.3	98	3.13	1.12	1.36		27
		DIV	3.8	34.6	21.2	30.8	9.6	53	2.92	1.10	0.95	6.30 **	
		NDIV	11.4	45.5	15.9	22.7	4.5	45	3.36	1.10	2.08		
A17	Wir treffen Entscheidungen über Aktienrückkäufe nach Festlegung des Investitions- und Finanzierungsprogramms.	Alle	12.6	30.5	43.2	5.3	8.4	97	3.34	1.05	3.15		19
		DIV	13.7	23.5	47.1	3.9	11.8	52	3.24	1.12	2.38	3.11	
		NDIV	11.4	38.6	38.6	6.8	4.5	45	3.45	0.95	4.40		
A37	Wir treffen Entscheidungen über Dividenden nach Festlegung des Investitions- und Finanzierungsprogramms.	Alle	16.0	45.7	19.1	10.6	8.5	96	3.50	1.14	3.22		11
		DIV	12.0	40.0	22.0	18.0	8.0	51	3.30	1.15	2.00	8.00 **	
		NDIV	20.5	52.3	15.9	2.3	9.1	45	3.73	1.11	6.40		
A38	Die Ausschüttungspolitik hat keine Auswirkungen auf den Unternehmenswert.	Alle	5.2	13.5	20.8	41.7	18.8	98	2.45	1.10	0.31		36
		DIV	1.9	13.5	21.2	42.3	21.2	53	2.33	1.02	0.24	1.86	
		NDIV	9.1	13.6	20.5	40.9	15.9	45	2.59	1.19	0.40		

[1] Die Kennzahl RATIO berechnet sich wie folgt: Anzahl zustimmender Antworten (5 bzw. 4) geteilt durch die Anzahl ablehnender Antworten (2 bzw. 1).
[2] Chi-Quadrat-Anpassungstest, ob sich die Antwortverteilung der Teilstichproben DIV und NDIV signifikant voneinander unterscheidet.
[3] Rang des Mittelwerts unter den 40 Aussagen zur Ausschüttungspolitik.
***/**/*: Antwortverteilungen der Teilstichproben DIV und NDIV unterscheiden sich mit einer zweiseitigen Irrtumswahrscheinlichkeit von unter 1/5/10%.
() Voraussetzung für Chi-Quadrat-Anpassungstest, dass nur in maximal 20% der Felder erwartete Häufigkeiten von <5 auftreten dürfen, ist nicht erfüllt.

6.3.2.3 Theorien zur Dividendenpolitik

Um zu erfahren, aus welcher Motivation heraus Unternehmen Ausschüttungen vornehmen, werden nachfolgend die Antworten der Aussagen zu den gängigen Dividendentheorien dargestellt. Tabelle 10 beschäftigt sich mit Aussagen zu den verschiedenen agencytheoretischen Überlegungen im Zusammenhang mit Ausschüttungen.

Flexibilität wird hypothesenkonform durch die Befragten konsistent positiv bewertet. Dies zeigt der hohe Zustimmungsgrad zur Aussage, dass geringere Ausschüttungen die Durchführung von Investitionen erleichtern (A29) sowie die tendenzielle Meinung der hohen Flexibilität von Aktienrückkäufen (A18). Andererseits stimmen die Befragten auch der Kontroll- und Disziplinierungsfunktion von regelmäßigen Ausschüttungen zu (A33). In diesem Zusammenhang wird jedoch eine Wertschätzung der Aktionäre von Dividenden im Sinne der Kapitalmarktkontroll-Hypothese, wonach Dividenden im Allgemeinen die Häufigkeit von externen Finanzierungsmaßnahmen erhöhen, welche das Unternehmen der Kontrolle durch den Kapitalmarkt aussetzt, durch die befragten Unternehmen nicht bestätigt. Sowohl Aussage A27 (Dividenden werden von Aktionären geschätzt, da sie zu häufigeren externen Finanzierungsmaßnahmen führen) als auch das Argument, dass die Vorteile einer höheren Dividende die Kosten einer externen Kapitalaufnahme übersteigen (A12), zeigen einen klaren Ablehnungskonsens unter den Befragten (RATIO < 0,5). Aus diesen Antworten lässt sich ableiten, dass Unternehmen zwar der Kontroll- und Disziplinierungsfunktion von regelmäßigen Ausschüttungen eher zustimmen, sie jedoch nicht bereit scheinen, eine durch Dividenden induzierte Kapitalmarktkontrolle bei Mittelaufnahmen selbst herbeizuführen. Die Kontrolle durch den Kapitalmarkt wird doch eher als einschränkend beurteilt und die finanzielle, aber auch investive Flexibilität positiv gesehen.

Weitere im Fragebogen adressierte Aspekte der *Agency*-Theorie erfahren keine Zustimmung. So besteht in der Regel zwischen Dividendenzahlungen und der Vergütung der Leitungsebene kein Zusammenhang (A28). Auch die erhöhte Gefahr einer feindlichen Übernahme durch niedrige Ausschüttungen und dadurch tendenziell höhere Bestände an liquiden Mitteln (A25) wird nicht gesehen.

Die befragten Unternehmen sind des Weiteren nicht der Meinung, dass sie in Zukunft Dividenden durch Aktienrückkäufe ersetzen werden (A23). Diese Aussage weist den niedrigsten Mittelwert unter den 40 Aussagen sowie einen sehr hohen Ablehnungskonsens auf. Diese Einschätzung deutet darauf hin, dass eine der in den USA ähnlichen Substitution von Dividendenzahlungen durch Aktienrückkäufe in Deutschland nicht zu erwarten ist, was auch durch die Beobachtung bekräftigt wird, dass das Rückkaufvolumen in Deutschland nach starkem Wachstum im Jahr 2002 wieder rückläufig war.[794] Aktienrückkäufe haben hierzulande noch nicht die nötige Bedeutung erlangt und scheinen das auch in der Zukunft nicht zu erreichen. Dies steht auch im Einklang mit der starken Ablehnung der Befragten, dass Unternehmen versuchen sollten, kontinuierliche Ausschüttungen durch Aktienrückkäufe zu erreichen (A39 mit einer RATIO von 0,11).[795]

Insgesamt ist festzustellen, dass die Aussagen zu den agencytheoretischen Aspekten keine Zustimmung im Sinne der Agenten, das heißt der Aktionäre, aufweisen. Dies drückt sich unter anderem darin aus, dass Unternehmen Flexibilität positiv bewerten, hingegen der aus *Agency*-Sicht positiven Kontrollfunktion durch den Kapitalmarkt nicht zustimmen. Das kann zum einen daran liegen, dass bei den agencytheoretischen Aspekten generell fraglich ist, inwieweit die Befragten solchen Aussagen zustimmen, denn tendenziell würden Manager damit der Existenz von Interessenkonflikten zustimmen, das heißt, sich im Zweifel nicht im Sinne des Aktionärs zu verhalten. Andererseits spricht jedoch auch vieles dafür, dass die Manager deutscher Aktiengesellschaften nicht den Druck der Aktionäre bzw. deren Sanktionen fürchten, wenn sie sich entgegen deren Präferenzen verhalten. Dazu passt das Ergebnis zur Möglichkeit der Einflussnahme der Aktionäre, wonach insbesondere die Dividendenzahler die Gewinnverwendungskompetenz der Hauptversammlung als eingeschränkt sehen.[796] Nichtzahler wiederum scheinen keinen ‚unangenehmen' Druck zu verspüren, der sie dazu veranlassen könnte, Dividendenzahlungen überhaupt aufzunehmen und genießen weiter die hohe Flexibilität, die mit der Nichtzahlung einhergeht (A29), sowie die Möglichkeit, sich der Kontrolle durch den Kapitalmarkt zu entziehen (A12 und A27).

---

794 Vgl. PERTLWIESER (2005), S. 64.
795 Vgl. Tabelle 13.
796 Vgl. Aussage A40 in Tabelle 8.

Tabelle 10: Antworten zu agencytheoretischen Aspekten

	Aussage		Zustimmungsgrad (in Prozent): Stimme zu 5	Stimme zu 4	Indifferent 3	Stimme nicht zu 2	Stimme nicht zu 1	n	Mittelwert	σ	RATIO[1]	χ2-Wert[2]	Rang[3]
Agency	A07 Aktienrückkäufe werden von Aktionären geschätzt, da sie zu häufigeren externen Finanzierungsmaßnahmen führen.	Alle	4.2	12.6	44.2	29.5	9.5	97	2.73	0.95	0.43		31
		DIV	5.9	13.7	39.2	29.4	11.8	52	2.73	1.04	0.48	2.35	
		NDIV	2.3	11.4	50.0	29.5	6.8	45	2.73	0.85	0.38		
	A12 Die Vorteile einer höheren Dividende übersteigen die Kosten einer externen Kapitalaufnahme.	Alle	5.2	7.3	41.7	27.1	18.8	98	2.53	1.05	0.27		35
		DIV	5.8	9.6	44.2	30.8	9.6	53	2.71	0.98	0.38	2.98	
		NDIV	4.5	4.5	38.6	22.7	29.5	45	2.32	1.09	0.17		
	A18 Aktienrückkäufe bieten ein hohes Maß an Flexibilität.	Alle	7.4	33.7	42.1	12.6	4.2	97	3.27	0.93	2.44		23
		DIV	7.8	29.4	41.2	15.7	5.9	52	3.18	0.99	1.73	2.96	
		NDIV	6.8	38.6	43.2	9.1	2.3	45	3.39	0.84	4.00		
	A23 In den nächsten Jahren planen wir, Dividenden durch Aktienrückkäufe zu ersetzen.	Alle	2.2	4.3	40.9	21.5	31.2	95	2.25	1.02	0.12		40
		DIV	0.0	4.1	44.9	20.4	30.6	50	2.22	0.94	0.08	3.53 ()	
		NDIV	4.5	4.5	36.4	22.7	31.8	45	2.27	1.11	0.17		
	A25 Niedrige Ausschüttungen erhöhen die Gefahr einer feindlichen Übernahme.	Alle	3.1	9.4	38.5	25.0	24.0	98	2.43	1.05	0.26		37
		DIV	3.8	5.8	32.7	28.8	28.8	53	2.27	1.07	0.17	6.77 (**)	
		NDIV	2.3	13.6	45.5	20.5	18.2	45	2.61	1.02	0.41		
	A27 Dividenden werden von Aktionären geschätzt, da sie zu häufigeren externen Finanzierungsmaßnahmen führen.	Alle	1.1	12.8	48.9	31.9	5.3	96	2.72	0.80	0.37		32
		DIV	2.0	8.0	54.0	28.0	8.0	51	2.68	0.82	0.28	3.98 ()	
		NDIV	0.0	18.2	43.2	36.4	2.3	45	2.77	0.77	0.47		

[1] Die Kennzahl RATIO berechnet sich wie folgt: Anzahl zustimmender Antworten (5 bzw. 4) geteilt durch die Anzahl ablehnender Antworten (2 bzw. 1).

[2] Chi-Quadrat-Anpassungstest, ob sich die Antwortverteilung der Teilstichproben DIV und NDIV signifikant voneinander unterscheidet.

[3] Rang des Mittelwerts unter den 40 Aussagen zur Ausschüttungspolitik.

***/**/*: Antwortverteilungen der Teilstichproben DIV und NDIV unterscheiden sich mit einer zweiseitigen Irrtumswahrscheinlichkeit von unter 1/5/10%.

() Voraussetzung für Chi-Quadrat-Anpassungstest, dass nur in maximal 20% der Felder erwartete Häufigkeiten von <5 auftreten dürfen, ist nicht erfüllt.

	Aussage (*Fortsetzung*)		Zustimmungsgrad (in Prozent): Stimme zu 5	Stimme zu 4	Indifferent 3	Stimme nicht zu 2	Stimme nicht zu 1	n	Mittelwert	σ	RATIO[1]	χ2-Wert[2]	Rang[3]
Agency	A28 Es besteht ein Zusammenhang zwischen Dividendenzahlungen und der Vergütung der Leitungsebene in unserem Unternehmen.	Alle	4.3	25.8	30.1	9.7	30.1	95	2.65	1.27	0.76		33
		DIV	8.2	32.7	24.5	6.1	28.6	50	2.86	1.37	1.18	9.52 ***	
		NDIV	0.0	18.2	36.4	13.6	31.8	45	2.41	1.13	0.40		
	A29 Geringere Ausschüttungen erleichtern die Durchführung von Investitionen.	Alle	25.0	49.0	16.7	6.3	3.1	98	3.86	0.97	7.89		7
		DIV	21.2	42.3	21.2	9.6	5.8	53	3.63	1.10	4.13	10.55 ***	
		NDIV	29.5	56.8	11.4	2.3	0.0	45	4.14	0.70	38.00		
	A33 Regelmäßige Ausschüttungen haben eine Kontrollfunktion und den Vorteil der Disziplinierung, diese Zahlungen zu leisten.	Alle	10.4	44.8	22.9	14.6	7.3	98	3.36	1.09	2.52		17
		DIV	9.6	50.0	21.2	11.5	7.7	53	3.42	1.07	3.10	1.75	
		NDIV	11.4	38.6	25.0	18.2	6.8	45	3.30	1.11	2.00		

[1] Die Kennzahl RATIO berechnet sich wie folgt: Anzahl zustimmender Antworten (5 bzw. 4) geteilt durch die Anzahl ablehnender Antworten (2 bzw. 1).
[2] Chi-Quadrat-Anpassungstest, ob sich die Antwortverteilung der Teilstichproben DIV und NDIV signifikant voneinander unterscheidet.
[3] Rang des Mittelwerts unter den 40 Aussagen zur Ausschüttungspolitik.
***/**/*: Antwortverteilungen der Teilstichproben DIV und NDIV unterscheiden sich mit einer zweiseitigen Irrtumswahrscheinlichkeit von unter 1/5/10%.
() Voraussetzung für Chi-Quadrat-Anpassungstest, dass nur in maximal 20% der Felder erwartete Häufigkeiten von <5 auftreten dürfen, ist nicht erfüllt.

Aspekte der *Signaling*-Theorie fanden in früheren Umfragen meist Zustimmung, auch wenn die empirischen Ergebnisse über das Ausschüttungsverhalten von Unternehmen dies nicht abschließend bestätigen konnten.[797] Theoriekonform stimmen die Unternehmen stark zu, dass eine Dividendenerhöhung bzw. -aufnahme ein Zeichen für eine gute Entwicklung darstellt (A26). Auch sind die Unternehmen mehrheitlich der Meinung, dass eine unerwartete Dividendenkürzung starke negative Konsequenzen seitens des Kapitalmarktes hat (A15). Aktienrückkäufen wird hingegen mit hohem Konsens kein großer Signalcharakter zugesprochen (A35). Uneinig sind sich die Befragten bezüglich der Kurseffekte von Kapitalerhöhungen (A09): Während die Dividendenzahler eher nicht der Meinung sind, dass Kapitalerhöhungen negative Kurseffekte verursachen, lassen die eher kleineren Nichtzahler keine Aussage zu; insbesondere die Nichtzahler weisen jedoch eine hohe Aversion gegenüber der externen Mittelaufnahme[798] auf. Dies lässt darauf schließen, dass weniger die indirekten Kosten dazu den Ausschlag geben, sondern vielmehr die mangelnde Bereitschaft, sich der aktiven Kapitalmarktkontrolle auszusetzen.[799]

797 Vgl. hierzu Abschnitt 4.4.1 und 6.1.1.

798 Vgl. anschließend Aussage A30 (Tabelle 13) sowie Tabelle 17.

799 Eine weitere Erklärung können die direkten Kosten einer Kapitalerhöhung darstellen, die unter Umständen für kleinere Unternehmen teurer ist, da gewisse Kostenblöcke fix sind und zusätzlich die Informationsasymmetrie zwischen Underwriter und Unternehmen größer ist. Es wurde jedoch gezeigt, dass die direkten Kosten im Vergleich zu den in Deutschland im Durchschnitt positiven indirekten Werteffekten von Kapitalerhöhungen gering ausfallen; vgl. Abschnitt 5.1.2 und 5.1.3.

Tabelle 11: Antworten zu Aspekten der *Signaling*-Theorie

		Aussage		Zustimmungsgrad (in Prozent): Stimme zu		Indifferent	Stimme nicht zu							
				5	4	3	2	1	n	Mittelwert	σ	RATIO[1]	χ2-Wert[2]	Rang[3]
Signaling	A09	Kapitalerhöhungen verursachen negative Kurseffekte.	Alle	4.2	24.0	35.4	30.2	6.3	98	2.90	0.98	0.77		29
			DIV	1.9	21.2	40.4	28.8	7.7	53	2.81	0.93	0.63	3.59	
			NDIV	6.8	27.3	29.5	31.8	4.5	45	3.00	1.03	0.94		
	A15	Eine unerwartete Dividendenkürzung hat starke negative Konsequenzen seitens des Kapitalmarkts.	Alle	15.6	38.5	19.8	20.8	5.2	98	3.39	1.14	2.08		15
			DIV	17.3	38.5	17.3	19.2	7.7	53	3.38	1.21	2.07	0.90	
			NDIV	13.6	38.6	22.7	22.7	2.3	45	3.39	1.06	2.09		
	A26	Eine Dividendenerhöhung bzw. -aufnahme ist ein Zeichen dafür, dass wir uns gut entwickeln.	Alle	26.0	63.5	2.1	6.3	2.1	98	4.05	0.85	10.75		3
			DIV	25.0	67.3	1.9	5.8	0.0	53	4.12	0.70	16.00	2.58 ()	
			NDIV	27.3	59.1	2.3	6.8	4.5	45	3.98	1.00	7.60		
	A35	Eine unerwartete Kürzung von Aktienrückkaufvolumina hat negative Konsequenzen seitens des Kapitalmarkts.	Alle	0.0	12.5	44.8	31.3	11.5	98	2.58	0.85	0.29		34
			DIV	0.0	11.5	44.2	30.8	13.5	53	2.54	0.87	0.26	0.29	
			NDIV	0.0	13.6	45.5	31.8	9.1	45	2.64	0.84	0.33		

[1] Die Kennzahl RATIO berechnet sich wie folgt: Anzahl zustimmender Antworten (5 bzw. 4) geteilt durch die Anzahl ablehnender Antworten (2 bzw. 1).

[2] Chi-Quadrat-Anpassungstest, ob sich die Antwortverteilung der Teilstichproben DIV und NDIV signifikant voneinander unterscheidet.

[3] Rang des Mittelwerts unter den 40 Aussagen zur Ausschüttungspolitik.

***/**/*: Antwortverteilungen der Teilstichproben DIV und NDIV unterscheiden sich mit einer zweiseitigen Irrtumswahrscheinlichkeit von unter 1/5/10%.

() Voraussetzung für Chi-Quadrat-Anpassungstest, dass nur in maximal 20% der Felder erwartete Häufigkeiten von <5 auftreten dürfen, ist nicht erfüllt.

Die Ergebnisse der Untersuchungen in Kapitel 3 und 4 sprechen den Aspekten der *Behavioral Finance*-Theorie eine hohe Bedeutung zu. Aspekte limitierter Rationalität wie das *Mental Accounting* und das subjektive Risikoverhalten insbesondere privater Investoren sind daher nicht zu vernachlässigen. Die in diesem Kontext formulierten Aussagen in Tabelle 12 erfahren eine starke Zustimmung unter den Unternehmen. So stimmen die Befragten im Durchschnitt und mit starkem Konsens zu, dass private Anleger in den letzten drei Jahren verlustaverser geworden sind (A24). Hypothesenkonform sind Dividenden zahlende Unternehmen der Meinung, dass private sowie institutionelle Aktionäre eine regelmäßige Dividende erwarten (A16). Ebenfalls hoher Konsens ist bei Aussage A36 zu beobachten, dass Dividenden Unsicherheit reduzieren verglichen mit der Einbehaltung von Gewinnen. Hieraus lässt sich ebenso der agencytheoretische Aspekt der Kontrollfunktion von Dividenden ableiten, dass Dividenden Klarheit über die Mittelverwendung verschaffen. Auch sind insbesondere Dividenden zahlende Unternehmen tendenziell der Meinung, dass eine hohe Dividende ein Zeichen für ein hohes Maß an Verbindlichkeit, Transparenz und Verpflichtung gegenüber den Aktionären ist (A02). Somit unterstützt dies die grundlegende These der Kontroll- und Informationsfunktion von Dividenden sowie die Aspekte der *Behavioral Finance* in Bezug auf das Risikoverhalten von Anlegern.

Steuern spielen in der Ausschüttungspolitik hypothesenkonform keine bedeutende Rolle (A10). Dies wird unterstützt durch die tendenzielle Zustimmung, dass einmalige Mittelüberschüsse eher durch eine Sonderdividende als durch den steuerlich begünstigten Aktienrückkauf ausgeschüttet werden sollten (A31). Auch sprechen die Dividendenzahler privaten Anlegern keine Präferenz für Kursgewinne gegenüber Bardividenden zu (A21). Erwartungsgemäß sind die Nichtzahler hier tendenziell anderer Meinung.[800]

[800] Wenngleich eine RATIO von 1,85 definitionsgemäß keinen Konsens ausdrückt.

Tabelle 12: Antworten zu Aspekten der Behavioral Finance und Steuern

		Aussage		Zustimmungsgrad (in Prozent): Stimme zu 5	4	Indifferent 3	Stimme nicht zu 2	1	n	Mittelwert	σ	RATIO[1]	χ2-Wert[2]	Rang[3]
Behavioral Finance	A02	Eine hohe Dividende ist ein Zeichen für ein hohes Maß an Verbindlichkeit, Transparenz und Verpflichtung gegenüber den Aktionären.	Alle	19.8	31.3	20.8	18.8	9.4	98	3.33	1.25	1.81		20
			DIV	25.0	36.5	15.4	13.5	9.6	53	3.54	1.28	2.67	10.11 ***	
			NDIV	13.6	25.0	27.3	25.0	9.1	45	3.09	1.20	1.13		
	A16	In- und ausländische private sowie institutionelle Aktionäre erwarten eine regelmäßige Dividende.	Alle	17.7	50.0	16.7	10.4	5.2	98	3.65	1.06	4.33		10
			DIV	32.7	59.6	5.8	0.0	1.9	53	4.21	0.72	48.00	261.33 (***)	
			NDIV	0.0	38.6	29.5	22.7	9.1	45	2.98	1.00	1.21		
	A24	Private Kleinanleger sind in den letzten 3 Jahren verlustaverser geworden.	Alle	34.4	39.6	21.9	3.1	1.0	98	4.03	0.89	17.75		4
			DIV	30.8	38.5	26.9	3.8	0.0	53	3.96	0.86	18.00	2.72 ()	
			NDIV	38.6	40.9	15.9	2.3	2.3	45	4.11	0.92	17.50		
	A36	Dividenden reduzieren Unsicherheit unter den Investoren (verglichen mit der Einbehaltung von Gewinnen).	Alle	9.4	43.8	27.1	14.6	5.2	98	3.38	1.02	2.68		16
			DIV	11.5	42.3	30.8	9.6	5.8	53	3.44	1.02	3.50	3.59	
			NDIV	6.8	45.5	22.7	20.5	4.5	45	3.30	1.02	2.09		
Steuern	A10	Steuern haben einen starken Einfluss auf unsere Ausschüttungspolitik.	Alle	11.5	24.0	27.1	26.0	11.5	98	2.98	1.20	0.94		28
			DIV	13.5	17.3	28.8	28.8	11.5	53	2.92	1.22	0.76	2.13	
			NDIV	9.1	31.8	25.0	22.7	11.4	45	3.05	1.18	1.20		
	A21	Private Anleger bevorzugen Kursgewinne gegenüber Barausschüttungen.	Alle	14.6	30.2	25.0	25.0	5.2	98	3.24	1.14	1.48		26
			DIV	7.7	28.8	32.7	23.1	7.7	53	3.06	1.07	1.19	7.72 **	
			NDIV	22.7	31.8	15.9	27.3	2.3	45	3.45	1.19	1.85		
	A31	Einmalige Mittelüberschüsse sollten eher durch eine Sonderdividende als durch Aktienrückkauf ausgeschüttet werden.	Alle	11.8	31.2	38.7	16.1	2.2	95	3.34	0.96	2.35		18
			DIV	8.2	30.6	42.9	16.3	2.0	50	3.27	0.91	2.11	1.70	
			NDIV	15.9	31.8	34.1	15.9	2.3	45	3.43	1.02	2.63		

[1] Die Kennzahl RATIO berechnet sich wie folgt: Anzahl zustimmender Antworten (5 bzw. 4) geteilt durch die Anzahl ablehnender Antworten (2 bzw. 1).
[2] Chi-Quadrat-Anpassungstest, ob sich die Antwortverteilung der Teilstichproben DIV und NDIV signifikant voneinander unterscheidet.
[3] Rang des Mittelwerts unter den 40 Aussagen zur Ausschüttungspolitik.
***/**/*: Antwortverteilungen der Teilstichproben DIV und NDIV unterscheiden sich mit einer zweiseitigen Irrtumswahrscheinlichkeit von unter 1/5/10%.
() Voraussetzung für Chi-Quadrat-Anpassungstest, dass nur in maximal 20% der Felder erwartete Häufigkeiten von <5 auftreten dürfen, ist nicht erfüllt.

6.3.2.4 Dividendenfestsetzungsprozess und -einflussfaktoren

Nachdem die Befragten der Ausschüttungspolitik zwar eine Wertrelevanz zuschreiben, die dahinter liegenden Motive und Erklärungsansätze jedoch sehr vielfältig sind, werden im Folgenden der Dividendenfestsetzungsprozess sowie die Einflussfaktoren, welche die Dividendenentscheidung bestimmen, betrachtet, um ein besseres Verständnis der maßgeblichen Entscheidungsfaktoren zu gewinnen.

Bereits 1956 ermittelte LINTNER Einflussfaktoren im Dividendenfestsetzungsprozess, welche in späteren Untersuchungen in der Regel bestätigt werden konnten. Unternehmen pflegen demnach das Prinzip der Dividendenkontinuität, was sich darin äußert, dass insbesondere der aktuelle Gewinn sowie die Vorjahresdividende die Haupteinflussfaktoren in der Festlegung der aktuellen Dividende sind. Um zu sehen, ob deutsche Aktiengesellschaften heute ähnliche Auffassungen haben, wurden die folgenden Aussagen sowie nachfolgend die Bedeutung einzelner Kenngrößen bzw. weiterer Aspekte für die Festsetzung der Dividende abgefragt.

Aussagen A08, A14, A20 und A32 erreichen einen signifikanten Zustimmungsgrad und hohen Konsens in Übereinstimmung mit den Ergebnissen von LINTNER. Über 80 Prozent der Befragten stimmen der Aussage zu, dass ein Unternehmen möglichst kontinuierliche Dividendenzahlungen bzw. -wachstum aufweisen (A08), also Dividendenkontinuität praktizieren sollte. Unter den Dividendenzahlern sind es sogar über 90 Prozent. Auch sind die Befragten der Meinung, dass eine Zielausschüttungsquote existieren sollte, die langfristig die Dividendenentwicklung vorgibt (A32).

Damit in Verbindung stehend sollten nur permanente Gewinnänderungen Einfluss auf die Dividende nehmen (A20). Interessant ist in diesem Zusammenhang die Meinung, dass Dividendenänderungen eher zeitverzögert der Gewinnentwicklung folgen (A14) und nicht die zukünftige Gewinnentwicklung im Sinne des *Signaling* prognostizieren.[801] Dies bekräftigt wiederum das Modell von LINTNER, wonach der aktuelle Gewinn großen Einfluss auf die Dividende hat. Gegenüber einer externen Mittelaufnahme äußern insbesondere die kleineren Nichtzahler große Bedenken: Sie lehnen es strikt ab, zur Durchführung profitabler Investitionen externe Mittel aufzunehmen, anstatt die Dividende zu kürzen (A30).

Der Aktienrückkauf erreicht als kontinuierliches Ausschüttungsinstrument keine Zustimmung (A39). Wie erwartet wird der Aktienrückkauf nicht als solches angesehen.

---

801 Insbesondere die Nichtzahler stimmen dieser Aussage zu.

Tabelle 13: Antworten zum Dividendenfestsetzungsprozess und historischen Dividendenmustern

Aussage			Zustimmungsgrad (in Prozent)										
			Stimme zu		Indifferent	Stimme nicht zu							
			5	4	3	2	1	n	Mittelwert	σ	RATIO[1]	χ2-Wert[2]	Rang[3]
A08	Ein Unternehmen sollte versuchen, möglichst kontinuierliche Dividendenzahlungen/ -wachstum zu erreichen.	Alle	33.3	47.9	11.5	6.3	1.0	98	4.06	0.89	11.14		2
		DIV	38.5	51.9	3.8	5.8	0.0	53	4.23	0.78	15.67	34.33 (***)	
		NDIV	27.3	43.2	20.5	6.8	2.3	45	3.86	0.98	7.75		
A14	Dividenenänderungen folgen zeitverzögert der Gewinnentwicklung.	Alle	7.3	51.0	18.8	13.5	9.4	98	3.33	1.10	2.55		20
		DIV	7.7	40.4	19.2	19.2	13.5	53	3.10	1.21	1.47	10.73 ***	
		NDIV	6.8	63.6	18.2	6.8	4.5	45	3.61	0.89	6.20		
A20	Nur als permanent angesehene Gewinnänderungen sollten zu Änderungen der Dividende führen.	Alle	29.2	40.6	12.5	14.6	3.1	98	3.78	1.12	3.94		8
		DIV	21.2	44.2	13.5	15.4	5.8	53	3.60	1.16	3.09	1.94	
		NDIV	38.6	36.4	11.4	13.6	0.0	45	4.00	1.03	5.50		
A30	Anstatt die Dividende zu kürzen, würden wir eher externe Mittel aufnehmen, um profitable Investitionen durchführen zu können.	Alle	3.2	15.1	23.7	31.2	26.9	95	2.37	1.13	0.31		39
		DIV	6.1	28.6	20.4	30.6	14.3	50	2.82	1.18	0.77	--	
		NDIV	0.0	0.0	27.3	31.8	40.9	45	1.86	0.82	0.00		
A32	Ein Unternehmen sollte eine Zielausschüttungsquote haben und die Ausschüttung graduell der Zielgröße anpassen.	Alle	12.5	40.6	29.2	14.6	3.1	98	3.45	0.99	3.00		12
		DIV	13.5	44.2	25.0	15.4	1.9	53	3.52	0.98	3.33	2.23	
		NDIV	11.4	36.4	34.1	13.6	4.5	45	3.36	1.01	2.63		
A39	Ein Unternehmen sollte versuchen, kontinuierliche Ausschüttungen durch Aktienrückkäufe zu erreichen.	Alle	1.1	4.5	42.7	34.8	16.9	91	2.38	0.86	0.11		38
		DIV	2.1	2.1	47.9	27.1	20.8	49	2.38	0.91	0.09	2.65 ()	
		NDIV	0.0	7.3	36.6	43.9	12.2	42	2.39	0.80	0.13		

[1] Die Kennzahl RATIO berechnet sich wie folgt: Anzahl zustimmender Antworten (5 bzw. 4) geteilt durch die Anzahl ablehnender Antworten (2 bzw. 1).
[2] Chi-Quadrat-Anpassungstest, ob sich die Antwortverteilung der Teilstichproben DIV und NDIV signifikant voneinander unterscheidet.
[3] Rang des Mittelwerts unter den 40 Aussagen zur Ausschüttungspolitik.
***/**/*: Antwortverteilungen der Teilstichproben DIV und NDIV unterscheiden sich mit einer zweiseitigen Irrtumswahrscheinlichkeit von unter 1/5/10%.
() Voraussetzung für Chi-Quadrat-Anpassungstest, dass nur in maximal 20% der Felder erwartete Häufigkeiten von <5 auftreten dürfen, ist nicht erfüllt.
-- Auf Grund Nichtbelegung von Feldern ist die Durchführung des Chi-Quadrat-Tests nicht möglich.

Um einen besseren Eindruck über die Haupteinflussfaktoren bei der Festlegung der Dividende zu erhalten, wurde des Weiteren abgefragt, welche Rolle die in Tabelle 14 dargestellten potenziellen Faktoren bei der Festlegung der Dividende spielen. Die größte Rolle spielen demnach der Jahresüberschuss des Berichtsjahres (D01), das aktuelle Gewinnwachstum (D02) sowie die aktuelle Höhe des freien Cashflows (D08). Erst danach folgen die Faktoren im Sinne des *Signaling* wie erwartetes Gewinnwachstum (D03) und erwartete Höhe des freien Cashflows (D09).[802] Eine eher geringe Rolle spielen die Dividendenpolitik von Vergleichsunternehmen (D12), Aktienrückkäufe (D14), Dividendenrendite (D07), das Erfüllen von Markterwartungen (D13) sowie die Notwendigkeit einer externen Kapitalaufnahme (D15).[803] Das Ergebnis zur Dividendenrendite ist überraschend, werben doch viele Unternehmen mit der ‚attraktiven Verzinsung' ihrer Aktie.[804]

Bei den übrigen Einflussfaktoren eröffnet der Vergleich von Dividenden zahlenden Unternehmen mit den Nichtzahlern interessante Aspekte. So besteht ein deutlicher Unterschied in der Bedeutung der Vorjahresdividende (D05). Dividenden zahlende Unternehmen messen dieser Größe einen erheblichen Einfluss bei (Mittelwert 3,9 und RATIO 5,57), während die Nichtzahler eher geringe Einflussnahme erkennen lassen. Auch eine (Ziel-)Ausschüttungsquote (D06) werten sie mit einem höheren Gewicht. Dieses Ergebnis in Zusammenhang mit der hohen Bedeutung des Jahresüberschusses des Berichtsjahres lässt darauf schließen, dass Dividenden zahlende Unternehmen in Deutschland dem Prinzip der Dividendenkontinuität analog dem Ergebnis von LINTNER eine hohe Bedeutung beimessen und eine explizite Dividendenpolitik verfolgen.

Interessant ist auch die hochsignifikant unterschiedliche Meinung bezüglich Volatilität des Gewinns (D04), Liquiditätsplanung/geplante Investitionen (D10) und Verschuldungsgrad (D11). Während die Nichtzahler diesen Einflussfaktoren mit hoher Über-

802 Alle fünf Aussagen weisen einen sehr hohen Konsens unter den Befragten auf mit RATIOs zwischen 3,44 und 16,75.

803 Auch diese Aussagen weisen in der Tendenz Konsens im Sinne von Ablehnung auf mit RATIOs zwischen 0,08 und 0,68.

804 Exemplarisch seien genannt: BASF Unternehmensbericht 2004, S. 27, erhältlich unter URL: http://www.basf.de; Jungheinrich Geschäftsbericht 2003, S. 11, erhältlich unter URL: http://www.jungheinrich.de.

einstimmung (RATIOs zwischen 2,4 und 16,0) eine hohe Bedeutung beimessen, spielen diese Faktoren für Dividenden zahlende Unternehmen eine eher unterdurchschnittliche Rolle. Auch die Notwendigkeit einer externen Kapitalaufnahme (D15) werten Dividenden zahlende Unternehmen deutlich geringer. Diese Ergebnisse unterstützen eine explizite Dividendenplanung und das Prinzip der Dividendenkontinuität in der Tendenz weiter.

Tabelle 14: Antworten zu den Einflussfaktoren im Dividendenfestsetzungsprozess

Einflussfaktor		Einfluss bei Festlegung der Dividende (in Prozent): Groß 5	Groß 4	Mittel 3	Gering 2	Gering 1	n	Mittelwert	σ	RATIO[1]	χ2-Wert[2]	Rang[3]
D01 Jahresüberschuss des Berichtsjahres	Alle	61.3	24.7	8.6	2.2	3.2	97	4.39	0.97	16.00		1
	DIV	61.5	25.0	7.7	3.8	1.9	54	4.40	0.93	15.00	0.29 ()	
	NDIV	61.0	24.4	9.8	0.0	4.9	43	4.37	1.02	17.50		
D02 Aktuelles Gewinnwachstum	Alle	26.1	46.7	22.8	1.1	3.3	96	3.91	0.91	16.75		2
	DIV	23.5	43.1	29.4	2.0	2.0	53	3.84	0.88	17.00	4.32 ()	
	NDIV	29.3	51.2	14.6	0.0	4.9	43	4.00	0.95	16.50		
D03 Erwartetes Gewinnwachstum	Alle	21.7	42.4	25.0	5.4	5.4	96	3.70	1.05	5.90		4
	DIV	17.6	43.1	25.5	5.9	7.8	53	3.57	1.10	4.43	1.63	
	NDIV	26.8	41.5	24.4	4.9	2.4	43	3.85	0.96	9.33		
D04 Volatilität des Gewinns	Alle	13.3	28.9	36.7	16.7	4.4	93	3.30	1.04	2.00		8
	DIV	6.1	20.4	40.8	26.5	6.1	51	2.94	0.99	0.81	27.23 ***	
	NDIV	22.0	39.0	31.7	4.9	2.4	43	3.73	0.95	8.33		
D05 Dividendenhöhe des Vorjahres	Alle	17.4	37.0	22.8	14.1	8.7	95	3.40	1.19	2.38		7
	DIV	29.4	47.1	9.8	11.8	2.0	53	3.90	1.02	5.57	61.38 (***)	
	NDIV	2.4	24.4	39.0	17.1	17.1	43	2.78	1.08	0.79		
D06 (Ziel-)Ausschüttungsquote	Alle	13.0	29.3	26.1	19.6	12.0	96	3.12	1.22	1.34		10
	DIV	19.6	33.3	15.7	23.5	7.8	53	3.33	1.26	1.69	18.58 ***	
	NDIV	4.9	24.4	39.0	14.6	17.1	43	2.85	1.13	0.92		
D07 Dividendenrendite	Alle	3.3	16.5	36.3	30.8	13.2	95	2.66	1.01	0.45		13
	DIV	4.0	16.0	38.0	28.0	14.0	52	2.68	1.04	0.48	0.35	
	NDIV	2.4	17.1	34.1	34.1	12.2	43	2.63	0.99	0.42		

[1] Die Kennzahl RATIO berechnet sich wie folgt: Anzahl "Großer Einfluss" (5 bzw. 4) geteilt durch die Anzahl "Geringer Einfluss" (2 bzw. 1).

[2] Chi-Quadrat-Anpassungstest, ob sich die Antwortverteilung der Teilstichproben DIV und NDIV signifikant voneinander unterscheidet.

[3] Rang des Mittelwerts unter den 15 Dividendeneinflussfaktoren.

***/**/*: Antwortverteilungen der Teilstichproben DIV und NDIV unterscheiden sich mit einer zweiseitigen Irrtumswahrscheinlichkeit von unter 1/5/10%.

() Voraussetzung für Chi-Quadrat-Anpassungstest, dass nur in maximal 20% der Felder erwartete Häufigkeiten von <5 auftreten dürfen, ist nicht erfüllt.

Einflussfaktor (*Fortsetzung*)			Einfluss bei Festlegung der Dividende (in Prozent) Groß +2	Groß +1	Mittel 0	Gering -1	Gering -2	n	Mittelwert	σ	RATIO[1]	χ2-Wert[2]	Rang[3]
D08	Aktuelle Höhe des freien Cashflows	Alle	24.7	45.2	15.1	10.8	4.3	97	3.75	1.08	4.64		3
		DIV	17.3	44.2	23.1	11.5	3.8	54	3.60	1.03	4.00	8.29 **	
		NDIV	34.1	46.3	4.9	9.8	4.9	43	3.95	1.12	5.50		
D09	Erwartete Höhe des freien Cashflows	Alle	19.6	40.2	22.8	8.7	8.7	96	3.53	1.16	3.44		6
		DIV	11.8	39.2	27.5	9.8	11.8	53	3.29	1.17	2.36	6.42 **	
		NDIV	29.3	41.5	17.1	7.3	4.9	43	3.83	1.09	5.80		
D10	Liquiditätsplanung/ geplante Investitionen	Alle	23.1	33.0	27.5	12.1	4.4	95	3.58	1.11	3.40		5
		DIV	10.0	28.0	36.0	20.0	6.0	52	3.16	1.06	1.46	28.42 ***	
		NDIV	39.0	39.0	17.1	2.4	2.4	43	4.10	0.94	16.00		
D11	Verschuldungsgrad	Alle	14.3	28.6	24.2	23.1	9.9	95	3.14	1.22	1.30		9
		DIV	14.0	16.0	30.0	26.0	14.0	52	2.90	1.25	0.75	15.91 ***	
		NDIV	14.5	43.9	17.1	19.5	4.9	43	3.44	1.12	2.40		
D12	Dividendenpolitik von Vergleichsunternehmen	Alle	0.0	9.9	31.9	31.9	26.4	95	2.25	0.96	0.17		14
		DIV	0.0	12.0	28.0	26.0	34.0	52	2.18	1.04	0.20	1.93 ()	
		NDIV	0.0	7.3	36.6	39.0	17.1	43	2.34	0.85	0.13		
D13	Erfüllung von Markterwartungen	Alle	3.3	20.9	37.4	26.4	12.1	95	2.77	1.02	0.63		11
		DIV	4.0	26.0	34.0	22.0	14.0	52	2.84	1.09	0.83	3.30	
		NDIV	2.4	14.6	41.5	31.7	9.8	43	2.68	0.93	0.41		
D14	Durchführung/Volumen von Aktienrückkäufen	Alle	2.2	3.3	22.2	34.4	37.8	94	1.98	0.97	0.08		15
		DIV	2.0	0.0	20.4	30.6	46.9	51	1.80	0.91	0.03	13.00 (***)	
		NDIV	2.4	7.3	24.4	39.0	26.8	43	2.20	1.01	0.15		
D15	Notwendigkeit einer externen Kapitalaufnahme	Alle	11.2	19.1	24.7	19.1	25.8	93	2.71	1.34	0.68		12
		DIV	2.1	14.6	29.2	20.8	33.3	50	2.31	1.15	0.31	26.01 ***	
		NDIV	22.0	24.4	19.5	17.1	17.1	43	3.17	1.41	1.36		

[1] Die Kennzahl RATIO berechnet sich wie folgt: Anzahl "Großer Einfluss" (5 bzw. 4) geteilt durch die Anzahl "Geringer Einfluss" (2 bzw. 1).

[2] Chi-Quadrat-Anpassungstest, ob sich die Antwortverteilung der Teilstichproben DIV und NDIV signifikant voneinander unterscheidet.

[3] Rang des Mittelwerts unter den 15 Dividendeneinflussfaktoren.

***/**/*: Antwortverteilungen der Teilstichproben DIV und NDIV unterscheiden sich mit einer zweiseitigen Irrtumswahrscheinlichkeit von unter 1/5/10%.

() Voraussetzung für Chi-Quadrat-Anpassungstest dass nur in maximal 20% der Felder erwartete Häufigkeiten von <5 auftreten dürfen, ist nicht erfüllt.

6.3.2.5 Motive für Aktienrückkäufe

Die Meinungen der Befragten zur Relevanz der Rückkaufmotive differieren recht stark. Dies zeigt zum einen die vielseitigen Verwendungszwecke rückgekaufter Aktien und zum anderen, dass die Motive für unterschiedliche Unternehmen eine sehr unterschiedliche Relevanz besitzen.

Nur 4 der 14 potenziellen Motive bekommen im Durchschnitt eine tendenziell hohe Relevanz zugesprochen. Den höchsten Wert erreicht dabei die Bereitstellung von Aktien für eine (mögliche) Akquisition (AR04). Dieses Ergebnis deckt sich mit der Beobachtung, dass dieses Motiv im Zeitraum von 1998 bis April 2003 das meist genannte in den Ad hoc-Meldungen der Aktienrückkäufe darstellte.[805] Die hohe Relevanz dieses Motivs ist jedoch umso überraschender, als dass die Unternehmen, die dies als Hauptmotiv angaben, die rückgekauften Aktien in den meisten Fällen noch zwei Jahre nach Rückkauf im Bestand hielten.[806] Dieses Verhalten legt die Vermutung nahe, dass diese Unternehmen hiermit *Signaling* im weiteren Sinne betreiben und zum Beispiel eine Wachstumsstrategie möglichst glaubhaft kommunizieren wollen, ohne eine direkte Verbindung zwischen rückgekauften Aktien und einer bestimmten Akquisition zu sehen.

Auch das *Signaling*-Motiv der Unterbewertung (AR11) wird insbesondere von den Unternehmen, die bereits einen Rückkauf durchführten bzw. planen, einen solchen durchzuführen (Stichprobe AR), als sehr relevant eingeschätzt. Ein sehr ähnliches und damit konsistentes Ergebnis lässt sich beim Motiv Steigerung des Aktienkurses (AR05) feststellen. Das vierte Motiv mit einem Mittelwert größer 3, die Veränderung der Kapitalstruktur (AR01), wird von den Unternehmen, die bereits Rückkauferfahrungen machten oder einen Aktienrückkauf planen, jedoch niedriger eingeschätzt.

---

805 Vgl. PERTLWIESER (2005), S. 85.

806 Vgl. ebenda, S. 74 ff. Gegen das Motiv, rückgekaufte Aktien im wirklichen Sinne als Akquisitionswährung zu verwenden, spricht auch das geringe Volumen, das Aktienrückkäufe maximal erreichen können (das sind 10 Prozent des Grundkapitals).

Tabelle 15: Antworten zu den Motiven für Aktienrückkäufe

Motiv			Relevanz der Motive für Aktienrückkauf (in Prozent)										
			Hoch		Mittel	Niedrig							
			5	4	3	2	1	n	Mittelwert	σ	RATIO[1]	χ2-Wert[2]	Rang[3]
AR01	Veränderung der Kapitalstruktur	Alle	10.7	23.8	33.3	23.8	8.3	86	3.05	1.12	1.07		4
		AR	16.2	8.1	35.1	32.4	8.1	38	2.92	1.19	0.60	6.27 **	
		NAR	6.4	36.2	31.9	17.0	8.5	48	3.15	1.06	1.67		
AR02	Abwesenheit vorteilhafter Investitionsmöglichkeiten	Alle	4.8	32.1	19.0	21.4	22.6	86	2.75	1.26	0.84		10
		AR	2.6	21.1	21.1	34.2	21.1	39	2.50	1.13	0.43	9.51 ***	
		NAR	6.5	41.3	17.4	10.9	23.9	47	2.96	1.33	1.38		
AR03	Bereitstellung von Aktien für Aktienoptions-programme	Alle	8.2	28.2	21.2	23.5	18.8	87	2.84	1.26	0.86		6
		AR	7.7	30.8	12.8	23.1	25.6	40	2.72	1.36	0.79	14.86 ***	
		NAR	8.7	26.1	28.3	23.9	13.0	47	2.93	1.18	0.94		
AR04	Bereitstellung von Aktien für eine (mögliche) Akquisition	Alle	20.0	44.7	15.3	14.1	5.9	87	3.59	1.14	3.24		1
		AR	23.7	50.0	10.5	5.3	10.5	39	3.71	1.21	4.67	4.16	
		NAR	17.0	40.4	19.1	21.3	2.1	48	3.49	1.08	2.45		
AR05	Steigerung des Aktienkurses	Alle	10.6	35.3	28.2	22.4	3.5	87	3.27	1.04	1.77		3
		AR	15.8	42.1	23.7	15.8	2.6	39	3.53	1.03	3.14	7.93 **	
		NAR	6.4	29.8	31.9	27.7	4.3	48	3.06	1.01	1.13		
AR06	Ersetzen der Bardividende	Alle	4.7	8.2	28.2	41.2	17.6	87	2.41	1.03	0.22		12
		AR	7.9	2.6	26.3	42.1	21.1	39	2.34	1.10	0.17	1.06	
		NAR	2.1	12.8	29.8	40.4	14.9	48	2.47	0.97	0.27		
AR07	Übertragung positiver Informationen	Alle	2.4	26.2	31.0	28.6	11.9	86	2.79	1.04	0.71		9
		AR	2.6	39.5	28.9	15.8	13.2	39	3.03	1.10	1.45	16.87 ***	
		NAR	2.2	15.2	32.6	39.1	10.9	47	2.59	0.96	0.35		

[1] Die Kennzahl RATIO berechnet sich wie folgt: Anzahl "Hohe Relevanz" (5 bzw. 4) geteilt durch die Anzahl "Niedrige Relevanz" (2 bzw. 1).
[2] Chi-Quadrat-Anpassungstest, ob sich die Antwortverteilung der Teilstichproben AR und NAR signifikant voneinander unterscheidet.
[3] Rang des Mittelwerts unter den 14 Motiven für Aktienrückkäufe.
***/**/*: Antwortverteilungen der Teilstichproben AR und NAR unterscheiden sich mit einer zweiseitigen Irrtumswahrscheinlichkeit von unter 1/5/10%.
() Voraussetzung für Chi-Quadrat-Anpassungstest, dass nur in maximal 20% der Felder erwartete Häufigkeiten von <5 auftreten dürfen, ist nicht erfüllt.

Motiv (*Fortsetzung*)			Relevanz der Motive für Aktienrückkauf (in Prozent)										
			Hoch		Mittel	Niedrig			Mittel-				
			5	4	3	2	1	n	wert	σ	RATIO[1]	χ2-Wert[2]	Rang[3]
AR08	Wahl der steuerlich optimalen Ausschüttungsform	Alle	5.9	21.2	30.6	32.9	9.4	87	2.81	1.06	0.64		8
		AR	5.3	10.5	36.8	36.8	10.5	39	2.63	1.00	0.33	7.08 **	
		NAR	6.4	29.8	25.5	29.8	8.5	48	2.96	1.10	0.94		
AR09	Schutz vor feindlicher Übernahme	Alle	3.5	15.3	24.7	27.1	29.4	87	2.36	1.16	0.33		13
		AR	2.6	5.3	23.7	34.2	34.2	39	2.08	1.02	0.12	9.21 **	
		NAR	4.3	23.4	25.5	21.3	25.5	48	2.60	1.23	0.59		
AR10	Konsequente Ausschüttung überschüssiger Mittel	Alle	1.2	19.0	22.6	36.9	20.2	86	2.44	1.06	0.35		11
		AR	0.0	18.4	23.7	42.1	15.8	39	2.45	0.98	0.32	0.27	
		NAR	2.2	19.6	21.7	32.6	23.9	47	2.43	1.13	0.38		
AR11	Kauf von unterbewerteten Aktien	Alle	11.8	41.2	25.9	14.1	7.1	87	3.36	1.09	2.50		2
		AR	21.1	50.0	15.8	10.5	2.6	39	3.76	1.00	5.40	17.25 ***	
		NAR	4.3	34.0	34.0	17.0	10.6	48	3.04	1.06	1.38		
AR12	Steigerung des Gewinns pro Aktie	Alle	4.7	36.5	22.4	27.1	9.4	87	3.00	1.10	1.13		5
		AR	7.9	34.2	21.1	26.3	10.5	39	3.03	1.17	1.14	0.12	
		NAR	2.1	38.3	23.4	27.7	8.5	48	2.98	1.05	1.12		
AR13	Ausgleich des Verwässerungseffekts durch Aktienoptionsprogramme	Alle	2.4	11.8	15.3	37.6	32.9	87	2.13	1.08	0.20		14
		AR	2.6	15.8	13.2	36.8	31.6	39	2.21	1.14	0.27	2.58 ()	
		NAR	2.1	8.5	17.0	38.3	34.0	48	2.06	1.03	0.15		
AR14	Erhöhung der finanziellen und operativen (investiven) Flexibilität	Alle	4.7	24.7	32.9	23.5	14.1	87	2.82	1.10	0.78		7
		AR	2.6	28.9	39.5	15.8	13.2	39	2.92	1.05	1.09	4.23	
		NAR	6.4	21.3	27.7	29.8	14.9	48	2.74	1.15	0.62		

[1] Die Kennzahl RATIO berechnet sich wie folgt: Anzahl "Hohe Relevanz" (5 bzw. 4) geteilt durch die Anzahl "Niedrige Relevanz" (2 bzw. 1).

[2] Chi-Quadrat-Anpassungstest, ob sich die Antwortverteilung der Teilstichproben AR und NAR signifikant voneinander unterscheidet.

[3] Rang des Mittelwerts unter den 14 Motiven für Aktienrückkäufe.

***/**/*: Antwortverteilungen der Teilstichproben AR und NAR unterscheiden sich mit einer zweiseitigen Irrtumswahrscheinlichkeit von unter 1/5/10%.

() Voraussetzung für Chi-Quadrat-Anpassungstest, dass nur in maximal 20% der Felder erwartete Häufigkeiten von <5 auftreten dürfen, ist nicht erfüllt.

Allen anderen Motiven wird im Durchschnitt eine eher niedrige Relevanz zugesprochen. Einen sehr niedrigen Zustimmungsgrad weist das Motiv Ersetzen der Bardividende (AR06) auf. Dieses Ergebnis passt einerseits dazu, dass Unternehmen angaben, in den nächsten Jahren nicht vorzuhaben, Dividenden durch Aktienrückkäufe zu ersetzen.[807] Andererseits ist ein Aktienoptionsprogramm und insbesondere eines ohne Dividendenschutz[808] ein Indikator für die Durchführung eines Aktienrückkaufs.[809] 60 Prozent der Unternehmen der Stichprobe AR geben an, einen Aktienoptionsplan zu haben, wo hingegen nur 44 Prozent der Stichprobe NAR dies tun. Interessanterweise wird das Motiv Bereitstellung von Aktien für Aktienoptionsprogramme (AR03) als eher wenig relevant eingestuft. Dieses Ergebnis ist überraschend, stellt es immerhin in den einen Rückkauf ankündigenden Ad hoc-Meldungen nach der Bereitstellung von Aktien für Akquisitionen und der Unterbewertung der eigenen Aktien das am dritthäufigsten genannte Motiv dar.[810] Fällt dieses Motiv gemäß der Antworten als Erklärung für den unterschiedlichen Anteil der Unternehmen mit Aktienoptionsprogrammen aus, bleibt lediglich das Motiv Ausgleich des Verwässerungseffekts durch Aktienoptionsprogramme (AR13), um den höheren Anteil mit Aktienoptionsplänen der rückkaufenden Unternehmen zu erklären. Dieses Motiv weist jedoch ebenfalls eine als sehr niedrig einzustufende Relevanz auf. Umso kritischer sind diese Ergebnisse zu hinterfragen, als dass nur rund 15 Prozent der Aktienoptionsprogramme der befragten Unternehmen über einen Dividendenschutz verfügen. Die Häufigkeit von Aktienoptionsplänen sowie deren Ausgestaltung legt eher die Vermutung nahe, dass Unternehmen Interesse daran haben, die Nachteile von Dividenden und der Ausgabe neuer Aktien für Aktienoptionen zu umgehen, was durch die vorliegenden Ergebnisse jedoch nicht bestätigt werden kann.[811]

Der Aspekt der Ausschüttung freier Mittel bekommt ebenso eine eher niedrige Relevanz zugeschrieben, insbesondere durch die rückkaufaffinen Unternehmen. Sowohl die Abwesenheit vorteilhafter Investitionsmöglichkeiten (AR02) als auch die konsequente Ausschüttung überschüssiger Mittel (AR10) weisen hier einen starken Kon-

---

807 Vgl. Aussage A23 in Tabelle 10.

808 Aktienoptionen haben einen Bezugspreis, der in engem Zusammenhang zum Wert der Option steht. Nach Dividendenzahlung erfolgt beim Aktienkurs der Dividendenabschlag, das heißt, der Kurs verringert sich um den Wert der Dividendenzahlung. Ist eine Aktienoption vom Dividendenabschlag ungeschützt, verringert sich dadurch der innere Wert der Option, da der Bezugskurs sich nun mit dem geringeren Kurs vergleicht. Der Wert einer Option mit Dividendenschutz bleibt bei einer Dividendenzahlung unverändert.

809 Vgl. PERTLWIESER (2005), S. 203 und S. 212 f., für Deutschland sowie KAHLE (2002), S. 247, für den US-amerikanischen Markt.

810 Vgl. PERTLWIESER (2005), S. 85.

811 An dieser Stelle ist jedoch eine Limitation von Umfragen nicht auszuschließen: Eher negativ behaftete Motive und Argumente bzw. solche, die im Zweifel keine Ausrichtung an den Aktionärsinteressen erkennen lassen, bergen die Gefahr, dass sie von den Antwortenden nicht ehrlich beantwortet werden.

sens hinsichtlich niedriger Relevanz auf. Steuerliche Aspekte (AR08) sowie der Rückkauf als Schutzmaßnahme vor einer feindlichen Übernahme (AR09) spielen ebenso keine Rolle.

Interessant ist das Ergebnis, dass für über 40 Prozent der Befragten das Motiv Steigerung des Gewinns pro Aktie (AR12) eine hohe Relevanz besitzt. Man sollte annehmen, dass im Kapitalmarkt über solche Zusammenhänge Transparenz herrscht. So wird neben der Kennzahl Gewinn pro Aktie auch ein adjustierter Wert berechnet, der gewisse Anpassungen vornimmt und unter anderem um Aktienrückkäufe bereinigt ist. Nichtsdestotrotz scheinen Unternehmen daran zu glauben, dass der Kapitalmarkt solche Anpassungen nicht vollständig berücksichtigt und eine quasi starre Marktpreisbildung über das KGV zustande kommt.[812]

Insgesamt legen die Ergebnisse nahe, dass der Ausschüttungscharakter, ausgedrückt durch die Ausschüttung von freien Cashflows und die Veränderung der Kapitalstruktur nicht die eigentliche Motivation von Aktienrückkäufen zu sein scheint. Vielmehr geben die rückkaufenden Unternehmen an, Signale über die vermeintliche Unterbewertung auszusenden und dadurch eine Aktienkurssteigerung erreichen zu wollen bzw. im Falle der Bereitstellung einer Akquisitionswährung *Signaling* im weiteren Sinne zu betreiben. Es ist allerdings fraglich, ob die Glaubwürdigkeit des Signals gewährleistet werden kann, wenn der Aktienrückkauf häufig nur als strategische Option angesehen wird und die Ankündigung eines Aktienrückkaufs ohne materielle Folgen bleibt, das heißt, keine oder nur sehr wenige Aktien zurückgekauft werden.[813]

---

812 Damit konform geht die Beobachtung, dass oft mit der Ankündigung eines Aktienrückkaufprogramms die Steigerung des Gewinns pro Aktie herausgestellt wird; vgl. bspw. o. V. (2005), Aktienrückkaufhöhe der Deutschen Börse deutlich unter Markterwartung, in: Handelsblatt vom 23. März 2005.

813 In Deutschland kauften 77 von 235 einen Rückkauf ankündigenden Unternehmen weniger als 1 Prozent des Grundkapitals zurück (27 sogar weniger als 0,1 Prozent); vgl. PERTLWIESER (2005), S. 70.

6.3.3 Interpretation der Ergebnisse

Die vorangegangenen Betrachtungen zeigen, dass die Gründe und Motive für Ausschüttungen auch aus Unternehmenssicht sehr vielseitig sind. Nichtsdestotrotz lässt sich aus den Antworten der befragten Unternehmen ableiten, dass das Prinzip der Dividendenkontinuität einen übergeordneten Stellenwert in der Ausschüttungspolitik deutscher Aktiengesellschaften einnimmt. Nachfolgend soll dieser Aspekt ausführlicher dargestellt werden (siehe hierzu auch Tabelle 16).

Direkt danach gefragt, stimmen über 90 Prozent der Dividendenzahler und immerhin 70 Prozent der Nichtzahler zu, dass ein Unternehmen möglichst kontinuierliche Dividendenzahlungen leisten sollte (A08). Auch sind die befragten Unternehmen eher der Meinung, dass Dividendenkürzungen starke negative Konsequenzen haben (A15). Insbesondere für die Dividenden zahlenden Unternehmen besitzt die Dividendenkontinuität eine hohe Relevanz. Nahezu einstimmig sind diese der Meinung, dass private und institutionelle Investoren eine regelmäßige Dividende erwarten (A16), und sie schreiben der Vorjahresdividende (D05) eine deutlich höhere Bedeutung zu, als dies die Nichtzahler tun. In dieses Bild passt auch, dass Dividenden zahlende Unternehmen anderen als relevant einzustufende Faktoren wie zum Beispiel die Gewinnvolatilität oder die Liquiditäts- und Investitionsplanung (D10) eine signifikant geringere Bedeutung zuschreiben.[814] Fast scheint es sich so zu verhalten, dass Unternehmen, die Dividenden zahlen, mit der Zeit realisiert haben, wie verbindlich diese im Markt angesehen werden und dass unabhängig von weiteren Einflussgrößen die Dividendenzahlung nach Möglichkeit kontinuierlich erreicht werden sollte.[815]

---

814 Vgl. auch Tabelle 14.

815 Den hohen Verbindlichkeitscharakter von Dividenden erfahren auch Brav et al. in Interviews mit CFOs zum Thema Ausschüttungspolitik. Viele der Befragten wünschten, sie hätten nicht begonnen, Dividenden auszuzahlen, und wenn sie die Chance hätten, neu zu beginnen, würden sie weniger Dividenden zahlen und eher als unverbindlicher und flexibler angesehene Aktienrückkäufe durchführen; vgl. Brav et al. (2004), S. 19.

Tabelle 16: Antworten zur Dividendenkontinuität: DIV vs. NDIV

	Aussage/Einflussfaktor		Zustimmungsgrad/Einfluss (in Prozent): Stimme zu/Groß 5	Stimme zu/Groß 4	Indifferent/Mittel 3	Stimme nicht zu/Gering 2	Stimme nicht zu/Gering 1	n	Mittelwert	σ	RATIO[1]	χ^2-Wert[2]
A08	Ein Unternehmen sollte versuchen, möglichst kontinuierliche Dividendenzahlungen/-wachstum zu erreichen.	DIV	38.5	51.9	3.8	5.8	0.0	53	4.23	0.78	15.67	34.33 (***)
		NDIV	27.3	43.2	20.5	6.8	2.3	45	3.86	0.98	7.75	
A15	Eine unerwartete Dividendenkürzung hat starke negative Konsequenzen seitens des Kapitalmarkts.	DIV	17.3	38.5	17.3	19.2	7.7	53	3.38	1.21	2.07	0.90
		NDIV	13.6	38.6	22.7	22.7	2.3	45	3.39	1.06	2.09	
A16	In- und ausländische private sowie institutionelle Aktionäre erwarten eine regelmäßige Dividende.	DIV	32.7	59.6	5.8	0.0	1.9	53	4.21	0.72	48.00	261.33 (***)
		NDIV	0.0	38.6	29.5	22.7	9.1	45	2.98	1.00	1.21	
A30	Anstatt die Dividende zu kürzen würden wir eher externe Mittel aufnehmen, um profitable Investitionen durchführen zu können.	DIV	6.1	28.6	20.4	30.6	14.3	50	2.82	1.18	0.77	--
		NDIV	0.0	0.0	27.3	31.8	40.9	45	1.86	0.82	0.00	
D05	Dividendenhöhe des Vorjahres	DIV	29.4	47.1	9.8	11.8	2.0	53	3.90	1.02	5.57	61.38 (***)
		NDIV	2.4	24.4	39.0	17.1	17.1	43	2.78	1.08	0.79	
D10	Liquiditätsplanung/geplante Investitionen	DIV	10.0	28.0	36.0	20.0	6.0	52	3.16	1.06	1.46	28.42 ***
		NDIV	39.0	39.0	17.1	2.4	2.4	43	4.10	0.94	16.00	

[1] Die Kennzahl RATIO berechnet sich wie folgt: Anzahl zustimmende Antworten bzw. "Großer Einfluss" (5 bzw. 4) geteilt durch die Anzahl ablehnender Antworten bzw. "Geringer Einfluss" (2 bzw. 1).

[2] Chi-Quadrat-Anpassungstest, ob sich die Antwortverteilung der Teilstichproben DIV und NDIV signifikant voneinander unterscheidet.

***/**/*: Antwortverteilungen der Teilstichproben DIV und NDIV unterscheiden sich mit einer zweiseitigen Irrtumswahrscheinlichkeit von unter 1/5/10%.

() Voraussetzung für Chi-Quadrat-Anpassungstest, dass nur in maximal 20% der Felder erwartete Häufigkeiten von <5 auftreten dürfen, ist nicht erfüllt.

-- Auf Grund Nichtbelegung von Feldern ist die Durchführung des Chi-Quadrat-Tests nicht möglich.

Trotz der eher großen Zustimmung für die Dividendenkontinuität scheinen die Unternehmen jedoch nicht bereit zu sein, diese um jeden Preis aufrechtzuerhalten. So lehnen sie im Mittel ab, zur Durchführung profitabler Investitionen externes Kapital aufzunehmen, anstatt die Dividende zu kürzen (A30). Interessant ist hierbei ebenfalls die Unterscheidung in Dividenden zahlende Unternehmen und Nichtzahler. Während die Dividenden zahlenden Unternehmen hier nur leichte Ablehnung ausdrücken (Mittelwert 2,82, RATIO 0,77), lehnen es die Nichtzahler strikt ab, externe Mittel aufzunehmen, anstatt die Dividende zu kürzen (Mittelwert 1,86 ohne eine einzige Zustimmung zur Aussage). Die Dividendenkontinuität besitzt somit für Dividenden zahlende Unternehmen auch unter Einbezug externer Finanzierungsmaßnahmen erwartungsgemäß einen höheren Stellenwert.

Konfrontiert man die Unternehmen mit den Konsequenzen einer hohen bzw. niedrigen Ausschüttungsquote, zeigt sich, dass kleinere Unternehmen – gemessen am Median der Bilanzsumme – eher angeben, eine höhere Ausschüttungsquote zu wählen und auch, wenn nötig, die Dividende zu kürzen (A41: Mittelwert 3,45, RATIO 3,0). Große Unternehmen hingegen beantworten diese Frage mit einer Präferenz für eher niedrige Ausschüttungsquoten und werten damit die Dividendenkontinuität höher. Wird die Ausschüttungsquote mit der Notwendigkeit einer externen Finanzierung verbunden, ändert sich das Bild bei den kleinen Unternehmen stark zu Gunsten einer niedrigen Ausschüttungsquote. Es ist daher zu vermuten, dass für kleinere Unternehmen zwar die Reduzierung von potenziellen Interessenkonflikten, unter anderem auf Grund höherer Informationsasymmetrien, bei Ausschüttungsentscheidungen eine hohe Bedeutung besitzt, jedoch die induzierten (*Agency*-)Kosten von externen Finanzierungsmaßnahmen[816] bzw. das Widerstreben, sich der Kontrolle durch den Kapitalmarkt auszusetzen, eine größere Rolle spielen. Knapp 60 Prozent der befragten Unternehmen der Teilstichprobe NBILSUM lehnen es ab, eine eher höhere Ausschüttungsquote zu wählen und, wenn nötig, externes Kapital zu beschaffen. Hingegen stimmen fast 57 Prozent zu, eine eher höhere Ausschüttungsquote zu wählen und, wenn nötig, die Dividende zu kürzen.

[816] Da sie finanziell tendenziell schlechter gestellt sind als größere Unternehmen.

Tabelle 17: Antworten zur Dividendenkontinuität nach Unternehmensgröße

	Einordnung (in Prozent) 5	4	3	2	1		Mittelwert	RATIO
Wir wählen eher eine höhere Ausschüttungsquote ...						Wir schütten eher einen niedrigen Teil des Gewinns aus ...		
A41 und würden auch, wenn nötig, die Dividende kürzen.						um möglichst eine stete Steigerung/Konstanz der Dividende zu erreichen.		
HBILSUM	8,1	21,6	18,9	35,1	16,2		2,70	0,58
NBILSUM	18,9	37,8	24,3	10,8	8,1		3,45	3,00
A42 und würden auch, wenn nötig, externes Kapital beschaffen.						um möglichst externe Finanzierungsmaßnahmen zu vermeiden.		
HBILSUM	0,0	27,0	21,6	27,0	24,3		2,51	0,53
NBILSUM	10,8	21,6	8,1	18,9	40,5		2,43	0,55

Die vorangegangenen Betrachtungen haben gezeigt, dass die Befragten zwar bei den Aussagen zur Wertrelevanz von Dividenden und zum Dividendenfestsetzungsprozess sowie dem historischen Dividendenmuster meist Konsens zeigen, die Meinungen über die dahinter liegenden Motive und Erklärungsansätze wie *Agency* und *Signaling* jedoch oftmals auseinander gehen. Unterteilt man die Dividenden zahlenden Unternehmen in solche mit profitablen Wachstumsmöglichkeiten und damit einem hohen Investitionspotenzial (gemessen an Tobins Q-Maß > 1) und solche mit eher niedrigem Investitionspotenzial (Tobins Q-Maß < 1), ist festzustellen, dass Dividenden zahlende Unternehmen mit einem Q-Maß > 1 eher der Meinung sind, dass regelmäßige Ausschüttungen eine Kontroll- und Disziplinierungsfunktion beinhalten (A33: Mittelwert 3,56, RATIO 5,25), und dies, obwohl anzunehmen wäre, dass solche Unternehmen die Mittel eher benötigen sollten, um ihre profitablen Investitionen durchzuführen. Dass diese Gruppe trotzdem Dividenden zahlt, ist potenziell auch im höchsten mittleren freien Cashflow der betrachteten Untergruppen begründet[817] sowie in der Tatsache, dass diese Unternehmen über ausreichende Mittel verfügen, um die Investitionen zu decken.[818] Der Mittelwert des Quotienten Cashflow zu Investitionen[819] beträgt für diese Teilstichprobe 2,23, das heißt, sämtliche Investitionen kön-

817 Der durchschnittliche freie Cashflow beträgt für die Untergruppe DIV/HTOBQ 388,8 Mio. Euro, für NDIV/HTOBQ 12,4 Mio. Euro und für DIV/NTOBQ 176,1 Mio. Euro.

818 Auch ist anzunehmen, dass es Unternehmen, die weder Mittelknappheit verspüren noch niedriges Investitionspotenzial aufweisen, leichter fällt, diesem aus Aktionärssicht eher positiven Aspekt von Dividenden zuzustimmen.

819 Auf Grund möglicher Verzerrungen wurden Banken und Versicherungen ausgeschlossen.

nen komfortabel aus dem operativen Cashflow finanziert werden. Die Dividende scheint somit in keinem großen Mittelkonflikt mit den geplanten Investitionen zu stehen, welche auch keinen hohen Einfluss auf die Dividende zugesprochen bekommen (D10: Mittelwert 3,06). So ist auch nicht überraschend, dass diese Unternehmen fast einstimmig der Meinung sind, dass eine Dividendenerhöhung ein Zeichen für eine gute Entwicklung ist (A26). Das Motiv des Signalisierens von profitablen Wachstumsmöglichkeiten steht somit für diese Unternehmen im Vordergrund.

Auf den ersten Blick überraschend ist das Ergebnis, dass Dividenden zahlende Unternehmen mit einem niedrigen Tobins Q-Maß eher der Meinung sind als die Teilstichprobe mit einem Tobins Q-Maß > 1, dass geringere Ausschüttungen die Durchführung von Investitionen erleichtern (A29), würde man doch annehmen, dass die Unternehmen mit guten Investitionsmöglichkeiten die Mittel eher benötigten. Hier ist zu vermuten, dass die Unternehmen mit einem Tobins Q-Maß > 1 durch ihre guten Investitionsaussichten wenig Konfliktpotenzial bezüglich der Mittelverwendung aufweisen bzw. guten Zugang zu externen Finanzierungsmitteln haben und außerdem, wie oben angeführt, keine großen Cashflow-Beschränkungen spüren. Unternehmen mit schlechteren Investitionsmöglichkeiten hingegen büßen durch die als sehr verbindlich angesehene Zahlung einer Dividende doch finanzielle Flexibilität ein und können eine Mittelaufnahme schlechter gegenüber den Kapitalgebern argumentieren. Mit einem Wert der Kennzahl Cashflow zu Investitionen von 0,77 scheint es in der Tat so zu sein, dass diese Unternehmen eher über eine Mittelknappheit verfügen.

Interessant ist auch der Vergleich von Dividenden zahlenden Unternehmen mit einem Tobins Q-Maß < 1 und Nichtzahlern mit einem Tobins Q-Maß > 1. Theoriegemäß ist zu erwarten, dass letztere Unternehmen einen hohen Anreiz haben, keine Dividenden zu zahlen, weil sie bessere Verwendungsmöglichkeiten für die knappen Mittel haben, ausgedrückt durch einen niedrigen freien Cashflow. Dividenden zahlende Unternehmen mit schlechteren Investitionsmöglichkeiten sollten hingegen den Flexibilität einbüßenden Charakter von Ausschüttungen tendenziell hoch einschätzen, da das Konfliktpotenzial auf Grund der schlechteren Investitionsmöglichkeiten tendenziell hoch und der Zugang zu externem Kapital erschwert ist. Diese Zusammenhänge werden in der Tendenz bestätigt. Nichtzahler mit einem Tobins Q-Maß > 1 weisen den niedrigeren freien Cashflow auf[820] und bewerten den Einfluss der Liquiditätsplanung und geplanten Investitionen auf die Dividendenentscheidung deutlich höher (D10: Mittelwert 4,25 ohne eine einzige Antwort hinsichtlich geringem Einfluss). Dividenden zahlende Unternehmen mit schlechteren Investitionsmöglichkeiten

820 Vgl. Fußnote 819.

sind übereinstimmend der Meinung, dass geringere Ausschüttungen die Durchführung von Investitionen erleichtern (A29: Mittelwert 4,36 ohne eine einzige Ablehnung zur Aussage).[821]

821 Zwar stimmen auch die Nichtzahler mit guten Investitionsaussichten dieser Aussage stark zu. In diesem Fall ist jedoch davon auszugehen, dass die Mittel profitabel eingesetzt werden. Überraschend ist also die sogar höhere Zustimmung der Dividendenzahler mit schlechten Investitionsmöglichkeiten.

Tabelle 18: Vergleich DIV/NDIV nach Investitionspotenzial

Aussage/Einflussfaktor			Zustimmungsgrad/Einfluss (in Prozent)									
			Stimme zu/Groß		Indifferent/ Mittel	Stimme nicht zu/Gering			Mittel-			
			5	4	3	2	1	n	wert	σ	RATIO	t-Wert
Hohes Investitionspotenzial (HTOBQ)												
A26	Eine Dividendenerhöhung bzw. -aufnahme ist ein Zeichen dafür, dass wir uns gut entwickeln.	DIV	29,4	67,6	0,0	2,9	0,0	34	4,24	0,61	33,00	11,89 ***
		NDIV	11,8	82,4	0,0	0,0	5,9	17	3,94	0,83	16,00	4,69 ***
A29	Geringere Ausschüttungen erleichtern die Durchführung von Investitionen.	DIV	11,8	44,1	23,5	14,7	5,9	34	3,41	1,08	2,71	2,23 **
		NDIV	29,4	47,1	23,5	0,0	0,0	17	4,06	0,75	n.a.	5,84 ***
A33	Regelmäßige Ausschüttungen haben eine Kontrollfunktion und den Vorteil der Disziplinierung, diese Zahlungen zu leisten.	DIV	8,8	52,9	26,5	8,8	2,9	34	3,56	0,89	5,25	3,64 ***
		NDIV	5,9	52,9	23,5	5,9	11,8	17	3,35	1,12	3,33	1,31
D10	Liquiditätsplanung/geplante Investitionen	DIV	9,4	28,1	28,1	28,1	6,3	32	3,06	1,11	1,09	0,32
		NDIV	43,8	37,5	18,8	0,0	0,0	16	4,25	0,78	n.a.	6,46 ***
Niedriges Investitionspotenzial (NTOBQ)												
A26	Eine Dividendenerhöhung bzw. -aufnahme ist ein Zeichen dafür, dass wir uns gut entwickeln.	DIV	21,4	57,1	7,1	14,3	0,0	14	3,86	0,95	5,50	3,38 ***
		NDIV	33,3	50,0	5,6	5,6	5,6	18	4,00	1,09	7,50	3,91 ***
A29	Geringere Ausschüttungen erleichtern die Durchführung von Investitionen.	DIV	50,0	35,7	14,3	0,0	0,0	14	4,36	0,75	n.a.	6,82 ***
		NDIV	22,2	66,7	5,6	5,6	0,0	18	4,06	0,73	16,00	6,17 ***
A33	Regelmäßige Ausschüttungen haben eine Kontrollfunktion und den Vorteil der Disziplinierung, diese Zahlungen zu leisten.	DIV	14,3	35,7	7,1	21,4	21,4	14	3,00	1,47	1,17	0,00
		NDIV	11,1	27,8	27,8	27,8	5,6	18	3,11	1,13	1,17	0,42
D10	Liquiditätsplanung/geplante Investitionen	DIV	14,3	21,4	50,0	7,1	7,1	14	3,29	1,07	2,50	1,00
		NDIV	29,4	47,1	17,6	5,9	0,0	17	4,00	0,87	13,00	4,76 ***

***/**/*: Mittelwerte sind mit einer zweiseitigen Irrtumswahrscheinlichkeit von unter 1/5/10% signifikant von Drei verschieden.

Die Untersuchungsergebnisse zeigen, dass insbesondere große, Dividenden zahlende Unternehmen möglichst kontinuierliche Dividenden zahlen, um einerseits Signale über die zukünftige Entwicklung zu senden. Andererseits ist aber auch festzustellen, dass diese Unternehmen Dividenden deshalb zahlen, weil dieses Verhalten vom Markt verlangt wird. So vertreten sie die starke Meinung, dass Investoren eine regelmäßige Dividende erwarten. Wie in Kapitel 2 gezeigt hinken jedoch deutsche Unternehmen im internationalen Vergleich bei Ausschüttungsquote und Dividendenrendite hinterher. Das Dividendenniveau vieler deutscher Unternehmen legt den Schluss nahe, dass sie ein eher niedriges Ausschüttungsniveau zu präferieren scheinen, um einerseits Dividendenkontinuität erreichen zu können und andererseits, um eine möglichst hohe finanzielle und operative (investive) Flexibilität zu haben sowie um tendenziell zu vermeiden, in die Notwendigkeit einer externen Finanzierung zu geraten.

Kleine Nichtzahler hingegen bewerten die Dividendenkontinuität deutlich niedriger. Insbesondere ist das Widerstreben, sich aus Gründen der Ausschüttungspolitik extern finanzieren zu müssen, zu erkennen. Hier ist zu vermuten, dass für kleinere Unternehmen externe Finanzierungsmaßnahmen eine deutlich größere Hürde darstellen, da sie finanziell tendenziell schlechter gestellt sind als größere Unternehmen und daher die finanzielle Flexibilität und Kapitalmarktunabhängigkeit höher einschätzen. Andererseits würden diese Unternehmen eher eine höhere Ausschüttungsquote wählen, auch wenn sie deswegen öfter die Dividende kürzen müssten. Dieses Ergebnis lässt darauf schließen, dass für kleinere Unternehmen und insbesondere solche, die noch keine Erfahrungen mit Dividenden im Kapitalmarkt gesammelt haben, die Reduzierung von potenziellen Interessenkonflikten, auch auf Grund höherer Informationsasymmetrien, bei Ausschüttungsentscheidungen eine höhere Bedeutung besitzt als eine Ausschüttungspolitik im Sinne des *Signaling* bzw. möglichst kontinuierlicher Dividenden.

Die Diskussion dieser Ergebnisse zeigt jedoch die Problematik, die auf Grund einer eher konservativen Ausschüttungspolitik, das heißt keine Ausschüttungen bzw. möglichst kontinuierliche Dividenden auf eher niedrigem Niveau, entstehen kann. Gerade die in der Empirie als sehr relevant eingestuften agencytheoretischen Zusammenhänge sowie die verhaltenswissenschaftlichen Aspekte des Risikoverhaltens der Kapitalmarktteilnehmer wie Verlustaversion werden durch eine eher wenig verpflichtende und hohe Flexibilität gewährleistende Ausschüttungspolitik nicht ausreichend adressiert. Die Unternehmen stimmen zu, dass insbesondere private Investoren über eine hohe und gestiegene Verlustaversion verfügen, weisen jedoch eine historisch niedrige Dividendenrendite und geringe Ausschüttungsquoten auf, die auch im internationalen Vergleich zurückbleiben. Dem gestiegenen Sicherheitsbedürfnis der Investoren wird damit nicht entsprochen. Unternehmen, die ihre Investitionen rein aus dem Cashflow finanzieren können, lassen eine Überschussliquidität vermuten. Niedrige Ausschüttungsquoten und ein hohes Maß an Selbstfinanzierung stellen kein ausreichendes Bekenntnis dar, diese Problematik zu lindern. Vor diesem Hintergrund ist nicht verwunderlich, dass in der Empirie die Signalwirkung von Dividenden nicht abschließend nachgewiesen werden konnte, scheinen Dividenden doch häufig kein Niveau zu erreichen, das einen ausreichenden Informationsgehalt und damit hohe Glaubwürdigkeit aufweist. Das Ausschüttungsniveau vieler Unternehmen ist dazu zu gering und die Ausschüttungen zu wenig substanziell.

Damit stellt sich die Frage, warum die Unternehmen das Ausschüttungsniveau nicht erhöhen, zumal die Verschiebung der Aktionärsstrukturen dafür sorgt, dass höhere Ausschüttungen nachgefragt und positiv bewertet werden sollten. Es lassen sich zwei alternative Erklärungen für diese Verhaltensweise angeben:

(1) Die Unternehmen sehen den Trend in der Aktionärsstruktur und die sich verändernden Ausschüttungspräferenzen (noch) nicht bzw. wenn sie dies tun, glauben sie nicht an einen positiven Werteffekt, wenn sie diesen Präferenzen nachkommen oder entsprechen. Diese These lässt sich jedoch aus dem Antwortverhalten nicht belegen, wonach die Unternehmen bei den in diesem Kontext formulierten Aussagen deutliche Zustimmung zeigen.[822]

(2) Die Unternehmen sind nicht bereit, in ihrer Ausschüttungspolitik diesen Trends zu folgen und damit Flexibilität einzubüßen und sich einer stärkeren Kapitalmarktkontrolle auszusetzen. Diese These lässt sich aus dem Antwortverhalten ableiten, wie nachfolgend gezeigt werden soll.

Zwar stimmen die Unternehmen der Kontroll- und Disziplinierungsfunktion von (regelmäßigen) Ausschüttungen zu (A33) und sind auch der Meinung, dass Dividenden Unsicherheit reduzieren (A36) und ein hohes Maß an Verpflichtung gegenüber den Aktionären darstellen (A02), jedoch scheinen sie nicht bereit, eine durch Ausschüttungen induzierte Kapitalmarktkontrolle bei Mittelaufnahme am Kapitalmarkt selbst herbeizuführen; insbesondere die kleineren Nichtzahler weisen eine hohe Aversion gegenüber der externen Mittelaufnahme auf. Dies lässt weiter auf die mangelnde Bereitschaft schließen, sich der Kapitalmarktkontrolle stärker aktiv auszusetzen und Flexibilität einzubüßen. Auch das niedrige Ausschüttungsniveau deutscher Aktienge-

---

822 Exemplarisch seien hier die Verschiebung der Aktionärsstrukturen (A04), die Präferenz privater und institutioneller Anleger für eine regelmäßige Dividende (A16) und die gestiegene Verlustaversion privater Anleger (A24) genannt. Des Weiteren stimmen die Unternehmen der Wertrelevanz von Ausschüttungen zu (A38) und geben an, sich an den Präferenzen ihrer Investoren zu orientieren (A13).

sellschaften lässt schlussfolgern, dass die Entscheidung in der Abwägung zwischen Nachkommen der veränderten Rahmenbedingungen und Investorenpräferenzen durch höhere Ausschüttungen auf der einen Seite und höhere Flexibilität und Unabhängigkeit durch niedrige Ausschüttungen auf der anderen Seite bislang in der Regel zu Gunsten letzterem fällt. Die Unternehmen scheinen keinen ‚unangenehmen' Druck bzw. Sanktionen seitens der Aktionäre zu verspüren, der sie dazu veranlassen könnte, das Ausschüttungsniveau signifikant zu erhöhen bzw. die Dividendenzahlung überhaupt aufzunehmen. Diese Aussage wird auch vom Ergebnis zur Möglichkeit der Einflussnahme der Aktionäre unterstützt, wonach insbesondere die Dividendenzahler die Gewinnverwendungskompetenz der Hauptversammlung als sehr eingeschränkt sehen.[823] Nichtzahler wiederum scheinen keinen ‚unangenehmen' Druck zu verspüren, der sie dazu veranlassen könnte, Dividendenzahlungen überhaupt aufzunehmen. Insbesondere die Nichtzahler genießen so weiter die hohe Flexibilität, die mit der Nichtzahlung verbunden ist, sowie die Möglichkeit, sich der Kontrolle durch den Kapitalmarkt zu entziehen. Sie lehnen somit (in eigenem Interesse) ab, dass Aktionäre ein Ausschüttungsniveau präferieren, das zu häufigeren externen Finanzierungsmaßnahmen führt (A27), und bewerten eine hohe finanzielle und investive Flexibilität als sehr positiv (A29). Die Präferenz der Nichtzahler für hohe Flexibilität und Unabhängigkeit bzw. der Zahler für Dividendenkontinuität resultiert im beobachteten Ausschüttungsverhalten.

Auch unter verhaltenswissenschaftlichen Aspekten bekräftigen die Unternehmen die grundlegende These der Kontroll- und Informationsfunktion von Dividenden. Des Weiteren bestätigen die Unternehmen, dass die Verlustaversion der Anleger gestiegen ist, wonach Aktionäre mehr denn je eine regelmäßige und substanzielle Dividende verlangen, welche dazu beiträgt, die Unsicherheit und auch ihre Ambiguität zu verringern. Es gilt jedoch auch hier die Feststellung, dass die Unternehmen nicht bereit scheinen, diesen Investorenpräferenzen entscheidend entgegenzukommen.

Das Antwortverhalten der befragten Unternehmen unterstützt des Weiteren die Aussage, dass der Trend sich verändernder Aktionärsstrukturen der vergangenen Jahre in Zukunft anhalten wird und private Aktionäre und institutionelle Investoren weiter an Bedeutung gewinnen werden. Diese Tendenz wird umso erheblicher, als auch die Eigenkapitalfinanzierung in Zukunft wie erwartet als wichtiger angesehen wird (A05). Der Verschiebung der Aktionärsstrukturen, der erklärten hohen Bedeutung der Zugehörigkeit zu einem Aktienindex sowie der Notwendigkeit, in Zukunft verstärkt Eigenkapital aufzunehmen, müssen Unternehmen in ihrer Aktionärspolitik Rechnung tragen. Unternehmen sollten sich daher an den Präferenzen der Aktionäre im Streu-

---

823 Vgl. Aussage A40 in Tabelle 8.

besitz, auch als potenzielle Kapitalgeber, ausrichten. Die befragten Unternehmen stimmen tendenziell zu, dass Dividenden für Verbindlichkeit, Transparenz und Verpflichtung gegenüber Aktionären stehen. Des Weiteren sind sie mehrheitlich der Meinung, dass private und institutionelle Investoren eine regelmäßige Dividende erwarten und regelmäßige Ausschüttungen eine Kontroll- und Disziplinierungsfunktion besitzen. Auch stimmen sie zu, dass insbesondere private Kleinanleger in den letzten Jahren verlustaverser geworden sind und Dividenden – im Gegensatz zur Einbehaltung von Gewinnen – die Unsicherheit unter den Investoren reduzieren. Diese Ergebnisse bekräftigen die in Kapitel 3 und 4 entwickelte Hypothese, dass die Ausschüttungspolitik deutscher Aktiengesellschaften substanzieller und stärker verpflichtend werden sollte. Im Zweifel sollten also höhere Ausschüttungen und höhere Ausschüttungsquoten gewählt werden, da die an Bedeutung gewinnenden Aktionärsgruppen der privaten und institutionellen Investoren tendenziell schlechter informiert und kontrollschwächer sind. Dadurch lassen sich die als sehr relevant eingestuften agencytheoretischen Aspekte wie Verschärfung von Interessenkonflikten und Kontrollwirkung von Dividenden sowie die verhaltenswissenschaftlichen Aspekte wie gesunkenes Vertrauen und gestiegene Verlustaversion effektiv adressieren. Die vergleichsweise geringen Ausschüttungsquoten und das dadurch hohe Maß an Selbstfinanzierung lassen annehmen, dass deutsche Unternehmen die Kontroll- und Disziplinierungsfunktion von Dividenden und Kapitalmarkt nicht ausreichend in Anspruch nehmen.

7 Zusammenfassung und Fazit

Die vorliegende Arbeit verfolgte das Ziel, die strategische Bedeutung der Ausschüttungs- und insbesondere der Dividendenpolitik herauszuarbeiten und Ansatzpunkte für die Ausgestaltung der Ausschüttungspolitik zu entwickeln. Neben der Dividende wurde dabei auch auf die Ausschüttungsform des Aktienrückkaufs eingegangen. Unternehmen sehen sich in der Ausschüttungspolitik mit einer Vielzahl an Theorien und Erklärungsansätzen konfrontiert. Um den Entscheidungsprozess deutscher Aktiengesellschaften zu unterstützen, wurde eine Relevanzabschätzung der verschiedenen Theorien vorgenommen unter Einbezug der Investorenstruktur deutscher Aktiengesellschaften und aktueller Trends am Kapitalmarkt sowie weiterer mit der Ausschüttungspolitik verbundener Aspekte.

Dividenden sind in den letzten Jahren wieder verstärkt in das Anlegerinteresse gerückt. Dafür sorgte unter anderem die langjährige Phase rückläufiger Kurse an der Börse, die im Bewusstsein der Anleger Spuren hinterlassen hat und in einem angeschlagenen Vertrauen resultierte. Diesem sowie dem gestiegenen Sicherheitsbestreben der Anleger müssen Unternehmen auch in ihrer Ausschüttungspolitik Rechnung tragen. Doch besteht hier noch Handlungsbedarf. Die aktuellen Trends in der Ausschüttungspolitik lassen eine solche Ausrichtung nicht erkennen. Insbesondere die weiterhin praktizierte Dividendenkontinuität auf (zu) niedrigem Niveau stößt auf zunehmende Kritik. Auch im internationalen Vergleich schütten deutsche Aktiengesellschaften unterdurchschnittlich aus. Die Unternehmen lassen kein Umdenken erkennen; vielmehr geben sie weiterhin den Anschein, die Flexibilität und Unabhängigkeit, die sich aus einer hohen Gewinneinbehaltung ergeben, stark zu schätzen.

Aktionäre stellen die Empfänger von Ausschüttungen dar und bewerten diese am Maßstab ihres individuellen Optimierungskalküls. Unvollkommenheiten des Kapitalmarktes wie asymmetrische Informationen, potenzielle Interessenkonflikte und begrenzt rationale Investoren führen dazu, dass verschiedene Ausschüttungsstrategien unterschiedlich bewertet werden. Andere Bedürfnisse sowie begrenzte Informations- und Kontrollmöglichkeiten von verschiedenen Investorentypen können dazu führen, dass bezüglich der optimalen Ausschüttungspolitik unterschiedliche Präferenzen bestehen. Beeinflussen diese Einflussfaktoren die Nachfrage nach Aktien und Bewertung von Unternehmensanteilen, ist eine Wertrelevanz gegeben, und die Ausschüttungspolitik muss unter Berücksichtigung der jeweiligen Investorenstruktur untersucht werden.

Die Investorenstruktur in Deutschland hat sich in den letzten Jahren deutlich verschoben, wobei der Trend weiterhin besteht. Das Gewicht der Unternehmen und

Banken als Anteilseigner wird weiter sinken, während private sowie institutionelle Investoren aus dem In- und Ausland stärker an Bedeutung gewinnen. Um die Konsequenzen dieses Strukturwandels für die Ausschüttungspolitik deutscher Aktiengesellschaften abzuleiten, wurden die verschiedenen Investorengruppen hinsichtlich ihrer Eigenschaften und Ausschüttungspräferenzen untersucht.

- **Unternehmen und Banken:** Deutschland galt bis vor kurzem als typischer Fall einer koordinierten Ökonomie, die sich dadurch auszeichnet, dass Unternehmen ihre Beziehungen nicht über Märkte organisieren, die Finanzierung auf Langfristigkeit angelegt ist und die Unternehmen keiner aktiven Kapitalmarktkontrolle unterliegen. Der hohe Verflechtungsgrad der Deutschland AG fand seinen Ausdruck unter anderem in der gegenseitigen Besetzung von Aufsichtsratsmandaten. So waren nicht nur Aktienrendite und Ausschüttungen Kriterien für eine gute Entwicklung, sondern mitunter auch nicht-finanzielle Ziele wie die Kreditvergabe und gegenseitige Geschäftsbeziehungen. Über die Vertretung im Aufsichtsrat verfügten überdies Unternehmen und durch die Kreditgewährung insbesondere Banken über weitgehende Kontroll- und Informationsmöglichkeiten und -rechte. Hohen Ausschüttungen kam daher in der Regel keine große Bedeutung zu. Im Gegenteil: Die Unternehmen schätzten die hohe Unabhängigkeit vom Kapitalmarkt und die Flexibilität von einbehaltenen Gewinnen und damit niedrigen Ausschüttungen.

  Die deutschen Banken verfügten in der Vergangenheit über erheblichen Einfluss auf deutsche Unternehmen, und zwar in personeller Hinsicht über die Belegung von Aufsichtsratsmandaten, über hohe Beteiligungen sowie durch die hohe Abhängigkeit der Unternehmen von der Kreditfinanzierung. Ausschüttungen als Monitoring-Instrument sind für Banken als Anteilseigner nicht von sehr hoher Bedeutung, da die Kontrolle des Managements über andere Mechanismen wie Kreditverträge und Aufsichtsratsmandate effektiv gewährleistet werden kann. In ihrer Funktion als Kreditgeber verfolgt die Bank zudem das primäre Ziel der reibungslosen Kreditrückzahlung. Zwischen Banken und Eigenkapitalgebern können Interessenkonflikte entstehen, wenn zum Beispiel Entscheidungen zur Erhöhung des Marktwertes von Eigenkapitaltiteln führen, jedoch das Ausfallrisiko des Fremdkapitals erhöhen. Die Maximierung von *Bondholder Value* spricht eher gegen Ausschüttungen, da diese *ceteris paribus* die Wahrscheinlichkeit von Kreditausfällen erhöhen.

- **Institutionelle Investoren:** Die Bedeutung institutioneller Investoren in Deutschland nimmt zu, bleibt aber weiterhin im internationalen Vergleich noch unterdurchschnittlich. Nichtsdestotrotz ist ein steigender Investoren-Aktivismus zu beobachten. Institutionelle Investoren versuchen demnach verstärkt aktiv in die Kontrollstrukturen der Unternehmen einzugreifen, da auch sie gegenüber Unternehmen und Banken als Anteilseigner in der Regel mit schlechteren Informations- und Kontrollrechten ausgestattet sind. Neben verbesserten rechtlichen Rahmenbedingungen wie *Corporate Governance* spielt auch die stark steigende Popularität passiv orientierter Anlageformen wie Index-Fonds dabei eine große Rolle. Bei dieser Anlageform ist es für institutionelle Investoren nicht möglich, bei Unzufriedenheit über die Performance oder Geschäftspolitik ihre Anteile einfach zu verkaufen, weshalb lediglich die Möglichkeit bleibt, aktiv auf die Unternehmensführung einzuwirken. Auch in Ausschüttungsfragen engagieren sich institutionelle Investoren zunehmend. Dieses Verhalten lässt darauf schließen, dass auch institutionelle Investoren Ausschüttungen explizit als Kontroll- und Informationsinstrument, aber auch als Kriterium in Anlageentscheidungen nutzen.

- **Privatanleger:** Private Kapitalanleger unterscheiden sich aus verhaltenswissenschaftlicher Perspektive sehr stark von anderen Investorengruppen, da sie unter anderem tendenziell schlechter informiert sind und weniger Kontrollrechte und -möglichkeiten besitzen, aber auch kognitive und emotionale Unzulänglichkeiten aufweisen, das heißt, sich im Zweifel nicht als *Homo oeconomicus* verhalten. Zudem resultierten die Entwicklung an den Aktienmärkten in den letzten Jahren und die meist negativen Erfahrungen in einem stark gesunkenen Vertrauen privater Anleger. Es lässt sich zeigen, dass das subjektive Risikoempfinden privater Anleger als eine zentrale Determinante des Risikoverhaltens mit den Komponenten Verlustaversion und subjektiv wahrgenommene Volatilität und Ambiguität im aktuellen Umfeld eine hohe Relevanz besitzt und sehr ausgeprägt ist. Ausschüttungen und insbesondere Dividenden können dazu beitragen, das subjektive Risikoempfinden zu reduzieren und die Aktie als Anlageinstrument attraktiver zu machen. Auch so genannte Urteilsheuristiken wie zum Beispiel das *Mental Accounting* spielen im Rahmen der Ausschüttungspolitik eine große Rolle. So haben private Investoren eine Präferenz für Barausschüttungen gegenüber Kursgewinnen. Des Weiteren lässt sich zeigen, dass das Informationsverhalten privater Anleger stark durch den begrenzten Zugang zu (als glaubwürdig erachteten) Informationen sowie die limitierte kognitive Fähigkeit, Informationen insbesondere komplexer Art zu verarbeiten, geprägt ist. Ausschüttungen und insbesondere Dividenden haben für diese Investorengruppe großen Wert als Informationsträger und Kontrollmechanismus.

Der Kapitalmarkt übt durch die strukturellen Veränderungen einen stark steigenden Druck auf die Unternehmen aus, sich an den Interessen des Aktienmarktes zu orientieren. Die Verschiebung der Investorenstruktur weg von Unternehmen und Banken hin zu institutionellen und privaten Investoren aus dem In- und Ausland muss von Unternehmen auch in ihrer Ausschüttungspolitik berücksichtigt werden. Letztere Klientele haben andere Ausschüttungspräferenzen. Hier sehen sich Unternehmen tendenziell schlechter informierten und kontrollschwächeren Investorengruppen gegenüber, die das Instrument der Ausschüttung explizit als Informationsträger und Kontrollmechanismus betrachten. Die verhaltenswissenschaftlichen Erkenntnisse über das Risiko- und Informationsverhalten insbesondere von privaten Anlegern haben im aktuellen Umfeld eine hohe Bedeutung sowie Implikationen für die Ausschüttungspolitik deutscher Aktiengesellschaften. So führt die hohe Verlust- und Ambiguitätsaversion dazu, dass Anleger verstärkt Anlageinstrumente mit Garantiefunktionen nachfragen. Eine substanzielle und möglichst stetige Ausschüttung in Form einer Dividende kann bis zu einem gewissen Maß als Absicherung dienen. Zwar ist davon auszugehen, dass institutionelle Investoren gegenüber Privatanlegern einen Kompetenzvorteil besitzen und keine vollständige Interessenidentität besteht, jedoch ist zu beobachten, dass auch diese Investorengruppe das Ausschüttungsverhalten von Unternehmen verstärkt kritisiert und Forderungen auch explizit ausspricht. So werden dividendenstarke Aktien immer stärker nachgefragt bzw. der Druck auf Unternehmen erhöht, Ausschüttungen zu steigern.

Der starke Trend zu passiven Anlagestrategien von Privatanlegern und Investmentfonds und damit die steigende Bedeutung von Aktienindizes und der Zugehörigkeit zu diesen haben zusätzliche Konsequenzen für die Aktionärs- und Ausschüttungspolitik von Unternehmen. Für die Indexzugehörigkeit ist der Marktwert des Streubesitzes, also private und institutionelle Anleger mit einem Anteil von weniger als 5 Prozent, maßgeblich. Eine verstärkte Ausrichtung an den Interessen und Bedürfnissen dieser Investorengruppen kann zum einen den Anteil des Streubesitzes erhöhen und zum anderen einen positiven Effekt auf den Aktienkurs haben.

Der internationale Vergleich lässt vermuten, dass in anderen Märkten, in denen private und institutionelle Anleger bereits länger eine größere Rolle spielen, die Ausschüttungspolitik stärker an diesen Anforderungen ausgerichtet ist. So liegt Deutschland bei Dividendenrendite und Ausschüttungsquoten in Europa am unteren Ende. Die zunehmende Internationalisierung der Finanzmärkte führt dazu, dass sich deutsche Unternehmen diesen Vergleichen verstärkt stellen müssen.

Die Relevanzabschätzung über den Erklärungsgehalt der verschiedenen Theorien zur Dividendenpolitik erfolgte unter Einbezug der empirischen Erkenntnisse hauptsächlich vom US-amerikanischen und deutschen Kapitalmarkt sowie unter Berücksichtigung der aktuellen Rahmenbedingungen und Trends in Deutschland. Die traditionellen Ansätze wie steuerliche Aspekte und Transaktionskosten sind nicht in der Lage, die von den Unternehmen praktizierte Ausschüttungspolitik zu erklären. Die *Agency*-Theorie weist hingegen einen großen Erklärungsgehalt zur Ausschüttungspolitik von Aktiengesellschaften auf. Auch verhaltensbasierte Überlegungen im Rahmen der *Behavioral Finance* scheinen insbesondere vor dem Hintergrund der aktuellen Kapitalmarktsituation in Deutschland stark an Bedeutung zu gewinnen. Die eingeschränkte Rationalität und die Präferenz für Barausschüttungen durch das *Mental Accounting* insbesondere von Privatanlegern sollten Unternehmen in ihren Ausschüttungsentscheidungen berücksichtigen.

Die Relevanz der *Signaling*-Theorie erscheint vor dem Hintergrund der empirischen Ergebnisse eher gering. Die von der *Signaling*-Theorie implizierten Zusammenhänge sind meist nicht nachzuweisen, insbesondere das Signalisieren zukünftiger Gewinne bzw. Cashflows erfuhr keine empirische Unterstützung. So geben Dividenden eher Auskunft über die vergangene und gegenwärtige Ertragslage. Der Versuch vieler Unternehmen, Dividenden zu glätten, führt zudem dazu, dass eine Abhängigkeit zwischen den Dividendenänderungen und zurückliegenden Dividendenentscheidungen und vergangenen Informationen entsteht, was keine Signalwirkung im Sinne der Theorie hervorzubringen vermag.

Auch die Beobachtung, dass deutsche Unternehmen im internationalen Vergleich nur unterdurchschnittlich und häufig nur einen geringen Teil überschüssiger Mittel ausschütten, lässt den Informationsgehalt der Ausschüttungen limitiert erscheinen. Durch das Prinzip der Dividendenkontinuität bzw. kontinuierlicher Erhöhung auf niedrigem Niveau reichen die oft geringen Dividendenänderungen nicht aus, um glaubwürdige Signale zu senden. Auch die im Vergleich zu den angelsächsischen Unternehmen flexiblere Dividendenpolitik deutscher Unternehmen, wobei die Dividende angesichts eines temporären Verlustes häufig gesenkt wird, um sie in den anschließenden Jahren wieder zu erhöhen, führt dazu, dass das Signal der Dividendensenkung nicht wie im Sinne der Signal-Theorie die zukünftige Gewinnentwicklung ausdrückt.

Während die *Agency*- ebenso wie die *Signaling*-Theorie versucht, Marktreaktionen durch Informationswirkungen zu erklären, wird jedoch von der Annahme der Verhaltenssicherheit abstrahiert und unterstellt, dass Manager nicht immer im Sinne der Aktionäre handeln, sondern vielmehr eigene Interessen verfolgen. Die Eigentümer können zudem das Verhalten der Manager meist nur begrenzt und oft nur unter erheblichem Aufwand beobachten und bewerten. Die *Agency*-Theorie schreibt Ausschüttungen daher eine Kontrollfunktion zu, die verhindert, dass Manager sich der Kontrollwirkung des Marktes entziehen und Mittel wertvernichtend investieren. Die entwickelten Kontrollhypothesen im Zusammenhang mit der Ausschüttungspolitik können empirisch gut bestätigt werden. Starke empirische Unterstützung findet die Kapitalmarktkontroll-Hypothese, wonach (höhere) Ausschüttungen die Wahrscheinlichkeit von externen Finanzierungsmaßnahmen erhöhen, wodurch Informationsasymmetrien abgebaut werden und Marktteilnehmer und Intermediäre als Kontrollinstanz fungieren.

Die Verschiebung in den Aktionärsstrukturen deutscher Unternehmen lässt darauf schließen, dass agencytheoretische Aspekte der Ausschüttungspolitik in Zukunft eine noch größere Rolle spielen werden. Die steigende Bedeutung von privaten und institutionellen Investoren spricht tendenziell für eine Verschärfung des Interessenkonfliktes zwischen Aktionären und Managern, da diese Aktionärsgruppen in der Regel schlechter informiert sind und nicht über vergleichbare Monitoring- und Kontrollinstrumente wie Unternehmen und Banken verfügen. Auch die in Zukunft höhere Bedeutung der Eigenkapitalfinanzierung in Deutschland wird dafür sorgen, dass die Verschuldung und damit die verpflichtende Wirkung von Fremdkapital tendenziell sinken werden. Aspekte limitierter Rationalität insbesondere von privaten Anlegern kommen hinzu. In Bezug auf die Ausschüttungspolitik bedeutet diese Entwicklung eine weniger flexible und substanziellere Ausschüttungspolitik, die sowohl die Probleme der Informationsasymmetrie als auch der eingeschränkten Einflussnahme vermindert.

Der Aktienrückkauf als alternative Ausschüttungsform wird auch in Deutschland seit 1998 verstärkt genutzt. Zwar wird in den bisherigen wenigen Untersuchungen am deutschen Markt die Informationswirkung von Aktienrückkäufen relativ hoch eingeschätzt, jedoch muss sich im Zeitablauf zeigen, ob die mit der *Signaling*-Theorie und insbesondere mit der Unterbewertungshypothese vereinbaren Überrenditen von Rückkaufankündigungen in Deutschland auch in Zukunft Bestand haben oder ob das Signal analog zu den USA an Glaubwürdigkeit verliert. Dort gewinnen zunehmend andere Motive an Bedeutung, die aus agencytheoretischen Überlegungen jedoch für Aktionäre per se weniger vorteilhaft sind. Unternehmen sollten sich der weniger positiven Wirkung solcher Signale und Motive bewusst sein. Mit zunehmender Entfremdung des Aktienrückkaufs besteht die Gefahr, dass Investoren dieser Ausschüttungsform vermehrt skeptisch gegenüberstehen. Diese Beurteilung gilt grundsätzlich auch für den deutschen Markt.

Des Weiteren stellt ein (potenzieller) Aktienrückkauf für das Management eine nicht zu unterschätzende ‚strategische' Option dar. Das hohe Maß an Handlungsspielraum hinsichtlich Timing, Erfüllungsgrad und Verwendungszweck birgt erhebliches Potenzial für Interessenkonflikte zwischen Aktionären und Management. Dieses Konfliktpotenzial in Verbindung mit der Präferenz von Privatanlegern, aber auch institutionellen

Investoren für (hohe) Barausschüttungen lässt die Vorteilhaftigkeit der Ausschüttungsform ‚Aktienrückkauf' gering erscheinen. Auch fehlt es Aktienrückkäufen gegenüber Dividenden an Verbindlichkeit, was man dadurch erkennen kann, dass der Großteil von Unternehmen nicht regelmäßig Aktien zurückkauft. Aktienrückkäufe werden in Deutschland nicht als kontinuierliches Ausschüttungsinstrument genutzt und stellen somit als solches keine echte Alternative zu Dividenden dar. Erst wenn Aktienrückkäufe Dividenden stärker substituieren und so volumenmäßig bedeutend werden sowie den Charakter von regelmäßigeren Ausschüttungen bekommen, ist eine Kontroll- und Monitoringfunktion zu erwarten.

Die Ergebnisse zeigen, das eindeutige Aussagen im Sinne der Theorie nicht immer gemacht werden können. Weisen die ausschüttenden Unternehmen im Durchschnitt Cashflows auf, die die geplanten Investitionen mehr als decken, und werden zusätzlich nur geringe Teile des Gewinns bzw. der freien Cashflows ausgeschüttet, das heißt nicht zum Liquiditätsabbau verwendet, ist nicht verwunderlich, dass sich die theoretischen Zusammenhänge schwer zeigen lassen. Dies bestärken auch die empirischen Ergebnisse zu Ausschüttungen von Aktiengesellschaften, dass keine Theorie und kein analytisches Modell alleinigen Anspruch auf den Erklärungsgehalt von Dividendenentscheidungen und beobachtbaren Ausschüttungen stellen können. Unter Berücksichtigung der Ergebnisse zur Bedeutung der verschiedenen Investorengruppen sowie deren Eigenschaften und Präferenzen in Bezug auf die Ausschüttungspolitik können jedoch in Verbindung mit den empirischen Ergebnissen zu den Dividendentheorien einige Haupthandlungsempfehlungen abgeleitet werden. So führt die hohe Relevanz der agencytheoretischen Aspekte in Verbindung mit der (zukünftig noch) stärkeren Bedeutung der Aktionärsgruppen im Streubesitz dazu, dass höhere Ausschüttungsquoten gewählt werden sollten. Die geringen Ausschüttungsquoten deutscher Unternehmen und das dadurch hohe Maß an Selbstfinanzierung lassen annehmen, dass deutsche Unternehmen die Kontroll- und Disziplinierungsfunktion des Kapitalmarktes nicht ausreichend in Anspruch nehmen.

Auch sollten Unternehmen das stark subjektiv geprägte Risikoverhalten insbesondere von privaten Anlegern stärker berücksichtigen. Die hohe Unsicherheit in Verbindung mit der gestiegenen Verlustaversion resultiert in einer starken Präferenz für Barausschüttungen. Unter dem Aspekt der begrenzten Rationalität macht somit eine möglichst stete und attraktive Verzinsung in Form einer Dividende die Aktie mit anderen Anlageformen vergleichbarer und attraktiv.

Langfristig erfolgreiche Unternehmen vermeiden die Aussendung falscher Signale. Unternehmen sollten daher nicht bei (temporären) Verlusten sofort die Dividende senken, um sie anschließend wieder zu erhöhen, da die an Bedeutung zunehmenden Aktionäre im Streubesitz dies als Verschärfung des *Agency*-Konfliktes interpretieren. Eine weniger flexible, stärker verpflichtende Ausschüttungspolitik wirkt reduzierend sowohl auf die Probleme der Informationsasymmetrie als auch der eingeschränkten Einflussnahme.

Abgesehen von nicht wiederkehrenden überschüssigen Mitteln sollte die Ausschüttungsform der Dividende Anwendung finden. Speziell die Substitution von Dividendenzahlungen durch Aktienrückkäufe ist kritisch zu sehen. Im Falle der Anwendung von Aktienrückkäufen ist darauf zu achten, dass die Flexibilität dieser Ausschüttungsform nicht zu Ungunsten der Aktionäre ausgenutzt wird, da ansonsten die Gefahr eines Glaubwürdigkeitsverlustes besteht.

Eine in diesem Sinne explizite Ausschüttungspolitik hat Auswirkungen auf das Investitionsprogramm und die Finanzierung, denn höhere Ausschüttungen gehen zu Lasten der Selbstfinanzierung und führen dazu, dass weniger interne Mittel zur Finanzierung von Investitionen zur Verfügung stehen. Dadurch erhöht sich die Wahrscheinlichkeit, externe Finanzierungsquellen zu nutzen. Treten dabei negative (Kurs-) Effekte auf, sollte der Nutzen höherer Ausschüttungen diese überkompensieren.

Kapitalerhöhungen führen in Deutschland im Gegensatz zum US-amerikanischen Kapitalmarkt nicht zu negativen (Kurs-)Effekten. Die Timing-Hypothese, wonach Kapitalerhöhungen bei Überbewertungen durchgeführt werden, lässt sich für den deutschen Markt nicht bestätigen. Zurückgeführt werden kann dies in erster Linie auf das Platzierungsverfahren mit Bezugsrechten, bei dem die Emission bei temporärer Überbewertung keine Vorteile für die bisherigen Aktionäre verspricht. Wenngleich generell von Informationsasymmetrien zwischen Management und Investoren auszugehen ist, scheinen diese in Deutschland nicht den Ausschlag zu Gunsten der modellgemäß erwarteten negativen Rendite zu geben. Im Gegenteil: Für deutsche Bezugsrechtsemissionen ist ein positiver Ankündigungseffekt zu verzeichnen. Dabei kommt einem anderen Informationseffekt, dem Ausschüttungseffekt von Bezugsrechtsemissionen, eine große Bedeutung zu: Kann eine konstante Dividendenpolitik unterstellt werden, interpretiert der Markt die Finanzierungsentscheidung und insbesondere die Ausgestaltung der Bezugskonditionen als Signal für die zukünftigen Unternehmenserträge: So bedingt bspw. ein niedriger Bezugskurs eine große Anzahl neuer Aktien, die nur bei guten Ertragsaussichten, also zukünftig höheren Gewinnen, mit einer konstanten Stückdividende bedient werden können. Für den deutschen Kapitalmarkt ist ein signifikanter Zusammenhang zwischen positiver Ankündigungsrendite und niedrigem relativem Bezugskurs, niedrigem Bezugsverhältnis sowie hohem rechnerischem Wert des Bezugsrechts festzustellen.

Auch die Emissionsfrequenz hat Einfluss auf die langfristige Wertentwicklung. Unternehmen, die wiederholt Kapitalerhöhungen durchführen, weisen eine langfristig positive Überrendite auf. Hier lässt sich ebenfalls ein Informationseffekt feststellen: Unternehmen mit regelmäßiger Kapitalmarktbeanspruchung befinden sich in einem steten Informationsaustausch mit den Marktteilnehmern und nutzen so die stetige Beurteilung der Performance und der eigenen Pläne durch den Kapitalmarkt. Dies führt dazu, dass Informationsasymmetrien und *Agency*-Kosten abgebaut und die Transparenz erhöht werden. Unternehmen können so die Möglichkeit nutzen, Reputation bei den Marktteilnehmern zu erlangen. Dagegen entziehen sich Unternehmen, die es vermeiden, externe Finanzierungsquellen in Anspruch zu nehmen, der Disziplinierungsfunktion des Kapitalmarktes.

Unternehmen schätzen jedoch im Allgemeinen die Flexibilität, bei der Durchführung von Investitionsprojekten nicht auf die Zustimmung externer Kapitalgeber angewiesen zu sein und scheinen ihre Ausschüttungspolitik mitunter an dem gewünschten Maß an Flexibilität auszurichten. Dividenden schränken Manager in ihrer Handlungsfreiheit ein, da in der Regel Dividendenkürzungen negative Reaktionen hervorrufen und daher vermieden werden. Auf Grund des hohen Verbindlichkeitsgrads von Dividenden werden häufig Aktienrückkäufe als Ausschüttungsform bevorzugt. Hohe Barbestände lassen ebenso vermuten, dass Manager die hohe Verfügbarkeit dieser Mittel schätzen und sogar potenziell negative Effekte wie *Agency*-Kosten in Kauf nehmen.

Die potenziellen Probleme hoher Flexibilität scheinen in Deutschland nicht zu vernachlässigen zu sein. Dafür sprechen die im internationalen Vergleich niedrigen Ausschüttungsquoten deutscher Unternehmen und hohen Barbestände. Auch hier zeigt sich das Widerstreben von Managern, einen regen Informationsfluss aufzubauen und sich der Bewertung durch den Kapitalmarkt auszusetzen. Eine Anhebung der Ausschüttungsquoten würde wiederum den Druck auf die Unternehmen erhöhen, das erwirtschaftete Kapital angemessen zu verzinsen. Denn bei externer Mittelaufnahme müssen die Unternehmen gegenüber den Kapitalgebern die Aufnahme und Verwendung der Mittel explizit begründen. Auch würde ein kontinuierlicher Austausch mit den Marktteilnehmern dazu beitragen, Reputation aufzubauen, was wiederum die Kapitalbeschaffung vereinfachen und verbilligen würde. Dieses Verhalten erhielte die Vorteile der Flexibilität, würde jedoch die Probleme reduzieren, die durch hohe freie Mittel und/oder zu niedrige Ausschüttungen entstehen.

Um die strategischen Aspekte der Ausschüttungspolitik zu prüfen und Hinweise auf die Relevanz von beobachteten Trends und aufgestellten Hypothesen zu erhalten, wurden deutsche Aktiengesellschaften zur Bedeutung und Motivation von Ausschüttungen befragt. Neben der theoretischen und ökonometrisch-statistischen Herangehensweise ist das Mittel der Befragung von Hauptentscheidungsträgern ein alternativer Weg, um die Einflussfaktoren in der Ausschüttungsentscheidung zu ermitteln. Die

Bedeutung dieser Studien liegt auch in der Fähigkeit herauszufinden, ob die Ansichten der Manager und deren Ausschüttungsentscheidungen konsistent mit den theoretischen Erkenntnissen sind. Eine quantitativ empirische Untersuchung historischer Daten lässt vor dem Hintergrund der sich ändernden Rahmenbedingungen am deutschen Kapitalmarkt sowie des aktuellen Bezugs und der strategischen Stoßrichtung der Arbeit keinen hohen Erkenntnisgewinn erwarten.

Von den befragten Unternehmen wird die Ausschüttungspolitik allgemein als wertrelevant angesehen. Auch stehen Investitions-, Finanzierungs- und Ausschüttungspolitik mit hoher Zustimmung in Abhängigkeit zueinander. Hinsichtlich der verschiedenen Erklärungsansätze zur Wertrelevanz von Ausschüttungen lässt sich Folgendes schließen:

- Die Aussagen zu den agencytheoretischen Aspekten weisen keine Zustimmung im Sinne der Agenten, das heißt der Aktionäre auf. Zwar stimmen die Unternehmen der Kontroll- und Disziplinierungsfunktion von (regelmäßigen) Ausschüttungen zu, jedoch scheinen sie nicht bereit, eine durch Ausschüttungen induzierte Kapitalmarktkontrolle bei Mittelaufnahme am Kapitalmarkt selbst herbeizuführen. Somit lehnen sie – womöglich auch in eigenem Interesse – ab, dass Aktionäre ein Ausschüttungsniveau präferieren, das zu häufigeren externen Finanzierungsmaßnahmen führt. Hingegen bewerten die Unternehmen eine hohe finanzielle und investive Flexibilität als sehr positiv. Dies lässt darauf schließen, dass die Unternehmen keinen ‚unangenehmen' Druck seitens der Aktionäre zu verspüren scheinen, der sie dazu veranlassen könnte, das Ausschüttungsniveau signifikant zu erhöhen bzw. die Dividendenzahlung überhaupt aufzunehmen. Insbesondere die Nichtzahler genießen so weiter die hohe Flexibilität, die mit der Nichtzahlung einhergeht, sowie die Möglichkeit, sich der Kontrolle durch den Kapitalmarkt zu entziehen.

- Die Aspekte der *Behavioral Finance*-Theorie erfahren im Allgemeinen große Unterstützung, was die grundlegende These der Kontroll- und Informationsfunktion von Dividenden auch unter verhaltenswissenschaftlichen Aspekten bekräftigt. Des Weiteren bestätigen die Unternehmen, dass die Verlustaversion der Anleger gestiegen ist. Jedoch gilt auch hier, dass die Unternehmen nicht bereit scheinen, diesen Investorenpräferenzen entscheidend entgegenzukommen. Dies lässt sich aus den obigen Ergebnissen zu den agencytheoretischen Aspekten sowie der Ausschüttungspolitik auf weiterhin niedrigem Niveau schlussfolgern.

- Den Aspekten der *Signaling*-Theorie wird eine eher große Bedeutung beigemessen: Höhere Dividenden sind ein Zeichen für eine gute Entwicklung; Dividendenkürzungen werden vom Kapitalmarkt bestraft.
- Steuerliche Aspekte scheinen eine eher untergeordnete Rolle zu spielen.

Die Ergebnisse zu den Motiven von Aktienrückkäufen legen den Schluss nahe, dass der Ausschüttungscharakter, ausgedrückt durch die Ausschüttung von freien Cashflows, die Veränderung der Kapitalstruktur sowie die Erhöhung der finanziellen und investiven Flexibilität, nicht die eigentliche Motivation von Aktienrückkäufen zu sein scheint. Vielmehr geben die rückkaufaffinen Unternehmen an, Signale über die vermeintliche Unterbewertung auszusenden und dadurch eine Aktienkurssteigerung erreichen zu wollen bzw. im Falle der Bereitstellung einer Akquisitionswährung *Signaling* im weiteren Sinne zu betreiben. Allerdings ist fraglich, ob die Glaubwürdigkeit des Signals gewährleistet werden kann, wenn der Aktienrückkauf oft nur als ‚strategische' Option angesehen wird und die Ankündigung eines Aktienrückkaufs ohne materielle Folgen bleibt, das heißt gar keine oder nur sehr wenige Aktien zurückgekauft werden.

Die Ergebnisse der Umfrage zeigen, dass die Gründe und Motive für Ausschüttungen auch aus Unternehmenssicht sehr vielseitig sind. Nichtsdestotrotz lässt sich aus den Antworten der befragten Unternehmen ableiten, dass das Prinzip der Dividendenkontinuität insbesondere für die Dividenden zahlenden Unternehmen einen übergeordneten Stellenwert in der Ausschüttungspolitik besitzt. Die Ergebnisse zeigen des Weiteren, dass die Befragten zwar bei den Aussagen zur Wertrelevanz von Dividenden Konsens zeigen, die Meinungen über die dahinter liegenden Motive und Erklärungsansätze jedoch oftmals auseinander gehen. So bewerten kleine Nichtzahler die Dividendenkontinuität deutlich niedriger als große Dividenden zahlende Unternehmen. Insbesondere das Widerstreben, sich aus Gründen der Ausschüttungspolitik extern finanzieren zu müssen, ist zu erkennen. Hier ist zu vermuten, dass für kleinere Unternehme externe Finanzierungsmaßnahmen eine deutlich größere Hürde darstellen, da sie finanziell tendenziell schlechter gestellt sind als größere Unternehmen und daher die finanzielle Flexibilität und Kapitalmarktunabhängigkeit höher einschätzen. Andererseits würden diese Unternehmen eher eine höhere Ausschüttungsquote wählen, auch wenn sie deswegen öfter die Dividende kürzen müssten. Dies lässt darauf schließen, dass für kleinere Unternehmen, und insbesondere solche, die noch keine Erfahrungen mit Dividenden im Kapitalmarkt gemacht haben, die Reduzierung von potenziellen Interessenkonflikten, auch auf Grund höherer Informationsasymmetrien, bei Ausschüttungsentscheidungen eine höhere Bedeutung haben als eine Ausschüttungspolitik im Sinne des *Signaling* bzw. möglichst kontinuierlicher Dividenden.

Hingegen geben insbesondere große, Dividenden zahlende Unternehmen an, möglichst kontinuierliche Dividenden zahlen zu wollen, weil dies vom Markt verlangt wird. Deutsche Unternehmen hinken jedoch im internationalen Vergleich bei Ausschüttungsquote und Dividendenrendite hinterher. Das Dividendenniveau vieler deutscher Unternehmen legt somit den Schluss nahe, dass sie ein eher niedriges Ausschüttungsniveau zu präferieren scheinen, um einerseits Dividendenkontinuität erreichen zu können und andererseits eine möglichst hohe Flexibilität zu haben sowie tendenziell zu vermeiden, in die Notwendigkeit einer externen Finanzierung zu kommen.

Dies zeigt jedoch die Problematik, die auf Grund einer eher konservativen Ausschüttungspolitik, das heißt keine Ausschüttungen bzw. möglichst kontinuierliche Dividenden auf eher niedrigem Niveau, entstehen kann. Gerade die als sehr relevant eingestuften agencytheoretischen sowie verhaltenswissenschaftlichen Aspekte des Risikoverhaltens der Kapitalmarktteilnehmer werden durch eine eher wenig verpflichtende und hohe Flexibilität gewährleistende Ausschüttungspolitik nicht ausreichend adressiert. Die Unternehmen stimmen zu, dass insbesondere private Investoren über eine hohe und gestiegene Verlustaversion verfügen, weisen jedoch eine historisch niedrige Dividendenrendite und geringe Ausschüttungsquoten auf, die auch im internationalen Vergleich zurückbleiben. Dem gestiegenen Sicherheitsbedürfnis der Investoren wird so nicht entsprochen. Unternehmen, die ihre Investitionen rein aus dem Cashflow finanzieren können, lassen eine Überschussliquidität vermuten. Niedrige Ausschüttungsquoten und ein hohes Maß an Selbstfinanzierung stellen kein ausreichendes Bekenntnis dar, diese Problematik zu lindern. Vor diesem Hintergrund ist nicht verwunderlich, dass in der Empirie die Signalwirkung von Dividenden nicht abschließend nachgewiesen werden konnte, scheinen Dividenden doch häufig kein Niveau zu erreichen, das einen ausreichenden Informationsgehalt und damit hohe Glaubwürdigkeit aufweist. Dazu ist das Ausschüttungsniveau vieler Unternehmen zu gering und die Ausschüttungen zu wenig substanziell.

Damit stellt sich die Frage, warum die Unternehmen das Ausschüttungsniveau nicht erhöhen, zumal die Verschiebung der Aktionärsstrukturen dafür sorgt, dass höhere Ausschüttungen nachgefragt und positiv bewertet werden sollten. Der Grund ist eher nicht darin zu sehen, dass die Unternehmen den Trend in den Aktionärsstrukturen sowie die sich verändernden Ausschüttungspräferenzen nicht sehen bzw. wenn sie dies tun, nicht an einen positiven Werteffekt durch das Nachkommen dieser Präferenzen glauben. Dies lässt sich aus dem Antwortverhalten nicht belegen: Die Unternehmen stimmen den entwickelten Hypothesen und beobachteten Trends deutlich zu. Vielmehr scheinen die Unternehmen nicht bereit, in ihrer Ausschüttungspolitik diesen Trends zu folgen und damit Flexibilität einzubüßen und sich einer stärkeren Kapitalmarktkontrolle auszusetzen. In ihrer Abwägung zwischen dem Nachkommen der veränderten Rahmenbedingungen und der Investorenpräferenzen durch höhere Ausschüttungen auf der einen Seite und höhere Flexibilität und Unabhängigkeit durch niedrige Ausschüttungen auf der anderen Seite fällt die Entscheidung bislang in der Regel zu Gunsten letzterem. Auch scheinen die Unternehmen nicht den Druck der Aktionäre zu spüren bzw. Sanktionen zu fürchten, wenn sie sich entgegen deren Präferenzen verhalten. Insbesondere die Dividendenzahler sprechen der Hauptversammlung eine sehr eingeschränkte Gewinnverwendungskompetenz zu. Nichtzahler wiederum scheinen keinen ‚unangenehmen' Druck zu verspüren, der sie veranlassen könnte, Dividendenzahlungen überhaupt aufzunehmen. Somit resultiert die Präferenz der Nichtzahler für hohe Flexibilität und Unabhängigkeit bzw. der Zahler für Dividendenkontinuität im beobachteten (konservativen) Ausschüttungsverhalten.

Der Verschiebung der Aktionärsstrukturen, der erklärten hohen Bedeutung der Zugehörigkeit zu einem Aktienindex sowie der Notwendigkeit, in Zukunft verstärkt Eigenkapital aufzunehmen, sollten Unternehmen in ihrer Aktionärspolitik jedoch stärker Rechnung tragen. Insbesondere Unternehmen, die über einen hohen Streubesitzanteil verfügen bzw. diesen erhöhen wollen, sollten sich an den Präferenzen der Aktionäre im Streubesitz, auch als potenzielle Kapitalgeber, ausrichten. Die Befragten bekräftigen die entwickelten Hypothesen, die implizieren, dass die Ausschüttungspolitik substanzieller und stärker verpflichtend werden sollte. Die vergleichsweise geringen Ausschüttungsquoten und das dadurch hohe Maß an Selbstfinanzierung lassen annehmen, dass deutsche Unternehmen die Anforderungen dieser Investorengruppen nicht hinlänglich berücksichtigen und die Kontroll- und Disziplinierungsfunktion von Dividenden und Kapitalmarkt nicht ausreichend in Anspruch nehmen.

Unternehmen, die proaktiv[824] auf diese Veränderungen im Kapitalmarktumfeld reagieren und in der strategischen Gestaltung ihrer Ausschüttungspolitik auf die Bedürfnisse ihrer (potenziellen) Investoren abstellen, aktiv potenzielle Interessenkonflikte und Unsicherheiten unter den Kapitalmarktteilnehmern reduzieren sowie ein hohes Maß an Verbindlichkeit, Transparenz und Verpflichtung zeigen, können einen Wertbeitrag durch ein klares Profil schaffen, welches von den Investoren geschätzt wird. Eine Ausschüttungspolitik, die einen stärker verpflichtenden und disziplinierenden Charakter aufweist, unter anderem ausgedrückt durch eine höhere Ausschüttungsquote, sollte damit ein höheres Wertsteigerungspotenzial erreichen. Dazu gehört auch die aktive Kommunikation der Investitions-, Finanzierungs- und Ausschüttungs-

824 Diese Forderung verstärkend sprechen insbesondere die Dividenden zahlenden Unternehmen der Hauptversammlung und damit den Aktionären keinen großen Einfluss in Ausschüttungsfragen zu. Unternehmen sollten daher von sich aus auf die Präferenzen ihrer Investoren reagieren und nicht auf den Aktionismus der Aktionäre bauen. Im Zweifel setzen sich diese für ihre Präferenzen und Interessen nicht ein und Investoren könnten die Ausschüttungspolitik für ihre Anforderungen als nicht adäquat werten.

politik; so haben Beispiele gezeigt, dass auch eine Dividendenkürzung nicht den befürchtet negativen Effekt haben muss. Voraussetzung hierfür ist eine gute Kommunikation der Gründe.[825]

Hingegen ist Unternehmen, die der Meinung sind, dass die Ausschüttungspräferenzen, die in den vergangenen Jahrzehnten zum beobachteten Ausschüttungsverhalten führten, sich nicht grundlegend ändern bzw. Änderungen keinerlei Werteffekte nach sich ziehen, zu empfehlen, die praktizierte Ausschüttungspolitik generell beizubehalten und dadurch die erwünschte hohe Flexibilität und Unabhängigkeit zu wahren. Gleiches gilt für Unternehmen, deren Aktionärsstruktur sich nicht grundlegend ändert bzw. deren Streubesitz gering bleibt.

Die dargestellten Ausführungen zeigen jedoch auch, dass signifikante und eindeutige Aussagen im Sinne der Theorie nicht immer getroffen werden können. Weisen die ausschüttenden Unternehmen im Durchschnitt Cashflows auf, die die geplanten Investitionen mehr als decken, und werden zusätzlich nur geringe Teile des Gewinns bzw. der freien Cashflows ausgeschüttet, das heißt dienen also nicht zum Liquiditätsabbau, ist nicht verwunderlich, dass sich die theoretischen Zusammenhänge schwer zeigen lassen. Dies bestärken auch die empirischen Ergebnisse zu Ausschüttungen von Aktiengesellschaften, dass keine Theorie und kein analytisches Modell alleinigen Anspruch auf den Erklärungsgehalt von Dividendenentscheidungen und beobachtbaren Ausschüttungen stellen können. Welche Vielfalt die oft nur indirekt mit der Ausschüttungspolitik in Verbindung stehenden, aber durchaus relevanten Einflussfaktoren und Motive erreichen können, zeigt das Beispiel von BB Biotech, die ihre Dividende an der vermeintlichen Unterbewertung ihres Aktienkurses bemessen.[826] Und dennoch lassen die Ergebnisse der Umfrage vermuten, dass viele Unternehmen Dividenden deshalb zahlen, weil sie der Meinung sind, dass Aktionäre dies wünschen und konstante Dividenden und -wachstum geschätzt werden. Gerade diese Überlegungen wiederum machen es notwendig, auch andere Wege als die rein statistischen und modellgetriebenen Datenauswertungen zu verfolgen. Das Verständnis der Einstellungen derer, die im Ausschüttungsprozess eine Hauptrolle spie-

[825] Vgl. SOTER/BRIGHAM/EVANSON (1996), S. 14.

[826] BB Biotech zahlte in 2004 erstmals eine Dividende. Sie bemisst sich an der Höhe des Rabatts des Aktienkurses auf den inneren Wert der Beteiligungen. Ziel des Unternehmens ist es, so den Bewertungsabschlag zu reduzieren; vgl. Geschäftsbericht (2003), erhältlich unter URL: http://www.biotech.com. Da die Aktien von BB Biotech 2004 im Durchschnitt mehr als 15 Prozent unter dem inneren Wert notierten, stellte das Unternehmen gegenüber dem Handelsblatt auch für 2004 eine Dividende in Höhe von 2,40 Franken (rund 1,54 Euro) in Aussicht. Das ergibt auf Basis des aktuellen Kurses von 45 Euro eine für einen TecDax-Wert hohe Dividendenrendite von 3,4 Prozent; vgl. KIRCHNER, Christian (2004), BB Biotech lockt mit üppiger Dividende, in: Handelsblatt vom 06. Januar 2005.

len, ist daher ein wichtiger Puzzlestein in der Erklärung der Ausschüttungspolitik. In diesem Sinne liefert die durchgeführte Befragung wichtige Erkenntnisse.

Es ist zudem deutlich geworden, dass es eine für alle Unternehmen empfehlenswerte Ausschüttungspolitik nicht gibt. In der Praxis dürften die *Principal-Agent*-Konflikte, der Informationsgehalt von Dividendenzahlungen und die Investorenstruktur, aber auch die Investitions- und Finanzierungsmöglichkeiten alle gemeinsam und doch bei jedem Unternehmen mit unterschiedlichem Gewicht Einfluss auf die Ausschüttungspolitik haben, da jedes Unternehmen unterschiedliche Eigenschaften, Manager und Eigentümer hat. So muss jedes Unternehmen seine optimale, das heißt den *Shareholder Value* maximierende Ausschüttungsstrategie verfolgen. Nichtsdestotrotz hat die vorliegende Arbeit gezeigt, dass unter Berücksichtigung von Kapitalmarktstrukturen und aktuellen Trends und Rahmenbedingungen Handlungsempfehlungen zur strategischen Gestaltung der Ausschüttungspolitik abgeleitet werden können.

Anhang

In Ergänzung zu Abschnitt 2.2: Zusätzliche Aspekte zur Entwicklung der Dividendenrendite in Deutschland

Die in Abbildung 3 gezeigte Entwicklung der Dividendenrendite muss auch vor dem Hintergrund der Rendite am gesamten deutschen Kapitalmarkt betrachtet werden. Die Dividende stellt die jährlich in Aussicht gestellte Zahlung als Ausgleich für die zur Verfügungstellung von Eigenkapital dar. Alternativ zur Anlage in Aktien können Anleger ihr Geld in festverzinsliche Wertpapiere investieren. Obgleich das Risiko beider Anlagen nicht vergleichbar ist und der Kauf von Aktien immer noch den spekulativen Aspekt der Kursänderungen beinhaltet, kann vermutet werden, dass Unternehmen ihre Dividendenrendite unter anderem dem allgemeinen Zinsniveau und somit Verzinsungsanspruch anpassen. In den Jahren von 1977 bis 2003 ist ein statistisch signifikanter (1 %) Zusammenhang erkennbar. Allein durch die Rendite der 10-jährigen Bundesanleihen[827] kann die Dividendenrendite zu gut 40 Prozent erklärt werden (Adjusted R^2 = 0,4043). Dabei ist zu berücksichtigen, dass die Dividendenrendite durch ihre Beziehung zum Aktienkurs durch eine Vielzahl von weiteren Faktoren, wie zum Beispiel der generellen Bewertung des Aktienmarktes, beeinflusst wird, die Unternehmen nur indirekt kontrollieren können. Auch wird die Dividende nur einmal jährlich angepasst.

Der Anteil der Dividendenrendite an der Aktienrendite ging in den vergangenen 30 Jahren zurück.[828] In der Betrachtung von Fünf-Jahres-Zeiträumen[829] ging der Anteil der Dividendenrendite an der Gesamtaktienrendite von über 40 Prozent auf unter 10 Prozent zurück. Die Bedeutung von Kursgewinnen für die Gesamtrendite ist demnach gestiegen, während Dividenden einen wesentlich geringeren Stellenwert einnehmen.

---

827 10-jährige Staatsanleihen dienen in der Literatur als Maß für das langfristige Zinsniveau. Da die Aktie im Allgemeinen langfristigen Charakter hat, wurde auf diese Größe abgestellt.

828 Der Zeitraum von 1999 bis 2003 wurde in der Betrachtung nicht berücksichtigt. Trotz des starken Anstiegs des Dax 1999 (+39,1 Prozent) und 2003 (+37,1 Prozent) ergibt sich nur eine durchschnittliche Fünf-Jahresrendite von 1,0 Prozent.

829 Diese Einteilung wurde gewählt, um zum einen negative Aktienrenditen in kürzeren Perioden zu verhindern und zum anderen, um eine etwaige Dividendenkontinuität der Unternehmen zu berücksichtigen.

Abbildung 23: Zusammenhang der Dividendenrendite mit dem Zinsniveau und Anteil an Gesamtaktienrendite

Angaben in Prozent

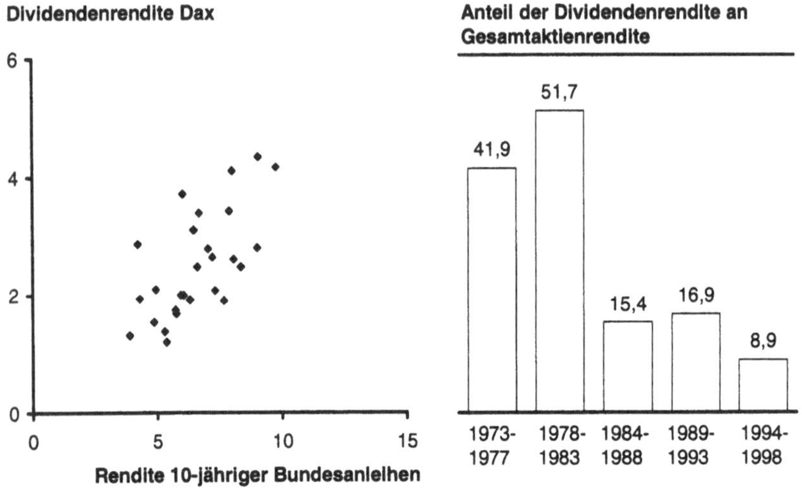

Quelle: DATASTREAM, eigene Berechnung.

Um eine relative Aussage über die Entwicklung der Dividendenrendite machen zu können, muss auch der gesamtwirtschaftliche Kontext berücksichtigt werden. Sollte die gesamtwirtschaftliche Kapitalrendite in ähnlicher Weise zurückgegangen sein, kann die rückläufige Dividendenrendite eine einfache Reflexion dieser veränderten Rendite sein. Daher wird im Folgenden die Entwicklung der realen Bruttorendite auf dem gesamten deutschen Kapitalmarkt betrachtet. Im Zeitraum von 1975 bis 1994 lag die durchschnittliche langfristige Kapitalrendite bei 7,4 Prozent.[830] Diese Rendite schließt den gesamten Geschäftssektor ein, also nicht nur Aktien und Anleihen, sondern auch Direktplatzierungen der Haushalte in Unternehmen. Des Weiteren beinhaltet sie neben Zinsen und Dividenden auch Kurssteigerungen. Dabei zeigt die Ein-Jahres-Rendite nicht den fallenden Verlauf der Dividendenrendite.[831] Die Dividendenrendite macht somit auch an der Gesamtkapitalrendite einen sinkenden Anteil aus.

---

830 Vgl. BÖRSCH-SUPAN/ROMER (1998), S. 235; MCKINSEY GLOBAL INSTITUTE (1996), Kapitel 5, S. 5.
831 Vgl. MCKINSEY GLOBAL INSTITUTE (1996), Kapitel 5, S. 15.

Literaturverzeichnis

Abrutyn, Stephanie und Turner, Robert W. (1990): Taxes and firms' dividend policies: survey results, in: National Tax Journal 43, Seite 491-496.

Agrawal, Anup und Jayaraman, Narayanan (1994): The dividend policies of all-equity firms: a direct test of the free cash flow theory, in: Managerial and Decision Economics 15, Seite 139-148.

Aharony, Joseph und Dotan, Amihud (1994): Regular dividend announcements and future unexpected earnings: an empirical analysis, in: The Financial Review 29, Seite 125-151.

Aharony, Joseph und Swary, Itzak (1980): Quarterly dividend and earnings announcements and stockholders' returns: an empirical analysis, in: Journal of Finance 35, Seite 1-12.

Akerlof, George A. (1970): The market for "lemons": quality uncertainty and the market mechanism, in: Quarterly Journal of Economics 84, Seite 488-500.

Allen, Franklin und Michaely, Roni (1995): Dividend policy, in: Jarrow, R. A.; Maksimovic, V. und Ziemba, W. T. (Hrsg.), Handbooks in Operations Research and Management Science, Band 9, Amsterdam, Seite 793-837.

Ambarish, Ramasastry; John, Kose und Williams, Joseph (1987): Efficient signalling with dividends and investments, in: Journal of Finance 42, Seite 321-343.

Amihud, Yakov und Murgia, Maurizio (1997): Dividends, taxes, and signaling: evidence from Germany, in: Journal of Finance 52, Seite 397-408.

Arnott, Robert D. und Asness, Clifford S. (2003): Surprise! Higher dividends = higher earnings growth, in: Financial Analysts Journal 59, Seite 70-87.

Arrow, Kenneth J. (1985): The economics of agency, in: Pratt, John W. und Zeckhauser, Richard J. (Hrsg.), Principals and agents: the structure of business, Boston, Seite 37-51.

Asquith, Paul und Mullins, David W. (1983): The impact of initiating dividend payments on shareholder wealth, in: Journal of Business 56, Seite 77-96.

Asquith, Paul und Mullins, David W. (1986): Equity issues and offering dilution, in: Journal of Financial Economics 15, Seite 61-89.

Baker, H. Kent (1989): Why companies pay no dividends, in: Akron Business and Economic Review 20, Seite 48-61.

Baker, H. Kent und Farrelly, Gail E. (1988): Dividend achievers: a behavioral perspective, in: Akron Business and Economic Review 19, Seite 79-92.

Baker, H. Kent; Farrelly, Gail E. und Edelman, Richard B. (1985): A survey of management views on dividend policy, in: Financial Management 22, Seite 78-84.

Baker, H. Kent und Powell, Gary E. (1999): How corporate managers view dividend policy, in: Quarterly Journal of Business and Economics 38, Seite 17-35.

Baker, H. Kent; Powell, Gary E. und Veit, E. Theodore (2002a): Revisiting managerial perspectives on dividend policy, in: Journal of Economics and Finance 26, Seite 267-283.

Baker, H. Kent; Powell, Gary E. und Veit, E. Theodore (2002b): Revisiting the dividend puzzle: Do all of the pieces now fit?, in: Review of Financial Economics 11, Seite 241-261.

Baker, H. Kent; Powell, Gary E. und Veit, E. Theodore (2003): Why companies use open-market repurchases: a managerial perspective, in: Quarterly Review of Economics and Finance 43, Seite 483-504.

Baker, H. Kent; Veit, E. Theodore und Powell, Gary E. (2001): Factors influencing dividend policy decisions of Nasdaq firms, in: The Financial Review 38, Seite 19-38.

Bamberg, Günter und Coenenberg, Adolf G. (2002): Betriebswirtschaftliche Entscheidungslehre, 11. Auflage, München.

Barberis, Nicholas; Shleifer, Andrei und Vishny, Robert W. (1998): A model of investor sentiment, in: Journal of Financial Economics 49, Seite 307-343.

Barberis, Nicholas und Thaler, Richard H. (2002): A survey of behavioral finance, Working Paper No. w9222, National Bureau of Economic Research, Cambridge/MA.

Bassen, Alexander (2002): Institutionelle Investoren und Coporate Governance, Wiesbaden.

Baumol, William J. (1963): On dividend policy and market imperfection, in: Journal of Business 36, Seite 112-115.

Bay, Wolf (1990): Dividenden, Steuern und Steuerreformen: Ein internationaler Vergleich, Wiesbaden.

Becht, Marco und Boehmer, Ekkehart (2003): Voting control in German corporations, in: International Review of Law and Economics 23, Seite 1-29.

Benartzi, Shlomo; Michaely, Roni und Thaler, Richard H. (1997): Do changes in dividends signal the future or the past?, in: Journal of Finance 52, Seite 1007-1034.

Beneish, Messod D. und Whaley, Robert E. (1996): An anatomy of the "S&P game": the effects of changing the rules, in: Journal of Finance 51, Seite 1909-1930.

Bens, Daniel A. et al. (2003): Employee stock options, EPS dilution, and stock repurchases, in: Journal of Accounting and Economics 36, Seite 51-90.

Berekoven, Ludwig; Eckert, Werner und Ellenrieder, Peter (2004): Marktforschung - Methodische Grundlagen und praktische Anwendung, 10. Auflage, Wiesbaden.

Bernhardt, Dan; Douglas, Alan und Robertson, Fiona (2005): Testing dividend signaling models, in: Journal of Empirical Finance 12, Seite 77-98.

Bernheim, B. Douglas und Wantz, Adam (1995): A tax-based test of the dividend signaling hypothesis, in: The American Economic Review 85, Seite 532-551.

Beyer, Jürgen (2002): Deutschland AG a.D.: Deutsche Bank, Allianz und das Verflechtungszentrum großer deutscher Unternehmen, Working Paper, Max-Planck-Institut für Gesellschaftsforschung, Köln.

Bhattacharya, Sudipto (1979): Imperfect information, dividend policy, and "The bird in the hand" Fallacy, in: Bell Journal of Economics 10, Seite 259-270.

Bhattacharyya, Nalinaksha; Mawani, Amin und Morrill, Cameron (2003): Dividend payout and executive compensation: theory and evidence, Working Paper, erhältlich unter URL: http://www.ssrn.com.

Black, Fischer (1976): The dividend puzzle, in: Journal of Portfolio Management 2, Seite 5-8.

Black, Fischer und Scholes, Myron (1974): The effects of dividend yield and dividend policy on common stock prices and returns, in: Journal of Financial Economics 1, Seite 1-22.

Blume, Marshall E. (1980): Stock returns and dividend yields: some more evidence, in: Review of Economics and Statistics 62, Seite 567-577.

Bohren, Oyvind; Eckbo, Espen B. und Michalsen, Dag (1997): Why underwrite rights offerings? Some new evidence, in: Journal of Financial Economics 46, Seite 223-261.

Bollinger, Iris (1999): Die Entwicklung von Börsenkursen im zeitlichen Umfeld von Kapitalerhöhungen, Berlin.

Bolton, Patrick und von Thadden, Ernst-Ludwig (1998): Blocks, liquidity, and corporate control, in: Journal of Finance 53, Seite 1-25.

Boot, Arnoud W.A. und Thakor, Anjan V. (2002): The economic value of flexibility when there is disagreement, Working Paper, University of Michigan Business School.

Born, Jeffrey A. und Rimbey, James N. (1993): A test of the Easterbrook hypothesis regarding dividend payments and agency costs, in: Journal of Financial Research 16, Seite 251-260.

Börsch-Supan, Axel und Romer, Paul (1998): Capital's contribution to productivity and the nature of competition, in: Brookings Papers on Economic Activity, Microeconomics 1998, Seite 205-248.

Böttcher, Tido (1980): Der Emissionskurs junger Aktien, in: Göppl, Hermann (Hrsg.), Geld, Banken und Versicherungen, Bd. 1, Karlsruhe, Seite 502-518.

Bradley, Michael; Capooza, Dennis R. und Seguin, Paul J. (1998): Dividend policy and cash-flow uncertainty, in: Real Estate Economics 26, Seite 555-580.

Brakmann, Heinrich (1993): Aktienemissionen und Kurseffekte: deutsche Bezugsrechtsemissionen für die Jahre 1978-1988, Wiesbaden.

Brancato, C. K. (1997): Institutional investors and corporate governance: best practices for increasing corporate value, Chicago/London/Singapore.

Brandl, Ernst (1977): Informationswirkungen der Jahresabschlussveröffentlichung auf Entscheidungen am Kapitalmarkt, Augsburg.

Brav, Alon et al. (2004): Payout policy in the 21st century, Working Paper, erhältlich unter URL: http://www.ssrn.com.

Brealey, Richard A. und Myers, Stewart C. (2000): Principles of Corporate Finance, 6. Auflage, Boston et al.

Brennan, Michael J. (1970): Taxes, market valuation and corporate financial policy, in: National Tax Journal 23, Seite 417-427.

Brennan, Michael J. (1971): A note on dividend irrelevance and the Gordon valuation model, in: Journal of Finance 26, Seite 1115-1122.

Brook, Yaron; Charlton, William T. und Hendershott, Robert J. (1998): Do firms use dividends to signal large future cash flow increases?, in: Financial Management 27, Seite 46-57.

Bühl, Achim und Zöfel, Peter (2002): SPSS 11 - Einführung in die moderne Datenanalyse unter Windows, 8. Auflage, München.

Bühner, Thomas und Kaserer, Christoph (2002): Die Kosten externer Eigenkapitalbeschaffung und Skaleneffekte im Emissionsgeschäft - eine empirische Perspektive, in: Zeitschrift für Betriebswirtschaft-Ergänzungsheft 2/2002, Seite 33-40.

Burkhardt, Irmelin (2003): Renditeentwicklung vor und nach Aktienemissionen, Liederbach.

BVI (2004): Pro-Kopf-Investmentvermögen der Deutschen auf Wachstumskurs, erhältlich unter URL: http://www.bvi.de.

CalPERS (2001): Germany market principles, erhältlich unter URL: http://www.calpers-governance.org/principles/international/germany/page01.asp.

Charest, Guy (1978): Dividend information, stock returns and market efficiency - II, in: Journal of Financial Economics 6, Seite 297-330.

Chen, Nai-Fu; Grundy, Bruce und Stambaugh, Robert F. (1990): Changing risk, changing risk premiums, and dividend yield effects, in: Journal of Business 63, Seite S51-S70.

Chetty, Nadarajan und Saez, Emmanuel (2004): Dividend taxes and corporate behavior: Evidence from the 2003 dividend tax cut, NBER working paper No. 10841, October 2004.

Christie, William G. (1994): Are dividend omissions truly the cruelest cut of all?, in: Journal of Financial and Quantitative Analysis 29, Seite 459-480.

Comment, Robert und Jarrell, Gregg A. (1991): The relative signalling power of dutch-auction and fixed-price self-tender offers and open-market share repurchases, in: Journal of Finance 46, Seite 1243-1271.

Cutler, David M.; Poterba, James M. und Summers, Lawrence H. (1989): What moves stock prices?, in: Journal of Portfolio Management 15, Seite 4-12.

Daniel, Kent; Hirshleifer, David und Subrahmanyam, Avanidhar (1998): Investor psychology and security market under- and overreactions, in: Journal of Finance 53, Seite 1839-1886.

Dann, Larry und Mikkelson, Wayne H. (1984): Convertible debt issuance, capital structure change and financing-related information, in: Journal of Financial Economics 13, Seite 157-186.

Darijtschuk, Niklas (1999): Dividendenpolitik, Working Paper 24, Handelshochschule Leipzig (HHL).

Davis, Gerald F. und Thompson, Tracy A. (1994): A social movement perspective on corporate control, in: Administrative Science Quarterly 39, Seite 141-173.

DeAngelo, Harry; DeAngelo, Linda und Skinner, Douglas J. (1992): Dividends and losses, in: Journal of Finance 47, Seite 1837-1863.

DeAngelo, Harry; DeAngelo, Linda und Skinner, Douglas J. (1996): Reversal of fortune: dividend signaling and the disappearance of sustained earnings growth, in: Journal of Financial Economics 40, Seite 341-371.

DeAngelo, Harry; DeAngelo, Linda und Skinner, Douglas J. (2000): Special dividends and the evolution of dividend signaling, in: Journal of Financial Economics 57, Seite 309-354.

DeBondt, Werner F. und Thaler, Richard H. (1985): Does the stock market overreact?, in: Journal of Finance 40, Seite 793-805.

Denis, David J.; Denis, Diane K. und Sarin, Atulya (1994): The information content of dividend changes: cash flow signaling, overinvestment, and dividend clienteles, in: Journal of Financial and Quantitative Analysis 29, Seite 567-587.

Desai, Mihir A.; Foley, C. Fritz und Hines Jr., James R. (2002): Dividend policy inside the firm, Conference Paper, EFA April 2002.

Deutsche Bank European Equity Research (2004): Dividend season 2004, in: ToPPiX - A guide to corporate Germany 13.02.2004, Seite 48-54.

Deutsche Börse AG (2004): Die Indizes der Deutsche Börse AG, erhältlich unter URL: http://deutsche-boerse.com/app/open/zpd.

Deutsche Bundesbank (2004a): Kapitalmarktstatistik Februar 2004, Statistisches Beiheft zum Monatsbericht 2, Frankfurt.

Deutsche Bundesbank (2004b): Statistische Sonderveröffentlichung Nr. 4: Ergebnisse der gesamtwirtschaftlichen Finanzierungsrechnung für Deutschland 1991 - 2003, erhältlich unter URL: http://www.bundesbank.de.

Deutsche Schutzvereinigung für Wertpapierbesitz (DSW) (2004): Dividendenanalyse 2004, erhältlich unter URL: http://www.dsw-info.de.

Deutsches Aktieninstitut (2001a): Die Bedeutung von Aktienindizes für deutsche börsennotierte Unternehmen, Studie des deutschen Aktieninstituts Heft 14, Frankfurt.

Deutsches Aktieninstitut (2001b): Namensaktien bei deutschen börsennotierten Aktiengesellschaften, DAI-Kurzstudie 1/2001, erhältlich unter URL: http://www.dai.de.

Deutsches Aktieninstitut (2003): DAI-Factbook 2003, erhältlich unter URL: http://www.dai.de.

Deutsches Aktieninstitut (2004a): Stabilisierung der Aktionärszahlen setzt sich fort, DAI-Kurzstudie 1/2004, erhältlich unter URL: http://www.dai.de.

Deutsches Aktieninstitut (2004b): Vetrauensschaffung bedarf eines langen Atems, DAI-Kurzstudie 2/2004, erhältlich unter URL: http://www.dai.de.

Deutsches Aktieninstitut (2005): Zahl der direkten Aktienanleger gestiegen, DAI-Kurzstudie 1/2005, erhältlich unter URL: http://www.dai.de.

Dhaliwal, Dan; Li, Oliver Zhen und Trezevent, Robert (2003): Is a dividend tax penalty incorporated into the return on a firm's common stock?, in: Journal of Accounting and Economics 35, Seite 155-178.

Dittmar, Amy K. (2000): Why do firms repurchase stock?, in: Journal of Business 73, Seite 331-355.

Dötsch, Ewald und Pung, Alexandra (2000): Die geplante Reform der Unternehmensbesteuerung, in: Der Betrieb, Beilage Nr. 4/2000 zu Heft Nr. 11, Seite 1-19.

Dries, Folker (2004): Magere Dividendenrenditen in Deutschland, in: Frankfurter Allgemeine Zeitung vom 26.02.2004, Seite 23.

DWS (1998): Verbesserte Unternehmensaufsicht in Deutschland: Empfehlungen der DWS zu Corporate Governance, Frankfurt.

Dyl, Edward A. und Weigand, Robert A. (1998): The information content of dividend initiations: additional evidence, in: Financial Management 27, Seite 27-35.

Eades, Kenneth M.; Hess, Patrick J. und Kim, E. Han (1984): On interpreting security returns during the ex-dividend period, in: Journal of Financial Economics 13, Seite 3-34.

Easterbrook, Frank H. (1984): Two agency-cost explanations of dividends, in: The American Economic Review 74, Seite 650-659.

Eckbo, Espen B. (1986): Valuation effects of corporate debt offerings, in: Journal of Financial Economics 15, Seite 119-151.

Eckbo, Espen B. und Masulis, Ronald W. (1992): Adverse selection and the rights offer paradox, in: Journal of Financial Economics 32, Seite 293-332.

Eckbo, Espen B. und Masulis, Ronald W. (1994): Costs of equity issuances, in: Newman, Peter; Milgate, Murray und Eatwell, John (Hrsg.), The new palgrave dictionary of money and finance, Band 1, London, Seite 496-499.

Ellermann, Hans-Heinrich (2003): Dividendenpolitik und Long-Run-Performance in Deutschland, Wiesbaden.

Ellsberg, Daniel (1961): Risk, ambiguity, and the savage axioms, in: Quarterly Journal of Economics 75, Seite 643-669.

Elton, Edwin J. und Gruber, Martin J. (1970): Marginal stockholder tax rates and the clientele effect, in: Review of Economics and Statistics 52, Seite 68-74.

Elton, Edwin J.; Gruber, Martin J. und Rentzler, Joel (1983): A simple examination of the empirical relationship between dividend yields and deviations from the CAPM, in: Journal of Banking & Finance 7, Seite 135-146.

Elton, Edwin J.; Gruber, Martin J. und Rentzler, Joel (1984): The ex-dividend day behavior of stock prices: A re-examination of the clientele effect: a comment, in: Journal of Finance 34, Seite 551-556.

Evans, John P.; Evans, Robert T. und Gentry, James A. (2000): The decision to repurchase shares: a cash flow story, Working Paper, Curtin University of Technology.

Fama, Eugene F. (1970): Efficient capital markets: a review of theory and empirical work, in: Journal of Finance 25, Seite 383-417.

Fama, Eugene F. und Babiak, Harvey (1968): Dividend policy: an empirical analysis, in: Journal of the American Statistical Association 63, Seite 1132-1161.

Fama, Eugene F. und French, Kenneth R. (1998): Taxes, financing decisions, and firm value, in: Journal of Finance 53, Seite 819-843.

Fama, Eugene F. und Jensen, Michael C. (1983): Separation of ownership and control, in: Journal of Law and Economics 26, Seite 301-325.

Farinha, Jorge (2003): Dividend policy, corporate governance and the managerial entrenchment hypothesis: an empirical analysis, in: Journal of Business Finance & Accounting 30, Seite 1173-1209.

Farrelly, Gail E. und Baker, H. Kent (1989): Corporate dividends: views of institutional investors, in: Akron Business and Economic Review 20, Seite 89-100.

Fenn, George W. und Liang, Nellie (2001): Corporate payout policy and managerial stock incentives, in: Journal of Financial Economics 60, Seite 45-72.

Fisher, Kenneth L. und Statman, Meir (2000): Cognitive biases in market forecasts, in: Journal of Portfolio Management 27, Seite 72-81.

Fluck, Zsuzsanna (1998): The dynamics of the management-shareholder conflict, in: Review of Financial Studies 12, Seite 379-404.

Frankfurter, George et al. (2002): The perception of dividends by management, in: Journal of Psychology and Financial Markets 3, Seite 202-217.

Frankfurter, George und Wood, B. (1997): The evolution of corporate dividend policy, in: Journal of Financial Education 23, Seite 16-32.

Fuller, Kathleen und Goldstein, Michael (2003): Dividend policy and market movements, Working Paper, University of Georgia.

Fuller, Kathleen und Thakor, Anjan V. (2004): Flexibility and dividends, Conference Paper, AFA 2004 San Diego Meetings, erhältlich unter URL: http://www.ssrn.com.

Fuller, Russell J. (1998): Behavioral Finance and the sources of alpha, Working Paper, erhältlich unter URL: http://www.fullerthaler.com/ResearchLibrary/bfsoa.pdf.

Gaver, Jennifer J. und Gaver, Kenneth M. (1992): Additional evidence on the association between the investment opportunity set and corporate financing, dividend, and compensation policies, in: Journal of Accounting and Economics 16, Seite 125-160.

Gemünden, Hans-Georg (1992): Informationsverhalten, in: Frese, Erich (Hrsg.), Handwörterbuch der Organisation, 3. Auflage, Stuttgart.

Gerke, Wolfgang (2000): "Herrschaft der Androiden?" - Konsequenzen der Kapitalmarkttheorie für das Anlegerverhalten, in: Jünemann, Bernhard und Schellenberger, Dirk (Hrsg.), Psychologie für Börsenprofis: die Macht der Gefühle bei der Geldanlage, Stuttgart, Seite 21-45.

Gerke, Wolfgang; Fleischer, Jörg und Langer, Martin (2003): Kurseffekte durch Aktienrückkäufe - eine empirische Untersuchung für den deutschen Kapitalmarkt, in: Börsig, Clemens und Coenenberg, Adolf G. (Hrsg.), Bewertung von Unternehmen: Strategie - Markt - Risiko, Stuttgart, Seite 275-304.

Gerke, Wolfgang; Oerke, Mark und Sentner, Arnd (1997): Der Informationsgehalt von Dividendenänderungen auf dem deutschen Aktienmarkt, in: Die Betriebswirtschaft 57, Seite 810-822.

Goergen, Marc; Renneboog, Luc und da Silva, Luis C. (2005): When do German firms change their dividends?, in: Journal of Corporate Finance 11, Seite 375-399.

Gonedes, Nichloas J. (1978): Corporate signaling, external accounting, and capital market equilibrium: evidence on dividend, income, and extraordinary items, in: Journal of Accounting Research 16, Seite 26-79.

Gordon, M. J. (1959): Dividends, earnings and stock prices, in: Review of Economics and Statistics 41, Seite 99-105.

Gordon, Roger H. und Bradford, David F. (1980): Taxation and the stock market valuation of capital gains and dividends, in: Journal of Public Economics 14, Seite 109-136.

Goyal, Amit und Santa-Clara, Pedro (2003): Idiosyncratic risk matters!, in: Journal of Finance 58, Seite 975-1007.

Griese, Knut und Kempf, Alexander (2002): Ist Bescheidenheit eine Zier? Ein empirischer Vergleich der Anlageerfolge in aktiven und passiven Aktienfonds, Working Paper 2001-05, Universität Köln.

Grullon, Gustavo und Ikenberry, David L. (2000): What do we know about stock repurchases?, in: Journal of Applied Corporate Finance 13, Seite 31-51.

Grullon, Gustavo und Michaely, Roni (2002): Dividends, share repurchases, and the substitution hypothesis, in: Journal of Finance 57, Seite 1649-1684.

Grullon, Gustavo und Michaely, Roni (2004): The information content of share repurchase programs, in: Journal of Finance 59, Seite 651-680.

Guay, Wayne und Harford, Jarrad (2000): The cash-flow permanence and information content of dividend increases versus repurchases, in: Journal of Financial Economics 57, Seite 385-415.

Gugler, Klaus und Yurtoglu, B. Burcin (2003): Corporate governance and dividend pay-out policy in Germany, in: European Economic Review 47, Seite 731-758.

Hackethal, Andreas und Zdantchouk, Alexandre (2004): Share buy-backs in Germany: overreaction to weak signals?, Working Paper, Johann Wolfgang Goethe-Universität, Frankfurt am Main.

Hakansson, Hils H. (1982): To pay or not to pay dividend, in: Journal of Finance 37, Seite 415-428.

Hansen, Robert S.; Kumar, Raman und Shome, Dilip K. (1994): Dividend policy and corporate monitoring: evidence from the regulated electric utility industry, in: Financial Management 23, Seite 16-22.

Harris, Lawrence und Gurel, Eitan (1986): Price and volume effects associated with changes in the S&P 500 list: new evidence for the existence of price pressures, in: Journal of Finance 41, Seite 815-829.

Hartmann, Nora und Gürtler, Marc (2003): Behavioral dividend policy, Working Paper, Technische Universität Braunschweig.

Hartmann-Wendels, Thomas (1986): Dividendenpolitik bei asymmetrischer Informationsverteilung, Wiesbaden.

Healy, Paul M. und Palepu, Krishna G. (1988): Earnings information conveyed by dividend initiations and omissions, in: Journal of Financial Economics 21, Seite 149-175.

Healy, Paul M. und Palepu, Krishna G. (1998): How investors interpret changes in corporate financial policy, in: Stern, Joel M. und Chew, Donald H. (Hrsg.), The revolution in corporate finance, 3. Auflage, Oxford, Seite 29-34.

Heath, Chip und Tversky, Amos (1991): Preference and belief: ambiguity and competence in choice under uncertainty, in: Journal of Risk and Uncertainty 4, Seite 5-28.

Helden, Stefan (2002): Kursreaktionen auf Dividendenankündigungen, Wiesbaden.

Helden, Stefan; Gebhardt, Günther und Burkhardt, Irmelin (1997): Einflussfaktoren für Kursreaktionen auf die Ankündigung von Kapitalerhöhungen deutscher Aktiengesellschaften, Working Paper Series Finance Nr. 9, Johann Wolfgang Goethe-Universität Frankfurt.

Helbling, Carl (1998): Unternehmensbewertung und Steuern, 9. Auflage, Düsseldorf.

Hirschman, Albert O. (1970): Exit, voice, and loyalty - Responses to decline in forms, organizations, and states, Cambridge.

Hirshleifer, David (2001): Investor psychology and asset pricing, in: Journal of Finance 56, Seite 1533-1597.

Hocker, Ulrich (2001): Die Erwartungen der Kleinanleger an Investor Relations, in: Kirchhoff, Klaus Rainer und Piwinger, Manfred (Hrsg.), Die Praxis der Investor-Relations: effiziente Kommunikation zwischen Unternehmen und Kapitalmarkt, Neuwied, Seite 441-449.

Hogarth, Robin M. (1989): Judgement and choice: the psychology of decision, Chichester.

Höpner, Martin (2000): Ende der Deutschland AG?, in: Die Mitbestimmung 46, Seite 12-16.

Howe, John S. und Shen, Yang-pin (1998): Information associated with dividend initiations: firm-specific or industry-wide?, in: Financial Management 27, Seite 17-26.

Huberman, Gur (1984): External financing and liquidity, in: Journal of Finance 39, Seite 895-910.

Hull, Robert M. und Kerchner, Robert (1996): Issue costs and common stock offerings, in: Financial Management 25, Seite 54-66.

Ikenberry, David L.; Lakonishok, Josef und Vermaelen, Theo (1995): Market underreaction to open-market repurchases, in: Journal of Financial Economics 39, Seite 181-208.

Jacoby, Jacob; Speller, Donald E. und Kohn, Carol A. (1974): Brand choice behavior as a function of information load, in: Journal of Marketing Research 11, Seite 63-69.

Jagannathan, Murali; Stephens, Clifford P. und Weisbach, Michael S. (2000): Financial flexibility and the choice between dividends and stock repurchases, in: Journal of Financial Economics 57, Seite 355-384.

Jensen, Gerald R. und Johnson, James M. (1995): The dynamics of corporate dividend reductions, in: Financial Management 24, Seite 31-51.

Jensen, Gerald R.; Solberg, Donald P. und Zorn, Thomas S. (1992): Simultaneous determination of insider ownership, debt, and dividend policies, in: Journal of Financial and Quantitative Analysis 27, Seite 247-263.

Jensen, Michael C. (1986): Agency costs of free cash flow, corporate finance, and takeovers, in: American Economic Review 76, Seite 323-329.

Jensen, Michael C. und Meckling, William H. (1976): Theory of the firm: managerial behavior, agency costs and ownership structure, in: Journal of Financial Economics 3, Seite 305-360.

John, Kose und Williams, Joseph (1985): Dividends, dilution, and taxes: a signalling equilibrium, in: Journal of Finance 40, Seite 1053-1070.

Jordan, Jennifer (2004): Behavioral Finance und Werbung für Investmentfonds, Wiesbaden.

Jung, Kooyul; Kim, Yong-Chen und Stulz, René M. (1996): Timing, investment opportunities, managerial discretion, and the security issue decision, in: Journal of Financial Economics 42, Seite 159-185.

Jungermann, Helmut; Pfister, Hans-Rüdiger und Fischer, Katrin (1998): Die Psychologie der Entscheidung: eine Einführung, Heidelberg et al.

Kahle, Kathleen M. (2002): When a buyback isn't a buyback: open market repurchases and employee options, in: Journal of Financial Economics 63, Seite 235-261.

Kahneman, Daniel und Tversky, Amos (1972): Subjective probability: a judgment of representativeness, in: Cognitive Psychology 3, Seite 430-454.

Kahneman, Daniel und Tversky, Amos (1973): On the psychology of prediction, in: Psychological Review 80, Seite 237-251.

Kahneman, Daniel und Tversky, Amos (1979): Prospect theory: an analysis of decision under risk, in: Econometrica 47, Seite 263-292.

Kalay, Avner (1982): The ex-dividend day behavior of stock prices: A re-examination of the clientele effect, in: Journal of Finance 37, Seite 1059-1070.

Kalay, Avner (1984): The ex-dividend day behavior of stock prices: A re-examination of the clientele effect: a reply, in: Journal of Finance 39, Seite 557-561.

Kalay, Avner und Loewenstein, Uri (1986): The informational content of the timing of dividend announcements, in: Journal of Financial Economics 16, Seite 373-388.

Kalay, Avner und Michaely, Roni (2000): Dividends and taxes: a reexamination, in: Financial Management 29, Seite 55-75.

Kalbhenn, Christoph (2004): Die Privatanleger kehren zögerlich zur Aktie zurück, in: Börsen-Zeitung vom 14.01.2004, Seite 8.

Karpoff, Jonathan M. (1998): The impact of shareholder activism on target companies - a survey of empirical findings, Working Paper, University of Washington.

Karpoff, Jonathan M. und Walking, Ralph A. (1990): Dividend capture in NASDAQ stocks, in: Journal of Financial Economics 28, Seite 39-65.

Kaserer, Christoph; Roos, Stephanie und Wenger, Ekkehard (2002): Tax driven one-time dividends and the managerial discretion hypothesis: New evidence from Germany, Conference Paper, EFA Berlin Meetings 2002.

Keim, Donald B. (1985): Dividend yields and stock returns, in: Journal of Financial Economics 14, Seite 473-489.

Keppe, Hans-Jürgen und Weber, Martin (1995): Judged knowledge and ambiguity aversion, in: Theory and Decision 39, Seite 51-77.

Knight, Frank H. (1921): Risk, uncertainty, and profit, Boston.

Koch, Paul D. und Shenoy, Catherine (1999): The information content of dividend and capital structure policies, in: Financial Management 28, Seite 16-35.

König, Rolf J. (1990): Ausschüttungsverhalten von Aktiengesellschaften, Besteuerung und Kapitalmarktgleichgewicht, Hamburg.

Korajczyk, Robert A.; Lucas, Deborah J. und McDonald, Robert L. (1990): Understanding stock price behaviour around the time of equity issues, in: Hubbard, R. G. (Hrsg.), Asymmetric information, corporate finance, and investment, Chicago, London, Seite 257-278.

Koski, Jennifer L. (1996): A microstructure analysis of ex-dividend stock price behavior before and after the 1984 and 1986 tax reform acts, in: Journal of Business 69, Seite 313-338.

Krawitz, Norbert (2000): Betriebswirtschaftliche Anmerkungen zum Halbeinkünfteverfahren, in: Der Betrieb 53, Seite 1721-1727.

Kühnberger, Manfred und Schmidt, Thorsten (1999): Der Konzernabschluss als Ausschüttungsbemessungsgrundlage, in: Zeitschrift für Betriebswirtschaft 69, Seite 1263-1289.

Kumar, Praveen (1988): Shareholder-Manager conflict and the information content of dividends, in: Review of Financial Studies 1, Seite 111-136.

La Porta, Rafael et al. (2000): Agency problems and dividend policies around the world, in: Journal of Finance 55, Seite 1-33.

Lakonishok, Josef und Vermaelen, Theo (1986): Tax-induced trading around ex-dividend days, in: Journal of Financial Economics 16, Seite 287-319.

Lambert, Richard A.; Lanen, William N. und Larcker, David F. (1989): Executive stock option plans and corporate dividend policy, in: Journal of Financial and Quantitative Analysis 24, Seite 409-425.

Lang, Larry H. und Litzenberger, Robert H. (1989): Dividend announcements: cash flow signalling vs. free cash flow hypothesis?, in: Journal of Financial Economics 24, Seite 181-191.

Lapp, Susanne (1999): Die Anlageentscheidung deutscher Investoren - der empirische Befund, Kieler Arbeitspapier Nr. 937, Universität Kiel.

Laux, Helmut (2003): Entscheidungstheorie, 5. Auflage, Berlin et al.

Lazard Asset Management (2001): Investment Perspektive 2001: aktives vs. passives Portfoliomanagement, Frankfurt.

Lease, Ronald C. et al. (2000): Dividend policy: Its impact on firm value, Boston.

Lee, Inmoo (1997): Do firms knowingly sell overvalued equity?, in: Journal of Finance 52, Seite 1439-1466.

Leuthier, Rainer (1988): Zur Berücksichtigung der Besteuerung bei der Unternehmensbewertung, in: Betriebswirtschaftliche Forschung und Praxis 40, Seite 505-521.

Li, Kai und McNally, William J. (1999): Information Signaling or Agency Conflicts: What Explains Canadian Open Market Share Repurchases?, Working Paper, University of British Columbia.

Lie, Erik (2000): Excess funds and agency problems: an empirical study of incremental cash disbursements, in: Review of Financial Studies 13, Seite 219-248.

Linn, Scott C. und Pinegar, Michael J. (1988): The effect of issuing preferred stock on common and preferred stockholder wealth, in: Journal of Financial Economics 22, Seite 155-184.

Lintner, John (1956): Distribution of Incomes of Corporations among Dividends, Retained Earnings, and Taxes, in: The American Economic Review 46, Seite 97-113.

Lintner, John (1965): The valuation of risk assets and the selection of risky investments in stock portfolios and capital budgets, in: Review of Economics and Statistics 47, Seite 13-37.

Lipson, Marc L.; Maquieira, Carlos P. und Megginson, William (1998): Dividend initiations and earnings surprises, in: Financial Management 27, Seite 36-45.

Litzenberger, Robert H. und Ramaswamy, Krishna (1979): The effect of personal taxes and dividends on capital asset prices: theory and empirical evidence, in: Journal of Financial Economics 7, Seite 163-195.

Litzenberger, Robert H. und Ramaswamy, Krishna (1980): Dividends, short selling restrictions, tax-induced investor clienteles and market equilibrium, in: Journal of Finance 35, Seite 469-482.

Loughran, Tim und Ritter, Jay R. (1995): The new issue puzzle, in: Journal of Finance 50, Seite 23-51.

Malkiel, Burton G. (1995): Returns from investing in equity mutual funds 1971 to 1991, in: Journal of Finance 50, Seite 549-572.

Markowitz, Harry (1952): Portfolio selection, in: Journal of Finance 7, Seite 77-91.

Marsh, Terry A. und Merton, Robert C. (1987): Dividend behavior for the aggregate stock market, in: Journal of Business 60, Seite 1-40.

Masulis, Ronald W. und Korwar, Ashok N. (1986): Seasoned equity offerings: an empirical investigation, in: Journal of Financial Economics 15, Seite 91-118.

Mayer, Christian (2003): Die Deutschland AG ist passé, in: Max Planck Forschung 1/2003, Seite 72-79.

McKinsey Global Institute (1996): Capital productivity, Washington, D.C.

Meffert, Heribert (2000): Marketing - Grundlagen marktorientierter Unternehmensführung, 9. Auflage, Wiesbaden.

Meffert, Heribert; Steffenhagen, Hartwig und Freter, Hermann W. (1979): Konsumentenverhalten und Information, Wiesbaden.

Merkel, Reiner (2004): U.S.A. - Renaissance der Dividenden, in: Die Sparkassen Zeitung 10, Seite 4-5.

Michaely, Roni (1991): Ex-dividend day stock price behavior: the case of the 1986 tax reform act, in: Journal of Finance 46, Seite 845-860.

Michaely, Roni; Thaler, Richard H. und Womack, Kent L. (1995): Price reactions to dividend initiations and omissions: overreaction or drift?, in: Journal of Finance 50, Seite 573-608.

Michaely, Roni und Vila, Jean-Luc (1995): Investors' heterogeneity, prices, and volume around the ex-dividend day, in: Journal of Financial and Quantitative Analysis 30, Seite 171-198.

Milde, Hellmuth (1990): Dividendenhöhe als Signal, in: Wirtschaftswissenschaftliches Studium 7, Seite 334-339.

Miller, Merton H. (1987): The informational content of dividends, in: Dornbusch, Rüdiger F.; Fischer, Stanley und Bossons, John (Hrsg.), Macroeconomics and finance. Essays in honor of Franco Modigliani, Cambridge, Seite 37-58.

Miller, Merton H. und Modigliani, Franco (1961): Dividend policy, growth, and the valuation of shares, in: Journal of Business 34, Seite 411-433.

Miller, Merton H. und Rock, Kevin (1985): Dividend policy under asymmetric information, in: Journal of Finance 51, Seite 1031-1051.

Miller, Merton H. und Scholes, Myron (1982): Dividends and taxes: some empirical evidence, in: Journal of Political Economy 90, Seite 1118-1141.

Moh'd, Mahmoud A.; Perry, Larry G. und Rimbey, James N. (1995): An investigation of the dynamic relationship between agency theory and dividend policy, in: The Financial Review 30, Seite 367-385.

Mossin, Jan (1966): Equilibrium in a capital asset market, in: Econometrica 34, Seite 768-783.

Moxter, Adolf (1983): Grundsätze ordnungsgemäßer Unternehmensbewertung, 2. Auflage, Wiesbaden.

Myers, Stewart C. (2000): Outside equity, in: Journal of Finance 55, Seite 1005-1037.

Myers, Stewart C. und Majluf, Nicholas S. (1984): Corporate financing and investment decisions when firms have information that investors do not have, in: Journal of Financial Economics 13, Seite 187-221.

Nicolai, Alexander T. und Thomas, Thomas W. (2004a): Investoren-Aktivismus: Ursachen und Auswirkungen, in: Wirtschaftswissenschaftliches Studium Heft 1, 2004, Seite 20-24.

Nicolai, Alexander T. und Thomas, Thomas W. (2004b): Kapitalmarktkonforme Unternehmensführung: eine Analyse im Lichte der jüngeren Strategieprozesslehre, in: Schmalenbachs Zeitschrift für betriebswirtschaftliche Forschung 56, Seite 452-469.

Niedernhuber, Günter (1988): Ausschüttungsregelungen für Aktiengesellschaften: eine ökonomische Analyse, Hamburg.

Nieschlag, Robert; Dichtl, Erwin und Hörschgen, Hans (2002): Marketing, 19. Auflage, Berlin.

Nissim, Doron und Ziv, Amir (2001): Dividend changes and future profitability, in: Journal of Finance 56, Seite 2111-2133.

Nohel, Tom und Tarhan, Vefa (1998): Share repurchases and firm performance: new evidence on the agency costs of free cash flow, in: Journal of Financial Economics 49, Seite 187-222.

o. V. (1997), in: Wall Street Journal vom 22.10.1997, Seite C1.

o. V. (2003): Fondspolicen: Hochzeit für Garantien, in: Zeitschrift für Versicherungswesen 22, Seite 700-701.

OECD (2004): Institutional investors, Statistical Yearbook, Paris.

Oehler, Andreas (1995): Die Erklärung des Verhaltens privater Anleger, Stuttgart.

Oehler, Andreas (1999): Private Investor Behavior in Germany: an empirical survey and experimental results, in: Bühler, Wolfgang; Hax, Herbert und Schmidt, Reinhard (Hrsg.), Empirical research on the German capital market, Heidelberg New York, Seite 55-77.

Ofer, Aharon R. und Siegel, Daniel R. (1987): Corporate financial policy, information, and market expectations: an empirical investigation of dividends, in: Journal of Finance 42, Seite 889-911.

Ofer, Aharon R. und Thakor, Anjan V. (1987): A theory of stock price responses to alternative corporate cash disbursement methods: stock repurchases and dividends, in: Journal of Finance 42, Seite 365-394.

Olsen, Robert A. (1997): Investment risk: the expert's perspective, in: Financial Analysts Journal 53, Seite 62-66.

Olsen, Robert A. (1998): Behavioral finance and its implications for stock price volatility, in: Financial Analysts Journal 54, Seite 10-18.

Olsen, Robert A. und Cox, Constance M. (2001): The influence of gender on the perception and response to investment risk, in: Journal of Psychology and Financial Markets 2, Seite 29-36.

Olsen, Robert A. und Khaki, Muhammad (1998): Risk, rationality, and time diversification, in: Financial Analysts Journal 54, Seite 58-63.

Olsen, Robert A. und Troughton, George H. (2000): Are risk premium anomalies caused by ambiguity?, in: Financial Analysts Journal 56, Seite 24-31.

Opler, Tim et al. (2001): Corporate cash holdings, in: Journal of Applied Corporate Finance 14, Seite 55-66.

Padberg, Max (1995): Der Einfluss von Kapitalerhöhungen auf den Marktwert deutscher Aktiengesellschaften, Köln.

Pellens, Bernhard; Gassen, Joachim und Richard, Marc (2003): Ausschüttungspolitik börsennotierter Unternehmen in Deutschland, in: Die Betriebswirtschaft 63, Seite 309-332.

Pellens, Bernhard und Schremper, Ralf (2000): Theorie und Praxis des Aktienrückkaufs in den USA und in Deutschland, in: Betriebswirtschaftliche Forschung und Praxis 52, Seite 132-156.

Penman, Stephen H. (1983): The predictive content of earnings forecasts and dividends, in: Journal of Finance 38, Seite 1181-1199.

Pertlwieser, Markus (2005): Der Erwerb eigener Aktien in Deutschland: Eine ganzheitliche Kapitalmarktuntersuchung deutscher Aktienrückkaufprogramme und ein Konzept zur praktischen Implementierung, Dissertation Universität Gesamthochschule Kassel (noch nicht veröffentlicht).

Pettit, R. Richardson (1972): Dividend announcements, security performance, and capital market efficiency, in: Journal of Finance 27, Seite 993-1007.

ProShare (UK) Ltd. (2000): Shares and share ownership - Facts and figures, 5. Auflage, London.

Prüher, Markus (2000): Optimales Timing von Barkapitalerhöhungen bei asymmetrischer Informationsverteilung, Berlin.

Pruitt, Stephen W. und Gitman, Lawrence J. (1991): The interactions between the investment, financing, and dividend decisions of major U.S. firms, in: The Financial Review 26, Seite 409-430.

Raffée, Hans und Fritz, Wolfgang (1987): Informationsüberlastung des Konsumenten, in: Hoyos, Carl Graf et al., Wirtschaftspsychologie in Grundbegriffen, München, Seite 83-90.

Rangan, Srinivasan (1998): Earnings management and the performance of seasoned equity offerings, in: Journal of Financial Economics 50, Seite 101-122.

Rapp, Heinz.-W. (2000): Der tägliche Wahnsinn hat Methode - Behavioral Finance: Paradigmenwechsel in der Kapitalmarktforschung, in: Jünemann, Bernhard und Schellenberger, Dirk (Hrsg.), Psychologie für Börsenprofis: die Macht der Gefühle bei der Geldanlage, Stuttgart, Seite 85-123.

Riley, John G. (1979): Informational equilibrium, in: Econometrica 47, Seite 331-359.

Rodriguez, Arturo (2004): Open market share repurchase and earnings management, Conference Paper, FMA October 2004.

Roßbach, Peter (2001): Behavioral Finance - Eine Alternative zur vorherrschenden Kapitalmarkttheorie?, Working Paper Nr. 31, Hochschule für Bankwirtschaft, Frankfurt am Main.

Rozeff, Michael S. (1982): Growth, beta and agency costs as determinants of dividend payout ratios, in: Journal of Financial Research 5, Seite 249-259.

Rudolph, Bernd (2003): Finanzierungsstrukturen für die deutsche Wirtschaft, in: Deutsche Börse AG, (Hrsg.), Kapitalmarkt Deutschland: Erfolge und Herausforderungen, Seite 7-14.

Ruhkamp, Stefan (2003): Aktienrückkäufe sind nicht immer ein Segen, in: Frankfurter Allgemeine Zeitung vom 04.09.2003, Seite 21.

Ruhkamp, Stefan (2004): Viele Dax-Unternehmen erhöhen Dividende, in: Frankfurter Allgemeine Zeitung vom 11.02.2004, Seite 21.

Ruwisch, Sven (2002): Zur Beurteilung der Ausschüttungspolitik börsennotierter Gesellschaften aus Aktionärssicht, Hamburg.

Sahling, Claus (1981): Die Reaktion des Aktienmarktes auf wesentliche Ausschüttungsänderungen, Hamburg.

Sarin, Rakesk K. und Weber, Martin (1993): Effects of ambiguity in market experiments, in: Management Science 39, Seite 602-615.

Schmidt, Reinhard H. und Terberger, Eva (1997): Grundzüge der Investitions- und Finanzierungstheorie, 4. Auflage, Wiesbaden.

Schnell, Rainer; Hill, Paul B. und Esser, Elke (1999): Methoden der empirischen Sozialforschung, 6. Auflage, München.

Schremper, Ralf (2002): Aktienrückkauf und Kapitalmarkt: eine theoretische und empirische Analyse deutscher Aktienrückkaufprogramme, Frankfurt.

Seifert, Werner et al. (2002): Performance ist kein Schicksal, Frankfurt/New York.

Sharpe, William F. (1964): Capital asset prices: A theory of market equilibrium under conditions of risk, in: Journal of Finance 19, Seite 425-442.

Shefrin, Hersh M. (2000): Beyond greed and fear - Understanding behavioral finance and the psychology of investing, Boston.

Shefrin, Hersh M. und Statman, Meir (1984): Explaining investor preference for cash dividends, in: Journal of Financial Economics 13, Seite 253-282.

Shefrin, Hersh M. und Statman, Meir (2000): Behavioral portfolio theory, in: Journal of Financial and Quantitative Analysis 35, Seite 127-151.

Shiller, Robert J. (1981): Do stock prices move too much to be justified by subsequent changes in dividends?, in: The American Economic Review 71, Seite 421-436.

Shiller, Robert J. (1990): Market volatility and investor behavior, in: The American Economic Review 2, Paper and Proceedings of the Hundred and Second Annual Meeting of the American Economic Association, Seite 58-62.

Shleifer, Andrei (1986): Do demand curves for stocks slope down?, in: Journal of Finance 41, Seite 579-590.

Siekmann, Thomas (1999): Asymmetrische Information, Interessenkonflikte und Finanzierung: Investitions-, Kapitalstruktur- und Ausschüttungspolitik in Publikumsgesellschaften bei Shareholder-value-Orientierung, Berlin.

Sigloch, Jochen (2000): Unternehmenssteuerreform 2001 - Darstellung und ökonomische Analyse, in: Steuer und Wirtschaft 77, Seite 160-176.

Silberer, Günter (1981): Das Informationsverhalten der Konsumentenbeim Kaufentscheid, in: Raffée, Hans und Silberer, Günter (Hrsg.), Informationsverhalten des Konsumenten, Wiesbaden.

Simon, Herbert A. (1955): A behavioral model of rational choice, in: Quarterly Journal of Economics 69, Seite 99-118.

Singh, Ajai K. (1997): Layoffs and underwritten rights offers, in: Journal of Financial Economics 43, Seite 105-130.

Slovin, Myron B.; Sushka, Marie E. und Polonchek, John A. (1991): The information content of multiple seasoned common stock offerings by bank holding companies, in: Journal of Banking & Finance 15, Seite 633-646.

Slovin, Myron B. und Young, John E. (1990): Bank lending and initial punblic offerings, in: Journal of Banking & Finance 14, Seite 729-740.

Smith, Clifford W. (1977): Alternative methods for raising capital, in: Journal of Financial Economics 5, Seite 273-307.

Smith, Clifford W. und Watts, Ross L. (1992): The investment opportunity set and corporate financing, dividend, and compensation policies, in: Journal of Financial Economics 32, Seite 263-292.

Smith, Michael P. (1996): Shareholder activism by institutional investors: evidence from CalPERS, in: Journal of Finance 51, Seite 227-252.

Soter, Dennis; Brigham, Eugene und Evanson, Paul (1996): The dividend cut "heard 'round the world": the case of FPL, in: Journal of Applied Corporate Finance 9, Seite 4-15.

Spence, Michael (1974): Competitive and optimal responses to signals: an analysis of efficiency and distribution, in: Journal of Economic Theory 7, Seite 296-332.

Spence, Michael (1976): Informational aspects of market structure: an introduction, in: Quarterly Journal of Economics 90, Seite 591-597.

Spiess, Katherine D. und Affleck-Graves, John (1995): Underperformance in long-run stock returns following seasoned equity offerings, in: Journal of Financial Economics 38, Seite 243-267.

Stehle, Richard; Ehrhardt, Olaf und Przyborowsky, René (2000): Long-run stock performance of German initial public offerings and seasoned equity issues, in: European Financial Management 6, Seite 173-196.

Steiner, Peter und Uhlir, Helmut (2001): Wertpapieranalyse, 4. Auflage, Heidelberg.

Stephens, Clifford P. und Weisbach, Michael S. (1998): Actual share reacquisitions in open-market repurchase programs, in: Journal of Finance 53, Seite 313-333.

Steul, Martina (2003): Risikoverhalten privater Kapitalanleger, Wiesbaden.

Stüfe, Karin (1999): Das Informationsverhalten deutscher Privatanleger, Wiesbaden.

Stulz, René M. (1990): Managerial discretion and optimal financing policies, in: Journal of Financial Economics 17, Seite 3-27.

Teoh, Siew Hong; Welch, Ivo und Wong, T.J. (1998): Earnings management and the underperformance of seasoned equity offerings, in: Journal of Financial Economics 50, Seite 63-99.

Terstege, Udo (2001): Inhaber- oder Namensaktien? Zur Renaissance der Namensaktie, Working Paper 300, Fernuniversität Hagen.

Thaler, Richard H. und Shefrin, Hersh M. (1981): An economic theory of self-control, in: Journal of Political Economy 2, Seite 392-406.

Thies, Stefan (2000): Finanzierungsentscheidungen, Informationseffekte und Long-Run-Performance am deutschen Kapitalmarkt, Wiesbaden.

Tobin, James (1958): Liquidity preference as behavior towards risk, in: Review of Economic Studies 25, Seite 65-86.

Tölle, Klaus (1983): Das Informationsverhalten der Konsumenten, Frankfurt am Main.

Tsetsekos, G. P.; Kaufman, D. J. und Gitman, Lawrence J. (1991): A survey of stock repurchase motivations and practices of major U.S. corporations, in: Journal of Applied Business Research 7, Seite 15-20.

Tversky, Amos und Kahneman, Daniel (1974): Judgment under uncertainty: heuristics and biases, in: Science 185, Seite 1124-1131.

Tversky, Amos und Kahneman, Daniel (1981): The framing of decisions and the psychology of choice, in: Science 211, Seite 453-458.

Venkatesh, P. C. (1989): The impact of dividend initiation on the information content of earnings announcements and returns volatility, in: Journal of Business 62, Seite 175-197.

von Rosen, Rüdiger und Gebauer, Stefan (2000): Namensaktie und Investor Relations, in: von Rosen, Rüdiger und Seifert, Werner (Hrsg.), Die Namensaktie, Schriften zum Kapitalmarkt Band 3, Frankfurt, Seite 127-140.

Wahlund, Richard und Gunnarsson, Jonas (1996): Mental discounting and financial strategies, in: Journal of Economic Psychology 17, Seite 790-730.

Wansley, James W. und Dhillon, Upinder S. (1989): Determinants of valuation effects for security offerings of commercial bank holding companies, in: Journal of Financial Research 12, Seite 217-233.

Watts, Ross (1973): The information content of dividends, in: Journal of Business 46, Seite 191-211.

Weber, Joachim (2004): Deutsche AGs halten Aktionäre kurz, in: Handelsblatt vom 23.07.2004.

Weber, Martin (1989): Ambiguität in Finanz- und Kapitalmärkten, in: Zeitschrift für betriebswirtschaftliche Forschung 41, Seite 447-471.

Weber, Martin (2000): Behavioral Finance - Idee und Überblick, in: Finanz Betrieb 2, Seite 311-318.

Weston, J. (1979): The tender takeover, in: Mergers and Aquisitions, Seite 74-82.

White, Lourdes F. (1996): Executive compensation and dividend policy, in: Journal of Corporate Finance 2, Seite 335-358.

Woolridge, J. Randall und Ghosh, Chinmoy (1998): Dividend cuts: do they always signal bad news?, in: Stern, Joel M. und Chew, Donald H. (Hrsg.), The revolution in corporate finance, 3. Auflage, Oxford, Seite 143-154.

Wruck, Karen H. (1994): Financial policy, internal control, and performance: Sealed Air Corporation's leveraged special dividend, in: Journal of Financial Economics 36, Seite 157-192.

Yoon, Pyung S. und Starks, Laura T. (1995): Signaling, investment opportunities, and dividend announcements, in: Review of Financial Studies 8, Seite 995-1018.

Zentrum für Europäische Wirtschaftsforschung (ZEW) (2004): Kapitalmärkte und Demographie, Mannheim, erhältlich unter URL: http://www.zew.de.

Ziemann, Wolfgang (1993): Dividendenpolitik International, in: Fritsch, Ulrich; Liener, Gerhard und Schmidt, Reinhart (Hrsg.), Die deutsche Aktie, Stuttgart.

FSC
www.fsc.org
MIX
Papier | Fördert gute Waldnutzung
FSC® C083411

Kolibri 360 GmbH
Ferdinand-Jühlke-Straße 7
99095 Erfurt, Deutschland
produktsicherheit@kolibri360.de